Deutsch im

Berufsalltag

Harcourt College Publishers

Where Learning Comes to Life

TECHNOLOGY

Technology is changing the learning experience, by increasing the power of your textbook and other learning materials; by allowing you to access more information, more quickly; and by bringing a wider array of choices in your course and content information sources.

Harcourt College Publishers has developed the most comprehensive Web sites, e-books, and electronic learning materials on the market to help you use technology to achieve your goals.

PARTNERS IN LEARNING

Harcourt partners with other companies to make technology work for you and to supply the learning resources you want and need. More importantly, Harcourt and its partners provide avenues to help you reduce your research time of numerous information sources.

Harcourt College Publishers and its partners offer increased opportunities to enhance your learning resources and address your learning style. With quick access to chapter-specific Web sites and e-books . . . from interactive study materials to quizzing, testing, and career advice . . . Harcourt and its partners bring learning to life.

Harcourt's partnership with Digital:Convergence™ brings :CRQ™ technology and the :CueCat™ reader to you and allows Harcourt to provide you with a complete and dynamic list of resources designed to help you achieve your learning goals. You can download the free :CRQ software from www.crq.com. Visit any of the 7,100 RadioShack stores nationwide to obtain a free :CueCat reader. Just swipe the cue with the :CueCat reader to view a list of Harcourt's partners and Harcourt's print and electronic learning solutions.

http://www.harcourtcollege.com/partners

Deutsch im Berufsalltag

Michael Hager

Harcourt College Publishers

Fort Worth • Philadelphia • San Diego • New York • Orlando • Austin • San Antonio
Toronto • Montreal • London • Sydney • Tokyo

Publisher	Phyllis Dobbins
Acquisitions Editor	Kenneth S. Kasee
Developmental Editor	Jason Krieger
Marketing Strategist	Katrina Byrd
Project Manager	Angela Williams Urquhart

Cover images provided by Photodisc © 2002.

ISBN: 0-03-025561-9

Library of Congress Catalog Card Number: 2001086741

Address for Domestic Orders
Harcourt College Publishers, 6277 Sea Harbor Drive, Orlando, FL 32887-6777
800-782-4479

Address for International Orders
International Customer Service
Harcourt, Inc., 6277 Sea Harbor Drive, Orlando, FL 32887-6777
407-345-3800
(fax) 407-345-4060
(e-mail) hbintl@harcourt.com

Address for Editorial Correspondence
Harcourt College Publishers, 301 Commerce Street, Suite 3700, Fort Worth, TX 76102

Web Site Address
http://www.harcourtcollege.com

Harcourt College Publishers will provide complimentary supplements or supplement packages to those adopters qualified under our adoption policy. Please contact your sales representative to learn how you qualify. If as an adopter or potential user you receive supplements you do not need, please return them to your sales representative or send them to:
Attn: Returns Department, Troy Warehouse, 465 South Lincoln Drive, Troy, MO 63379.

Printed in the United States of America

1 2 3 4 5 6 7 8 9 0   076   9 8 7 6 5 4 3 2 1

Harcourt College Publishers

Inhalt

Preface   xvii

Acknowledgments   xxi

Segment I „Motivation ist der erste Schritt"   2

Aus Erfahrung   4

Aus Erfahrung   6

Abteilung 1   12

Thema: Auf Stellensuche   12

Grammatik-Spot §1.1: Präsens   14

Abteilung 2   17

Thema: Der Werdegang   17

„Daniel beschreibt seinen Werdegang"   17

Grammatik-Spot §1.2: Imperfekt oder Perfekt?   18

Aus Erfahrung   19

Abteilung 3   21

Thema: Der Lebenslauf   21

Kultur-Aspekte: Lebenslauf und Werdegang   25

Abteilung 4   28

Thema: Die Bewerbung   28

„So viel Arbeit mit der Bewerbung"   29

Grammatik-Spot §1.3: Wenn, als, falls oder wann?   30

Aus Erfahrung   31

Kultur-Aspekte: Das Bewerbungsschreiben   33

Grammatik-Spot §1.4: Der Gebrauch von man   36

Aus der Betriebspraxis: Praktikant oder Werkstudent?   38

Abteilung 5   39

Thema: Vorbereitung aufs Gespräch   39

Grammatik-Spot §1.5: Modalverben   41

Aus der Betriebspraxis: Kurz vor dem Vorstellungsgespräch   44

„Die Hitliste"   47

Abteilung 6   48

Thema: Das Vorstellungsgespräch   48
„Praktische Erfahrungen und Fähigkeiten"   48
Aus Erfahrung   51
Grammatik-Spot §1.6: Fragen Formulieren   51
Kultur-Aspekte: Kleider machen Leute   53
Fachwortschatz   55
Appendix   59

Segment II „Im Büro"   62

Aus Erfahrung   64

Abteilung 1   65

Thema: Am Empfang   65
„Ein neugieriger Pförtner"   67
Grammatik-Spot §2.1: Nominativ   69

Abteilung 2   70

Thema: Die Ausstattung eines Büros   70
Kultur-Aspekte: Geburtstag im Betrieb   72
Aus der Betriebspraxis   74

Abteilung 3   75

Thema: Der Schreibtisch   75
Grammatik-Spot §2.2: Präpositionen mit Akkusativ und Dativ   77
Kultur-Aspekte: Was bedeutet die Ausstattung eines Büros?   83
Aus der Betriebspraxis: Das deutsche Büro   84

Abteilung 4   85

Thema: Berufliche Kommunikation   85
„Fehler kommen vor"   89
Grammatik-Spot §2.3: Reflexivverben   90
Kultur-Aspekte: Briefstil   92
Aus Erfahrung   93
„Der Ton macht die Musik–auch im Brief"   93
„Ein Fax: die Empfangsbestätigung"   96
Kultur-Aspekte: Was ist eine DIN Norm?"   99
Grammatik-Spot §2.4: Passiv   100
Aus Erfahrung   100

Abteilung 5   101

Thema: Die Mängelrüge   101

Aus der Betriebspraxis: Die Mängelrüge   102
Fachwortschatz   107

Segment III „Vertrieb und Marketing"   **110**

Aus Erfahrung   112

Abteilung 1   **113**

Thema: Anfrage und Angebot   113
Aus der Betriebspraxis: Anfrage und Angebot   113
Grammatik-Spot §3.1: Akkusativ / Dativ   119

Abteilung 2   **122**

Thema: Der Lieferant   122
„Daniel sucht einen neuen Lieferanten"   122
Grammatik-Spot §3.2: Akkusativpräpositionen und
      Dativpräpositionen   124
Grammatik-Spot §3.3: Konjunktiv II   125
Kultur-Aspekte: Das Diensttelefon   127

Abteilung 3   **133**

Thema: Werbung   133
„Die Schleichwerbung"   134
Grammatik-Spot §3.4: Nebensätze und Konjunktionen   136
Aus der Betriebspraxis: Marktwirtschaft oder Planwirtschaft?   137
Kultur-Aspekte: Was ist „fairer Wettbewerb"?   139

Abteilung 4   **140**

Thema: Das Marketing   140
„Die Ergebnisse"   142
Grammatik-Spot §3.5: Komparativ und Superlativ   144
„Der Produktlebenszyklus"   145
Kultur-Aspekte: Eine Besprechung   148
Fachwortschatz   149
Appendix   153

Segment IV „Bankverbindung"   **154**

Aus Erfahrung   156

Abteilung 1   **157**

Thema: Die Bankverbindung   157
„Das Bankwesen"   158
Grammatik-Spot §4.1: Futur   160

Abteilung 2 — 162

Thema: Kreditkarten — 162
Kultur-Aspekte: Ein Girokonto — 164
Aus Erfahrung — 165

Abteilung 3 — 168

Thema: Telefon-Banking — 168
„Telefon Service" — 169
Kultur-Aspekte: Zahlungsverkehr und Kredit — 170
Grammatik-Spot §4.2: Inversion — 172

Abteilung 4 — 172

Thema: Die Aktien — 172
Aus Erfahrung — 174
„Aktien sind sein Steckenpferd" — 175
Aus der Betriebspraxis: Die Visitenkarte — 177
Aus der Betriebspraxis: Aktien — 180
Grammatik-Spot §4.3: da- und wo- Kompositum — 181
Aus Erfahrung — 186
„Einstieg in die EDV" — 186
Grammatik-Spot §4.4: Relativsätze — 188
„Herr Schröder arbeitet an einem Rundschreiben" — 190
Kultur-Aspekte: Interkulturelle Kommunikation — 192
Aus Erfahrung — 193
Aus der Betriebspraxis: Kleiner E-Mail-Knigge — 193
Fachwortschatz — 196

Segment V „Strukturen und Organisationen" — 202

Aus Erfahrung — 204

Abteilung 1 — 205

Thema: Die Geschichte der Meyers Chip AG — 205
„Die Firmenstruktur der Meyers Chip AG" — 207
Grammatik-Spot §5.1: Wortstellung — 208
Aus der Betriebspraxis: Betriebliche Rechtsformen — 210
Kultur-Aspekte: Firmenprofil — 213
Aus Erfahrung — 214
Aus Erfahrung — 215
Aus der Betriebspraxis: Innerbetriebliche Organisationsformen — 215

Abteilung 2   218

Thema: Der Standort Berlin-Spandau   218
„In den Osten ziehen"   219
Grammatik-Spot §5.2: Adjektivendungen   221
Kultur-Aspekte: Das umweltbewusste Büro   223

Abteilung 3   225

Thema: Das Jubiläum   225
Grammatik-Spot §5.3: Infinitiv   226
Aus der Betriebspraxis: Die Pressemitteilung   227
Kultur-Aspekte: Jubiläum   231

Abteilung 4   233

Thema: Die feste Anstellung   233
„Der Behördengang"   234
Grammatik-Spot §5.4: Konjunktiv II der Vergangenheit   236
Kultur-Aspekte: Sozialabgaben   239
Fachwortschatz   241
Firmenprojekt   245

Grammatik-Bausteine   G1

Praktische Übungen   Ü1

Hörverstandnis   H1

Verbliste   V1

Glossar   GL1

Credits   C1

Preface

Welcome to the world of professional German. This program will present you with German that you can use in the professional world in any of the German-speaking countries: Germany, Austria, and Switzerland, and today very often in Eastern European countries as well.

This program has been set up in two parts: the main text, **Deutsch im Berufsalltag**, and the Web site. The main text consists of five **Segmente**, a grammar section, and a section for practical exercises. Each **Segment** is organized into at least four **Abteilungen**. Each **Abteilung** provides the learner with essential business culture information that helps the foreign office worker successfully complete his or her job. This information contains necessary cultural tips, vocabulary, and grammar. An **Abteilung** can consist of as many as seven parts:

- Aus Erfahrung
- Hörverständnis
- Dialoge
- Kultur-Aspekte
- Aktivitäten
- Grammatik-Spot
- Aus der Betriebspraxis.

The **Aus Erfahrung** section introduces the learner to possible cultural points of conflict and explains why a cultural item could develop into a point of conflict, or verifies the necessity for awareness of the item in order to be culturally successful at the workplace. This section refers back to the author's 15 years of work experience in the German business world or to experiences students have acquired while completing internships in Germany.

The **Hörverständnis** section is intended for listening practice. It introduces the learner to a real-life situation or trains the learner to understand spoken German in various kinds of business-related situations.

The **Dialoge** introduce real-life situations and topics for the **Abteilung** and are in colloquial German in contrast to the **Kultur-Aspekte** and **aus der Betriebspraxis** that are in a more formal written style. This provides the student with practical knowledge of both styles of German he or she could encounter in a real-life office situation. In addition, the characters in the **Dialoge** discuss and explain cultural differences in a manner that is informative and funny, yet true-to-life.

The **Kultur-Aspekte** complement the **Dialoge** with background information on the topics covered, and they contrast German and North American habits and mannerisms.

The **Aktivitäten** offer the learner the chance to work with the material that has been introduced in **Dialoge** and the supplemental information found in **Kultur-Aspekte**. The activities have been conceived to provide the learner with ample opportunities to be communicative in such learning situations. These activities consist of role-playing, discussion groups, questionnaire activities, and others.

The **Grammatik-Spot** brings the learner's attention to a grammatical point found in the **Hörverständnis, Dialoge,** or **Kultur-Aspekte**. It provides a short English explanation of the grammar point, examples of this point, and where a more detailed explanation and exercises can be found at the back of the book. The grammar points selected for review throughout this book have been chosen for their relevance to the workplace (in the author's opinion) and are always presented in context.

When appropriate there is also a part called **aus der Betriebspraxis,** which provides information on German business practices that are different than in the United States or Canada.

Realia have been used to provide the learner with real life material that supports the topics being discussed in each **Abteilung**. These can be found for any of the above-mentioned parts of the book. The **Kultur-Aspekte** and **aus der Betriebspraxis** are realia or adapted parts of longer pieces of realia that provide authentic cultural material that any native speaker of German would have access to. At the time of publishing, various pieces of realia still use deutsche mark (DM) instead of the euro. This is because these pieces of realia were printed during the transition period.

Grammatik-Bausteine follows all the **Segmente** found at the beginning of the book. It is a review of grammar points presented in the **Segmente**. Each **Grammatik-Spot** in the **Segment** is numerically referenced to the appropriate place in this section. First an explanation of the grammar rule is discussed, and then various grammar exercises are presented using situations and vocabulary relevant to the office situations covered in the **Segment**.

Praktische Übungen comes after the **Grammatik-Bausteine** and provides students with additional cultural information and exercises dealing with various cultural items covered in the **Segment**.

Characters

The cast of characters provides a true-to-life context for the presentation of culture, vocabulary, and grammar. The people appearing in the pictures, activities, dialogues, and grammar exercises of **Deutsch im Berufsalltag** belong to two groups of characters:

Daniel Walker, an American intern, and his friends

Daniel Walker and his colleagues at work

From the very beginning, the story line develops around Daniel Walker and his desire to find an internship in Berlin. Through Daniel's eyes the learner is able to see and experience what working in a German company can be like. By using an American intern, the learner is provided cultural information that he or she can use for a possible internship in the future. In the material, the general use of "American" refers to citizens of the United States, even though some Germans would refer to "Americans" as "US-Amerikaner."

Acknowledgments

I would like to thank two very supportive people who helped very much through their excellent suggestions for the book and the Web site: Wolfram König and Annelise Makin. Without them it would have been extremely difficult! Of course, I would also like to thank all those people at Harcourt College Books who were very instrumental in getting this program on the market: Phyllis Dobbins, Jason Krieger, and Stan Schroeder. I would like to also thank Birger Schau for testing the material in his courses.

Finally, I would like to express my appreciation for the work of the reviewers, who provided me with insightful comments and constructive suggestions to help improve the text and better meet the needs of our students:

David M. Weible, University of Illinois at Chicago

Irene B. Compton, Xavier University, Cincinnati, Ohio

Edda Buchner, private instructor, San Antonio, Texas

Francis B. Brèvart, University of Pennsylvania, Philadelphia

Suzsanna Ittzes, Purdue University, Lafayette, Indiana

Cordelia Stroinigg, University of Cincinnati, Ohio

Johanna Watzinger-Tharp, University of Utah, Salt Lake City

Anne-Katrin Gramberg, Auburn University, Alabama

Reinhard Mayer, Skidmore College, Saratoga Springs, New York

Richard R. Ruppel, University of Wisconsin–Stevens Point

Tom Leech, Northern Kentucky University, Highland Heights

Deutsch im

Berufsalltag

Motivation ist der erste Schritt

Aus dem Inhalt

Betriebswirtschaft und Kultur

Hier lernen Sie:

- Stellenanzeigen interpretieren und sich um eine Stelle bewerben
- Werdegang und Lebenslauf unterscheiden und konzipieren
- Bewerbungsbrief formulieren und schreiben
- Praktikanten- und Werkstudentenarbeit unterscheiden
- richtiges Verhalten in Vorstellungsgesprächen

Grammatik

- Präsens: trennbare Präfixe und Stammlautänderung
- Imperfekt oder Perfekt?
- *Wenn, als, falls* oder *wann*?
- Wann braucht man „*man*"?
- Modalverben
- Fragen stellen

Was passiert hier? Was ist das Setting? Wie sehen die Personen aus? Wie verhalten sie sich? Welche Situation kann das sein?

Aus Erfahrung

In the business world, many executives and managers use a coach to help them become aware of many potential avenues and possible errors in their work behavior. Thus they train for daily survival in an increasingly competitive work environment and create new ideas and possibilities for their future development. This book takes you on an experiential path through the German corporate world as you follow the footprints of an intern one step ahead of you. Along the way, this course will provide you up-to-date information about German business or bring to your attention enticing possibilities for your future business careers. Anyone interested in business or related subjects can benefit from the global nature of a modern world economy. In this context, international business experience is a valuable career objective for all professions. Frequently, job candidates with international job experience have an edge over their competitors with similar qualifications.

According to a Stern Magazine report, Germany is back among the top ten most important countries in the world economy.

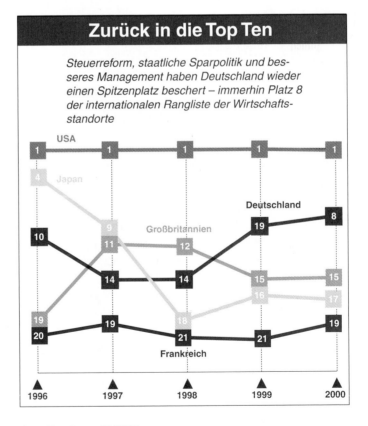

Zurück in die Top Ten

Steuerreform, staatliche Sparpolitik und besseres Management haben Deutschland wieder einen Spitzenplatz beschert – immerhin Platz 8 der internationalen Rangliste der Wirtschaftsstandorte

Aus: Der Stern 19/2000.

Was Studenten von ihrem ersten Job erwarten

Angaben in Prozent

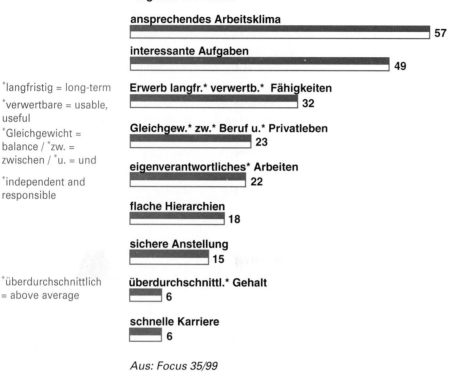

*langfristig = long-term

*verwertbare = usable, useful

*Gleichgewicht = balance / *zw. = zwischen / *u. = und

*independent and responsible

*überdurchschnittlich = above average

ansprechendes Arbeitsklima — 57

interessante Aufgaben — 49

Erwerb langfr.* verwertb.* Fähigkeiten — 32

Gleichgew.* zw.* Beruf u.* Privatleben — 23

eigenverantwortliches* Arbeiten — 22

flache Hierarchien — 18

sichere Anstellung — 15

überdurchschnittl.* Gehalt — 6

schnelle Karriere — 6

Aus: Focus 35/99

Denkanstöße

1. Warum hat die erste Graphik den Titel „Zurück in die Top Ten"?
2. Welche Position hat Deutschland?
3. Was sagt diese Position über Deutschland aus?
4. Was verstehen Sie unter einem „guten Arbeitsklima"?
5. Welche Fähigkeiten haben Sie, und welche Aufgaben können Sie damit übernehmen[1]?
6. Wie viele Stunden Arbeitszeit sind angemessen[2]? Wie viel Freizeit brauchen Sie?

[1] take charge of
[2] appropriate

Aus Erfahrung

All large and even most small German companies offer internship possibilities. Companies with business connections to or with branch offices in the United States are especially interested in hiring American interns. Many German companies may even pay interns or at least help them cover their living expenses during their internship. What better way is there to see Germany, learn the language, gain international work experience, and be paid all at the same time?

In a recent survey, German students answered that a „stimulating work environment" was their most important expectation. What are your expectations of an international work life? Ask yourself:

Was ist wichtig?	kaum wichtig	etwas wichtig	wichtig	sehr wichtig	am wichtigsten
interessante Aufgaben					
nette Kollegen					
viel Freizeitausgleich					
gute Weiterbildungsmöglichkeiten[3]					
schneller Aufstieg					
viel Eigenverantwortung					
sichere Anstellung					
weiterführende Spezialkenntnisse					
gute Sozialleistungen					
bessere Sprachkenntnisse					
Aussichten[4] auf internationale Karriere					

[3] opportunities for continuing education

[4] prospects

The following companies are good starting points for American students who are seeking internships:

Siemens AG	**www.siemens.de**
Infineon AG	**www.infineon.com**
Schering AG	**www.schering.de**
Bertelsmann AG	**www.bertelsmann.de**
Oethker AG	**www.oethker.de**
Volkswagen AG	**www.vw.de**
Lufthansa AG	**www.lufthansa.de**
Henkel AG	**www.henkel.de**

Finding jobs and internships in the German market has become so much easier with the internet. Let's go to Jobline.de.

Fragen zum Text

1. Was führen Sie mit der Firma durch?
2. Was macht diese Website für Sie?
3. Was müssen Sie eingeben?

* führen durch = to lead through

* to advise

* to arrange

* to provide

<u>Stellenangebote</u>

Auf den ersten Blick erscheinen die meisten Stellenangebote—nicht nur in Deutschland—sehr verschlüsselt. So geht es auch dem amerikanischen Studenten Daniel Walker in Berlin. Aber mit etwas Geduld und Hilfe von seiner Freundin Gabi knackt er den Code der Anzeigen. Schließlich weiß er, was für ihn in Frage kommt. Auf den folgenden Seiten erfahren wir, wie sich Daniel die für ihn passende Anzeige aussucht.

Meyers Chip AG

Wir stellen ab sofort oder später in Berlin ein:

eine(n) Praktikanten(in) im Vertrieb

Wir sind ein mittelständisches* Unternehmen*, unsere Produktpalette umfasst* alle Chiparten. Unsere Firma expandiert gegenwärtig auf dem ausländischen Markt, und deshalb brauchen wir gute Leute mit Interesse daran, eventuell im Ausland zu arbeiten.

Zum Aufgabengebiet* gehören die Bearbeitung* der Bestellungen* und der Angebote sowie die üblichen* Büroarbeiten einschließlich Korrespondenzen. Ausgezeichnete Englischkenntnisse und EDV*-Erfahrung sind erforderlich*.

Wir bieten gute Bezahlung und Gleitzeit* .

Bewerbungen mit den üblichen Unterlagen an:

Meyers Chip AG
z.H.v. Frau Hase
Postfach 13 42 68
12437 Berlin

* midsize
* firm
* umfassen = to encompass, to include
* area of work, field
* processing
* order
* regular, standard
* Elektronische Datenverarbeitung, Informatik
* necessary
* flexitime

Vertriebsmitarbeiter Key Account Medien (m/w)

Bertelsmann Direktvertriebe und Verlage

München

Wer wir sind:
Die Bertelsmann Direktvertriebe* und Verlage* gehören zu den führenden Vertriebs- und Verlagshäusern für Lexika*, Enzyklopädien, Wörterbücher, elektronische Produkte. Zu ihnen zählen der Bertelsmann Lexikon Verlag, der Chronik Verlag, Bertelsmann Electronic Publishing, das Verlagshaus Stuttgart und die Verlage Pro Futura sowie Pro Sport. Um diese Inhalte* noch erfolgreicher* zu vermarkten*, erweitern* wir unseren Geschäftsbereich* Key Account.

Was wir bieten:
Die Schwerpunkte* dieser Aufgabe* liegen in der Akquisition, Beratung und Betreuung* von Kunden und Key Accounts, der Erstellung* von Angeboten und kundenindividuellen Produktkonzepten in Zusammenarbeit mit den Redaktionen*. Dienstort ist München.

Wen wir suchen:
Sie haben ein betriebswirtschaftliches Studium absolviert oder sich vergleichbare* Kenntnisse in Ihrer praktischen Arbeit angeeignet. Sie bringen Vertriebserfahrung* mit - idealerweise im Medienbereich. Interessiert? Dann senden Sie uns doch Ihre Bewerbung zu - Ihre Gehaltsvorstellungen* und der frühstmögliche* Eintrittstermin* interessieren uns dabei auch. Oder Sie haben Fragen, dann rufen Sie an.

Bertelsmann Direktvertriebe
Dr. Horst Ramsenthaler (B7ZP)
Carl Bertelsmann Straße 105-107
33311 Gütersloh
Tel: 05241/863-819

oder direkt online...

Bewerben

Glossar:

* direct sales
* publishers
* dictionaries, encyclopedias
* contents
* more successfully
* to market
* to expand
* business field, area
* emphasis
* task
* care for
* formulation
* editorial staff
* comparable
* sales experience
* salary expectations
* earliest possible
* starting date

* billing
* information ser-
vices
* business travellers
* related
* target groups
* to support
* holistic
* business processes
* company cus-
tomers
* credit card holder/
owner
* to solve
* service sector
* to have something
at one's disposal
* to make sure of;
to take care of
* conversation
climate
* skill, talent
* management
* office furnishings
* meaningful and
informative

Mitarbeiter/innen im Call Center

wir bieten Unternehmen intelligente Abrechnungs*- und Informationsdienstleistungen* rund um Geschäftsreise, Logistik und Einkauf. Für Geschäftsreisende* und verwandte* Zielgruppen* realisieren wir leistungsfähige Kartenprogramme. Unsere Produkte sind international und unterstützen* ganzheitlich* Geschäftsprozesse* von Unternehmen.

Sie sind verantwortlich für die aktive, persönliche Betreuung der Firmenkunden* und Kreditkarteninhaber* am Telefon. Sie beantworten kürzere oder längere Fragen, lösen* kleinere oder größere Probleme und rufen potentielle Neukunden an, um unseren erfolgreichen Vertrieb zu unterstützen. Dabei zählen Service und Kompetenz.

Wir möchten Sie kennenlernen, wenn Sie über eine kaufmännische Ausbildung oder über Erfahrung im Dienstleistungsbereich* verfügen*. Mit Ihrer angenehmen Telefonstimme sorgen* Sie bei unseren Kunden für ein gutes Gesprächsklima* und vermitteln rasche Hilfe, Professionalität und verkäuferisches Geschick*. Sind Sie flexibel mit der Arbeitszeit und verfügen auch noch über Fremdsprachenkenntnisse? Noch besser! Unser Umfeld stimmt: Ein qualifiziertes Team, faire Führung* und moderne Arbeitsplatzausstattung*.

Sie sind interessiert? Dann freuen wir uns auf Ihre aussagefähige* Bewerbung an:

**Lufthansa AirPlus
Servicekarten GmbH
Personal, Recht und Zentrale
Dienste
Claudia Krebs
Kennwort: LH-CCS
Postfach 15 52
63235 Neu-Isenburg**

http://www.airplus.de

SIEMENS

Gehören Sie auch zu den Frauen, die sich für Technik interessieren?

Dann sind Sie bei uns genau richtig.

■ ■ ■ ■ ■ ■ ■ ■ ■ ■ ■ ■ ■

Übrigens: Männer natürlich auch

Ob Kommunikations-, Umwelt-, Daten- oder Energietechnik - eine Ausbildung an der Siemens Technik Akademie eröffnet jungen Frauen und natürlich auch Männern beste Chancen für eine Karriere in technischen Berufen - auch ohne Uni.

Die Ausbildung dauert zwei Jahre, ist praxisnah und verbindet Vorteile von Studium und Lehre.

Wenn Sie mehr über die Siemens Technik Akademie wissen wollen: Unsere Infoschrift „Durchblick" liegt für Sie bereit.

Interesse? Dann fordern Sie den „Durchblick" doch einfach an. 09131/7-46160 089/722-26113

Siemens Technik Akademie
Staatlich anerkannte
Berufsfachschule

Die Schulen befinden sich in:

81379 München
Koppstraße 6

und

91052 Erlangen
Zeppelinstraße 10

Auf Stellensuche

Daniel ist Amerikaner und Gabi Berlinerin. Sie haben sich vor mehr als einem Jahr in Zürich kennen gelernt. Sie waren beide dort im Urlaub. Es war Liebe auf den ersten Blick. Daniel hat Gabi später in Berlin besucht und war von der Stadt begeistert. Als Daniel wieder in Amerika war, hat er sich entschlossen, zurück nach Berlin zu fahren und dort ein Praktikum zu machen. Wir lernen Daniel kurz nach seiner Ankunft in Berlin kennen.

Warum will Daniel in Berlin sein?

Was ist Ihrer Meinung nach am wichtigsten für ihn?

Sind Sie auch an einem Praktikum im Ausland interessiert? Welche
    Vorteile oder Nachteile erwarten Sie von dem Auslandsaufenthalt?

Vokabelvorschau

Das passende Wort.   Stellen Sie sich vor, Sie haben gerade zusammen mit Daniel die Anzeigen auf Seiten 8–11 entdeckt, aber natürlich verstehen Sie nicht jedes Wort. Entschlüsseln[5] Sie Schritt für Schritt[6] die Texte. Suchen Sie zuerst in den Anzeigen nach Wörtern, die dieselbe oder eine ganz ähnliche Bedeutung haben wie die folgenden Wörter:

[5] decode

[6] step by step

1. die Arbeit	_____	2. exzellent	_____
3. der Arbeitsplatz	_____	4. die Dokumente	_____
5. die Firma	_____	6. der Job	_____
7. normal	_____	8. das Training	_____
9. offerieren	_____	10. das Consulting	_____

Vor dem Hören

[7] applicant profile

[8] exactly, precisely

Das Anforderungsprofil.[7]   Nun sind Sie dem Inhalt der Anzeigen schon näher gekommen. Aber als Head-Hunter* müssen Sie haargenau[8] Bescheid wissen. Wie finden Sie die richtigen Personen für die ausgeschriebenen Stellen? Um Ihre Arbeit leichter zu machen, hat Ihre Firma Ihnen die folgende Tabelle gegeben. Füllen Sie nun die Tabelle mit den Informationen aus den Stellenanzeigen auf Seiten 8–11 aus.

	Bertelsmann	Siemens	Lufthansa	Meyers Chip AG
Was muss man machen?				
Wo ist der Arbeitsplatz?				
Welche Qualifikationen muss man haben?				
An wen schickt man die Unterlagen?				

Welche Stellen unter den vier Anzeigen wären für einen Head-Hunter uninteressant? Warum?

➡ *Sehen Sie dazu auch Übung I.A im praktischen Teil.*

Hörverständnis 1.1.a

Die Stellenanzeigen

Daniel liest die Stellenanzeigen in der Zeitung, denn er muss sich um eine Arbeit oder ein Praktikum kümmern, um in Berlin bleiben zu können. Er fragt Gabi, was sie zu den Stellenangeboten meint. Hören Sie sich das Gespräch zwischen Gabi und Daniel an.

1. Welche Qualifikationen muss Daniel für diese Stelle mitbringen?
2. Welche Stellenanzeige liest Gabi?
3. Warum ist diese Stelle nicht so interessant für Daniel?

➡ *Sehen Sie dazu auch Übungen I.B und C im praktischen Teil.*

---

*Head-Hunter ist die Bezeichnung für einen Personalberater, der für seinen Auftraggeber mit der Suche nach Führungskräften tätig wird.

Hörverständnis 1.1.b

[9] voraussetzen = to require, be prerequisite

Gabi und Daniel sind mit viel Interesse bei der Sache. Gabi liest Daniel ein anderes Stellenangebot vor. Hören Sie mit, was Gabi vorliest.

1. Womit muss man bei dieser Stelle arbeiten?
2. Welche Fähigkeiten setzt diese Stelle voraus[9]?
3. Warum findet Gabi diese Stelle nicht gut?

Hörverständnis 1.1.c

[10] promising
[11] sounds

Daniel entdeckt noch eine Anzeige, die viel versprechend[10] klingt.[11] Aber er möchte sie selbst lesen und nimmt Gabi die Zeitung weg. Hören Sie mit.

1. Welche Qualifikationen muss ein Kandidat für diese Stelle mitbringen?
2. Welche Stellenanzeige liest Daniel Gabi vor?
3. Wie findet er die Anzeige?

Über welche Stellenanzeige haben Gabi und Daniel nicht diskutiert? Was ist wohl der Grund dafür?

Grammatik-Spot §1.1

Präsens: Verben mit trennbaren Präfixen

[12] stem vowel change

Verben mit Stammlautänderung[12] im Präsens

Verben mit trennbaren Präfixen

*In German some verbs have internal vowel changes in the 2nd and 3rd persons singular in the present tense. If the verb has a separable prefix, it will be put at the end of the main clause. In English, this resembles the use of such verbs as "I **put** it **on**."*

ank**o**mmen
- Auslandserfahrung **kommt** immer gut **an.**
- Mit Ausreden allein **kommst** du nicht **an.**

abl**au**fen
- In einer guten Firma **läuft** immer etwas **ab.**
- Für den richtigen Job **läufst** du dir die Hacken **ab.**[13]

[13] For the right job you'll have to run until your feet are sore.

anfangen
- Ich **fange** mit dem Lebenslauf **an.**
- Du **fängst** mit dem Werdegang **an.**

ansprechen
- Ich **spreche** den Boss lieber nicht **an.**
- Die Chefin **spricht** dich zuerst **an.**

➡ *§1.1 in the grammar section will provide you with a review of such verbs, their forms, and sentence construction related to them.*

➡ *For practice, see exercises 1.1 a–d in the grammar section.*

➡ *GENAU GESEHEN: See grammar section pp. G64 on sentence construction and the position of „nicht."*

Zur Diskussion

Sie haben Ihr Studium beendet und suchen einen Job. Wie erfahren Sie, bei welchen Firmen eine Stelle frei ist? Wie entscheiden Sie, welche Stelle die Richtige ist, wenn Sie Stellenangebote für gute Jobs vergleichen? Mit wem besprechen Sie die Stellenanzeige, bevor Sie sich bewerben?

Wer bin ich?

Von Ihrem(r) Lehrer(in) bekommen Sie den Namen eines bekannten Deutschen oder Amerikaners. Sie wollen den anderen Studenten klar machen, wer Sie sind und was Sie beruflich machen. Aber Sie sagen nie direkt, wie Sie heißen oder welchen Beruf Sie ausüben. Durch Ihre Beschreibung sollten die anderen Studenten erkennen, welche Person Sie darstellen.

Traumjob

Es gibt viele Gründe, sich für einen Job zu entscheiden. In der Graphik ist dargestellt, was deutschen Studenten an einer Arbeitsstelle wichtig ist.

Warum sich Studenten für einen Arbeitgeber entscheiden

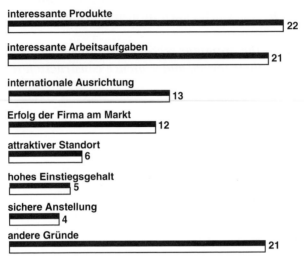

Angaben in Prozent

interessante Produkte — 22

interessante Arbeitsaufgaben — 21

internationale Ausrichtung — 13

Erfolg der Firma am Markt — 12

attraktiver Standort — 6

hohes Einstiegsgehalt — 5

sichere Anstellung — 4

andere Gründe — 21

Aus: Focus 35/99.

Mit welchen drei Wörtern würden Sie einen Traumarbeitgeber beschreiben?
Welche ist die wichtigste der drei Eigenschaften für Sie? Warum?

Beschreiben Sie nun Ihren Traumjob in Form eines kurzen Aufsatzes. Berücksichtigen Sie die folgenden Aspekte:

> Ausbildung
> Berufserfahrung
> Aufgabengebiet
> Gehalt

Internet   www.harcourtcollege.com/german/deutschimberufsalltag

Klicken Sie eine Website an, die Stellenanzeigen bietet. Gehen Sie zu „Jobs & Karriere", „Stellenanzeigen", „Stellen", „Jobbörse" oder Ähnlichem. Suchen Sie sich drei Stellen aus, die für Sie interessant sind. Drucken Sie die Stellenbeschreibungen aus. Erklären Sie schriftlich, warum jede Stelle für Sie interessant ist, und warum Sie für jede Stelle qualifiziert sind.

Anzeige für einen Traumjob

Sie gründen eine Firma und suchen einen Mitarbeiter, der den Anforderungen Ihres Traumjobs entspricht. Schreiben Sie eine Anzeige für diese Stelle aus. Berücksichtigen Sie in der Anzeige die folgenden Punkte:

Wer sind Sie?	Kurzbeschreibung der Firma
Wen suchen Sie?	Angabe der Position
Welche Aufgaben sind zu erfüllen?	Konkrete Auflistung der Kompetenzen
Erwartungen?	Ausbildung, berufliche Erfahrungen, Persönlichkeitsprofil
Was bieten Sie?	Materielle und immaterielle Leistungen[14]

[14] benefits, performance

Sind Sie die richtige Person für Ihre Anzeige? Warum oder warum nicht?

ABTEILUNG 2

Der Werdegang

Vokabelvorschau

In welchem Zusammenhang können die folgenden Wörter für eine Bewerbung wichtig sein?

[15] business administration

Abschluss   Praktikum   Kenntnisse   BWL[15] (Betriebswirtschaftslehre)

Vor dem Lesen

1. Welchen Abschluss haben Sie, wenn Sie mit der Uni fertig sind?
2. Haben Sie schon ein Praktikum absolviert? Wo und wann?
3. Welche Kenntnisse sind für Ihren Traumjob erforderlich?
4. Welches Gebiet ist Ihre Spezialität?

Daniel beschreibt seinen Werdegang

Daniel und Gabi haben lange über die Stellenanzeigen diskutiert. Es steht fest, Meyer Chip AG eröffnet die besten Aussichten. Daniel will sich bei der Firma bewerben, aber natürlich ahnt[16] er, dass die Formalitäten in Deutschland etwas anders sind.

[16] foresees

Daniel:	Wie fange ich bloß an?
Gabi:	Ja, vielleicht mit dem Lebenslauf.
Daniel:	Lebenslauf? Meinst du Résumé?
Gabi:	So ähnlich. Aber erzähle doch erst ein bisschen über deinen Werdegang!
Daniel:	Werdegang?
Gabi:	Ja, der Werdegang ist ein Aufsatz oder eine Gliederung[17] mit Details, die man normalerweise in einem Lebenslauf nicht schreibt.
Daniel:	Na, wie du schon weißt, bin ich in Utah geboren. Meine Oma kam aus Linz, und mein Opa war Soldat in Bayern, als meine Großeltern sich kennen gelernt haben. Ich habe in Utah gewohnt, bis meine Familie nach Kalifornien umgezogen ist, als ich fünf Jahre alt war. In Kalifornien habe ich die Schule besucht. Zu dieser Zeit habe ich viel Baseball gespielt und bin öfter schwimmen gegangen. Nach dem High School Abschluss habe ich an der Columbia University studiert, vor einigen Monaten dort meinen Abschluss gemacht und suche jetzt ein Praktikum hier in Berlin.
Gabi:	Und hast du Arbeitserfahrung?
Daniel:	Ja, ich habe schon in den Sommerferien gearbeitet. Das erste Mal in einer Firma, die Autoreifen[18] hergestellt hat. Dort habe ich drei Monate in der Buchhaltung gearbeitet. Im Sommer darauf war ich in der EDV-Abteilung bei IBM in Poughkeepsie tätig. Da habe ich viele neue Kontakte geknüpft und sehr viel über Fiber optics gelernt. Im letzten Sommer war ich dann hier in Europa im Urlaub und habe dich kennen gelernt.
Gabi:	Ja, wie konnte ich das vergessen?

[17] outline

[18] car tires

Fragen zum Text

1. Was ist ein Werdegang?
2. Wo haben sich Daniels Großeltern kennen gelernt?
3. Wo hat Daniel Arbeitserfahrung gesammelt?

Grammatik-Spot §1.2   # Imperfekt oder Perfekt?

Verschiedene Vergangenheiten

beim Sprechen oder Schreiben

In business as in any other context, German speakers favor the present perfect in the spoken language and tend to restrict the simple past (imperfect) to the formal style of writing. Of course, the living language always provides variations depending on the meaning. In any event, it is good to know that some verbs are irregular.

kommt–kam, ist–war

Meine Oma kam aus Linz.
Mein Opa war Soldat in Bayern.

habe gewohnt/bin umgezogen

Ich habe in Utah gewohnt.
Ich bin nach Kalifornien umgezogen.

➡ *§1.2 in the grammar section will guide you through a review of verb endings, irregular verbs with stem changes, haben vs. sein and sentence construction.*

➡ *For practice, see exercises 1.2 a–f in the grammar section.*

Aus Erfahrung

Sometimes it is confusing to know what a *Werdegang* is or what purpose it has. In reality it is a mere supplement to your *Lebenslauf.* It is normally told as a narrative in a job interview, consequently the *Perfekt* tense is used. However, in some cases it can also be required in written format to supplement details of your professional data. In this case, a German would normally use the *Imperfekt* tense. As we will see later, a German *Lebenslauf* is usually written in outline form and does not include many details pertaining to the job description.

Daniel unter der Lupe

Stellen Sie sich vor, Sie arbeiten bei Meyers Chip AG in der Personal-abteilung und Ihre Firma sucht neue Mitarbeiter. Ihr Chef möchte schriftlich eine Zusammenfassung der Bewerber haben. Daniel ist einer dieser Kandidaten. Schreiben Sie für Ihren Boss eine Zusammenfassung über Daniel. Denken Sie beim Schreiben auch daran, die Verbform im Imperfekt zu benutzen.

Schon gemacht?

Arbeiten Sie mit einem Kollegen. Ihre Tabelle ist nicht vollständig. Sie können die Informationen von Ihrem Kollegen erfragen. Kollege B findet seine Tabelle am Ende des Kapitels. Wer spielt Kollege A, wer Kollege B?

Kollege A	Daniel	Sabine	Paola	Hans-Peter
Studium abgeschlossen?	Ja	kein Studium		
Wie lange schon gearbeitet?			2 Jahre	2 Jahre
Praktikum absolviert?	bei IBM		bei AEG	
Fremdsprachen gelernt?		Englisch Spanisch	Englisch Französisch	

Ihr Werdegang?

Erzählen Sie Ihrem Partner Ihren Werdegang. Der Partner macht sich Notizen. Denken Sie daran, dass der erzählte Werdegang normalerweise im Perfekt präsentiert wird. Der Partner schreibt den Werdegang in der Form eines Aufsatzes, also im Imperfekt, nieder. Der Lehrer sammelt die Werdegänge ein und verteilt sie an andere Studenten. Lesen Sie dann den jetzigen Werdegang vor und die Studenten raten, wer beschrieben wird.

TIPP   Als Berufsanfänger präsentiert man im Werdegang einen Lebensüberblick mit Details. Wenn man schon länger im Beruf tätig ist, schreibt man normalerweise nur Informationen, die für die Anstellung[19] wichtig sind. In einem Vorstellungsgespräch[20] kommt oft die Aufforderung,[21] den Werdegang zu erzählen. Wenn man aber bereits[22] einen längeren Berufsweg mit vielen Stationen hinter sich hat und auf die berufliche Seite der Entwicklung ausführlicher[23] eingehen[24] will, sollte man den Lebenslauf durch einen beruflichen Werdegang ergänzen.[25] Das macht man dann schriftlich und meistens in Tabellenform.

[19] position
[20] job interview
[21] request
[22] already
[23] more detailed
[24] to go into something
[25] to supplement

Zur Diskussion

Gibt es in den USA etwas Vergleichbares zum Begriff[26] *Werdegang*? Was würden Sie machen, wenn Sie sich um ein Praktikum bewerben wollten? Was würden Sie der Bewerbung beifügen?

[26] expression, term, concept

ABTEILUNG 3 | # Der Lebenslauf

Vokabelvorschau

Wortkombinationen.   Im Deutschen ist es möglich zwei oder mehrere Wörter zusammen zu fügen, um ein neues Wort zu bilden, beispielsweise *Familie + Stand = Familienstand*. Das neue Wort hat das Geschlecht vom letzten Wort in der Kombination. Wenn Sie die Bedeutung eines Wortes der Kombination erkennen, ist die genaue Bedeutung leicht durch den Kontext zu erkennen. Sehen Sie sich den Lebenslauf auf Seite 22 und 23 an und geben Sie Bedeutung und Geschlecht der folgenden Wörter an.

<u>die</u> Staatsangehörigkeit_____

____Wohnort _____

____Ausbildungsdaten _____

____Fachrichtung _____

____Schulausbildung _____

____Werkstudent_____

____Berufspraxis_____

____Kaufmann_____

____Anfangstermin _____

Vor dem Lesen

Fragen Sie den Partner.   Eine Person sieht sich die Lebensläufe von Daniel und Gabi auf Seiten 22 und 23 an, die andere verwendet die Lebensläufe im Anhang auf Seiten 60 und 61. Die Lebensläufe sind nicht vollständig. Erfragen Sie die fehlenden Informationen von Ihrem Partner.

Sehen Sie sich nun Daniels amerikanisches Résumé (Seite 24) an. Wie unterscheidet es sich von seinem deutschen Lebenslauf? Nennen Sie mindestens fünf Unterschiede.

LEBENSLAUF

Daniel James Walker

_____

10629 Berlin
Tel. 030/54 232

Geburtsdatum: _____
Geburtsort: Salt Lake City, Utah, USA
Staatsangehörigkeit: amerikanisch
Familienstand: ledig

Schule
Aug. 90–Juni 94   _____, Santa Cruz, California, USA
                     Abschluss: High School Diploma

Studium
Aug. 94–Mai 99   Columbia University, New York, New York, USA
                     Studiengang: Business Administration und International
                     Business
                     Abschluss: Bachelor of Science

Berufliche Tätigkeiten
Mai 96–Aug. 96   _____, Santa Cruz, California, USA
                     Buchhalter
Mai 97–Aug.97   IBM, Poughkeepsie, New York, USA
                     _____

Besondere Fertigkeiten
                     _____
                     Deutsch gut in Wort und Schrift

Referenzen
                     Herr Lutz Zimmermann
                     Finsterwalder Str. 80
                     13534 Berlin

Berlin, den 15.8.00

Daniel Walker

Lebenslauf

Gabriela Zimmermann
Finsterwalder Str. 80
13435 Berlin

Persönliche Daten
    Geburtsdatum   24.12.1977   in_____
    Familienstand   _____
    Staatsangehörigkeit   deutsch

Ausbildungsdaten
    Schulausbildung   _____   Thomas-Mann Oberschule
                                         (Gymnasium)

    Studium   1998–jetzt   _____,
                                         Fachrichtung EDV

    Sprachkenntnisse   _____ fliessend
                                    Spanisch gut inWort and Schrift

Berufspraxis   Sommer 1999 Praktikum _____, Berlin

Berlin, den_____

Gabriela Zimmermann

Résumé

Daniel J. Walker
Current Address
Sybelstr. 2
10629 Berlin
(030) 54 232

Objective: To obtain an entry-level internship in the area of business
                    administration and/or information systems

Education: B.S. in business administration; minor in information systems
                    Columbia University
                    New York City, NY
                    Aug. 94–May 99

                    Centennial High School
                    Santa Cruz, CA
                    Aug. 90–June 94
                    Graduated in June 1994

Relevant Courses: Computer Science (Windows, Excel, Minitab, Turbo Pascal),
                    Business Environments, Advanced Accounting Management,
                    Information Systems, Macro/Micro Economics, Advanced
                    Business German courses

Skills: Competent in Microsoft Office, Windows 95, 98 or NT
                    Very skilled with the Internet
                    Advanced Web building skills
                    Typing (60 words per minute)

Experience: Systems Analyst at IBM, Poughkeepsie, NY
                    May 97–Aug. 97
                    Responsible for a group of five systems analysts working on the
                    development of a new systems analysis program

                    Bookkeeper at Millers Tire, Santa Cruz, CA
                    May 96–Aug. 96
                    Responsible for all bookkeeping while the regular bookkeeper was
                    on maternal leave

Activities/Honors: Accounting Management Association
                    Information Technology Club
                    Phi Eta Sigma Honor Society

KULTUR-ASPEKTE

Lebenslauf und Werdegang

In Deutschland gibt es den Werdegang und den Lebenslauf. Der Werdegang und der Lebenslauf präsentieren Stationen Ihres Lebens, aber der Werdegang besteht aus mehr Einzelheiten,[27] und wird öfter erzählt, beispielsweise in einem Vorstellungsgespräch. Früher wurde der Lebenslauf in Aufsatzform[28] und meist mit der Hand geschrieben, aber heute wird er normalerweise in Tabellenform[29] getippt. Selten wird noch ein handschriftlicher[30] Lebenslauf verlangt, und wenn doch, dann will die Firma Ihre Handschrift von einem Graphologen[31] interpretieren lassen. Der Graphologe führt eine Handschriftanalyse durch, um Persönlichkeitszüge[32] in der Handschrift zu erkennen. Diese Erkenntnisse können dem Personalchef helfen, den richtigen Kandidaten für die Stelle zu finden.

Der Werdegang gibt einen detaillierteren Überblick[33] der persönlichen oder beruflichen Entwicklung.[34] Für Berufsanfänger ist der Werdegang eher eine persönliche Lebensgeschichte, aber für Leute, die schon länger im Beruf sind, ist es eine detaillierte Ergänzung des Lebenslaufs, womit sie das Persönlichkeitsbild erweitern. Der Lebenslauf hingegen beschränkt sich nur auf die berufliche Karriere. Wenn der Lebenslauf in Tabellenform geschrieben ist, hat der Arbeitgeber[35] eine bessere Möglichkeit, Ihren Lebenslauf mit anderen zu vergleichen. Was nicht im Lebenslauf steht, existiert für den Personalchef auch nicht. Der tabellarische Lebenslauf enthält die persönlichen Daten (z.B. Familienstand, Geburtsdatum, Eltern usw.), die Schul- und Berufsausbildung, die Berufspraxis, die Weiterbildung,[36] und „Sonstiges".[37] „Sonstiges" bezieht sich auf Kenntnisse und Fähigkeiten, die nicht unbedingt zum Profil gehören, aber für den Arbeitgeber von Interesse sein könnten (z.B. Ausbildung in erster Hilfe, EDV-Kenntnisse, sportliche oder musische Betätigungen, soziale Aktivitäten). Bewerber, die sich um einen Ausbildungsplatz[38] oder ein Praktikum bemühen und noch nicht volljährig[39] sind, geben Namen und Beruf der Eltern, manchmal auch Geschlecht und Alter ihrer Geschwister an.

Der Lebenslauf sollte in drei Gruppierungen aufgeteilt werden:

Persönliche Daten

Ausbildungsdaten

Berufspraxis

[27] details
[28] essay format
[29] table format
[30] handwritten
[31] graphologist, hand writing analyst
[32] personality traits
[33] overview
[34] professional development
[35] employer
[36] continuing education
[37] miscellaneous
[38] job training position
[39] of age

Jede Gruppierung sollte zwei Spalten haben.

Schulausbildung   1971–1977 Grundschule in Berlin

In den Gruppierungen Ausbildung und Berufspraxis beginnt die Reihenfolge der Daten mit dem ältesten Datum und hört mit dem jüngsten auf.

Zum Schluss datiert und unterschreibt man den Lebenslauf.

Mit Auszügen aus: Dieter Dröll. 1996. Die Bewerbung und das Vorstellungsgespräch. *Frankfurt am Main: Societäts-Verlag. Und Hans Friedrich. 1995.* Lebenslauf und Bewerbung. *Niedernhausen/Ts: Falken Taschenbuch.*

Bürowitz

Der junge Mann steht recht selbstbewusst[40] vor dem Personalchef. „So, Sie wollen bei uns arbeiten?" fragt der. „Was können Sie denn?"

„Nichts", erklärt der Bewerber achselzuckend.[41]

„Tut mir Leid", beendet der Personalchef das Gespräch, „die gutbezahlten Positionen sind schon vergeben."[42]

[40] self-confident
[41] shrugging his shoulders
[42] already filled

Fragen zum Text

Wählen Sie das Wort, das am Besten passt.

1. Der Werdegang und der Lebenslauf stellen _____ des Lebens dar.

         Stationen   Stufen   Orte

2. Man schreibt den Lebenslauf in _____.

         Aufsatzform   Tabellenform   Form einer Erzählung

3. Die Handschrift wird von einem _____ interpretiert.

         Pathologen   Genealogen   Graphologen

4. Der Werdegang gibt einen Überblick der _____.

         persönlichen   physischen   sozialen
         Entwicklung   Entwicklung   Entwicklung

5. Der Arbeitgeber will den Lebenslauf mit anderen Lebensläufen _____.

         vergleichen   verbessern   verarbeiten

6. Kenntnisse und _____ sind ein Teil von „Sonstiges"

         Fertigkeiten   Gewohnheiten   Wissen

7. Der Lebenslauf besteht aus drei Teilen: persönliche Daten, _____ und Berufspraxis.

         Schulbildungsdaten   Ausbildungsdaten   Universitätsdaten

8. Man _____ den deutschen Lebenslauf.

         verschreibt   beschreibt   unterschreibt

Lebensläufe

Verfassen Sie Ihren eigenen Lebenslauf auf Deutsch.

Die Bewerbung

ABTEILUNG 4

Vokabelvorschau

Was sagen Ihnen die folgenden Wörter?   In welchem Zusammenhang könnten sie in Gabis Gespräch mit ihrem Vater vorkommen?

Lichtbild	ungekämmte Haare	Fotoautomat	abgemacht
Fähigkeit	Praktikantenstelle	Fertigkeit	erwähnen

Hörverständnis 1.4

Das Telefongespräch

Gabi will Daniel weiterhelfen und ruft ihren Vater an. Sie will ihn um
Hilfe für Daniel bitten. Hören Sie sich das Telefongespräch zwischen Gabi
und ihrem Vater an.

Was sind die fünf Tipps von Gabis Vater?

Hören Sie sich das Gespräch noch einmal an. Achten Sie dieses Mal
darauf, warum Daniel die Tipps beachten soll.

Warum meinen Sie, dass die fünf Tipps wichtig für Daniels Bewerbung
sind?

Vor dem Lesen

Vorschläge zur Bewerbung. Zu welchem Kandidaten passen die
unten aufgelisteten Bewerbungstipps? Manchmal passt derselbe Tipp zu
mehreren Berufen. Begründen[43] Sie Ihre Antworten.

[43] give reasons, justify

Büroangestellte	Dressman	Mechaniker

Fotomappe mitschicken

EDV-Kenntnisse angeben

Foto an den Lebenslauf heften

Fremdsprachenkenntnisse angeben

Größe und Gewicht angeben

Ausbildung angeben

Fotositzungen auflisten

praktische Erfahrung in der Werkstatt erläutern

zusätzliche Fachkurse erwähnen

dezent angezogen zum Vorstellungsgespräch erscheinen

[44] regarding — Fertigkeiten bezüglich[44] Textverarbeitung und Maschinenschreiben angeben

Zeugnisse beilegen

➡ ***Sehen Sie dazu auch Praktische Übung 1.D.***

So viel Arbeit mit der Bewerbung

Nach dem Gespräch mit ihrem Vater trifft sich Gabi mit Daniel. Sie erzählt ihm, dass ihr Vater gute Vorschläge für ihn hat und dass sie am Sonntag zu Kaffee und Kuchen kommen sollen. Daniel freut sich darüber, findet es aber ein bisschen spät, denn er ist ungeduldig und sehr aufgeregt und will nicht warten.

Daniel: Also, in Amerika muss man ein formloses Bewerbungs-schreiben mitschicken.

Gabi: Hier auch.

Daniel: Und noch dazu ein Résumé.

Gabi: Na gut, hier einen Lebenslauf mit Passfoto.

Daniel: Das ist aber nicht politisch korrekt. Wenigstens nicht in Amerika.

Gabi: Warum?

[45] race — Daniel: Man kann daran beispielsweise sehen, wie alt der Kandidat ist oder welcher Rasse[45] er angehört. Und solche Diskriminierung ist in Amerika illegal.

Gabi: Gut, das mag sein, aber hier muss man eins mitschicken.

Daniel: Und wenn ich das nicht tue?

Gabi: Ohne Lichtbild sind deine Unterlagen nicht vollständig. Wenn deine Bewerbung nicht komplett ist, bearbeitet man sie nicht.

Daniel: Das kann doch nicht wahr sein!

Gabi: Doch! Das Passbild soll oben rechts an den Lebenslauf geheftet sein. Hinten auf dem Bild müssen Name und Adresse stehen.

Daniel: Na gut.

Gabi: Wenn du wirklich eine Stelle haben willst, musst du alles ganz richtig und ordentlich machen. Und das Foto soll offiziell aussehen. Am besten trägst du einen Anzug mit Schlips.

Daniel: Das ist kein Problem! Noch etwas?

Gabi: Du brauchst außerdem Zeugnisse von deinen früheren Arbeitgebern.

Gabi erzählt Daniel, dass er noch Zeugnisse vorweisen muss. Sie erklärt ihm, dass ein Zeugnis ein Schreiben vom ehemaligen Arbeitgeber ist, in dem der Arbeitgeber erklärt, wie Daniel seine Arbeit erledigt hat. Es ist eine Art schriftliche Empfehlung. Daniel reagiert skeptisch darauf, denn in Amerika wird so etwas oft nur telefonisch erklärt.

Daniel: Ach, wie kompliziert! Aber per Internet geht es ja schnell.

Gabi: Und vergiss nicht die Handschriftprobe.

Daniel: Wozu denn das?

Gabi: Weil die Firma sich ein Bild von deinem Charakter machen will. Dazu haben sie Experten. Außerdem brauchst du noch Referenzen.

Daniel: Mensch, wenigstens das ist wie in Amerika.

Gabi: Und eine komplette Mappe. Du musst den Lebenslauf, die Zeugnisse und die Referenzen in dieser Reihenfolge in die Mappe tun und das Bewerbungsschreiben obendrauf legen.

Daniel: Na gut. Weißt du, wo ein Fotoautomat ist?

Gabi: Automat? Nein, da gehst du lieber ins Studio.

➡ **Sehen Sie dazu auch Übungen I.E und F im praktischen Teil.**

Fragen zum Text

1. Welche Unterlagen braucht Daniel?
2. Wo sollte man das Passbild nicht machen lassen?
3. Was ist ein Zeugnis?

Grammatik-Spot §1.3   ## *Wenn, als, falls* oder *wann?*

Wann benutzt man *wenn, als, falls* oder *wann?*

The use of these four words can be confusing. The simple rules are: **wenn** *is equivalent to* **when** *if it is not used for a question of time* *(direct or indirect).* **Als** *is always used for events in the past.* **Falls** *is used for unsure situations as* **if** *in English. And* **wann** *is used for questions of time (direct and indirect).*

> Wir sind nach Kalifornien umgezogen, **als** ich fünf Jahre alt war.
> **Wenn** deine Bewerbung nicht komplett ist, bearbeitet man sie nicht.

➡ *§1.3 in the grammar section will clarify the difference between these four words and help you use them correctly by meaning.*

➡ *For practice, see exercises 1.3 a and b in the grammar section.*

Aus Erfahrung

Several items mentioned so far must certainly surprise you! However, if you do not follow the outlined rules exactly, your job application has no chance of even being considered. One of the first things a boss will look for in a job application file is the photo. Be assured that your appearance and the quality of the photo do play an important role in the decision-making process. And be extremely careful to sign your résumé. Your signature functions as a guarantee that all of the included information is correct.

Exactly how your résumé should be set up depends on what source you use. The structure of the main part is pretty much the same throughout: Education and Job Experience. The personal data section, however, will vary depending on who is receiving your résumé. You can be sure that if you do not include your birthplace and date, your application will not be considered. However, whether you include the names of your parents or your religious affiliation will depend on the job you are applying for or where the job is located. Some German professionals advise that young people applying for an internship or an apprenticeship should include the names of their parents and their parents' professions. When applying for a job outside of any of the larger cities or in a rural area, it is not uncommon to include your religion.

Zeugnis für den Lehrer

Auf Seite 32 finden Sie ein Standardzeugnis. Benutzen Sie dieses Formular und schreiben Sie ein Zeugnis für Ihren Lehrer.

Zeugnis   MEYERS CHIP AG

_____

Herr / Frau _____

geboren am _____

ist bei uns seit _____ als _____ tätig.

(Reihenfolge der Tätigkeiten)

(Letztes Arbeitsgebiet)

* continuing
education

(Fortbildung* und Personalentwicklung)

* evaluation of per-
formance

(Beurteilung der Leistungen*)

* evaluation of
behavior

(Beurteilung des Verhaltens*)

* to leave

Herr / Frau _____ scheidet* am (wegen _____) auf eigenen
Wunsch (zu unserem Bedauern) aus unserem Unternehmen aus.
(Dank)
(Wünsche)

Unternehmensbezeichnung

Unterschrift   Ort, Datum

Ihre Bewerbungsmappe

In Deutschland wird erwartet, dass Sie Ihre Bewerbungsunterlagen in eine Plastikmappe legen, bevor Sie alles einreichen. Was würden Sie in Ihre Bewerbungsmappe legen? Schreiben Sie eine Liste der Unterlagen, die Sie mitschicken würden.

Zur Diskussion

Wie unterscheidet sich ein deutscher Lebenslauf von einem amerikanischen Résumé?

Warum will eine deutsche Firma eine Handschriftprobe? Warum sind deutsche Firmen an solchen Informationen interessiert? Was sagt dies über die deutsche Gesellschaft aus?

Vor dem Lesen

Die amerikanische Bewerbung.   Sie haben eine(n) internationale(n) Studentin(en) an Ihrer Uni kennen gelernt, und er/sie hat Sie um Hilfe bei einer Stellenbewerbung in den USA gebeten. Er/sie hat einige Fragen zu einer amerikanischen Bewerbung. Wie würden Sie seine/ihre Fragen beantworten?

1. Was ist ein Bewerbungsschreiben?
2. Welche wichtigen Informationen enthält ein amerikanisches Bewerbungsschreiben?
3. Wenn Sie nicht wissen, wie eine amerikanische Bewerbung anzulegen ist, wo können Sie es erfahren?

KULTUR-ASPEKTE

Das Bewerbungsschreiben

Das Bewerbungsschreiben in Deutschland fungiert[46] als Deckblatt[47] der Bewerbung. Die Vorgaben,[48] wie ein solches Schreiben aussehen soll, sind je nach Quelle[49] verschieden. Manche Bewerber nehmen ihr Schreiben als Gelegenheit, für sich zu werben. Falls man diese Strategie wählt, sollte man Gründe darlegen, warum man für die ausgeschriebene Stelle[50] der richtige Bewerber ist. Das kann man am besten durch die Darstellung[51] der Persönlichkeitsentwicklung[52] anhand wichtiger Berufsstufen verdeutlichen.[53] Dies sollte aber keine Wiederholung[54] des Lebenslaufs oder des Werdegangs sein, sondern eine Darstellung der wichtigen Stationen und Tätigkeiten, die Ihre Eignung[55] für diese Stelle unterstützen. Fassen Sie sich kurz![56] Geben Sie auch hier eine Aufzählung[57] Ihrer besonderen Kenntnisse, Fähigkeiten und Fertigkeiten. Am Ende folgt eine Aufzählung der Anlagen wie Foto, Lebenslauf, Zeugnisse usw. Ein Beispiel davon finden Sie auf Seite 34.

[46] functions
[47] cover letter
[48] sample, guidelines
[49] source
[50] advertised position
[51] presentation
[52] personality development
[53] illustrate, make clear
[54] repetition
[55] aptitude
[56] Be concise!
[57] enumeration

Daniel Walker
Sybelstr. 2
10629 Berlin
Tel. 030/54 232

Meyers Chip AG
z.H v. Frau Ulrike Hase
Plänterwald 123-28
12437 Berlin

Berlin, den 12.9.00

Ihre Anzeige in der Berliner Morgenpost vom 30.8.00

Sehr geehrte Frau Hase,

aus Ihrer Anzeige entnehme ich, dass Ihre Firma talentierte Praktikanten sucht. Vor drei Monaten habe ich mein Studium in Business Administration und International Business an der Columbia University in New York City mit der Durchschnittsnote* von 3,8[†] abgeschlossen und suche jetzt ein herausforderndes und verantwortungsvolles Praktikum zum frühestmöglichen Zeitpunkt. Da mir Ihre Praktikantenstelle anspruchsvoll und interessant erscheint, möchte ich mich bei Ihnen bewerben.

Ich glaube, dass ich Ihre Anforderungen durch meine Qualifikationen, meine praktischen Berufserfahrungen und meine persönlichen Eigenschaften erfülle. In den Sommerferien habe ich jeweils drei Monate bei Miller Tire Co. und IBM gearbeitet. Bei Miller Tire Co. habe ich die Vertretung für einen Schwangerschaftsurlaub* übernommen. Zu meinen Aufgaben gehörte die komplette Buchhaltung der Firma. Bei IBM war ich in der EDV-Abteilung tätig und für die Durchführung von Systemanalysen verantwortlich. Meine Muttersprache ist Englisch, und meine Deutschkenntnisse sind hervorragend.

Neben Belastbarkeit* und Verantwortungsbereitschaft* verfüge ich über Organisationstalente und Kreatvität. Ich arbeite gern mit Menschen in einem Team zusammen.

Ich würde mich über eine Gelegenheit zu einem Vorstellungsgespräch freuen.

Mit freundlichen Grüßen

Daniel Walker

Anlagen:
Foto
Lebenslauf

* average grade
[†] amerikanischer Durchschnitt

* maternal leave

* ability to work under stress
* readiness to take on responsibility

Eine andere Variante ist, das Schreiben kurz zu halten. Es sollte aber auch die genaue Anschrift des Bewerbers und die des Empfängers enthalten. Die Mitteilung, dass man sich um die ausgeschriebene Position bewirbt, muss im Text stehen. Die Details sind hier nicht notwendig, denn diese stehen in den anderen Unterlagen. In dieser Variante geht man davon aus, dass der/die Personalchef(in) erst einen Überblick über die verschiedenen Bewerbungen haben will. Normalerweise überfliegt man das Bewerbungsschreiben nur. So ein Beispiel finden Sie auf Seite 35.

Martina Bauer
Hansaplatz 12
20154 Hamburg

Metallhaus GmbH
Leopoldplatz 26
81236 München

den 12.3.00

Sehr geehrte Damen und Herren,

hiermit bewerbe ich mich um die bei Ihnen ausgeschriebene Stelle als Kauffrau. Zur
Zeit bin ich Vertriebsleiter in einer bekannten Firma der Pharmabranche*.
Ich bitte Sie, meine Eignung anhand der beigefügten Unterlagen zu prüfen.
Für ein persönliches Gespräch stehe ich jederzeit zur Verfügung.

Mit freundlichen Grüßen

Martina Bauer

Martina Bauer
Anlagen:
Lichtbild
Lebenslauf
Zeugnisse

* pharmaceutical
industry

Richtig oder falsch?

Begründen Sie Ihre Entscheidung mit der passenden Stelle im Text.

_____1. Ein Bewerbungsschreiben braucht ein Deckblatt.

_____2. Im Bewerbungsschreiben erklärt man, warum man für die Arbeit
geeignet ist.

_____3. Dieses Schreiben soll eine gute Wiederholung des Lebenslaufs
oder des Werdegangs sein.

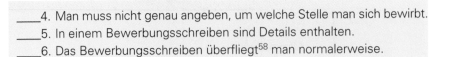

_____4. Man muss nicht genau angeben, um welche Stelle man sich bewirbt.

_____5. In einem Bewerbungsschreiben sind Details enthalten.

[58] take a quick look, glance through

_____6. Das Bewerbungsschreiben überfliegt[58] man normalerweise.

Grammatik-Spot §1.4

Der Gebrauch von *man*

Wie man etwas ganz unpersönlich sagen kann

The German **man** *translates into English in most cases as "one". It is an especially useful linguistic device in business German since it conveys a neutral or impersonal business tone. It provides you with a good device to express rules or commands without directly invading personal space.*

Falls **man** diese Strategie wählt, sollte **man** Gründe darlegen, warum **man** für die ausgeschriebene Stelle der Richtige ist.

Das kann **man** am besten durch die Darstellung der Persönlichkeitsentwicklung verdeutlichen.

➡ *§1.4 in the grammar section explains the use of this construction.*

➡ *For practice, see exercises 1.4 a and b in the grammar section.*

➡ *GENAU GESEHEN: See grammar section pp. G13-G14 on the gender and plural of nouns.*

Zur Diskussion

Was sind die Vorteile von dem langen Bewerbungsschreiben? Vom kurzen? Wann kann man am besten die lange Form benutzen? Und die kurze?

Ihr Bewerbungsschreiben

Sehen Sie sich die Internet-Anzeige für Praktika genau an und schreiben Sie ein Bewerbungsschreiben an die Henkel KGaA.

Praktika

Bewerbung

Bitte senden Sie uns komplette Bewerbungsunterlagen. So helfen Sie uns, gleich Einsatzmöglichkeiten für Sie zu erkennen, die Ihren Vorstellungen und Fähigkeiten am besten entsprechen. Außerdem kann auf diese Weise das Bewerbungsverfahren schnell abgewickelt*werden.

*processed

*when applicable

Ansprechpartner

Henkel KGaA
Frau Frauke Dietrich
PPM/Personalmarketing
40191 Düsseldorf
Telefon: 0211 / 797-3241
Telefax: 0211 / 798-2313

Bewerbungsfristen

Bitte bewerben Sie sich sechs Monate vor dem Termin, an dem das Praktikum beginnen soll.

Ausnahme: Für ein Praktikum, das im Frühjahr beginnen soll, schicken Sie bitte Ihre Bewerbung ab November des Vorjahrs.

- Anschreiben
- Angabe des gewünschten Einsatzgebiets
- Angabe des gewünschten Zeitraums
- Lebenslauf
- Lichtbild
- Zeugnisse über den Schulabschluß und gegebenenfalls*über das Vordiplom
- Zeugnisse über eventuelle frühere Praktika

Bei Bewerbungen für ein Auslandspraktikum:

- Nachweis über Sprachkenntnisse (TOEFL o. ä.)
- Anschreiben und Lebenslauf in der jeweiligen Landessprache

Vor dem Lesen

1. Warum würden Sie ein Praktikum machen wollen?
2. Welche Firmen bieten normalerweise Praktika?
3. Was macht man bei einem Praktikum in Amerika?
4. Wie sieht es mit der Bezahlung von Praktika aus?
5. Welche Gründe sprechen für ein Praktikum im Ausland?

AUS DER BETRIEBSPRAXIS

Praktikant[59] oder Werkstudent[60]?

In Deutschland kann Daniel als Praktikant oder Werkstudent arbeiten. Was aber ist der Unterschied? Für beide Anstellungsverhältnisse[61] muss man Student sein, aber Status und Arbeiten unterscheiden sich grundlegend.[62] Werkstudenten arbeiten für eine längere Zeit in einem Betrieb, Praktikanten dagegen auf begrenzte[63] Zeit (z.B. drei bis sechs Monate) bei einer Firma. Praktikanten absolvieren das Praktikum im Fach, das sie studieren. Werkstudenten können auch außerhalb ihrer Studienfächer tätig sein. Werkstudenten werden für ihre Leistung[64] bezahlt, Praktikanten normalerweise nicht. Praktikanten arbeiten 40 Stunden die Woche, ausländische Werkstudenten dürfen im Semester nicht mehr als 20 Stunden pro Woche arbeiten, in den Semesterferien maximal 40 Stunden.

In jüngster Vergangenheit passiert es in Deutschland öfter, dass Werkstudenten nach dem Studium keine Stelle finden. Dann bleiben sie weiterhin[65] Werkstudenten und arbeiten für billigen Lohn. Für die Firmen ist das günstig, denn sie brauchen keine weiteren Ingenieure einzustellen. Für Werkstudenten muss die Firma beispielsweise keine Krankenversicherung,[66] Rentenabgaben[67] oder dergleichen zahlen, und Werkstudenten können oftmals dieselbe Arbeit wie eine ausgebildete Fachkraft[68] machen.

Welche Vor- und Nachteile haben Praktikanten und Werkstudenten?

[59] intern
[60] working student
[61] contractual relationship between employer and employee
[62] fundamentally
[63] limited
[64] performance
[65] still longer
[66] health insurance
[67] pension contributions
[68] skilled worker

	Werkstudenten	Praktikanten
Vorteile	_____	_____
	_____	_____
	_____	_____
	_____	_____
	_____	_____

Nachteile _____   _____
           _____   _____
           _____   _____
           _____   _____
           _____   _____

WIR SIND DAS TEAM, DAS SIE ERSETZEN SOLL, UM DIE GESCHÄFTSPROZESSE ZU BESCHLEUNIGEN.

© Thomas Uhlig

ABTEILUNG 5 # Vorbereitung aufs Gespräch

Vor dem Hören

Daniel kommt nach Hause und sieht, dass der Anrufbeantworter blinkt. Es sind vier Anrufe auf dem Band. Er spielt die ersten drei durch, aber erst die vierte Mitteilung ist für ihn interessant. Die Personalabteilung hat eine Nachricht hinterlassen.[69]

[69] left a message

1. Warum hat jemand aus der Personalabteilung Daniel angerufen?
2. Welche Firma hat wahrscheinlich angerufen?
3. Was könnte der Inhalt der Nachricht sein?

Hörverständnis 1.5.a

Die Nachricht

Hören Sie, was auf dem Band steht, und füllen Sie danach die folgende Tabelle aus.

	Die Nachricht
Von wem?	
Für wen?	
Grund?	
Bitte?	
Sonstiges?	

Vor dem Hören

Treffer! Und was jetzt?   Daniel ist sehr aufgeregt über Frau Hases Nachricht. Er will sich sofort bei ihr melden. Was spricht Daniel für Frau Hase aufs Band, falls sie sich nicht meldet? Überlegen Sie mit einem Partner, was Daniel aufs Band sagen könnte und schreiben Sie es auf.

Hörverständnis 1.5.b

Hier spricht der Anrufbeantworter

Sie rufen drei Firmen an und erreichen nur die Anrufbeantworter, auf dem Sie die folgenden Ansagen hören. Hören Sie sich die Ansagen an und ergänzen Sie die folgenden Notizen.

A. Guten Tag, Sie sind mit dem automatischen _____ von der Steuerberaterin Monica Wenz _____. Wenn Sie eine kurze Nachricht mit Namen und Rufnummer _____, melden wir uns umgehend[70] zurück. Auf Wiederhören.

B. Guten Tag, Siemens AG Berlin, _____, Martins. Leider bin ich im Moment nicht _____. Wenn Sie Ihre Nachricht hinterlassen, melde ich mich _____ zurück.

C. Blumenhaus Tausendschön. Guten Tag. Leider rufen Sie _____ unserer Öffnungszeiten Mo.–Fr. 7.00–19.00, Sa. 8.00–13.00 an. Bitte _____ Sie unseren Anrufbeantworter, um uns eine _____ zu hinterlassen. Wir rufen Sie umgehend zurück. Danke schön.

[70] promptly

Aus welchem Grund haben Sie dort angerufen? Welche Ansage passt zu welcher Situation?

_____1. Sie möchten eine Bestellung aufgeben.

_____2. Sie möchten sich wegen Ihrer Bewerbung erkundigen.

_____3. Sie möchten etwas über Ihre finanzielle Situation erfahren.

_____4. Sie möchten Informationen für Ihren Urlaub bekommen.

➡ *Sehen Sie dazu auch Übung I.G im praktischen Teil.*

Vor dem Hören

Wortkombinationen.   Wie passen diese Wörter zusammen? Besprechen Sie sie mit Ihren Mitstudenten.

Besprechung	Gelände	Bemühungen	sich melden
Haltestelle	Betrieb	sich befinden	Wirtschaftsteil

Bilden Sie Sätze mit den Wörtern!

Hörverständnis 1.5.c

Daniel vereinbart[71] ein Vorstellungsgespräch

[71] makes an appointment

Daniel freut sich. Die Bemühungen haben sich gelohnt. Am nächsten Morgen ruft er Frau Hase an, aber es meldet sich niemand, nur der Anrufbeantworter springt an! Daniel hatte sich vorher alle Worte zurechtgelegt, die er Frau Hase sagen wollte, aber nun muss er alles aufs Band sprechen.

1. Warum ist Frau Hase nicht sofort ans Telefon gegangen?
2. Was will Frau Hase mit Daniel vereinbaren?
3. Wann wird Daniel bei Frau Hase erwartet?

➡ *Sehen Sie zur Gesprächsvorbereitung Übung I.H im praktischen Teil.*

Grammatik-Spot §1.5 # Modalverben

Verschiedene Modalitäten etwas auszudrücken

Similar to the English language, German uses different verbs to express different forms of modality. In most cases, the German verb corresponds rather well in meaning and use to the English equivalent.

Er **muss** alles aufs Band sprechen.
Er **wollte** Frau Hase alles sagen.

➡ *§1.5 in the grammar section provides an overview of these verbs, their forms, and uses.*

➡ *For practice, see exercises 1.5 a–c in the grammar section.*

➡ *GENAU GESEHEN: See grammar section p. G16 on modal auxiliaries and past tense.*

Zur Diskussion

Wie und wo können Sie Informationen über eine Firma sammeln, wenn Sie es bis zum Vorstellungsgespräch geschafft haben? Welche Informationen sind wichtig? Kennen Sie sich mit Aktien[72] aus? Was sagt der Aktienstand über die Firma aus?

[72] stocks shares

Hörverständnis 1.5.d

Wie komme ich da hin?

Hören Sie sich den Dialog noch einmal an und zeichnen Daniels Weg vom Bahnhof zum Werk auf der Berliner Stadtkarte auf Seite 43 ein.

➡ *Sehen Sie dazu auch Übung 1.I im praktischen Teil.*

Internet   www.harcourtcollege.com/german/deutschimberufsalltag

Daniel wohnt in der Sybelstraße 2 im Bezirk Charlottenburg, und Meyers Chip AG liegt im Bezirk Treptow. Wie kann Daniel am besten zur Firma gelangen? Er hat kein Auto und muss mit dem öffentlichen Nahverkehr fahren.

Geben Sie **BVG** in eine deutsche Suchmaschine ein, um die aktuelle Adresse zu bekommen. Sie wollen jetzt erfahren, wo genau Daniel in Berlin wohnt. Suchen Sie auf der Website die Stelle, durch die Sie Adressen lokalisieren können. In diesem Fall ist es die Sybelstraße 2.

1. Was ist näher gelegen, die S-Bahn- oder die U-Bahnstation?
2. Wie heißt die nächstgelegene Station?

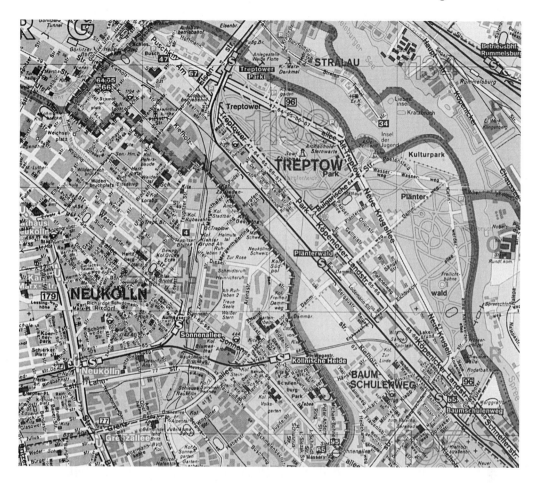

Machen Sie dasselbe für Plänterwald 123, PLZ 12437.

Stellen Sie sich vor, Sie sind Daniel und müssen morgen früh um 7.30 bei der Arbeit sein. Wann müssen Sie losfahren? Gehen Sie wieder zu Ihrer Website für den öffentlichen Nahverkehr in Berlin und geben Sie Ihren Abfahrtsbahnhof, Ankunftsbahnhof und die gewünschte Ankunftszeit ein, um zu erfahren, wann Sie losfahren müssen.

1. Was ist am günstigsten, die S-Bahn, die U-Bahn, die Straßenbahn oder der Bus?

[73] change trains

2. Wo muss er umsteigen?[73]
3. Wie lange dauert seine Fahrt zu Meyers Chip AG?
4. Wann muss er abfahren, um genau um 14:30 Uhr bei Meyers Chip AG zu sein?

Zeichnen Sie Daniels Fahrtroute auf das BVG-Streckennetz auf dieser Seite ein. Markieren Sie den Startbahnhof und den Endbahnhof mit einem Stern.

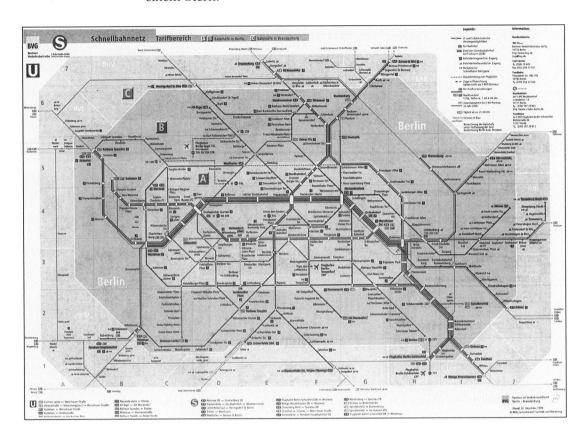

Vor dem Lesen

Was bedeuten die folgenden Ausdrücke: *Kurz vor dem Gespräch, Die Gesprächssituation,* und *Im Gespräch?*
Was könnte in jeder dieser Situationen ablaufen?

AUS DER BETRIEBSPRAXIS

Kurz vor dem Vorstellungsgespräch

Oft muss der Bewerber vor seinem Vorstellungsgespräch im Vorzimmer einige Minuten warten, bis er zum Gespräch hereingebeten[74] wird. In dieser

[74] to be asked in

[75] to behave

[76] walking back and forth

[77] *verzichten auf* = to do without

[78] impression

[79] furnishings

[80] contact

[81] boss, supervisor

[82] to state

[83] technical person

[84] ascertained

[85] checked

[86] technically

[87] suited

[88] entering

[89] wisdom

[90] decisive

[91] obtrusive

[92] considered, thought through, thoughtful

[93] hurried

[94] eagerly

Zeit soll der Bewerber sich der Sekretärin gegenüber freundlich und korrekt verhalten,[75] und auf ein nervöses Hin- und Hergehen[76] verzichten.[77] Manchmal fragt der Chef später die Sekretärin, wie ihr Eindruck[78] vom Kandidaten war. Diese Wartezeit kann auch gut genutzt werden, um einen Eindruck von der Firma zu gewinnen; beispielsweise die Ausstattung[79] des Warteraums und der Umgang[80] der Mitarbeiter untereinander oder mit dem Vorgesetzten[81] können viel über eine Firma aussagen.[82]

Die Gesprächssituation

Wenn Sie ein Vorstellungsgespräch in Deutschland haben, was sollten Sie erwarten? In grösseren Unternehmen werden Sie vom Personalchef interviewt und später von einer Fachkraft.[83] Im Gespräch mit dem Personalchef wird festgestellt,[84] ob der Bewerber für die Stelle infrage kommt. Später wird von der Fachkraft überprüft,[85] ob der Bewerber für den Job fachlich[86] geeignet[87] ist.

Im Gespräch

Sie grüßen alle freundlich beim Betreten[88] des Raumes, und Sie stellen sich mit Nachnamen vor. Nicht vergessen, dass Ihr Verhalten beim Betreten des Raumes und danach im Zimmer Eindruck machen soll. Eine alte Weisheit[89] sagt: der erste Eindruck ist der entscheidende.[90] Wenn Sie den Namen Ihres Gesprächspartners nicht verstanden haben, fragen Sie nach. Er wird es gut finden, wenn Sie ihn immer mit dem Nachnamen ansprechen. Zeigen Sie Interesse, aber seien Sie nicht aufdringlich.[91] Ruhige und überlegte[92] Antworten bringen Ihnen mehr als hastige[93] oder spontane. Antworten Sie bereitwillig[94] auf alle Fragen. Schauen Sie während des Gespräches die Personen offen und freundlich an. In Deutschland ist ein guter Blickkontakt wichtig. Wenn Sie oft oder lange wegschauen, könnte der Gesprächspartner denken, dass Sie unsicher sind.

Mit Auszügen aus: Dr. Wolfgang Reichel. 1997. Vorstellungsgespräche. Niederhausen/Ts: Falken Verlag.

Fragen zum Text

Richtig oder falsch?

_____1. Der Personalchef überprüft die fachlichen Qualifikationen der Bewerber.

_____2. Im Warteraum soll man sich ruhig verhalten und nicht hin- und herlaufen.

_____3. Wenn man den Raum betritt, grüßt man alle Personen im Raum.

_____4. Beim Betreten des Zimmers ist der erste Eindruck nicht so maßgebend.[95]

_____5. Es ist sehr gut, wenn man seinen Gesprächspartner mit Namen anredet.

_____6. Man soll immer spontan auf die Fragen reagieren.

_____7. Blickkontakt in Deutschland ist nicht so wichtig.

[95] decisive

Rollenspiele

Situation 1: Sie sind zum Vorstellungsgespräch eingeladen und stehen vor der Sekretärin. Sie wollen höflich und freundlich sein und gleichzeitig durch die Sekretärin einen Eindruck von der Firma gewinnen. Was würden Sie sagen und wie verhalten Sie sich? Spielen Sie diese Situation mit einem Partner.

Situation 2: Sie sind zum Vorstellungsgespräch eingeladen und die Sekretärin führt Sie zum Gesprächsraum. Was tun und sagen Sie, wenn Sie den Raum betreten, um die Vorstellungsgesprächleitenden kennen zu lernen?

<u>Vokabelvorschau</u>

Kombinieren Sie ein Wort aus Spalte A mit einem aus Spalte B, das dieselbe Bedeutung hat.

A	**B**
abgeben	der Reisepass
der Besucherausweis	die Direktion
zu zweit	eine Idee haben
Bescheid wissen	abholen
das Hauptgebäude	alleine
	einhändigen
	informiert sein
	der Passierschein
	die Kantine
	beide

Hörverständnis 1.5.d

Mit dem Fuß in der Tür der Firma

Daniel steht vor dem Pförtner und ist sehr nervös! Der Pförtner guckt von seiner Zeitung auf und sieht Daniel an. Er spricht durch das Mikrofon und fragt, was Daniel möchte. Der Pförtner nimmt den Telefonhörer ab und wählt eine Telefonnummer. Er spricht kurz mit jemandem am anderen Ende. Danach sagt er Daniel, dass Frau Hase gleich kommt und er bitte warten möchte. Einige Minuten später sieht Daniel eine Frau auf ihn zukommen.

Fragen zur Situation

Was ist der Inhalt des Gespräches, als Frau Hase Daniel am Tor abholt?

Hören Sie sich den Dialog noch einmal an und beantworten Sie die folgende Frage.

Was hat der Pförtner Daniel gegeben und was soll er damit machen?

Besucher

Infineon
technologies

Fiber Optics

Name:

Firma:

Datum:

Sehr geehrter Besucher,

wir bitten alle Besucher einen Ausweis zu tragen. Bitte füllen Sie diesen Beleg aus und geben ihn beim Verlassen des Geländes beim Pförtner wieder ab.

Vielen Dank für Ihr Verständnis.

Infineon Technologies AG

Vor dem Lesen

Daniel freut sich über seinen Termin zum Vorstellungsgespräch bei Meyers Chip AG. Er will sich gut darauf vorbereiten. Was kann er dafür tun? Er kauft sich ein Buch mit den am häufigsten gestellten Fragen in einem Vorstellungsgespräch.

Die Hitliste

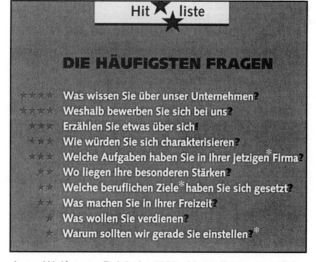

* present

* goals

* to hire

Aus: Wolfgang Reichel. 1997. Vorstellungsgespräche. Niedernhausen/Ts: Falken Verlag.

Stellen Sie sich vor, Sie seien Daniel. Wie würden Sie die dort aufge-
führten Fragen beantworten?

Bürowitz

[96] disconcerted

Pfeiffer muss seinen Arbeitsplatz wechseln und sitzt jetzt dem neuen Personalchef gegenüber. Der blättert befremdet[96] in den Unterlagen, dann
meint er: „Sie waren ja im letzten Monat bei drei verschiedenen Firmen …"

[97] "They are
fighting over me."

„So ist es", bestätigt Pfeiffer richtig stolz, „man reißt sich um mich[97]!"

ABTEILUNG 6

Das Vorstellungsgespräch

Vor dem Lesen

1. Was bedeutet das Wort *Mentalität*?
2. Welche Charakteristiken hat die Mentalität einer Person?
3. Was bedeutet das Wort *Arbeitsmoral*?
4. Welche Charakteristiken hat die Arbeitsmoral?
5. Was bedeutet *Arbeitsbereich*?
6. Was haben diese Wörter mit Daniels Vorstellungsgespräch zu tun?

Praktische Erfahrungen und Fähigkeiten

*Frau Hase und Daniel warten auf Frau Schulz. Frau Schulz kommt zur
Tür, klopft an und tritt ein.*

Frau Hase: Guten Tag, Frau Schulz. Darf ich Ihnen Herrn Walker vor-
              stellen?

*Daniel steht auf, als Frau Schulz das Zimmer betritt. Sie kommt auf ihn
zu und gibt ihm die Hand. Daniel schaut sie an.*

Frau Hase: Herr Walker wird bei Ihnen ein sechsmonatiges Praktikum
              machen. Aber nun zu Ihren Unterlagen. Gibt es in Ame-
              rika auch so etwas wie ein Praktikum?

Daniel: Ja, immer mehr junge Leute machen Praktika. Es hilft
              sehr, die erste Anstellung zu finden.

Frau Schulz:	Schön! Ist das Ihr erstes Praktikum in Deutschland, Herr Walker?
Daniel:	Ja. Aber letzten Sommer habe ich bei IBM in New York und im Sommer davor in der Buchhaltung bei einer Autoreifenfirma gearbeitet.
Frau Schulz:	Gut, dann haben Sie schon etwas Erfahrung in einem Betrieb?
Daniel:	Ja, das ist richtig.
Frau Hase:	Herr Walker, haben Sie in Ihrem Studium schon Kurse in Wirtschaftsdeutsch belegt?
Daniel:	Ja, ich habe Glück gehabt. An meiner Uni wurden etliche Kurse in Wirtschaftsdeutsch angeboten. Mein Lieblingskurs war Werbung und Marketing.
Frau Schulz:	Haben Sie auch praktische Erfahrungen mit Marketing?
Daniel:	Ein wenig bei IBM.
Frau Hase:	Wie gut kennen Sie die deutsche Mentalität oder Arbeitsmoral?
Daniel:	Theoretisch gut. In meinen Deutschkursen haben wir das intensiv bearbeitet und durchgespielt. Nun möchte ich praktische Erfahrungen sammeln.
Frau Schulz:	Das können Sie bei uns gut schaffen.
Frau Hase:	Frau Schulz, ich glaube, dass der Herr Walker der richtige Mann für dieses Praktikum ist. Auf dem Papier erfüllt er alle unsere Anforderungen.
Frau Schulz:	Prima. Vielleicht kann ich ihn jetzt mit seinem neuen Arbeitsbereich vertraut machen.[98]
Frau Hase:	Großartig. Herr Walker, Frau Schulz wird Ihnen den Rest erklären: wann Sie anfangen, und was Sie zu tun haben. Wenn Sie fertig sind, kommen Sie wieder zu mir, und wir reden über das Wichtigste, nämlich Geld. Die Formalitäten mit der Ausländerbehörde[99] erledige ich. So Herr Walker, ich wünsche Ihnen einen sehr guten Start!
Daniel:	Danke schön!

[98] make familiar

[99] immigration office

Daniel und Frau Schulz verlassen Frau Hases Büro. Später in Frau Schulzes Büro kommt es zu folgendem Gespräch.

Schulz:	Herr Walker, Sie haben BWL an der Columbia University studiert. Was war denn Ihr Schwerpunkt im Studium?
Daniel:	Management und EDV.
Schulz:	Sehr schön. Ich sehe *(sie sieht Daniels Lebenslauf an)*, Sie haben schon bei IBM gearbeitet. Welche beruflichen Erfahrungen haben Sie gesammelt?

Daniel:	Eigentlich eine Menge! Bei IBM beispielsweise habe ich Erfahrungen in Gruppenführung gesammelt und bei Miller Tire habe ich meine Kenntnisse in Büroführung verbessert.
Schulz:	Das wird Ihnen zu Gute kommen. Hier brauchen wir jemanden, der Schreibarbeiten aller Art auf Deutsch und Englisch erledigt, Vertreter betreut, Büroarbeiten durchführt, Unterlagen sortiert und ordnet, Protokolle führt, kleine Präsentationen auf Deutsch und Englisch hält und Websites konzipiert und aufstellt. Trauen Sie sich das zu?[100]
Daniel:	Ja, natürlich!
Schulz:	Gut, gut! Wir haben hier bei Meyers Chip AG Gleitzeit, aber je nach Auftragslage arbeiten wir abends etwas länger. Wie denken Sie darüber?
Daniel:	Wissen Sie, Frau Schulz, ich möchte bei Ihnen so viel wie möglich lernen, und wenn ich länger arbeiten muss, nehme ich an, dass ich in dieser Zeit auch etwas lernen werde.
Schulz:	Das stimmt allerdings. Herr Walker, ich glaube, wir werden eine sehr gute Zusammenarbeit haben.

Sie gibt Daniel die Hand und schüttelt sie sehr herzlich.

➡ ***Sehen Sie dazu auch Übungen 1.J und 1.K im praktischen Teil.***

[100] Do you think you are capable of this?

<u>Fragen zum Text</u>

Welche Informationen gibt Daniel zu jeder Frage?

Frage	Informationen
in Deutschland schon ein Praktikum gemacht?	
Erfahrung im Betrieb gehabt?	
Wirtschaftsdeutsch schon belegt?	
praktische Erfahrung mit Marketing schon gesammelt?	
mit der deutschen Mentalität oder Arbeitsmoral vertraut?	
Schwerpunkt im Studium gewesen?	
berufliche Erfahrungen gehabt?	
länger arbeiten müssen?	

Aus Erfahrung

My perspective of the quote unquote negotiations was favorable. They approached me and told me an offer that was particularly low. Of course, I still would have accepted for the sheer fact that it is Berlin, for heaven's sakes. But I decided to press my luck and tell them that this offer was not what I had been told, and that although I would love to stay, I also have to think of my other opportunities, as well.

My immediate boss and Mr. von Schöning met with me in Mr. von Schöning's office, and they began this spiel that they really wanted me here and they were on my side. They admired the fact that I was a "shrewd businesswoman" and it pleased them more that I had this self-confidence to stand up for what I wanted/needed (hee hee…little did they know I would have stayed anyhow …) and then offered me a nice deal.

Christine Grasso
The Pennsylvania State University

Grammatik-Spot §1.6 | ## Fragen Formulieren

Verschiedene Möglichkeiten eine Frage zu stellen

*Like English, the German language has its own special ways of formulating questions. In Standard German, one never uses **do** as a helping verb to formulate a question. However, just as in English, a question is formulated with a modal verb without any form of **do**.*

Was war denn Ihr Schwerpunkt im Studium?
Herr Walker, haben Sie schon Kurse in Wirtschaftsdeutsch belegt?

➡ *§1.6 in the grammar section will guide you through the steps for formulating questions and the appropriate sentence construction.*

➡ *For practice, see exercises 1.6 a-e in the grammar section.*

➡ *GENAU GESEHEN: See grammar section pp. G20–G21 on the position of verbs in the main clause.*

Personalfragebogen

Bevor Daniel bei Meyers Chip AG anfängt, muss er einen Personalfragebogen ausfüllen. Der folgende Personalfragebogen ist für Praktikanten,
die bei der Lufthansa AG arbeiten wollen. Füllen Sie den Fragebogen aus.

Bitte in Druckschrift ausfüllen

⊖ **Personalfragebogen
für den Lufthansa Konzern**

Name, Vorname (ggf. Geburtsname)	Geburtsdatum, Geburtsort	Staatsangehörigkeit
Familienstand	Zahl der Kinder	
Vollständige Anschrift mit Telefon (ggf. auch Fax)	ggf. weitere Anschrift mit Telefon und Fax	

Schulbildung

Schule, Art	Ort/Staat	von/bis	Abschluß
Schule, Art	Ort/Staat	von/bis	Abschluß

Ausbildung

Lehre/Volontärzeit, Branche, Firma	von/bis	Zeugnis ja/nein
Fach-/Hochschule (Schulort, Semesterzahl)	von/bis	
Abgelegte Fach-/Hochschul-/Berufsprüfungen	Prüfstellen, Art der Prüfung	am

EDV-Kenntnisse

Sprachkenntnisse

Sprache (Grad der Beherrschung, im Ausland erworben?)

Sonstige besonderen Kenntnisse (z.B. Maschinenschreiben, Kurzschrift, Führerschein, Lizenzen)

Lückenlose stichwortartige Schilderung der bisherigen beruflichen Tätigkeiten

Bei	als	von/bis	Zeugnis ja/nein

Körpergröße	Gewicht	Wehr-/Ersatzdienstpflichtig Nein ☐ Ja ☐	Wenn ja, abgeleistet/ noch abzuleisten von/bis
Sind Sie schwerbehindert? Nein ☐ Ja ☐ Wenn ja, beidseitige Kopie des Schwerbehinderten-Ausweises beifügen	Art der Behinderung (kann auch mündlich erläutert werden)		Wird die Beteiligung der Schwerbehindertenvertretung ausdrücklich abgelehnt? (wenn ja, Unterschrift)
Innerhalb des letzten Jahres im LH-Konzern beworben? Nein ☐ Ja ☐		Wenn ja, wann und wo?	
Jetzige Bewerbung als		Dienstantritt möglich am	
Derzeitige Kündigungsfrist		Gehaltswunsch DM brutto	

Ich erkläre mich mit folgendem einverstanden:
- **Meine Daten aus der Bewerbung werden unter Beachtung des Bundesdatenschutzes verarbeitet.**
- **Meine Bewerbungsunterlagen dürfen zu Bewerbungszwecken im LH-Konzern weitergeleitet werden.**

Datum	Unterschrift

KULTUR-ASPEKTE

Kleider machen Leute

Was tragen Sie, wenn Sie ein Vorstellungsgespräch in Amerika haben? Gibt es etwas, was Sie nicht tragen würden? Gilt dies für alle Arten Vorstellungsgespräche, oder gibt es welche, für die Sie etwas Anderes tragen würden? Was würden Sie in solchen Fällen tragen?

Für Männer

Tragen Sie einen Anzug oder eine Kombination und ein helles Oberhemd. Selbstverständlich muss Ihre Kleidung gebügelt sein.

Ihre Krawatte muss zu Hemd und Jacke passen und richtig sitzen.

Jeans, Pullover und Lederjacke können für Bewerbungen im gewerblich-technischen *Bereich vollkommen angemessen sein – aber auch nur dort!

Ihre Schuhe sollten dunkel und blank* geputzt sein und keine schiefen Absätze haben. Ziehen Sie keine Turnschuhe und auch keine weißen Socken an!

Die Haare sollten gepflegt, die Rasur* frisch sein. Ein Drei-Tage-Bart ist nicht angebracht.

Tragen Sie gewöhnlich einen Ohrring, sollten Sie beim Vorstellungsgespräch lieber darauf verzichten.

Für Frauen

Grundsätzlich* sollten Sie weder aufdringliche noch verführerische* Kleidung anziehen. Damit wecken Sie vielleicht Interesse, steigern aber nicht Ihre Chancen.

Ziehen Sie ein Kostüm an oder Rock, Bluse und Blazer. Hosen kommen bei manchen Arbeitgebern nicht so gut an.*

Tragen Sie niedrige Absätze, hohe Absätze machen meist wackelig* und damit unsicher.

Verwenden Sie ein dezentes Make-up. Verzichten Sie auf aufdringliche Parfüms. Tragen Sie keinen auffälligen* oder übertriebenen Schmuck.

Wenn Sie eine Aktentasche mitnehmen, tragen Sie nicht gleichzeitig auch noch eine Handtasche. Sie haben sonst Mühe,* mit Ihrem ganzen »Gepäck« fertig zu werden.

Aus: Wolfgang Reichel. 1997. Vorstellungsgespräche. Niedernhausen/Ts: Falken Verlag.

* fundamentally
* seductive

* *gut ankommen* =
to appeal to
* industrial
* shaky
* shining

* conspicuous

* shave

* trouble

Fragen zum Text

Sehen Sie sich die zwei Zeichnungen an. Sind die Frau und der Mann richtig für ein Vorstellungsgespräch angezogen? Wenn nicht, was müsste jede(r) machen, um richtig angezogen zu sein?

Zur Diskussion

Was können Kleider über eine Person aussagen? Im Deutschen gibt es das Sprichwort „Kleider machen Leute". Was meinen Sie dazu? Warum ist dies so wichtig in einem Vorstellungsgespräch? Welche Tipps würden Sie einem(er) Freund(in) für ein Vorstellungsgespräch geben?

Daniels Tagebuch

In diesem Segment hat Daniel viele Kulturunterschiede zwischen den USA und Deutschland kennen gelernt. Er schreibt alles in sein Tagebuch.

15.10. Heute habe ich viel über eine deutsche Bewerbung und einen deutschen Lebenslauf erfahren. Da gibt es etliche Unterschiede _____

_____

Im Anschluss finden Sie einige wichtige Wörter für den Betrieb aus diesem Segment. Andere Wörter, die Sie vielleicht nicht kennen, finden Sie im Glossar am Ende des Buches.

Fachwortschatz

Substantive

der **Abschluss, ⁻e** exams, diploma, finishing up of something   *Gabi hat den Abschluss gemacht.*

der **Anfangstermin, -e** starting date   *Wir haben einen Anfangstermin vereinbart.*

die **Anforderung, -en** requirement, demand   *Die Anforderungen kann er erfüllen.*

das **Angebot, -e** offer   *Die Firma erstellt ein Angebot.*

die **Anlage, -n** enclosure   *Daniel fügt die Anlagen bei.*

der **Arbeitsbereich, -e** field, area of work   *Frau Hase definiert den Arbeitsbereich.*

der **Arbeitgeber, -** employer

der **Arbeitnehmer, -** employee

die **Aufgabe, -n** task, job, work   *Daniel übernimmt eine Aufgabe.*

die **Bearbeitung, -en** processing, working   *Die Bearbeitung einer Bestellung wird schnell erledigt.*

die **Berufspraxis** professional experience   *Er gibt die Berufspraxis im Lebenslauf an.*

die **Berufserfahrung, -en** professional experience

die **Besprechung, -en** meeting   *Frau Schulz nimmt an einer Besprechung teil.*

der **Betrieb, -e** plant, firm, company   *Daniel und Frau Schulz besichtigen den Betrieb.*

die **Bewerbung, -en** application   *Daniel schickt die Bewerbung ab.*

das **Bewerbungsschreiben, -** cover letter   *Gabi konzipiert das Bewerbungsschreiben.*

die **Buchhaltung, -en** accounting, bookkeeping   *Der Buchführer führt die Buchhaltung.*

die **Büroführung, -en** office management   *Frau Schulz übernimmt die Büroführung.*

die **Dienstleistung, -en** service   *Die Firma bietet eine Dienstleistung an.*

die **Eignung** suitability

die **Empfehlung, -en** recommendation   *Frau Hase schreibt eine Empfehlung.*

die **Erfahrung, -en** experience

die **Fähigkeit, -en** ability, capability   *Daniel gibt seine Fähigkeiten an.*

der **Fall, ̈e** case   *Frau Hase löst den Fall.*

die **Fertigkeit, -en** skill   *Gabi erklärt ihre Fertigkeiten.*

jdm. eine Frage stellen to ask someone a question   *Der Chef stellt dem Mitarbeiter eine Frage.*

das **Gelände, -** grounds, area   *Frau Hase und Daniel besuchen das Gelände.*

das **Geschlecht, -er** gender

die **Karriere, -n** career   *Frau Schulz macht Karriere.*

der **Kunde, -n** customer   *Der Verkäufer bedient den Kunden.*

der **Lebenslauf, ̈e** résumé, curriculum vitae   *Daniel schreibt den Lebenslauf.*

die **Leistung, -en** performance   *Daniel bringt eine gute Leistung.*

die **Mappe, -n** folder   *Daniel hat die Mappe für seine Bewerbung fertig.*

die **Personalabteilung, -en** personnel office, human resources department

der **Personalchef, -s** head of personnel/human resources

der **Praktikant, -en** intern

die **Praktikantenstelle, -n** internship

das **Praktikum, -a** internship   *Daniel absolviert ein Praktikum.*

das **Rechnungswesen, -** accounting

der **Schwerpunkt, -e** emphasis

die **Stelle, -n** job, position   *Gabi sucht eine Stelle.*

die **Stellenanzeige, -n** job announcement   *Frau Hase gibt eine Stellenanzeige auf.*

der **Termin, -e** appointment   *Daniel hat einen Termin vereinbart.*

die **Unterlage, -n** document   *Der Personalchef sieht sich die Unterlagen an.*

das **Unternehmen, -** company

der **Vorgesetzte, -n** boss

die **Verfügung, -en** jdm zur Verfügung stehen to be at one's disposal   *Ich stehe meinem Chef zur Verfügung.*

die **Vertretung, -en** substitute   *Ich bin morgen nicht da. Frau Meyer ist meine Vertretung.*

der **Vertrieb, -e** sales department   *Er arbeitet im Vertrieb.*

der **Vertriebsleiter, -** the head of the sales department

das **Vorstellungsgespräch, -e** job interview

die **Werbung, -en** advertising, advertisement
der **Werdegang, ⁻e** [professional and personal] development
die **Zusammenfassung, -en** summary

Verben

absolvieren to complete   *Daniel hat das Studium absolviert.*
anfertigen to make   *Gabi fertigt einen Lebenslauf an.*
s. etwas anhören to listen to   *Ich höre mir die Anrede an.*
anstellen to hire   *Frau Hase stellt neue Mitarbeiter an.*
ausfüllen to fill in (a form)   *Daniel füllt das Formular aus.*
beachten to take into consideration   *Gabi beachtet die Regeln.*
s. befinden* to be located   *Die Firma befindet sich in Berlin.*
beifügen to add, to enclose   *Daniel fügt den Lebenslauf bei.*
besprechen* to discuss   *Frau Schulz möchte das neue Projekt mit Uwe besprechen.*
bestätigen to confirm   *Er muss die Reisepläne bestätigen.*
s. bewerben um* to apply for   *Daniel bewirbt sich um eine Stelle.*
bitten um* to ask for   *Gabi muss um Hilfe bitten.*
durchführen to perform (a task, a study)   *Die Mitarbeiter können das Projekt durchführen.*
einstellen to hire   *Frau Hase muss neue Mitarbeiter einstellen.*
jdm. etwas empfehlen* to recommend   *Die Sekretärin empfiehlt mir diese Schreibweise.*
entnehmen* to take out of, to take from   *Daniel entnimmt die Informationen der Datei.*
erledigen to take care of, to deal with   *Daniel muss die Arbeit erledigen.*
gelten* to be valid   *Die Regel gilt nicht.*
halten von* to think of   *Was halten Sie von dieser Idee?*
infrage kommen* to be considered, to come into question   *Diese Idee kommt nicht infrage.*
leisten to achieve, to do something   *Ich habe gute Arbeit geleistet.*
lösen to solve   *Gabi muss ein Problem lösen.*
s. lohnen to pay (off), to be worthwhile   *Es lohnt sich nicht, das zu machen.*
s. melden to answer (the telephone)   *Es meldet sich niemand.*
(k)eine Rolle spielen to play a (no) role/part   *Es spielt keine Rolle, was wir möchten.*
tippen to type   *Die Sekretärin tippt einen Brief.*
eine Aufgabe übernehmen* to take on/over a task
s. unterscheiden* to differ   *Wie unterscheiden sich die Bewerber?*

* These verbs are irregular. and found in the verb list at the end of the book.

unterstützen to support   *Der Manager unterstützt seine Mitarbeiter.*

s. verhalten* to behave   *Er hat sich komisch verhalten.*

verlangen to insist upon, to require   *Die Stelle verlangt sehr viel Konzentration.*

vermarkten to market

vorbereiten to prepare   *Die Sekretärin hat die Unterlagen vorbereitet.*

jdm. etwas vorlesen* to read something to someone   *Er hat den Mitarbeitern die neuen Regeln vorgelesen.*

wählen to dial, to choose, to vote   *Ich habe die Telefonnummer gewählt.*

werben* to advertise   *Die Firma wirbt für ihre neuen Produkte.*

zusammenfügen to join together   *Er fügt die Teile zusammen.*

Adjektive

angeeignet acquired

aussagekräftig meaningful   *Das Bewerbungsschreiben muss aussagekräftig sein.*

beispielsweise for example

beruflich professional

erforderlich necessary   *Welche Fähigkeiten sind erforderlich, die Stelle zu besetzen?*

fachlich geeignet to be technically qualified   *Der Kandidat ist fachlich geeignet.*

gewerblich industrial, commercial

herausfordernd challenging   *Die Arbeit ist herausfordernd.*

kaufmännisch commerical, business

zuständig für etwas sein to be responsible for something   *Sie ist für Marketing zuständig.*

Redewendungen

etwas aufs Band sprechen to leave a message

neue Kontakte knüpfen to make new contacts

s. kurz fassen to keep it short

am Platz sein to be at your desk

alle Worte zurecht legen to put your thoughts together

s. um jemand reißen to fight over someone

Zur weiteren Information

Dieter Dröll. 1996. *Die Bewerbung, das Vorstellungsgespräch.* Frankfurt am Main: Societäts-Verlag.

Hans Friedrich. 1995. *Lebenslauf und Bewerbung.* Niedernhausen/Ts: Falken Taschenbuch.

Siegfried Huth, Hrsg. 1997. *Duden Das Sekretariatshandbuch.* Mannheim: Dudenverlag.

Manfred Lucas. 1993. *Der ECON Berufsbegleiter.* Düsseldorf: ECON-Verlag.

APPENDIX

Schon gemacht?

Kollege B	Daniel	Sabine	Paola	Hans-Peter
Studium abgeschlossen?			ja	nein
Wie lange schon gearbeitet?	einige Monate	2 Jahre		
Praktikum absolviert?		bei BMW		bei VW
Fremdsprachen gelernt?	Deutsch			Englisch Französisch

LEBENSLAUF

Daniel James Walker
Sybelstr. 2
10629 Berlin
Tel. _____

Geburtsdatum:	1.10.76
Geburtsort:	Salt Lake City, Utah, USA
Staatsangehörigkeit:	amerikanisch
Familienstand:	_____

Schule
Aug. 90–Juni 94   Centennial High School, Santa Cruz, California, USA
                         Abschluss: High School Diploma

Studium
Aug. 94–Mai 99   Columbia University, New York, New York, USA
                         Studiengang: _____
                         Abschluss: Bachelor of Science

Berufliche Tätigkeiten
Mai 96–Aug. 96   Millers Tire, Santa Cruz, California, USA
                         _____

Mai 97–Aug. 97   _____, Poughkeepsie, New York, USA
                         Systemanalytiker

Besondere Fertigkeiten
                         sehr gute EDV-Kenntnisse
                         _____

Referenzen
                         Herr Lutz Zimmermann
                         Finsterwalder Str. 80
                         13534 Berlin

Berlin, den 15.8.00

Daniel Walker

Daniel Walker

Lebenslauf

Gabriela Zimmermann
_____80
13435 Berlin

Persönliche Daten
    Geburtsdatum   24.12.1977   in Berlin Reinickendorf
    Familienstand   ledig
    Staatsangehörigkeit   deutsch

Ausbildungsdaten
    Schulausbildung   1991–1998   Thomas-Mann Oberschule
                                        (Gymnasium)

    Studium   _____   Technische Universität Berlin,
                                        Fachrichtung EDV

    Sprachkenntnisse   Englisch fliessend
                          _____ gut in Wort and Schrift

Berufspraxis   _____   Praktikum AEG, Berlin

Berlin, den 4.7.2000

Gabriela Zimmerman

Gabriela Zimmermann

Im Büro

Aus dem Inhalt

Betriebswirtschaft und Kultur

Hier lernen Sie:

- verschiedene Büros ausstatten
- Geburtstagsfeiern im Betrieb gestalten
- Termine vereinbaren
- Empfangsbestätigungen und Faxe schreiben
- die DIN Norm anwenden
- Mängelrügen schreiben

Grammatik

- Nominativ
- Wechselpräpositionen
- Reflexivverben
- Passiv

In welcher Firma könnte dieses Bild aufgenommen sein?
Was zeigt die Situation in diesem Bild?

Aus Erfahrung

Of course, everyone knows that the work environment is extremely important to how well we do our job. Understanding what and why something is done is also very important. But to a foreigner working in a new environment, it is even more important to understand how things in this new environment function and what is expected. This is a standard problem for any businessperson working in a foreign country. Often the most simple things, such as spelling your name or writing down a telephone number correctly, become major tasks in a foreign language and new environment. Of course, as a professional you are on your own and no one will ask whether you can perform your job responsibilities properly or not; it will be expected of you. Many simple things that you take for granted in office life will often be different. For example, when you arrive at work in Germany, it may be expected that you shake your colleagues' hands in the morning upon arriving at work. Otherwise, people might consider you to be rude or unfriendly. Your employer and colleagues can't anticipate that this behavior may be different in your country, and they expect you to adjust. Perhaps the best adage is "When in Rome, do as the Romans do." However, this is only possible if you know what the Romans do. In this chapter, you will find out more about office procedures and important correspondence forms.

©Thomas Uhlig

Technologie für ein neues Zeitalter: Die Nano-Technik erobert den Mikrokosmos

Denkanstöße

1. Was bedeutet dieser Spruch für die Arbeit im Büro?
2. Macht Technologie Büroarbeit interessanter?

ABTEILUNG 1

Am Empfang

Vor dem Hören

1. Haben Sie schon einmal eine große Firma besucht?
2. Mussten Sie sich am Haupteingang melden?
3. Was haben Sie machen müssen, um die Kontrolle zu passieren?

Hörverständnis 2.1

Warten beim Pförtner

Hören Sie sich das Gespräch zwischen dem Pförtner bei Meyers Chip AG und einem Vertreter an.

1. Wen möchte Herr Seyffert sprechen?
2. Ist Herr Seyffert angemeldet?
3. Warum meinen Sie, muss Herr Seyffert lange warten?
4. Was macht er, während er wartet?

Hören Sie sich das Gespräch noch einmal an und fügen Sie die passenden Wörter aus der Liste in den Lückentext ein.

Pförtner	Vorführmodelle	Termin	zuständig
Einkauf	normalerweise	angemeldet	

Herr Seyffert, von der Firma Büromaterial aus Falkensee, wartet beim _____ der Firma Meyers Chip AG. Er hat schon einen_____ bei Herrn Schönfeld vom _____. (Herr Schönfeld ist für Büromaterialien _____.) Der Pförtner ist aber unsicher, ob Herr Seyffert wirklich einen Termin bei Herrn Schönfeld hat, weil Montag kein Besuchstag ist. Aber nach langem Suchen findet der Pförtner die Besuchsbestätigung. Herr Seyffert freut sich, weil er Herrn Schönfeld den neuen Katalog und einige _____ zeigen möchte.

Vor dem Lesen

Welche Wörter passen in die Lücke?

Empfangsdame:	Ja, bitte?
Vertreter:	Guten Morgen, _____ _____ ist Holzapfel, Michael Holzapfel.
Empfangsdame:	Und Sie _____?
Vertreter:	Ich _____ von der Firma Merlitz aus Hamburg. Wir _____ Bürobedarf.
Empfangsdame:	Sind Sie _____?
Vertreter:	Ja, ich habe einen _____ mit einem ?????????? Moment mal, ich schau in meinen _____ nach. Ja, hier steht es.... Herr Walker.
Empfangsdame:	Herr Walker? Ich finde hier keinen Herrn Walker.
Vertreter:	_____.

Rollenspiel

¹ to keep

² here "firm"

Wie geht das Gespräch weiter? Die Empfangsdame findet den Namen von Herrn Walker nicht. Was machen Sie als Vertreter, damit Sie in die Firma kommen, um Ihren Termin einzuhalten?¹ Sie wissen, dass der Herr Walker dort arbeitet. Sie haben schon mehrmals mit ihm gesprochen. Die Empfangsdame weiß leider nicht Bescheid. Der Vertreter ist freundlich aber bestimmt² mit ihr, und gibt nicht so schnell auf. Wer spielt den Vertreter, wer die Empfangsdame?

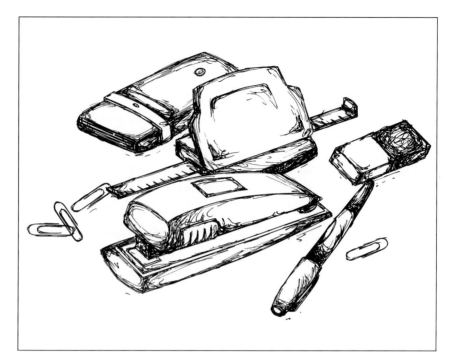

Vokabelvorschau

Welches Bild passt zu welchem Wort?

das Etui   die Büroklammer   der Locher
der Radiergummi   die Heftmaschine

Ein neugieriger Pförtner

Bevor der Pförtner das Telefon zur Hand nimmt, kommt ein Kollege zu ihm hinüber und gibt ihm die Hand. Natürlich möchte der Pförtner dem Kollegen gegenüber nicht unhöflich sein und redet kurz mit ihm. Danach erreicht er jemand unter der Nummer von Herrn Schönfeld und erfährt, dass er im Moment nicht am Platz ist. Der Pförtner teilt Herrn Seyffert dies mit und bittet ihn um einen Moment Geduld.

Seyffert: Das ist komisch. Hat er den Termin vergessen?

Der Pförtner ist neugierig, weil er nicht viel zu tun hat.

Pförtner: Von der Firma Büromaterial kommen Sie? Dann liefern Sie auch solche Kugelschreiber?

Der Pförtner zeigt ihm den Kugelschreiber.

[3] promotional gift

Seyffert: Ja, richtig, der ist von uns. Das ist sogar ein Werbegeschenk,[3] wie Sie sehen. Hier ist unser Firmen-Logo.

Herr Seyffert zeigt dem Pförtner das Logo.

Pförtner: Ach ja. Mit diesem Kugelschreiber bin ich sehr zufrieden.

Herr Seyffert lacht.

[4] exclusive set

Seyffert: Dann ist es gut. Aber Sie kennen wohl unsere Luxusgarnitur[4] noch gar nicht.

Pförtner: Nun machen Sie mich aber neugierig.

Herr Seyffert nimmt ein Etui heraus.

Pförtner: Was ist denn das?

Seyffert: Ganz einfach. Es ist ein Etui mit einem Fünffarben-Kugelschreiber, einem Bleistift mit Radiergummi, und in der Klappe[5] sind Büroklammern.

[5] flap

Pförtner: Ist das nun ein Werbegeschenk?

[6] demo model
[7] more rare

Seyffert: Nein, das ist mein Vorführmodell.[6] Werbegeschenke werden immer seltener.[7] Die Firmen müssen immer mehr sparen.

[8] cost-cutting measures

Pförtner: Ja, leider. Auch wir merken es, wir haben selber unsere Sparmassnahmen.[8] Das fängt schon bei dem Essen in der Kantine an. Warten Sie, (er wählt) ich sehe mal nach, ob Herr Schönfeld jetzt da ist. Der Herr Schönfeld? ... Noch zehn Minuten verhindert? Na gut.

Der Pförtner legt den Hörer wieder auf.

Pförtner: Herr Seyffert, Sie müssen sich noch so lange gedulden. Wie gehen sonst die Geschäfte?

[9] introduced
[10] cool, smart

Seyffert: Danke, ich kann mich nicht beschweren. Vor kurzem haben wir unseren neuen Locher eingeführt,[9] und er verkauft sich hervorragend! Sehen Sie! Ist das nicht ein flottes[10] Exemplar?

Der Vertreter holt einen Locher raus und führt ihn dem Pförtner vor.

Pförtner: Mann, der ist aber handlich. Einen alten habe ich hier noch, der ist aber nicht mehr so ganz in Ordnung.

Herr Seyffert schiebt den Locher rüber.

Seyffert: Nehmen Sie ihn ruhig. Nächste Woche kommt ein neues Modell heraus, dann brauche ich diesen hier nicht mehr.

Der Pförtner lächelt ganz breit.

Pförtner: Wirklich? Das ist aber nett. . . .
Seyffert: Unser Renner[11] ist aber unser Klammeraffe[12]. . . . oh, entschuldigen Sie, ich meine unsere Heftmaschine. Sie verstehen
doch, nicht? Die ist so beliebt, weil sie alle möglichen Sorten
von Heftklammern verwendet.

Der Pförtner guckt hoch und merkt, dass sich jemand nähert.

Pförtner: Ach, da kommt der Herr Schönfeld, um Sie abzuholen.
Seyffert: Vielen Dank für Ihre Bemühungen.[13]
Pförtner: Gern geschehen. Und noch einmal danke!
Seyffert: Ach was! Gern geschehen. Auf Wiedersehen!
Pförtner: Auf Wiedersehen!

[11] hot item
[12] stapler

[13] efforts

Grammatik-Spot §2.1   # Nominativ

Der erste Fall

The nominative case in German is relatively easy. This form is the form always found listed in a dictionary or glossary.

Es ist ein Etui mit einem Fünffarben-Kugelschreiber.
Der Pförtner ist neugierig.

➡ *§2.1 in the grammar section will clarify the use of the nominative case.*

➡ *For practice, see exercises 2.1 a and b in the grammar section.*

Was sind die richtigen Wörter?

Ergänzen Sie die folgenden Sätze.

[14] consists of

1. Das Etui besteht aus[14] _____ .
2. Der Locher ist ein _____ Exemplar.
3. Der Klammeraffe verwendet _____ .

Fragen zum Text

1. Warum meinen Sie, muss Herr Seyffert lange warten?
2. Was macht er, während er wartet?
3. Was ist ein Werbegeschenk?
4. Was bekommt der Pförtner als Werbegeschenk?
5. Was ist ein anderer Name für eine Heftmaschine?

Zur Diskussion

Warum gibt Herr Seyffert dem Pförtner ein Geschenk? Warum nimmt der Pförtner das Geschenk an? Hätten auch Sie ein solches Geschenk angenommen?

Rollenspiel

¹⁵ cleaning supplies

Der Verkäufer der besten Putzmittel[15] der Welt redet im Hotel Schlafschön an der Rezeption mit der Empfangsdame. Er ist ein Vertreter der Firma Putzteufel und möchte mit dem Chef des Hotels sprechen, um ihm Putzmittel zu verkaufen. Aber er kennt den Chef nicht und möchte von der Empfangsdame erfahren, wie er heißt. Der Vertreter führt der Empfangsdame drei Produkte, Scheuerpulver,[16] Fensterreiniger[17] und Bodenwachs vor, um sie neugierig zu machen und ihre Hilfe zu bekommen. Wer spielt den „Putzteufel" und wer die Empfangsdame?

¹⁶ scouring powder
¹⁷ window cleaner

Schreiben Sie Ihre Gedanken auf!

¹⁸ bribery

Wie steht es mit Werbegeschenken in den USA in so einer Situation? Welche Rolle spielt Bestechung[18] überhaupt in der Geschäftswelt? Sind kleinere Geschenke Ihrer Meinung nach eine Bestechung? Nennen Sie Beispiele aus den Nachrichten.

 ABTEILUNG 2

Die Ausstattung eines Büros

Einrichtung und Materialien

Was findet man normalerweise in einem Büro? Prüfen Sie, was in diesem Büro schon vorhanden ist, und was noch fehlt. Die Vokabelliste soll Ihnen dabei helfen.

der Aktenschrank	der Ordner	die Zimmerpflanze
die Uhr	die Schublade	der Safe
das Telefon	das Faxgerät	der Teppich
der Schreibtisch	das Sitzkissen	der Papierkorb
die Tischlampe	der Bildschirm	der Fotokopierer
der Notizblock	das Schreibpapier	die Landkarte
der Computer	das Waschbecken	die Kaffeemaschine
die Blumenvase	das Regal	der Drucker
die Ein- und Ausgangsablage		

Mein Arbeitszimmer zu Hause

Schreiben Sie mit den drei Wörtern einen kleinen Aufsatz über Ihr Büro/
Arbeitszimmer zu Hause.

die Zimmerpflanze   der Drucker   das Faxgerät

Vokabelvorschau

Geburtstagskind   Blumen   gratulieren   die Hand schütteln

Erklären Sie die Wortbedeutungen im Zusammenhang mit einer Geburtstagsfeier.

Vor dem Lesen

1. Was machen Sie für Ihre Freunde, wenn Sie einen Geburtstag feiern wollen?
2. Was machen die Freunde für Sie?
3. Wird etwas Besonderes gegessen oder getrunken?

KULTUR-ASPEKTE

Geburtstag im Betrieb

[19] anniversary

[20] occasions

[21] sparkling wine, champagne

[22] These are similar to cheese puffs, but with peanut butter taste instead.

[23] pretzel sticks

Eine Blumenvase ist ein wichtiger Gegenstand im Büro! Immer wenn jemand Blumen zum Geburtstag oder Jubiläum[19] bekommt, braucht man eine Blumenvase. Zum Geburtstag oder Jubiläum veranstaltet das Geburtstagskind selbst die Feier, die Kollegen nie. Für solche Anlässe[20] ist der Kühlschrank von großer Wichtigkeit. Wo kann man sonst den Sekt[21] und den Orangensaft für die Feier unterbringen? Oft werden bei Bürofeiern Sekt und Orangensaft (allerdings gekühlt) getrunken und eventuell Kleinigkeiten (Chips, Erdnussflips,[22] Salzstangen[23] usw.) gegessen. Manchmal macht das Geburtstagskind sogar Frühstück für die Kollegen. Dafür ist der Kühlschrank auch von Nutzen. Zu solchen Gelegenheiten wird beispielsweise dem Geburtstagskind die Hand gegeben, ordentlich geschüttelt, und man gratuliert mit „herzlichen Glückwunsch zum Geburtstag / zum Jubiläum." Dies gilt für Frauen ebenso wie Männer. Wenn Sie eine Geburtstagsfeier im Betrieb veranstalten, sollten Sie folgende Tipps beachten:

1. Laden Sie die engsten Kollegen ein.
2. Sorgen Sie dafür, dass es genug zu Essen und Trinken gibt.
3. Wenn Sie Sekt anbieten, reichen Sie Orangensaft dazu.
4. Wenn Sie Frühstück machen, dann immer mit Wurst, Käse und Brötchen (Brot).

5. Wenn Sie Kuchen mitbringen, kochen Sie in jedem Fall Kaffee dazu, eventuell auch Tee, denn Kuchen ohne Kaffee ist wie ein Schwimmbad ohne Wasser.

Zur Diskussion

Warum ist eine Blumenvase wichtig im Büro? Welche Gründe gibt es, einen Kühlschrank im Büro zu haben? Wem würden Sie Blumen schenken? Einem Mann, einer Frau, Freunden oder einem Kollegen? Welche Blumenarten würden Sie schenken, welche lieber nicht? Würden Sie bei einer Geburtstagsfeier im Betrieb Alkohol trinken?

Rollenspiel

Sie diskutieren im Büro mit einer Kollegin darüber, wie ein Geburtstag in Amerika gefeiert wird. Wie läuft ein solches Gespräch zwischen Ihnen ab? Einer ist der Amerikaner, die andere die Kollegin.

Wie feiern Sie?

Sie wollen eine Feier für Ihre Kollegen im deutschen Büro gestalten. Was würden Sie machen? Schreiben Sie Ihre Ideen auf und diskutieren Sie sie in kleinen Gruppen.

Vokabelvorschau

Redeweise   fehlen   Kontaktfreude   Leistungsfähigkeit

Was haben diese Wörter mit Alkoholkonsum zu tun?

Vor dem Lesen

1. Trinken Sie Alkohol? Warum und zu welchen Gelegenheiten?
2. Warum meinen so viele Leute, dass sie auf einer Fete Alkohol trinken müssen?
3. Warum ist in Amerika das Trinken erst mit 21 Jahren erlaubt?
4. Wie sind die Trinkgewohnheiten in Deutschland? Ab wann ist das Trinken erlaubt?

AUS DER BETRIEBSPRAXIS

* work safety
* on average

* professional/trade association
* alcohol related

* real
* performance decrease

* sober
* the one concerned

Besser „alkfrei"

Alkohol am Arbeitsplatz ist schlecht für das Betriebsklima und wirkt sich negativ auf den Arbeitsschutz* aus. Alkoholkranke Mitarbeiter fehlen im Durchschnitt* 16mal häufiger als Gesunde. Bereits ab einer Blutalkoholkonzentration von 0,25 Promille verdoppelt sich das Unfallrisiko. Ist der Unfall dann passiert, kann es teuer werden, denn die Berufsgenossenschaft* zahlt nicht bei alkoholbedingten* Wege- oder Arbeitsunfällen.

Aber auch ohne Unfall ist Alkohol am Arbeitsplatz unangenehm genug: Gesteigerter Aktivitätsdrang, erhöhte Kontaktfreude und ein Gefühl ungewohnter Leistungsfähigkeit sind alles andere als „top", wenn sie mit tatsächlichem* Leistungsabbau,* allgemeiner Enthemmung, Kritikschwäche und lärmender Redeweise einhergehen.

Alkohol wird langsamer abgebaut, als man oft wahrhaben möchte. Wer um ein Uhr nachts 1,5 Promille „intus" hat, der ist erst gegen Mittag wieder nüchtern.* Beginnt der Betreffende* die Arbeit um acht Uhr, hat er dann noch fast 0,5 Promille Alkohol im Blut.

Aus: Siemens Welt 2/2000.

Fragen zum Text

1. Nennen Sie die Nachteile des Alkohols am Arbeitsplatz.
2. Wie schnell wird Alkohol abgebaut?

Vokabelvorschau

Was passt hier zusammen? Sie sind im KaDeWe (Kaufhaus des Westens), dem größten Warenhaus in Berlin, und möchten ein paar Geschenke kaufen. Eine Verkäuferin schlägt einige Artikel vor. Was sind das für Artikel? Finden Sie die richtige Beschreibung in Spalte B für den Artikel in Spalte A.

A	B
das Andenken	ein Bon für freien Einkauf
eine Dose Berliner Luft	Buch mit vielen Bildern von Berlin
der Bildband	das Symbol der Stadt Berlin
ein Berliner Bär	das Souvenir
der Gutschein	eine Büchse Berliner Duft

Hörverständnis 2.2

Das Geburtstagsgeschenk

Daniel hat bald Geburtstag und seine Kollegen überlegen sich, was sie ihm zum Geburtstag schenken sollen.

Wie viele Leute nehmen am Gespräch teil?

Hören Sie sich das Gespräch noch einmal an.

Welche Geschenkvorschläge haben die Kollegen?
Was wollen sie kaufen?

ABTEILUNG 3

Der Schreibtisch

die Heftmaschine	das Verlängerungskabel	das Telefon
die Zimmerpflanze	der Radiergummi	die Kaffeetasse
der Locher	der Aschenbecher	die Visitenkarte
der Bleistift	die Schere	der Terminkalender
der Klebefilm	die Mappe	das Papier
der Notizblock	der Computer	das Telefonverzeichnis
das Lineal	die Blumenvase	die Büroklammer
die Schreibtischlampe	der Papierstapel	die Arbeitsplatte

Bürowitz

Der Chef hat eine Aktennotiz diktiert.

[24] after that
[25] very confidential
[26] unobtrusively

„So", sagt er anschließend[24] zu seiner Sekretärin, „und nun das Blatt in die Mappe 'streng vertraulich'[25] und unauffällig[26] draußen liegenlassen! Ich möchte, dass jeder im Büro die Sache liest."

Wo ist denn bloß ...

Sie sind in dem Büro auf dieser Seite mit einem Kollegen und können einige Gegenstände nicht finden. Fragen Sie den Kollegen, wo die Heftmaschine, die Mappe, der Locher, der Terminkalender und das Telefonverzeichnis sind. Die folgenden Präpositionen, die graphische Darstellung und der Beispielsdialog können Ihnen behilflich sein:

hinter   in   zwischen   auf   unter   über   an

oben

auf der linken Seite   in der Mitte   auf der rechten Seite

unten

Beispiel: Ist hier ein Fotokopierer vorhanden?
Ja, er steht hinter **dem** Regal neben **dem**
Kühlschrank. Aber er ist im Moment kaputt.

Gibt es hier ein Faxgerät? Manchmal kann man
auch mit einem Faxgerät kopieren.
Ja, es steht zwischen **der** Eingangstür und **dem**
linken Fenster.

➡ *Sehen Sie dazu Übung II.A im praktischen Teil.*

Grammatik-Spot §2.2   # Präpositionen mit Akkusativ und Dativ

Wechselpräpositionen

*The grammatical case of these prepositions depends on their use. If there
is a change of location, these prepositions will take the accusative case.
If there is no change of location and/or the verb is intransitive, then they
take the dative case. Many of these prepositions in English will add **to** to
indicate change of location: **on → onto, in → into**.*

Accusative (change of location):
Der Manager legt das Buch auf **den** Schreibtisch.
Die Sekretärin stellt die Kaffeemaschine auf **das** Regal.
Dative (no change):
Das Buch liegt auf **dem** Schreibtisch.
Die Kaffeemaschine steht auf **dem** Regal.

➡ *§2.2 in the grammar section will explain and demonstrate these
differences in detail.*

➡ *For practice, see exercises 2.2 a–c in the grammar section.*

Was steht auf dem Schreibtisch?

Was finden Sie auf diesem Schreibtisch?
Was würde noch gut auf den Schreibtisch passen?

➡ *Sehen Sie dazu auch die Übungen II.B und C im praktischen Teil.*

Wohin?

Sie kommen an Ihren Schreibtisch zurück. Eine Kollegin hat die geborgten Gegenstände zurückgestellt, aber Sie können den Kugelschreiber, das Lineal, den Radiergummi und die Visitenkarte nicht gleich finden. Wie fragen Sie Ihre Kollegin?

Die folgenden Präpositionen, die Zeichnung und der Beispielsdialog sollen Ihnen helfen.

hinter   in   zwischen   auf   unter   über   an

oben

auf die linke Seite   in die Mitte   auf die rechte Seite

unten

Note: In German, prepositions and neuter articles are often contracted.

an das = ans
auf das = aufs
über das = übers
etc.

Beispiel   Wo haben Sie den Locher hingelegt?
Ich habe ihn auf Ihr**en** Schreibtisch gelegt.
Wo genau?
Auf **die** linke Seite.
Nee!
Doch, neben das Telefon.
Ach ja! Da ist er.

➡ *Machen Sie jetzt zur Vorbereitung auf die Partneraufgabe „Ihre Bestellung" Übungen II.D und E im praktischen Teil.*

Ihre Bestellung

Als Praktikant bei Meyers Chip AG arbeitet Daniel auch manchmal im Einkauf. Wieder einmal muss er eine Bestellung bei Happy Schreibwaren GmbH[27] aufgeben. Die Firma braucht jetzt die folgenden Artikel:

[27] Gesellschaft mit beschränkter Haftung, similar to *Ltd.*

200 Kugelschreiber
5 Paletten Kopierpapier pro Packung 500 Blatt
2000 Büroklammern

Daniel ruft die Firma an und gibt die Bestellung einem Vertreter am Telefon durch. Wer spielt Daniel, wer den Vertreter von Happy Schreibwaren GmbH?

➡ *Sehen Sie dazu auch Übung II.F im praktischen Teil.*

Das Traumbüro

Richten Sie Ihr Büro ein. Wo sollen Ihre Büromöbel stehen? Malen Sie die Einrichtung in das linke Feld. Wenn Sie fertig sind, erklären Sie Ihrem Partner, wo Ihre Möbel stehen. Ihr Partner zeichnet das Büro nach Ihren Anweisungen in das rechte Feld. Wenn Sie fertig sind, vergleichen Sie alles mit dem Partner, um zu sehen, ob er alles richtig plaziert hat. Tauschen Sie danach die Rollen.

Mein Büro   ### Dein Büro

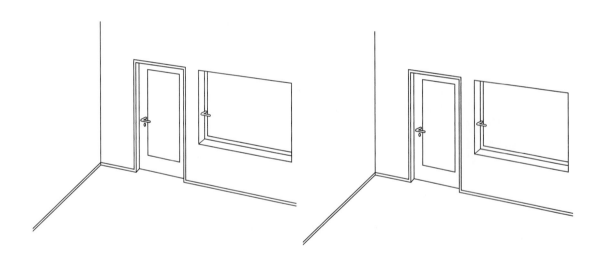

Hörverständnis 2.3   ## Ein Büro mit Fehlern

Daniel sitzt in der Kantine mit einem Kollegen und erzählt, wie er seinen Teil des Büros umgestellt hat. Das folgende Bild ist ein Bild von Daniels Büro, aber in diesem Bild gibt es fünf Fehler. Was sind diese Fehler?

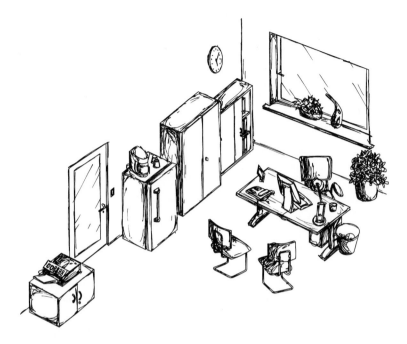

 Internet   www.harcourtcollege.com/german/deutschimberufsalltag

Klicken Sie einen Katalog wie **Otto** im Internet an und erledigen Sie die folgende Aufgabe.

Sie haben 2.500,00 Euro, um ein Büro einzurichten. Sie brauchen unbedingt einen PC mit Drucker und Bildschirm. Natürlich müssen Sie auch einen Schreibtisch und einen Stuhl haben. Und was brauchen Sie noch? Software? Scanner? Briefablage? Locher? Papierkorb? Kühlschrank? Aktenschrank? usw. Sie wollen so viel von den 2.500,00 Euro wie möglich ausgeben aber nicht mehr als 2.500,00 Euro. Geben Sie auch an, warum Sie die Artikel kaufen.

Artikel	Beschreibung	Grund	Preis

Vokabelvorschau

Was bedeuten die folgenden Verben? Füllen Sie die Tabelle aus. Geben Sie auch Imperfekt und Partizip Perfekt an.

	Bedeutung	Imperfekt (ich)	Partizip Perfekt
empfinden			
verraten			
preisgeben*			
überwinden			
betreten			
nachweisen*			

Vier von diesen Verben haben einen Stamm, den Sie schon kennen: **emp + finden, ver + raten, preis + geben** und **be + treten.** Wenn Sie bereits die Imperfekt- und Perfektformen vom Stamm wissen, kennen Sie auch die Formen dieser Verben. Achten Sie darauf, dass die Verben mit dem * trennbare Präfixe haben. Welches der sechs Verben verlangt „sein" im Perfekt?

Benutzen Sie das am besten passende Verb in seiner richtigen Form.

1. Die Firma hat lange ein neues Produkt entwickelt, dieses aber nie veröffentlicht. Gestern hat der Firmenleiter die Informationen zum neuen Produkt _____.
2. Die Sekretärin zeigt ihm, wo das Büro ist, und er _____ es.
3. Der Chef hat ein neues Bild für den Vorraum gekauft. Wie _____ Sie es?
4. Normalerweise erzähle ich dem Kollegen alles, aber neulich habe ich erfahren, dass er alles _____. Nun wissen die anderen Kollegen alles.
5. Ich habe eine neue Stelle. Am Anfang habe ich Angst gehabt, weil ich unsicher war, ob ich alles gut schaffe. Jetzt habe ich aber alle Ängste _____ .
6. Bevor der Mitarbeiter seine neue Stelle beginnen konnte, hat er seine Qualifikationen _____ .

Vor dem Lesen

1. Welche Bedeutung hat Ihr Schreibtisch in Ihrem Arbeitszimmer?
2. Welche Arbeitsgeräte haben Sie und wie nutzen Sie sie?

3. Haben Sie viel oder wenig Platz in Ihrem Arbeitszimmer?
4. Wozu ist viel Platz gut?
5. Haben Sie Pflanzen in Ihrem Arbeitszimmer? Warum?

KULTUR-ASPEKTE

Was bedeutet die Ausstattung eines Büros?

Die wichtigsten Möbel in einem Büro sind der Schreibtisch und die Stühle. Der Schreibtisch ist das „Schlachtfeld[28]" Ihrer täglichen Arbeit, er beeinflußt Ihre Arbeitsweise und Kreativität entscheidend.[29]

Schreibtische oder Besprechungstische mit Glasplatten[30] werden meist als störend[31] empfunden. Der ungetrübte[32] (Ein-)Blick auf unsere Füße macht uns unsicher. Wir wissen ja intuitiv, dass uns unsere Füße körpersprachlich „verraten[33]", unsere Gefühle preisgeben. Wer schon einmal eine Besprechung an einem Glastisch geführt hat, wird sich an das leichte Unbehagen erinnern. Irgendwie schwebt auch die Arbeit auf so einer Glasplatte „in der Luft", hat keine Bodenhaftung,[34] keinen soliden Untergrund. Die Anordnung[35] der „Arbeitsgeräte" kann ebenfalls erfolgreiches Arbeiten behindern.[36] Unsere Arbeitsweise ist grundsätzlich so angelegt, dass wir von rechts nach links arbeiten. Müssen wir täglich viele Handgriffe in die entgegengesetzte[37] Richtung machen, überwinden wir jedesmal einen unmerklichen Widerstand,[38] wir arbeiten gegen unsere Arbeitsrichtung. Vollgeräumte, unordentliche Räume möchte man am liebsten erst gar nicht betreten. Energie und Kreativität brauchen Platz, um sich entfalten[39] zu können. Steht an jedem nur möglichen Platz ein Möbelstück, wird diese Energie gebremst. Lassen Sie sich und Ihren Mitarbeitern und Besuchern Luft zum Atmen[40]—auch wenn Sie ein noch so stolzer Besitzer zahlreicher Antiquitäten[41] oder Designerstücke sind.

Grünpflanzen haben erwiesenermaßen[42] eine positive Wirkung auf den Menschen. Sie symbolisieren Leben, Wachstum und Entwicklung. Die grüne Farbe verstärkt diese optimistische, beruhigende[43] Wirkung. Und die Luftverbesserung ist ebenfalls nachgewiesen. Sie sind somit ein ideales Mittel, um Büroräume wohnlich und positiv zu gestalten. Dies gilt allerdings nur für gesunde Pflanzen.

Aus: Gabriele Cerwinka und Gabriele Schranz. 1999. Die Macht der versteckten Signale. Wien/Frankfurt: Wirtschaftsverlag Carl Ueberreuther.

[28] battle field
[29] decisively
[30] glass tops
[31] disturbing
[32] clear, uncloudy
[33] to betray
[34] connection to the floor, grounding
[35] ordering
[36] to hinder, to prevent
[37] opposite
[38] resistance
[39] to unfold, to open
[40] to breathe
[41] antiques
[42] proven
[43] relaxing

Fragen zum Text

1. Welche Möbel sind die wichtigsten im Büro?
2. Welche Wirkung hat der Blick auf unsere Füße?
3. Welche Wirkung hat die Anordnung unserer Arbeitsgeräte?
4. In welche Richtung arbeitet der Mensch?
5. Was braucht Energie und Kreativität, um sich entfalten zu können?
6. Wie kann man diese Energie bremsen?
7. Welcher Faktor verstärkt die Wirkung von Pflanzen?
8. Was an Pflanzen verstärkt die Wirkung?

AUS DER BETRIEBSPRAXIS

Das deutsche Büro

In einem deutschen Großraumbüro gibt es gewöhnlich keine kleinen Abtrennungen wie in den USA. Entweder ist es ein kleineres Büro, in dem die Angestellten arbeiten, oder ein Großraumbüro, in dem mehrere Leute sitzen. In einem Großraumbüro werden Bereiche gewöhnlich durch Pflanzen abgeteilt, nicht wie in den USA mit Trennwänden. Zwei oder drei Schreibtische stehen zusammen. Die Mitarbeiter wollen viel Tageslicht haben. Jeder möchte gern an einem Fenster sitzen, wo es hell ist, um die Neonbeleuchtung zu vermindern.[44] Wenn man eine bessere Position hat, arbeitet man natürlich in seinem eigenen Büro. Normalerweise haben die höheren Führungskräfte, beispielsweise Segmentsleiter, Abteilungsleiter, kaufmännischer Leiter und Direktor der Firma oder des Betriebes ihr eigenes Büro.

[44]to reduce

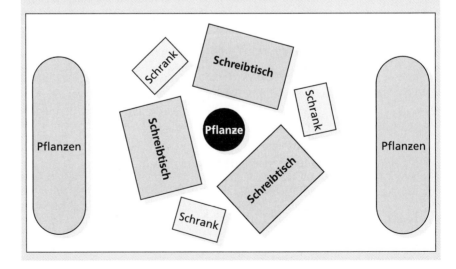

Fragen zum Text

1. Wie werden in einem deutschen Großraumbüro die Bereiche abgetrennt?
2. Warum wollen viele Mitarbeiter am Fenster sitzen?
3. In welcher Position bekommt man in Deutschland meist ein eigenes Büro?

Ein besseres Großraumbüro

Sie sind Mitarbeiter in einem Großraumbüro in Deutschland. Ihr Chef möchte Verbesserungsvorschläge und eine Zeichnung von den Mitarbeitern haben. Sie arbeiten mit Ihren Kollegen zusammen. Stellen Sie eine Liste mit Vorschlägen auf und machen Sie dazu eine Skizze[45].

[45] sketch

➡ *Sehen Sie dazu auch Übungen II.G–J im praktischen Teil.*

Zur Diskussion

Was sagen die Gegenstände und die Anordnung von Möbeln im Büro über seinen Benutzer aus?

ABTEILUNG 4

Berufliche Kommunikation

Vokabelvorschau

Sie hören gleich ein Gespräch, in dem die folgenden Wörter vorkommen. Was ist die Bedeutung jedes Wortes? Wenn Sie es nicht wissen, sehen Sie im Glossar nach. Passen Sie genau auf den Zusammenhang jedes Wortes auf.

etwas ausrichten   Lieferschwierigkeiten   erhalten   Liefertermin

Hörverständnis 2.4.a

Telefonieren ist nicht einfach

Daniel übernimmt in der Mittagspause die Arbeit von Herrn Schönfelds Assistenten. In dieser Zeit kommen etliche Anrufe für Herrn Schönfeld, der nicht gestört werden will. Daniel hat die Aufgabe, allen Anrufern zu sagen, dass Herr Schönfeld zu Tisch sei. Nach ein paar Anrufen ist es Daniel klar, dass er das Alphabet im Geschäftsleben nicht ausreichend beherrscht. Weil er sich nicht blamieren will, versucht er das Beste aus dem Wortsalat zu machen. Es kommt gerade wieder ein Anruf.

Hören Sie sich den Anruf noch einmal an und prüfen Sie auch die Notiz von Daniel an Herrn Schönfeld. Was hat Daniel falsch aufgeschrieben?

MEYERS CHIP AG

Notiz

Es hat sich gemeldet

Name: *Herr Seifert*

Firma: *Fima Büro. . . . . . .*

Anschrift:

Telefon:

Telefax: *03413241*

Datum _____ Uhrzeit _____ *14.25* _____

persönlich / (telefonisch)

gewünschte Person:

    Herr Schönfeld

* matter, concern   Anliegen*:

Rückruf wegen Liefertermin am 10.3.00

Nachricht:

Datum: _____   _____
               Unterschrift

Fragen zur Situation

1. Was hat Daniel im Gespräch falsch gemacht?
2. Was hätten Sie an Daniels Stelle getan?
3. Wie kann Daniel in Zukunft solche Kommunikationsprobleme vermeiden?

Rollenspiel

Suchen Sie sich einen Partner. Einer spielt Daniel, der andere Herrn Seyffert. In diesem Gespräch macht Daniel Herrn Seyffert klar, dass er das, was Herr Seyffert sagt, nicht versteht.

Benutzen Sie dazu die folgenden Ausdrücke:

wiederholen   langsam sagen   deutlicher sprechen

Das Alphabet im Geschäftsleben

Ä	Ärger	G	Gustav	Ö	Ökonom	U	Ulrich
A	Anton	H	Heinrich	O	Otto	Ü	Überlauf
B	Berta	I	Ida	P	Paula	V	Viktor
C	Cäsar	J	Julius	Q	Quelle	W	Wilhelm
CH	Charlotte	K	Kaufmann	R	Richard	X	Xanthippe
D	Dora	L	Ludwig	S	Siegfried	Y	Ypsilon
E	Emil	M	Martha	SCH	Schule	Z	Zacharias
F	Friedrich	N	Nordpol	T	Theodor		

Üben Sie nun das Geschäftsalphabet. Buchstabieren Sie Ihren Namen für einen Mitstudenten, der ihn aufschreibt. Tauschen Sie danach die Rollen.

Hörverständnis 2.4.b   # Wie buchstabieren Sie Ihren Namen?

Hören Sie, wie die folgenden Namen buchstabiert werden, und schreiben Sie die Namen auf.

1. _____   6. _____
2. _____   7. _____
3. _____   8. _____
4. _____   9. _____
5. _____   10. _____

Ist die Nummer richtig?

Hören Sie sich jetzt die folgenden Telefonnummern an, und wenn die geschriebene Nummer falsch ist, korrigieren Sie die Nummer.

1. 376 85 93_____	6. 557 97 23_____
2. 435 34 78_____	7. 423 56 43_____
3. 768 12 56_____	8. 879 57 63_____
4. 125 45 37_____	9. 965 11 89_____
5. 446 64 85_____	10. 223 76 04_____

Welche Postleitzahl (PLZ) hat ...?

Schreiben Sie jetzt die folgenden Postleitzahlen auf.

1. _____	Berlin	6. _____	Regensburg
2. _____	Hamburg	7. _____	Kassel
3. _____	Goslar	8. _____	Stuttgart
4. _____	Köln	9. _____	Falkensee
5. _____	München	10. _____	Lübeck

Rollenspiel

Sie arbeiten bei einer Firma, die eine neue Telefondatei[46] erstellen will. Ihre Aufgabe ist es, Kontakt mit neuen Kunden aufzunehmen und den Namen (korrekt buchstabiert), Telefonnummer und Postleitzahl von jedem Kunden aufzuschreiben. Fragen Sie jeden Mitstudenten nach diesen Daten und schreiben Sie alles auf. Wenn Ihre Liste komplett ist, vergleichen Sie sie mit den Listen der anderen Mitstudenten.

[46] telephone data bank

Vokabelvorschau

Was macht man dabei falsch?   Ein Reflexivverb mit dem Präfix **ver-** deutet an, dass beim Ausüben dieser Tätigkeit ein Fehler gemacht wurde.

   Beispiel: sich vertun   *Man tut etwas falsch.*

Was macht man hier falsch?

sich verzetteln	sich vertun	sich verwählen	sich verhören
sich vertippen	sich vergucken	sich verschreiben	

Fehler kommen vor

Daniel erzählt Herrn Schönfeld, wie das Telefongespräch mit Herrn Seyffert abgelaufen ist.

Daniel:	Übrigens, Herr Schönfeld, als Sie zu Tisch waren, hat ein Herr Seyffert angerufen.
Schönfeld:	Ach ja, endlich! Was hat er denn gesagt?
Daniel:	Ach Herr Schönfeld, ich habe mich einige Male im Gespräch mit ihm vertan.
Schönfeld:	Inwiefern?
Daniel:	Erst habe ich mich versprochen und später auch noch verschiedene Wörter durcheinander gebracht. Der deutsche Satzbau ist ja manchmal so kompliziert.
Schönfeld:	Machen Sie sich da keine Gedanken. Jeder vertut sich einmal.
Daniel:	Ich habe mich zuerst verhört und deshalb verschrieben. Später wollte ich mich bei Herrn Seyffert melden und alles berichtigen, aber ich habe mich verwählt, weil die Nummer nicht stimmte.
Schönfeld:	Ach ja, viele unserer englischsprachigen Mitarbeiter verwechseln die Zahlen, weil die Zehner umgedreht sind. Wo es auf Englisch „vierzig-und-fünf" heißt, sagen wir auf Deutsch fünfundvierzig.
Daniel:	Dann habe ich einfach aufgegeben. Es tut mir richtig Leid, Herr Schönfeld.
Schönfeld:	Sie sind ein echter Pechvogel. Ach das ist nicht weiter schlimm. Lassen Sie sich nur nicht einschüchtern.[47] Ich habe ja die E-Mail-Adresse. Ich melde mich dann bei ihm.

[47] to intimidate

Nach dem Gespräch mit Daniel ärgert sich Herr Schönfeld gar nicht. Er fragt sich, wie er es schaffen würde, so wie Daniel im Ausland zu arbeiten. Er freut sich, dass er so gut mit Daniel auskommt. Daniel ist erleichtert, dass sich Herr Schönfeld nicht über ihn aufgeregt hat. Die Vertrauensbasis ist wichtig in der Zusammenarbeit.

Grammatik-Spot §2.3   ## Reflexivverben

Reflexiv

In German, verbs are very often reflexive. Where English verbs are reflexive their German equivalents are as well. Also in those cases when you do something wrong or make a mistake in some way, you can express this with the reflexive in German.

>   Jeder **vertut sich** einmal.
>   Ich **melde mich** dann bei ihm.

➡ **§2.3 *in the grammar section presents a closer look at how the reflexive is constructed and used in German.***

➡ **For practice, see exercises 2.3 a–c in the grammar section.**

Zur Diskussion

Ist es immer gut, bei der Arbeit ehrlich zu sein? Versetzen Sie sich in Daniels Situation. Würden Sie Herrn Schönfeld alles offen erzählen? Oder würden Sie versuchen, alles zu verheimlichen?[48] Auf Deutsch sagt man, „Lügen haben kurze Beine". Was könnte das bedeuten?

[48] to hide

Bürowitz

Zwei Putzfrauen leeren die Papierkörbe der neuen Chefsekretärin.

„Nun sieh dir das an!" meint die eine und zieht jede Menge von angefangenen Briefen hervor. „Jedes zweite Wort ist vertippt, Fehler über Fehler—muss die 'ne Figur haben!"

Der deutsche Geschäftsbrief: Standard Format

Briefkopf
Der Briefkopf besteht aus dem Namen und der Adresse des Unternehmens, manchmal auch einem Firmenzeichen oder -logo.

Die Adresse des Empfängers enthält Namen and Adresse des Empfängers. Der Name der Person kommt unter den Firmennamen.

Datum
(Tag.Monat.Jahr)
4. Okt. 00
04.10.2000

Betreff
Diese Zeile steht vor der Anrede und gibt den Zweck des Briefes an.

Brieftext
Um den Inhalt übersichtlich zu machen, schreibt man einen neuen Absatz für jedes Thema. Der Brieftext und alle Absätze beginnen am linken Rand des Briefblattes.

Unterschrift
Die Abkürzungen *i.V. (in Vollmacht/ in Vertretung)* oder *i.A. (im Autrag)* vor der Unterschrift bedeuten, dass ein Bevollmächtigter unterschrieben hat.

MEYERS CHIP AG
Plänterwald 123-28
14568 Berlin
Tel. (030) 823 45 97
Fax (030) 823 45 96

Siemens AG
Herrn Fröscher
Siemensdamm 25-28
11357 Berlin

20.9.00

Betreff: Ihr Besuch vom 13.8.00

Sehr geehrter Herr Fröscher,

wir bedanken ....

....

....

....

....

Mit freundlichen Grüßen

Daniel Walker

Daniel Walker

Anlage

Die Adresse besteht aus (1.) Strasse und Hausnummer oder Postfachnummer (2.) Postleitzahl (PLZ) und Ortsangabe.

Anrede
Für Firmen ist üblich *Sehr geehrte Damen und Herren.* Bei einzelnen Personen *Sehr geehrte Frau Müller* oder *Sehr geehrter Herr Meyer.*

Schlußformel
Die meistbenutzte Schlußformel für Geschäftsbriefe ist *Mit freundlichen Grüßen.* Andere Varianten sind *Mit freundlichem Gruß* oder *Freundliche Grüße.*

Anlage
Dieser Vermerk steht unten links auf dem Briefblatt (unter der Unterschrift). Beispiele hierfür sind:

Anlage   *3 Anlagen*

Anlage: *Lebenslauf*
Lebenslauf
Zeugnisse

TIPP Das erste Wort im Brieftext beginnt mit einem kleinen Buchstaben.

Vor dem Lesen

1.   Welche Stile gibt es im Englischen, wenn Sie einen Brief schreiben?
2.   Wie können Sie die Unterschiede im Stil im Englischen zeigen?

KULTUR-ASPEKTE

Briefstil

Wie im Englischen kann ein Brief formell oder informell geschrieben werden. Wenn Sie an Freunde oder Bekannte schreiben, werden Sie andere Formulierungen verwenden, als in einem Geschäftsbrief. Wie erkennen Sie an der Sprache, welcher Stil benutzt wird? Zum Beispiel, die Anrede ist formell, wenn Sie nur wissen, wie die Person heißt.

Sehr geehrte Frau Dr. Meyer,   *Sehr geehrter Herr Meyer,*

Die Anrede ist weniger formell, wenn Sie die Person persönlich kennen.

Liebe Frau Meyer,   *Lieber Herr Meyer,*

Wenn Sie die Person mit Vornamen anreden, schreiben Sie den Vornamen.

Liebe Claudia,   *Lieber Herbert,*

Sie können den Stil auch an der Schlussformel erkennen. Wenn es sehr formell sein soll, wird der Brief mit

Mit freundlichen Grüßen

weniger formell

Gruß

beendet.

Die Nutzung der Wörter *Sie* und *du* ist ebenfalls bedeutsam. *Sie* ist formell und *du* informell.

Wenn der Brief offiziell oder geschäftlich ist, benutzt man die geschriebene Sprache. Wenn man an Freunde schreibt, kann man den Brief in der gesprochenen Sprache schreiben. Beide Stile unterscheiden sich beispielsweise in der Wortwahl. Wörter auf Deutsch, die aus dem Latein kommen, sind eine gehobenere[49] Sprache, z.B. existieren, projizieren, Kalkulation,

[49] sophisticated

Markierung, prägnant, subtil. Solche Wörter können gut in einem Geschäftsbrief verwendet werden.

Andere Beispiele:

informell	*formell*
kriegen	erhalten
klauen	stehlen
schauen	sehen
gucken	sehen
ein Praktikum machen	ein Praktikum absolvieren
sich einen Brief ausdenken	einen Brief konzipieren

Aus Erfahrung

The German business environment is much more formal than most. When colleagues deal with a co-worker, the attitude is informal and the „du" form is often used. When dealing with the managers or workers of another department, the „Sie" form is used without fail. All employees have a stake in their work, but ultimately it is the manager that has the final say in all matters.

John Ziegler
The Pennsylvania State University

Der Ton macht die Musik—auch im Brief

Die zwei Briefe auf Seiten 94 und 95 sind Beispiele alltäglicher Geschäftskorrespondenz. In jedem Brief teilt der Kunde Meyers Chip AG mit, was mit der Bestellung nicht in Ordnung ist.

Welchen Stil haben die zwei Briefe? Geben Sie fünf Unterschiede an. Gibt es stilistische Unterschiede zum Fax?

Infineon AG

Alter Donauer Weg 12–20
93047 Regensburg

Meyers Chip AG
Daniel Walker
Plänterwald 123–28
12437 Berlin

Regensburg, den 12.10.00

Erhalt der Chips vom 15.9.00

Lieber Daniel,

am 2.10.00 haben wir unsere Chipbestellung vom 15.9.00 bekommen. Danke schön.
Beim Nachzählen fanden wir leider nicht genug Chips. Wir haben 10 K bestellt, aber ihr
habt uns nur 6 K geschickt. Könnt ihr uns schriftlich erklären, was passiert ist, und bitte
die fehlenden Chips nachschicken?

Ab morgen bin ich 3 Wochen in Urlaub. Marianne Britzer wird meine Arbeit übernehmen.
Setzt euch bitte mit ihr in Verbindung.

Gruß

M. Keller

Martin Keller

Infineon AG

Alter Donauer Weg 12–20
93047 Regensburg

Meyers Chip AG
Daniel Walker
Plänterwald 123–28
12437 Berlin

Regensburg, den 12.10.00

Erhalt der am 15.9.00 bestellten Chips

Sehr geehrter Herr Walker,

am 2.10.00 haben wir die am 15.9.00 bestellten Chips erhalten. Leider mussten wir feststellen, dass die Menge der Chips nicht ausreichend war. Wir hatten 10 K bestellt, aber Sie haben uns nur 6 K geschickt. Wir würden uns über eine schriftliche Erklärung und die Auslieferung* der fehlenden Chips freuen.

Ab morgen bin ich 3 Wochen in Urlaub. Meine Kollegin Frau Dr. Britzer wird meine Aufgaben übernehmen*. Setzen Sie sich bitte mit ihr in Verbindung*.

Mit freundlichen Grüßen

Dr. Ing. M. Keller

Dr. Ing. Martin Keller

* delivery

* to take on, to assume
* to establish contact with

Ein Fax: die Empfangsbestätigung

Büro**M**aterial **GmbH**

an Meyers Chip AG
    Einkauf: Herr Schönfeld
    Plänterwald 123–28
    12437 Berlin
    Fax 030/823 45 96

von Büromaterial GmbH
    Verkauf: Herr Seyffert
    Am Hauptbahnhof 3
    14612 Falkensee
    Fax 03322/23 41

Falkensee, den 19.9.00

Auftrag-Nr. 1859/98 vom 2.5.00

Sehr geehrter Herr Schönfeld,

heute habe ich mit Ihrem jungen Kollegen, Herrn Daniel Walker gesprochen, aber ich bin nicht sicher, ob er alles richtig verstanden hat. Deshalb möchte ich per Fax bestätigen, dass wir Ihre Bestellung vom 2.9.00. über

  2 Kartons Büroklammern
  2 Paletten Fotokopierpapier jeweils 100.000 Blatt DIN A 4
  3 Kartons Aktenordner (schwarz)

erhalten haben.
Wir möchten am 3.10.00 liefern. Bestätigen Sie bitte, ob Ihnen dieser Termin recht ist. Wir liefern normalerweise vormittags zwischen 7 und 8 Uhr.

MfG

H. Seyffert

H. Seyffert

Die Rückbestätigung

Das Fax auf dieser Seite ist von Herrn Seyffert an Herrn Schönfeld. Schreiben Sie die Rückbestätigung von Herrn Schönfeld an Herrn Seyffert. Erwähnen Sie in Ihrem Fax:

Gespräch mit Herrn Walker
Erhalt der Bestätigung vom 19.9.00
Lieferterminbestätigung zwischen 7 und 8 Uhr

Vokabelvorschau

Was bedeuten diese Wörter, und was ist das Geschlecht von jedem Substantiv?

Wareneingang   Spedition   Lieferschein   gegenzeichnen   Palette

Was hat das Wort *gegenzeichnen* mit den anderen Wörtern zu tun?

Vor dem Hören

Was machen Sie, wenn Sie einen Freund anrufen und die Verbindung schlecht ist?

Hörverständnis 2.4.e

Störung in der Leitung

Am Dienstag früh bekommt Daniel einen Anruf. Leider ist die Leitung sehr schlecht—es gibt Störungen. Daniel versucht mit dem Anrufer zu sprechen, aber er versteht nichts und schlägt vor, es noch einmal zu versuchen.

Berücksichtigen Sie beim Hören des Gesprächs die folgenden Fragen.

1. Wer hat angerufen?
2. In welcher Abteilung arbeitet die Person?

Hören Sie sich das Gespräch noch einmal an. Wie lauten die Antworten zu diesen Fragen?

3. Warum ruft die besagte Person Daniel an?
4. Wann ist die Lieferung angekommen?

Hörverständnis 2.4.f

Eine falsche Lieferung

Müller versucht es noch einmal. Und nun ist die Leitung besser. Herr Müller informiert Daniel, dass die Lieferung der Firma Büromaterial nicht in Ordnung ist. Es gibt zwei Probleme mit der Lieferung. Hören Sie mit.

1. Was sind die zwei Probleme?
2. Was ist vielleicht bei der Firma Büromaterial falsch gelaufen?
3. Was muss Daniel nun machen, um den Fehler zu beseitigen?

Der Lieferschein

Der folgende Computerausdruck der Kundenkartei ist von der Firma Büromaterial. Unten finden Sie den Lieferschein, den Meyers Chip AG erhalten hat. Vergleichen Sie die beiden Unterlagen, und beantworten Sie Frage Nr. 2 noch einmal.

Kd. Nr.	Firma	Strasse Nr.	PLZ Ort	Telefon	Fax
223	Landauer Data KG	Siemensdamm 50	13627 Berlin	030/386-2 70 86	030/386-2 75 57
224	Litfasssäule Presse	Kurfürstendamm 120	10347 Berlin	030/451 28 34	030/451 25 38
225	Meyers Chip AG	Plänterwald 123-28	12437 Berlin	030/823 45 97	030/823 45 96
226	Mitarbeiter Service	Roedernallee 389	13432 Berlin	030/402 86 50	030/402 86 47
227	Mobilfunk	Residenzstr. 10	13174 Berlin	030/301 65 34	030/301 34 65
228	Münzen alt u. neu	Koloniestr. 70	13286 Berlin	030/405 23 90	030/405 23 85

Lieferschein

Firma	Büromaterial GmbH
Meyers Chip AG	Am Hauptbahnhof 3
Roedernallee 389	14612 Falkensee
13432 Berlin	Fon 03322/2345
	Fax 03322/2341

Lieferschein

Nummer	Datum	Kd.Nr.	Verkäufer
2984	24.6.00	225	Hr. Seyffert

Art.Nr.	Warenbezeichnung	Menge
3476	Fotokopierpapier Maxi Din A 4	2 Paletten, 100.000 Blatt
5286	Aktenordner Pop (weiss)	2 Kartons á 50 Stück
5287	Aktenordner Pop (schwarz)	1 Karton á 50 Stück

gegengezeichnet von

Rollenspiel

Sie arbeiten bei der Firma Hugo Schmidt GmbH. Sie stellen Autoteile her und haben 50.000 Relais von Siemens AG Regensburg bestellt. Leider haben Sie nur 48.750 Relais bekommen. Rufen Sie Herrn Redenz von Siemens Relais an und erkundigen Sie sich, warum Sie zu wenig Teile bekommen haben. Herr Redenz weiß, dass es Produktionsprobleme gibt und die letzten Teile in zwei Wochen geliefert werden. Er muss später einen neuen Liefertermin vereinbaren. Sie arbeiten zu zweit. Einer von Ihnen ist der Vertreter von Hugo Schmidt und der andere Herr Redenz von Siemens Regensburg.

KULTUR-ASPEKTE

Was ist eine DIN Norm?

[50] size

[51] standardized

[52] standardization

In Deutschland wird jede Größe[50] oder jedes Format genormt[51] oder geregelt. Die DIN Norm (Deutsche Industrienorm) ist diese Normung[52] oder Regelung. Fast alles im Büro hat seine Norm. Beispielsweise hat Fotokopierpapier das Format DIN A 4. Diese Größe ist ein bisschen länger als das Fotokopierpapier in den USA, aber nicht ganz so breit. Wenn man dieses DIN A 4-Blatt nimmt und es verdoppelt, hat man DIN A 3. So kann man auf andere Größen kommen, wenn man eine Größe verdoppelt oder

* intended norms

* estimated

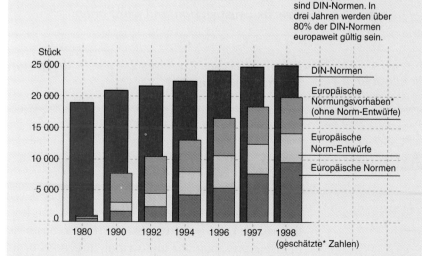

Quelle: Deutsches Institut für Normung.

halbiert. In der EU werden diese Normen nun überall verwendet, deshalb spricht man von der europäischen Normung.

Fragen zum Text

1. Was ist die Aufgabe der Deutschen Industrienorm?
2. Gibt es eine ähnliche Institution in den USA?

Zur Diskussion

Sind Artikel in Amerika genormt? Welche Vorteile hat die Normung? Welche Nachteile gibt es?

Grammatik-Spot §2.4   # Passiv

Passiv für die Geschäftswelt

In German, the passive voice is used much more than in English. It is used even more in the business world, particularly in presentations and instruction manuals.

> Diese Normen werden nun überall verwendet.
> Dieses DIN A4 Blatt wird genommen.
> Die Größe wird verdoppelt oder halbiert.

➡ *§2.4 in the grammar section will familiarize you with the passive, its construction and word order.*

➡ *For practice, see exercises 2.4 a–e in the grammar section and Praktische Übung II.J.*

Aus Erfahrung

This is a point that hardly anyone may believe is important. The passive voice in English seems to be used less and less. However, in German the passive voice is extremely important in business! It is used extensively in giving presentations and writing directions or instructions for product use, for example. One possible reason is: the item or the instructions being presented are emphasized and not the person doing the action. Consequently, the passive voice or a "man" construction has to be used. This is an absolute must of business!

Bürosprüche

Unmögliches wird sofort erledigt, Wunder dauern etwas länger.
Jeder 10., der sich beschwert, wird erschossen. Neun waren schon da.

Wählen Sie einen Bürospruch und schreiben Sie eine kleine Geschichte dazu. Der Bürospruch soll der Titel dieser Geschichte sein.

➡ *Sehen Sie dazu auch Übungen II.K und L im praktischen Teil.*

ABTEILUNG 5 # Die Mängelrüge

Vokabelvorschau

Gewusst wie.   Ordnen Sie die folgenden Wörter in die richtige Lücke der Mängelrüge der Firma Modul-Prozessoren AG an Meyers Chip AG ein (Seite 102). Achten Sie auf die richtigen Passivformen.

gewähren   schicken   beschädigen   absenden   benutzen

Vor dem Lesen

1. Was machen Sie, wenn Sie etwas bestellen und etwas anderes als bestellt bekommen?
2. Sie haben etwas bestellt, und es ist kaputt angekommen, was tun Sie?
3. Was ist leichter für Sie als Privatperson, zu telefonieren oder einen Brief zu schreiben? Im Geschäftsleben?
4. Wie heißt diese Briefart im Geschäftsleben im Englischen?

Modul-Prozessoren AG
Südstern 190–95
70177 Stuttgart

Meyers Chip AG
Plänterwald 123–28
12437 Berlin

Stuttgart, den 5.2.00

Ihre Lieferung

Sehr geehrte Damen und Herren,
es hat uns gefreut, dass Ihre Lieferung mit den Chips rechtzeitig _____ _____.
Weniger erfreut waren wir, dass etliche Chipscheibe unterwegs _____
_____. Wir nehmen an, dass dieser Schaden auf eine mangelhafte Verpackung
zurückzuführen ist.

Nur wenige Chips von diesen Chipscheibe können immer noch _____
_____. Aus diesem Grund schlagen wir Ihnen vor, dass uns eine neue Lieferung
_____, und auf die nicht beschädigten Chips noch ein Preisnachlass von
50% _____ _____.

Sind Sie mit diesem Vorschlag einverstanden?

Mit freundlichen Grüßen

Modul-Prozessoren AG
i.A.
Löwe

AUS DER BETRIEBSPRAXIS

Die Mängelrüge[53]

Wenn die Ware eintrifft,[54] muss man sie sofort prüfen. Ist die Verpackung[55] nicht in Ordnung (beschädigt), kann die Annahme[56] der Lieferung /Sendung verweigert[57] werden. Wird die Ware angenommen, kann der Schaden auf dem Lieferschein des Spediteurs[58] vermerkt[59] werden.

[53] shipment complaint
[54] to arrive
[55] packaging
[56] acceptance
[57] refused
[58] delivery company
[59] noted

[60] deficiencies

[61] spoilt

Beim Auspacken könnten folgende Mängel[60] festgestellt werden:

- die Ware ist beschädigt oder verdorben[61]
- die Qualität ist schlechter als bestellt
- die Menge/Anzahl stimmt nicht (zu wenig oder zu viel)
- die verkehrte Ware wurde geschickt.

[62] to occur

Wenn solche Mängel auftreten,[62] dann schreibt man eine Mängelrüge an die Lieferfirma. Eine Mängelrüge enthält folgende Punkte:

- Empfangsbestätigung
- Mängelbeschreibung

[63] procedures
[64] fulfillment
[65] withdrawal

- weitere Verfahrensweisen,[63] beispielsweise Erfüllung[64] des Kaufvertrages oder Rücktritt[65] davon.

[66] compensation
[67] price reduction
[68] confirmation

Möchte man vom Vertrag zurücktreten, muss die Rückgabe der Ware geregelt werden. Wird auf der Erfüllung des Kaufvertrags bestanden, kann Schadenersatz[66] oder ein Preisnachlass[67] verlangt werden. Grund dafür ist der entstandene Schaden. Zum Schluss wird der Lieferant um Bestätigung[68] gebeten.

[69] matter, concern

In seinem Antwortbrief schickt der Lieferant eine Entschuldigung wegen mangelhafter Lieferung und teilt die Ergebnisse nach Prüfung der Mängelrüge mit. Zuletzt schlägt der Lieferant dem Käufer vor, wie die Angelegenheit[69] für beide Parteien am besten gelöst werden kann.

Richtig oder falsch?

Begründen Sie Ihre Antwort mit Informationen aus dem Text.

_____1. Wenn die Ware eintrifft, muss man sie nicht sofort prüfen.

_____2. Wird die Ware angenommen, kann der Schaden auf dem Lieferschein des Spediteurs vermerkt werden.

_____3. Man kann fünf Mängelarten beim Auspacken feststellen.

_____4. Die Mängelrüge muss die folgenden Punkte enthalten: Empfangsbestätigung und Mängelerläuterung.

_____5. Man kann einen Preisnachlass oder einen Schadenersatz verlangen, wenn man auf Erfüllung des Kaufvertrags besteht.

_____6. Der Käufer schlägt dem Lieferanten vor, wie die Angelegenheit für beide Parteien gelöst werden kann.

Zur Diskussion

Ist eine Mängelrüge wichtig? Kann man auf andere Art und Weise solch ein Problem lösen? Wenn man in Amerika eine Lösung per Telefon vereinbaren würde, wäre dies legal? Oder müsste man noch alles schriftlich festlegen?

Wie sieht eine Mängelrüge aus?

Lesen Sie die zwei Mängelrügen. Welchen Stil hat jede Mängelrüge? Lesen Sie, wenn notwendig, **Briefstil** auf Seite 92 noch einmal.

Meyers Chip AG

Plänterwald 123–28	Tel 030/ 823 45 97
12437 Berlin	Fax 030/ 823 45 96

IMN Vertriebs GmbH & Co. KG

Brakeler Straße 11

33014 Bad Driburg

20.9.00

Ihre Installierung

Sehr geehrter Dr. Metzger,

es hat uns sehr gefreut, dass die Installierung des WPS so schnell und gut geklappt* hat.

Weniger erfreut sind wir darüber, dass das System nicht perfekt funktioniert. Wir gehen davon aus, dass ein Fehler bei der Installierung passiert ist.

Im jetzigen Zustand* können wir das System nicht benutzen. Wir müssen beispielsweise unsere Kapazitätsübersicht per Hand erstellen*. Deshalb schlagen wir Ihnen einen Preisnachlass von 10% für die Zeit vor, bis Ihr WPS perfekt bei uns läuft.

Wären Sie mit diesem Vorschlag einverstanden?

Mit freundlichen Grüßen

Daniel Walker

---

*to work out

*condition
*to construct, to compile

MEYERS CHIP AG

Plänterwald 123–28   Tel. 030/ 823 45 97
12437 Berlin   Fax. 030/ 823 45 96

Josef Schmidt Küchenservice
Stresemann Straße 12
10276 Berlin

                                        Berlin, den 1.9.00

Installation von Kaffeeautomaten

Sehr geehrter Herr Schmidt,

am 25.7.00 haben Sie drei Kaffeeautomaten in unserem Betrieb neu installiert und drei
weitere zum Teil repariert. Wir sind sehr zufrieden mit Ihrer Arbeit.

Sie haben uns am 26.8.00 eine Rechnung für Euro 250,83 geschickt. In dieser Rechnung
haben Sie etliche Posten* aufgeführt, die bei uns nie gemacht worden sind.

8 neue Wasserfilter	Euro 20,00
1 neue Wasserenthärtungsanlage*	103,53
4 Filter ausgewechselt	54,00
Wartung* von 7 Kaffeeautomaten	73,00
	Euro 250,53

Wir sind der Meinung, dass ein Kaffeeautomat sowie zwei Wasserfilter zuviel berechnet*
wurden.

Wir bitten Sie Ihre Rechnung zu prüfen. Nach Klarstellung dieser Differenzen werden
wir die Rechnung bezahlen.

Wir danken Ihnen für Ihre Bemühungen und verbleiben

Mit freundlichen Grüßen

Sabine Fürstenmeyer

items

water-softening system

servicing

calculated

Wie schreibt man eine Mängelrüge?

Schreiben Sie nun die Mängelrüge, die Herr Schönfeld an Herrn Seyffert
abschickt. Das Format dafür können Sie dem Fax der Empfangsbestätigung
auf Seite 96 entnehmen. Benutzen Sie diese Ausdrücke in Ihrer Mängelrüge.

bestätigen   Liefertermin   Ware   Lieferzeit   Lieferort

Die folgenden Aussagen können in der Mängelrüge von Herrn Schönfeld
behilflich sein.

■ Hiermit teilen wir Ihnen mit, dass wir Ihre Lieferung vom... erhalten
   haben.

- Nach Empfang der Lieferung/Sendung haben wir sie sofort überprüft.

- Bei Kontrolle der Lieferung/Sendung haben wir folgende Mängel festgestellt.

- Die Qualität entspricht nicht unseren Erwartungen.

- Wir haben weniger erhalten als bestellt.

- Die Verpackung/Sendung war sehr beschädigt.

- Die Sendung/Lieferung war unvorschriftsmässig verpackt.

- In diesem Zustand können wir die Ware nicht annehmen und senden sie Ihnen wieder zurück.

- Wir hoffen, dass Sie uns entgegenkommen können.

- Wir erwarten umgehend eine Ersatzlieferung.

Rollenspiel

Daniel und eine Kollegin sitzen zusammen im Aufenthaltsraum. Daniel erzählt ihr, was er alles diese Woche im Betrieb erlebt hat.

Telefongespräch mit Herrn Seyffert
falsche Lieferung
die Mängelrüge, die Herr Schönfeld an Herr Seyffert geschickt hat

Arbeiten Sie zu zweit. Einer von Ihnen ist Daniel und die andere ist Sabine. Wie läuft dieses Gespräch ab?

Daniels Tagebuch

In diesem Abschnitt hat Daniel weitere Kulturunterschiede kennen gelernt. Er hat alles in sein Tagebuch aufgeschrieben.

26.10.

_____

_____

_____

_____

_____

Fachwortschatz

Substantive

die **Bemühung, -en** assistance, help, trouble   *Die Bemühungen haben sich gelohnt.*

die **Beschreibung, -en** description   *Sie hat die Beschreibung durchgelesen.*

die **Bestätigung, -en** confirmation   *Wir haben die Bestätigung für unser Hotelzimmer bekommen.*

die **Bestellung, -en** order   *Die Bestellung wird erledigt.*

das **Betriebsklima** working atmosphere   *Das Betriebsklima ist sehr freundlich.*

die **Botschaft, -en** message   *Ich habe eine Botschaft aufs Band gesprochen.*

der **Drucker, -** printer   *Wir haben einen neuen IBM Drucker installiert.*

der **Einkauf** (die **Einkaufsabteilung**) purchasing department   *Der neue Kollege arbeitet im Einkauf.*

die **Empfangsbestätigung, -en** confirmation of receipt   *Die Empfangsbestätigung ist gestern bei uns eingegangen.*

das **Ergebnis, -se** result   *Mit unserer Studie haben wir sehr gute Ergebnisse erzielt.*

die **Ersatzlieferung, -en** replacement delivery   *Die ersten Teile sind nicht gekommen. Der Lieferant hat eine Ersatzlieferung geschickt.*

die **Führungskraft, ¨e** manager   *Die Führungskraft zeichnet sich durch eine hohe Leistung aus.*

der **Gebrauchsgegenstand, ¨e** necessary item, item of frequent use   *Das Auto ist ein Gebrauchsgegenstand.*

das **Geschäft, -e** business   *Wie laufen die Geschäfte?*

die **Geschäftswelt, -en** business world   *In der Geschäftswelt ist die englische Sprache wichtig.*

der **Kaufvertrag, -ë** purchase contract   *Wir haben einen Kaufvertrag abgeschlossen.*

der **Kollege, -n** colleague   *Meine Kollegen sind sehr nett.*

der **Lieferant, -en** delivery agent   *Der Lieferant ist zwei Monate in Verzug.*

der **Lieferschein, -e** delivery note   *Der Lieferschein kommt zusammen mit der Ware.*

die **Lieferschwierigkeit, -en** delivery difficulties   *Die Firma hat Lieferschwierigkeiten.*

der **Liefertermin, -e** delivery times/dates   *Wir haben einen neuen Liefertermin vereinbart.*

die **Leistungsfähigkeit, -en** competitiveness   *Unsere Leistungsfähigkeit ist sehr hoch.*

der **Leiter, -** head, leader   *Der Leiter der Abteilung ist im Moment nicht am Platz.*

die **Leitung, -en** the line (telephone line), management   *Es ist eine Störung in der Leitung. vs. Die Leitung ist sehr gut informiert.*

der **Mangel, -¨** fault, defect, error   *Wir haben Mängel in der Lieferung gefunden.*

die **Mängelbeschreibung, -en** description of defects, errors   *Die Mängelbeschreibung ist ein Teil der Mängelrüge.*

die **Mängelrüge, -n** letter informing of defects, claim   *Der Kunde hat uns eine Mängelrüge geschickt.*

die **Maßnahme, -n** measure   *Wir haben neue Maßnahmen eingeführt.*

die **Rückgabe, -n** return   *Die Rückgabe kann innerhalb von 30 Tagen erfolgen.*

die **Rücknahme, -n** return (department, counter)

der **Rückruf, -e** call back   *Der Kunde hat um Rückruf gebeten.*

der **Rücktritt, -e** resignation, withdrawal   *Wir haben dem Lieferanten unseren Rücktritt vom Kaufvertrag angekündigt.*

der **Schaden, -¨** damage   *Beim Transport sind Schäden aufgetreten.*

der **Schadenersatz** compensation   *Wir verlangen Schadenersatz für die Beschädigungen.*

der **Versand** dispatching department   *Der Versand hat den Termin nicht eingehalten.*

der **Verteilerkreis, -e** distribution circle   *Für jeden Internbrief gibt es einen Verteilerkreis.*

das **Vorführmodell, -e** sample, display model   *Der Vertreter hat neue Vorführmodelle mitgebracht.*

der **Vorgang, -¨** process   *Wir halten uns an den alten Vorgang im Produktionsprozess.*

der **Wareneingang** the receiving department   *Die neuen Waren sind beim Wareneingang angekommen.*

der **Wettbewerb, -e** competition   *Der Wettbewerb im Bereich Mikrochips ist stark.*

Verben

auftreten[*] to appear, to show up   *Der Fehler ist immer wieder aufgetreten.*

jdm. etwas ausrichten to give a message to someone   *Kann ich ihm etwas ausrichten?*

beherrschen to master   *Der Computerexpert beherrscht EDV.*

berichtigen to correct, to make right   *Wir berichtigen oft die Fehler der anderen Abteilung.*

Bescheid wissen to know exactly/well   *Du weißt Bescheid, wann er ankommt.*

s. beschweren to complain   *Der Chef hat sich beschwert, dass seine Mitabeiter oft zu spät kommen.*

bestätigen to confirm   *Die Firma hat die Lieferung bestätigt.*

einführen to introduce (a product)   *Letzte Woche wurde das neue Produkt eingeführt.*

entsprechen (dat.)* to correspond to   *Ihre Idee entspricht der meinigen.*

gegenzeichnen to sign (as in signature), authorize   *Er hat das Formular gegengezeichnet.*

gewähren to grant   *Wir gewähren Ihnen einen Rabatt.*

lauten to be, to read   *Die Konditionen lauten wie folgt.*

liefern to deliver   *Die Firma hat unsere Ware zu spät geliefert.*

schaffen to manage, to do   *Er hat es nicht geschafft, seine Arbeit pünktlich fertig zu stellen.*

s. vertippen to make a typing error   *Die Sekretärin hat sich vertippt.*

s. verwählen to dial the wrong number   *Daniel hat sich verwählt.*

vorführen to display, to demonstrate   *Der Chef hat unser neues Modell vorgeführt.*

weiterleiten to pass on, to forward   *Die Sekretärin hat meinen Anruf weitergeleitet.*

Redewendungen

Jeder 10., der sich beschwert, wird erschossen. Neun waren schon da. Each 10th person who complains will be shot. Nine were already there.

Lügen haben kurze Beine. You won't get anywhere with lying.

Machen Sie sich keine Gedanken. Don't worry about it.

Unmögliches wird sofort erledigt, Wunder dauern etwas länger. The impossible will be done right away, miracles take a little longer.

Zur weiteren Information

Hans Lambrich und Margit Lambrich. 1999. *Der Kaufmännische Schriftverkehr.* Darmstadt: Winklers Verlag.

Siegfried Huth, Hrsg. 1997. *Duden: Das Sekretariatshandbuch.* Mannheim: Dudenverlag.

Allan Pease. 1981. *Body Language.* London: Sheldon Press.

SEGMENT III

Vertrieb und Marketing

Aus dem Inhalt

Betriebswirtschaft und Kultur

Hier lernen Sie:

- Anfrage und Angebot schreiben
- telefonisch eine Anfrage und ein Angebot erledigen
- Werbung in Deutschland interpretieren
- Marketing in einem deutschen Betrieb analysieren
- eine Präsentation halten

Grammatik

- Akkusativ und Dativ
- Akkusativpräpositionen und Dativpräpositionen
- Konjunktiv II
- Nebensätze und Konjunktionen
- Komparativ und Superlativ

Es ist nicht wichtig, wie viel Sie auf dem Kasten haben. Sondern was.

Tipps gegen Gaunertricks

IHR WÖCHENTLICHES QUALITÄTS-PROGRAMM.

HÖRZU. Schalten Sie um auf Qualität.

www.hoerzu.de

Was ist der „Kasten" in diesem Zusammenhang?

Aus Erfahrung

When people work abroad, they often experience stereotypes they already know from their home country, and perhaps some new ones found in the target culture. Knowing something about these can be useful in understanding the target culture, its people, and its way of doing things. This applies just as well to business culture. However, it can also work in reverse. The foreigner often obtains insight into his/her own culture that may never have been accessible without getting to know another way of life. This can be found in several situations. Examples include the ways in which a country values and uses advertising and how a meeting is conducted internally in a company. The foreigner might have the attitude that everything is done better at home. With this kind of attitude, a person will only have problems working in another country. An open and tolerant way of looking at things is very advantageous in such a situation. How would you feel about a foreigner who criticized everything in America and claimed everything at home to be better? Your counterparts in Germany would think something similar about you.

*contribution to the value of the business

©Thomas Uhlig

ABTEILUNG 1 Anfrage und Angebot

Vor dem Hören

Informationen sammeln. Wie bekommen Sie Informationen über ein Produkt, das Sie kaufen möchten? Das Internet—eine gute Idee, aber die dort angegebene Produktbeschreibung ist auch nicht immer ausreichend. Wo suchen Sie dann weiter?

Oftmals gibt es auf der Website ein Feld für E-Mails an die Firma. Dort können Sie beispielsweise eine Anfrage an die Firma schreiben. Stellen Sie sich vor, Sie arbeiten bei dieser Firma und bekommen eine Anfrage per E-Mail. Was würden Sie dem Kunden zurückmailen? Normalerweise erstellt man ein Angebot.

Hörverständnis 3.1

Wie schreibt man ein Angebot?

Daniel hat gerade einen Brief gelesen. Er sitzt an seinem Schreibtisch und denkt darüber nach. Er greift zum Telefon und wählt die Nummer von Frau Schulz. Richten Sie beim Zuhören Ihre Aufmerksamkeit auf folgende Fragen:

1. Wann hat Daniel die Anfrage von Stern Prozessoren bekommen?
2. Was soll Frau Schulz mit dem Angebot machen?
3. Wie soll Daniel Frau Schulz das Angebot schicken?

AUS DER BETRIEBSPRAXIS

Anfrage und Angebot

Lesen Sie den Text einmal ganz durch. Wählen Sie dann beim zweiten Durchlesen die richtige Antwort aus den unten gegebenen Möglichkeiten.

Anfrage: Mit einer Anfrage will man Informationen _1_ Produkte oder Dienstleistungen erfragen. _2_ zwei Arten von Anfragen, die allgemeine Anfrage und die bestimmte Anfrage. Eine allgemeine Anfrage trifft nicht für eine bestimmte Ware oder Dienstleistung zu, sondern bittet _3_ Kataloge, Prospekte, Preislisten, Muster, Proben usw. Es ist möglich, _4_ um den Besuch des Vertreters gebeten wird. Eine allgemeine Anfrage könnte folgenden Inhalt haben: Grund _5_ die Anfrage, z.B. Sortimenterweiterung,

Bitte um eine Preisliste oder die Liefer- und Zahlungsbedingungen, Informationen über die Firma oder Nennung von Referenzen. Die bestimmte Anfrage ist _6_ häufigsten. Sie bittet gezielt um eine Ware oder Dienstleistung und erweitert die allgemeine Anfrage _7_ die folgenden Punkte: Warenbeschreibung, z.B. Sorte, Farbe, Qualität, Menge, gewünschter Liefertermin, Vorausdanksagung[1] für umfangreiche[2] und arbeitsaufwendige[3] Angebote.

Angebot: Das Angebot ist eine Reaktion _8_ eine Anfrage. _9_ muss jedes Angebot mit Sorgfalt formuliert und ansprechend _10_ . Es gibt drei verschiedene Angebotssorten: das verlangte[4] Angebot auf Anfrage, das unverlangte Angebot, z.B. in Form eines Werbebriefs[5], und das wiederholte Angebot, _11_ zum Beispiel in einem Nachfassbrief[6].

[1] thanks in advance

[2] extensive

[3] labor intensive

[4] requested

[5] advertisement in the form of a letter

[6] follow-up letter

Markieren Sie die richtige Lösung.

1. bei	um	über
2. Es gibt	Da ist	Es geben
3. um	für	über
4. damit	weil	dass
5. für	um	an
6. im	an	am
7. für	um	über
8. zu	über	auf
9. Deshalb	Denn	Zu
10. gestaltet geworden	gestaltet worden	gestaltet werden
11. wie	als	so wie

Vokabelvorschau

Welche Konditionen sind für Sie von Bedeutung, wenn Sie etwas bestellen wollen?

Lieferplan   Lieferzeiten   Zahlungsbedingungen   Mengenrabatt

Vor dem Lesen

Welche Kundeninformationen sind für Sie wichtig, wenn Sie bei der Lieferfirma arbeiten?

Erwartungen des Kunden   Bedarf des Kunden   Wachstumsraten des Bestellers

Herr Dr. Hoffmanns Anfrage und Daniels Angebot

Beachten Sie beim Lesen der zwei Briefe auf dieser Seite und Seite 116 folgende Fragen.

1. Welche Art Anfrage schreibt Herr Dr. Hoffmann?
2. Welche Informationen braucht Herr Dr. Hoffman?
3. Hat Daniel in seinem Angebot alle Punkte von Herrn Dr. Hoffmanns Anfrage behandelt?

*continuous
*getestet

* Stern Prozessoren *
Humboldtstrasse 25–29
20457 Hamburg

Meyers Chip AG
Plänterwald 123–28
12437 Berlin

Hamburg, den 22.9.00

Bitte um ein Angebot

Sehr geehrter Herr Walker,

unsere Firma ist neu auf dem Markt für kleine Mikroprozessoren. Deswegen suchen wir einen Lieferanten für Chips. Wir wenden uns an Sie, da Sie uns bestens empfohlen wurden. Im Moment beträgt unser Bedarf etwa 100 K Chips pro Jahr. Wir erwarten ein dauerhaftes* Wachstum und rechnen mit einem 1.000 K Chipbedarf in fünf Jahren. Ihr Minichip „Hektor" wurde von uns in unseren Mikroprozessoren erprobt*, und seine Funktionalität erfüllt unsere Erwartungen.

Unser Monatsbedarf liegt momentan bei 10 K vom Chip „Hektor". Senden Sie uns bitte ein Angebot für diese Menge. Erwähnen Sie im Angebot, welchen Mengenrabatt wir erhalten würden, wenn wir im Monat unsere Bestellung auf 13 K, 15 K oder 17 K erhöhen würden. Fügen Sie bitte einen Lieferplan mit Lieferzeiten und Zahlungsbedingungen bei.

Wir freuen uns auf eine gute Zusammenarbeit.

Mit freundlichen Grüßen

Dr. Martin Hoffmann

MEYERS CHIP AG
Plänterwald 123–28
12437 Berlin

Stern Prozessoren
Humboldtstrasse 25–29
20457 Hamburg

Berlin, den 1.10.00

Chipangebot

Sehr geehrter Herr Dr. Hoffmann,

wir bedanken uns herzlich für Ihre Anfrage. Unser Angebot lautet wie folgt:

100 K Chip „Hektor"   1.000 DM pro 1K

Die ersten 10 K können wir ab dem 1. Nov. 2000 liefern, danach jeweils zum 1. des Monats
10 K Chip „Hektor".

In größeren Mengen ist unser Angebot

Menge	Rabatt
13K	2%
15K	2,2%
17K	2,5%

Wir freuen uns auf eine zukünftige Zusammenarbeit.

Mit freundlichen Grüßen

i.A. Daniel Walker

Frau Schulz hat Anfrage und Angebot durchgelesen und findet, dass Daniel in seinem Angebot noch nicht alle Fragen von Herrn Dr. Hoffmann beantwortet hat. Was denken Sie, schlägt Frau Schulz vor?

Die Anfrage zu einer Kaffeemaschine

Prüfen Sie die zwei weiteren Anfragen auf dieser Seite und Seite 118.
Schreiben Sie dann Ihre eigene Anfrage. Das Produkt für Ihre Anfrage ist
eine Kaffeemaschine. Die benötigten Informationen zur Kaffeemaschine
erstellen Sie selbst.

MEYERS CHIP AG

Plänterwald 123–28   Tel. 030/823 45 97

12437 Berlin   Fax 030/823 45 96

IMN Vertriebs GmbH & Co. KG

Brakeler Straße 11

33014 Bad Driburg

                                        12.4.00

Bitte um Informationen

Sehr geehrte Damen und Herren,

im Internet haben wir Ihre Anzeige gelesen, und sie hat unser Interesse an Ihrem WPS
geweckt*.

Wir sind ein bekannter Hersteller* von Chips auf dem internationalen Markt und haben
Interesse daran, unser Werkstattsystem* zu erneuern*. Deshalb bitten wir Sie um ein
ausführliches* Angebot des

         Werkstatt-Planungs-Systems

Wann könnten Sie das WPS installieren? Wir interessieren uns vor allem für den Preis
und die Zahlungsbedingungen. Können wir mit einem Skonto* rechnen?

Bitte senden Sie uns Ihren neuesten Prospekt.

Mit freundlichen Grüßen

Martin Schulz
Produktionsleiter

---

*awakened

*producer,
manufacturer

*workshop system

*to improve, to renew

*detailed

*discount

MEYERS CHIP AG

Plänterwald 123–28   Tel. 030/823 45 97 - 34
12437 Berlin   Fax 030/823 45 96

Schulze Umbauarbeiten
Timmendorfer Weg
103567 Berlin

Berlin, den 15.6.00

Anfrage

Sehr geehrte Damen und Herren,

*remodelling

unsere Nachbarfirma Hitech Leiterplatten GmbH hat uns berichtet, dass Sie Umbauten*
bei ihnen durchgeführt haben, und sie waren mit Ihrer Arbeit sehr zufrieden.

*to carry out

*expanded, added on to

*breakroom

*cost estimate

*to draw up

In den nächsten Monaten wollen wir in unserer Firma etliche Umbauten vornehmen*.
Beispielsweise müssen zwölf Büros ausgebaut* und der Aufenthaltsraum* renoviert werden.
Wir würden uns freuen, wenn Sie Zeit hätten vorbeizukommen und uns einen
Kostenvoranschlag* zu erstellen*.

Rufen Sie mich bitte an, damit wir einen Termin für Ihren Besuch vereinbaren können.

Mit freundlichen Grüßen

Rudi Zimmermann
Assistent zum Werkleiter

Bürowitz

[7] theft

„Ich möchte gern die Einrichtung unseres Büros gegen Dieb-
stahl[7] versichern lassen", erklärt der Direktor dem Ver-
sicherungsvertreter.

Der zieht seine Unterlagen aus der Aktentasche und fragt:
„Sollen sämtliche[8] Gegenstände versichert werden?"

[8] all

[9] except

[10] to state more precisely

„Alle bis auf[9] die Uhr", präzisiert[10] der Direktor, „die läßt
sowieso keiner aus den Augen."

Grammatik-Spot §3.1   # Akkusativ/Dativ

indirektes Objekt und direktes Objekt

*The idea of indirect and direct object is basically the same as in English. The forms for both are the same in English, whereas they are different in German except for the first and second person plural (**uns** and **euch**).*

i.O.   **d.O.**

Bitte senden Sie **uns** ein **Angebot** für diese Menge.

d.O.   **i.O.**

Die **ersten 10 K** können wir **Ihnen** ab 1. Sept. 2000 liefern.

➡ *§3.1 in the grammar section will guide you through the use of the accusative and dative cases, their forms and sentence construction related to these.*

➡ *For practice, see exercises 3.1 a–d in the grammar section.*

➡ *GENAU GESEHEN: See grammar section pp. G36 for an explanation and review of passive imperfect.*

Rollenspiel

Daniel redet mit einem Kollegen, um von ihm einige Tipps für die Formulierung eines Angebotes zu bekommen. Er ist noch ein bisschen unsicher, wie ein Angebot auf Deutsch aussehen sollte. Spielen Sie die Situation. Einer von Ihnen ist Daniel und der andere der Kollege. Was will Daniel noch von dem Kollegen wissen? Beziehen Sie sich auf Anfrage und Angebot auf Seiten 115 und 116.

Das Angebot für die Kaffeemaschine

Sehen Sie sich die zwei Angebote auf Seiten 120 und 121 an. Tauschen Sie danach Ihre Anfrage zu einer Kaffeemaschine mit der eines Mitstudenten. Schreiben Sie danach ein Angebot auf die Anfrage Ihres Mitstudenten.

Haberstroh GmbH

Roedernallee 111

13437 Berlin

Infineon

Siemensdamm 55–57

102457 Berlin

den 22.8.2000

Angebot für Software

Sehr geehrte Damen und Herren,

vielen Dank für Ihre Anfrage und Ihr Interesse an unserer Software. Mit diesem Katalog bekommen Sie unsere neuesten Produkte vorgestellt und selbstverständlich das von Ihnen gewünschte Angebot:

Software „Maxima" für 100 Teilnehmer mit Installierung

und 6 Monate Betreuung*   2.350,00 Euro

Die Software kann nach Vereinbarung installiert werden.

Wenn Sie unsere Rechnung innerhalb von 8 Tagen bezahlen, können Sie 3% Skonto abziehen. Innerhalb von 30 Tagen nach Erhalt der Rechnung zahlen Sie ohne Abzug*.

Wir freuen uns auf diese Zusammenarbeit. Ihr Auftrag wird schnell und sorgfältig* bearbeitet.

Mit freundlichen Grüßen

Heinrich Stamm

Verkauf

Anlage:

Katalog

---

* looking after, assistance

* deduction

* carefully

Büromaschinen KG

Hanseplatz 12, 15002 Potsdam

Meyers Chip AG

Plänterwald 123–28

12437 Berlin

15.8.2000

Angebot für Bürogeräte

Sehr geehrte Damen und Herren,

wir danken Ihnen für Ihre Anfrage vom 12.7.2000 und bieten Ihnen die von Ihnen genannten Waren wie folgt:

50 Taschenrechner „Riviera" á 25,- Euro	1.250,- Euro
10 Faxgeräte „Mirna" á 129,- Euro	1.290,- Euro
5 Tastaturen* „Mini" á 119,- Euro	595,- Euro
	2.135,- Euro

*keyboards

Die Preise verstehen sich ab Werk* Helmstedt. Die Lieferkosten und die Versicherung* betragen* 150,- Euro. Unsere Zahlungsbedingungen: innerhalb von 8 Tagen abzüglich* 3% Skonto. Die Lieferung erfolgt 15 Tage nach dem Auftragseingang.*

*ex works, from the factory
*insurance
*amount to
*less
*receipt of order

Wir freuen uns auf Ihren Auftrag. Sorgfältige und pünktliche Lieferung ist uns wichtig.

Mit freundlichen Grüßen

Hans Steppke

Verkaufsabteilung

Anlage: Prospekte

Vokabelvorschau

Welches Wort passt in welche Lücke?

Ansprüche   Verkaufsabteilung   empfehlen   gegenwärtig   gedeckt

1. Sie rufen die _____ an, weil Sie etwas kaufen wollen.
2. Sie wissen genau, was Sie wollen und es soll die beste Qualität sein und wenig kosten. Sie haben hohe _____.
3. Auf meinem Bankkonto sind 300 Euro. Ich habe einen Scheck für 350 Euro ausgeschrieben. Leider ist mein Scheck nicht _____.
4. Wir suchen eine gute Firma für CDs. Klaus und Monika haben gesagt, dass die Firma WOM eine sehr gute Auswahl hat. Sie _____ WOM sehr.
5. _____ arbeite ich im Verkauf. Vor zwei Jahren war ich im Einkauf tätig, und nächstes Jahr schaffe ich bestimmt irgendwo anders.

ABTEILUNG 2

Der Lieferant

Vor dem Lesen

1. Was für Gründe gibt es, neue Lieferanten zu suchen?
2. Was würden Sie von einer Firma namens Happy Schreibwaren bestellen wollen?

Daniel sucht einen neuen Lieferanten

Daniel sucht einen neuen Lieferanten und ruft bei der Firma Happy Schreibwaren GmbH an, um Informationen zu bekommen.

Telefonistin: Happy Schreibwaren GmbH, guten Tag.
Daniel: Guten Tag, Meyers Chip AG aus Berlin. Ich hätte gern jemanden in der Verkaufsabteilung gesprochen.
Telefonistin: Bitte warten Sie einen Moment, ich verbinde.

[11] stationery

Verkäufer:	Verkaufsabteilung, Hagen, guten Morgen!
Daniel:	Guten Morgen, Walker, Firma Meyers Chip AG aus Berlin. Ich bin auf der Suche nach einem neuen Lieferanten für Schreibwaren.[11]
Verkäufer:	Sehr gut, Schreibwaren sind unsere Spezialität. Wie haben Sie von uns gehört?
Daniel:	Sie sind mir von einem Vertreter empfohlen worden.
Verkäufer:	Das freut mich zu hören! Wie kann ich Ihnen behilflich sein, Herr Walker?
Daniel:	Wir suchen einen neuen Lieferanten für Büromaterialien, da unser gegenwärtiger Lieferant nicht zu unserer Zufriedenheit arbeitet.
Verkäufer:	Ach ja. Suchen Sie einen Lieferanten für alle Büromaterialien oder nur für bestimmte Artikel?
Daniel:	Im Moment nur für bestimmte Artikel, bis wir wissen, ob Sie unseren Ansprüchen genügen.[12] Wir suchen jemanden, der unseren Bedarf an Kopierpapier und Aktenordner decken kann.
Verkäufer:	Das können wir sicher tun. Wäre es Ihnen recht, wenn ich Ihnen unseren neuesten Katalog zuschicke? Oder noch besser, ich schicke einen Vertreter zu Ihnen, und er kann Ihnen alles vorführen.
Daniel:	Senden Sie mir erst den Katalog. Wenn wir weitere Fragen haben, können Sie uns einen Vertreter vorbeischicken.
Verkäufer:	An wen soll ich den Katalog senden?
Daniel:	Meyers Chip AG, zu Händen von Daniel Walker.
Verkäufer:	D-A-N-I-E-L W-A-L-K-E-R, das ist Meyers Chip AG, nicht wahr? Und die genaue Anschrift?
Daniel:	Das ist Plänterwald 123–28, 12437 Berlin.
Verkäufer:	Ja, das geht dann in Ordnung. Sie erhalten den Katalog in etwa vier bis fünf Tagen.
Daniel:	Prima. Vielen Dank für Ihre Bemühungen und auf Wiederhören.
Verkäufer:	Auf Wiederhören, Herr Walker.

[12] to satisfy

➡ ***Sehen Sie dazu Übung III.A im praktischen Teil.***

Fragen zum Text

1. In welcher Abteilung arbeitet Herr Hagen?
2. Wie hat Daniel von Happy Schreibwaren GmbH gehört?

3. Warum ist Daniels Firma mit dem jetzigen Lieferanten unzufrieden?
4. Wie lange dauert es, bis Daniel den Katalog erhält?
5. Was will Daniel daraus bestellen?

Grammatik-Spot §3.2

Akkusativpräpositionen und Dativpräpositionen

Akkusativ oder Dativ?

Just as in English, German has a case for the direct object (Akkusativ) and one for the indirect object (Dativ). The English language does not make a distinction in the forms as the German language does. The English pronoun forms are the same for both cases, for example, me, him, her, us, them.

Vielen Dank **für** Ihre Bemühungen.
Sie sind mir **von** einem Vertreter empfohlen worden.

➡ *§3.2 in the grammar section will guide you through the use of these prepositions.*

➡ *For practice, see exercises 3.2 a–f in the grammar section.*

Rollenspiel

Sie sind bei der Firma CD-Expo tätig. Ihre Firma hat 50.000 Pappkartons von der Firma Pappel bestellt. Sie wollen von der Firma Pappel erfahren, ob Ihre Bestellung herausgangen ist oder wann sie geliefert wird. Sie arbeiten zu zweit. Einer ist von der Firma CD-Expo und der andere von der Firma Pappel.

eingepackt   versenden/versandt   bei Gelegenheit

Sitzung   sich erkundigen nach

Wie könnte ein solches Gespräch zwischen beiden Personen ablaufen? Der Kunde greift schon zum Telefon.

Hörverständnis 3.2.a

Die Bestellung ist bestätigt

Dr. Knapp ruft einen Lieferanten an, weil er wissen möchte, ob die Bestellung schon unterwegs ist. Hören Sie jetzt, was er erfährt.

Richtig oder falsch?

____1. Dr. Knapp will mit dem Vertrieb sprechen.
____2. Daniel hat Chipwaffeln bestellt.
____3. Die Sendung geht gerade weg.
____4. Es wird per Luftpost geschickt.
____5. Es dauert 24 Stunden.

Grammatik-Spot §3.3   # Konjunktiv II

Konjunktiv II im Präsens

*The use of the verb form is similar to English. In general, this form can be used with **haben, sein, werden** and the **modal verbs.** All other verbs have this form, but these are rarely used in spoken language (usually a modal verb is used instead) and found normally in only the best of written language. This form can express uncertainty or it can be used to show politeness.*

Es **sollte** innerhalb von 24 Stunden dort sein.
Er **möchte** mich bitte so bald wie möglich anrufen.
Könnten Sie eben einen Moment warten?
Ich **würde** es gern wissen.
Hätte ich Zeit, **würde** ich kommen.
Seien Sie so nett und helfen Sie mir.

➡ *§3.3 in the grammar section will provide you with the forms, an explanation of the use and sentence structure.*

➡ *For practice, see exercises 3.3 a–d in the grammar section.*

Hörverständnis 3.2.b   # Daniel will Frau Dr. Bogs sprechen

Hören Sie sich das folgende Gespräch an und füllen Sie eine Telefonnotiz dafür aus. Es ist möglich, dass es keine Information für bestimmte Lücken gibt.

MEYERS CHIP AG

kurze Mitteilung

von_____

Rufnummer_____

Datum _____

Nachricht _____

_____

_____

_____

_____

_____

_____

Hörverständnis 3.2.c   # Herr Dr. Niemeyr ist nicht da

Hören Sie auch bei diesem Gespräch mit. Füllen Sie wieder eine Telefonnotiz aus.

MEYERS CHIP AG

kurze Mitteilung

von_____

Rufnummer_____

Datum _____

Nachricht _____

_____

_____

_____

_____

_____

Höflichkeit beim Telefonieren

Arbeiten Sie mit einem Partner zusammen und schreiben Sie fünf Verhaltensweisen auf, die Sie am Telefon höflich oder wichtig finden. Stellen Sie dann, wenn alle fertig sind, eine Liste mit den Ideen aller Studenten zusammen. Wenn Sie danach die Kultur-Aspekte lesen, können Sie Ihre Liste mit den Aussagen zum Telefonieren im Text vergleichen. Erkennen Sie Gemeinsamkeiten? Worin können Unterschiede begründet sein?

Vokabelvorschau

Wie können die folgenden Wörter in einem Telefonat benutzt werden?

weiterleiten   Rufzeichen   Richtlinien   Visitenkarte   höflich

Vor dem Lesen

1. Wie melden Sie sich, wenn Sie telefonieren?
2. Wie melden Sie sich, wenn Sie zu Hause bei den Eltern sind?

KULTUR-ASPEKTE

Das Diensttelefon

13 leaves (behind)

14 quite

15 well thought out/through

16 appropriate

17 to rely on

Der erste telefonische Kontakt mit einem Unternehmen hinterläßt[13] bei jedem/jeder AnruferIn den sehr wichtigen ersten Eindruck. Bei jedem ersten Telefonkontakt liefert der/die MitarbeiterIn im gleichen Moment die akustische *Visitenkarte des Unternehmens* ab. Die Situation ist durchaus[14] vergleichbar der des ersten persönlichen Eindrucks, den man von einer Person bekommt. Deswegen muß die erste telefonische Antwort der- oder desjenigen, die/der als erste/r das ankommende Telefongespräch entgegennimmt, wohlüberlegt[15] sowie *höflich und freundlich* sein. Da dieses Problem alle Unternehmen betrifft, ganz gleich welcher Größe, ist es vielleicht angebracht,[16] sich wieder einmal einige Grunderkenntnisse ins Gedächtnis zu rufen.

Bei jedem Telefongespräch ist die Kommunikation allein auf die Sprache reduziert und auf jedes gesprochene Wort angewiesen.[17]

Aus: Rosemarie Wrede-Grischkat. 1997. Mit Stil zum Erfolg. *Augsburg: Weltbild Verlag.*

Wer meldet sich wie?

[18] guidelines

[19] answering a phone

[20] to pay attention to, to consider

Manche Firmen und Institutionen haben klare Richtlinien[18] für das Melden[19] am Telefon, die dann natürlich von den Mitarbeiterinnen und Mitarbeitern beachtet[20] werden müssen. Wo das nicht der Fall ist, gibt es mehrere Möglichkeiten. Die in Deutschland am haüfigsten gebrauchte Form ist: zuerst der Name der Firma, dann der Name dessen,[21] der den Anruf entgegennimmt,[22] zum Schluß der Tagesgruß (also: *Umschau Verlag, Regine Apel, guten Tag*). Ob zusätzlich noch die Abteilung genannt wird, hängt von innerbetrieblichen[23] Entscheidungen ab. Dabei sollte man auch beachten, daß der Begrüßungssatz nicht zu lang wird, weil das erfahrungsgemäß[24] den Anrufer irritiert.

[21] of whom

[22] receives

[23] within the company

[24] according to experience

Aus: Inge Uffelmann. 1995. Gute Umgangsformen in jeder Situation. Niederhausen/Ts: Bassermann'sche Verlagsbuchhandlung.

Wer beispielsweise bei der Firma XY anruft, weil er dort Frau Meier sprechen möchte, sollte sich auch bei Herrn Müller, der den Hörer abgenommen hat, vorstellen, ehe er darum bittet, weiterverbunden[25] zu werden. Also etwa so: Nummer wählen, das Rufzeichen[26] ertönt,[27] jemand nimmt ab:

[25] to be connected

[26] ringing sound

[27] sounds/rings

„Firma XY, Versandabteilung, Kurt Müller, guten Tag."

„Guten Tag, Herr Müller. Hier spricht Klaus Schulze von der Firma ZZ. Könnte ich bitte Frau Meier sprechen?"

„Einen Moment, ich verbinde."

[28] right away

[29] to transfer

Herr Müller hat so die Gelegenheit, seine Kollegin schon vorab[28] zu informieren, wer sie sprechen möchte, und muß den Hörer nicht mit den Worten: „Ist für Sie", weiterreichen.[29]

Aus: Inge Wolff. 1998. Kleines Lexikon der modernen Umgangsformen von Abendzug bis Zuhören. Niederhausen/Ts: Falken-Verlag GmbH.

TIPP Für Ausländer ist es wichtig daran zu denken, die *Sie* Form zu benutzen. Damit ist man mit Sicherheit höflich. Wenn jemand einen besonderen Titel hat (z.B. Dr.) müssen Sie ihn immer verwenden, bis der oder die Angesprochene sagt, dass es nicht notwendig ist.

Fragen zum Text

1. Wie soll man sich am Telefon im Betrieb melden?
2. Warum ist es wichtig, sich mit Namen zu melden?
3. Welche zwei wichtigen Punkte darf man nicht vergessen, wenn man geschäftlich am Telefon spricht?
4. Warum melden sich Deutsche mit dem Nachnamen?
5. Was machen oder sagen Sie, wenn Sie in Amerika am Telefon höflich sein wollen?

Telefonkarte   **Telefonkarte**

Fachwerkhäuser in Freudenberg

Das Handy

30 to realize

Daniel hat sehr schnell mitbekommen,[30] dass viele in Berlin ein Handy tragen. Leider ist sein Handy aus Amerika in Berlin unbrauchbar, weil das System in Europa anders ist. Also hat sich Daniel entschlossen, ein Neues zu kaufen. Er will das Siemens S25 kaufen.

Fragen zur Anzeige

1. Welche sechs Tätigkeiten kann man mit dem Siemens Handy S25 ausführen?
2. Wohin können Sie das Handy S25 stecken?
3. Wie ist die Qualität des Handy S25?

³¹ accessories

Daniel kann sich nur schwer entscheiden, welches Zubehör[31] zu wählen. Die folgende Anzeige präsentiert die für Daniel interessanten Teile.

Mobiles Freisprechset
Die Freisprecheinrichtung ermöglicht optimale Bewegungsfreiheit bei bester Sprachqualität.

DM 79,-

Modische Accessoires
Für den schnellen Griff zum S25: der **Gürtelclip**.
Für den sicheren Schutz die **Ledertasche**.

DM 29,90
DM 49,-

Batterien
Standardakku
Li-Ion, 650 mAh, bis zu 200 Std. Stand-by oder bis zu 5 Std. Sprechzeit.

DM 119,-

Das **Schnelladegerät** ist ein echter Turbolader. Der Standardakku ist in 1 Std., der Hochleistungsakku in 2 Std. wieder aufgeladen.

DM 49,-

Das **Reiseladegerät** paßt sich automatisch den gegebenen Spannungsverhältnissen an (90-270V).

DM 75,-

Fragen zur Anzeige

1. Was ermöglicht die optimale Beweglichkeit?
2. Womit kann man das Handy schützen?

[32] lifespan

3. Wie lange ist die Ausdauer[32] des Standardakkus?[33]

[33] rechargeable battery

4. Wie lange dauert es, bis der Standardakku aufgeladen ist?

[34] speedy recharger

Daniel hätte gern das mobile Freisprechset, den Gürtelclip mit Ledertasche, den Standardakku und das Schnellladegerät.[34] Es gibt aber ein Problem. Wenn er das S25 kauft, hat er nur noch 180 DM übrig. Er kann alles an Zubehör nicht kaufen. Wie würden Sie die restlichen 180 DM ausgeben? Begründen Sie Ihre Entscheidung.

Handy-Tipps

Die folgenden Tipps hat Daniel im Handybenutzerbuch gefunden.

[35] prayer or worship

- Man soll sicherstellen, dass das akustische Signal andere nicht belästigt, stört oder in Situationen klingelt, die der Andacht,[35] Stille oder Konzentration gehören.
- Zum Telefonieren geht man in einen Nebenraum, in ein Foyer, in den Flur oder ins Freie.
- Man sorgt dafür, dass andere am Handy-Telefonat nicht teilnehmen müssen.

Fragen zum Text

1. Warum soll man sicherstellen, dass das Handy andere Personen nicht belästigt?
2. Warum soll man den Raum verlassen, um ein Handy-Telefonat zu führen?
3. Warum sorgt man dafür, dass andere am Handy-Telefonat nicht teilhaben?

Daniel muss jetzt eine Mobilfunkgesellschaft finden. Er hat die folgende Anzeige im *Stern* gelesen und fragt sich, ob die Gesellschaft gut ist. Lesen Sie die Anzeige. Was würden Sie Daniel vorschlagen?

Rollenspiel

Arbeiten Sie zu zweit. Sie wollen Informationen über das Produkt „Robo 2000" bekommen. Robo ist ein Roboter, der manuelle Büroarbeiten durchführt. Erstellen Sie für jeden Arbeitspartner eine Liste mit fünf Arbeitsmöglichkeiten des „Robo 2000" im Büro.

1. Papiere abheften
2. _____
3. _____
4. _____
5. _____

Wählen Sie einen neuen Partner und gestalten Sie ein Kundentelefongespräch. Ein Student spielt den Hersteller des „Robo 2000" und der andere Partner erfragt Informationen über den „Robo 2000". Am Ende schreiben Sie eine große Liste mit allen Eigenschaften, die von allen Studenten gefunden wurden.

Zur Diskussion

Warum ist so ein Roboter von Vorteil im Büro? Müssen Mitarbeiter Angst haben, ihre Stelle an einen Roboter zu verlieren? Warum ist ein Roboter besser für die Firma als ein Mitarbeiter? Welche Nachteile hat ein Roboter für eine Firma?

ABTEILUNG 3 # Werbung

Vor dem Hören

1. Wie oft gehen Sie ins Kino?
2. Was sehen Sie am liebsten im Kino?
3. Was sehen Sie nicht gern im Kino?
4. Wie würden Sie einem Ausländer das amerikanische Vorprogramm in einem amerikanischen Kino erklären?
5. Welche Art Werbung sieht man vor dem Film in Amerika?
6. Wie lange dauert diese Werbung?
7. Wo kann man noch Reklame finden?
8. Gibt es Vorfilme in Amerika?

Amerikanischer geht es nicht!

Gabi, Christine, Hans-Peter und Daniel kommen aus dem Delphi Kino, und Hans-Peter und Daniel sind intensiv ins Gespräch verwickelt. Hören Sie zu.

Hören Sie sich alles noch einmal, und beantworten Sie die zwei Fragen.
Was war für Daniel nicht zu fassen?
Was ist „typisch amerikanisch" für Deutsche?

Meine ideale Werbung

Wofür würden Sie werben, wenn Sie Ihre ideale Werbung produzieren könnten? Wie würde das Bühnenbild[36] aussehen? Welche Medien würden Sie für diese Werbung wählen? Schreiben Sie Ihre Ideen in einen kleinen Aufsatz nieder.

[36] (stage) set

Vor dem Lesen

1. Warum gibt es so viel Werbung in Amerika?
2. Was finden Amerikaner gut an Reklame?
3. Zu welcher Art Werbung gehören:

   Schleichwerbung   vergleichende Werbung

Was sind die Vorteile und Nachteile von beiden? Diese Wörter können behilflich sein:

   Konkurrenz Wettbewerb ungesetlich verbieten   schädigen

Die Schleichwerbung

Daniel, Hans-Peter, Christine und Gabi stehen noch vor dem Delphi Kino und diskutieren. Daniel hat Hans-Peter gesagt, dass er so viel Werbung vor dem Film typisch deutsch findet. Seine Freunde sind empört und Gabi wirft ihm vor, dass die Schleichwerbung im Film typisch amerikanisch ist, weil es in einem deutschen Film nicht vorkommen darf, obwohl amerikanische Filme mit Schleichwerbung in Deutschland gezeigt werden dürfen.

Gabi: Und immer diese Schleichwerbung. Wenn sie nicht immer so viel Schleichwerbung hätten.

Daniel: Moment, was meinst du mit Schleichwerbung?

Christine: Oh komm, das musst du doch kennen, das ist doch von euch.

Daniel: Tut mir Leid, ich kenne dieses Wort nicht. Wie kann ich etwas dazu sagen, wenn ich das Wort nicht kenne?

Christine: Entschuldige.

Gabi: Am besten wäre es, Schleichwerbung an einem Beispiel zu erklären. Im Film haben wir den Hauptdarsteller[37] mit einer Flasche Pepsi-Cola vor sich auf dem Tisch gesehen. Die Pepsi-Flasche war so groß, dass man sie nicht übersehen konnte, obwohl sie im Film eigentlich keine Bedeutung hatte. Das ist eine Schleichwerbung für Pepsi.

Daniel: Ach so. Habt ihr sowas in Deutschland nicht?

Hans-Peter: Nein, das ist in Deutschland verboten, aber man sieht sie doch in amerikanischen Filmen, die in Deutschland gezeigt werden. Es verstößt gegen das „Gesetz gegen den unlauteren Wettbewerb".

Christine: Dasselbe gilt für vergleichende Werbung.

Daniel: Was meinst du jetzt?

Christine: Wir hören immer, dass McDonald's seine Hamburger mit denen von Burger King vergleicht: „Unsere Hamburger schmecken besser als die von Burger King."

Daniel: Gut, jetzt verstehe ich es. Man darf sowas in Deutschland nicht machen?

Gabi: Nein, auch das ist ungesetzlich.

Daniel: Aber das macht doch die Werbung erst interessant!

Hans-Peter: Naja, aber dabei wird auch viel Falsches gesagt.

Christine: Es ist auch möglich, dass eine Firma das Image der Konkurrenzfirma schädigt. Was ist daran fair?

Daniel: Jeder weiß, dass vieles in der Werbung frei erfunden ist.

Gabi: Das stimmt nicht! Viele Leute nehmen diese Werbung und ihre Sprüche[38] für bare Münze,[39] obwohl die Werbung lügt.

Christine: Und denk mal an die Kinder! Jedes kleine Kind kennt die McDonald's Melodie. Aber Kinder wissen doch gar nicht, was an einer Werbung stimmt oder nicht.

Daniel: OK, OK, Kinder vielleicht nicht.

Gabi: Ja, und was ist mit subtilen Suggestionen?

Hans-Peter: Ja, damit geht alles ins Unterbewusstsein.[40]

[37] main actor

[38] sayings

[39] *bare Münze* = real thing

[40] subconscious

Daniel:	Ja, ich verstehe, aber ist es denn in Ordnung, dass die Regierung alles verbietet?
Christine:	Besser so, als wenn niemand etwas dagegen täte!
Daniel:	Aber wo ist da die freie Marktwirtschaft!
Gabi:	Das haben wir nicht!
Hans-Peter:	Stimmt. Wir haben eine soziale Marktwirtschaft.
Daniel:	Gott sei Dank keine Planwirtschaft wie damals in der DDR.
Christine:	Was hat das denn damit zu tun?

Fragen zum Text

1. Was haben Gabi, Christine, Hans-Peter und Daniel im Kino gesehen?
2. Warum ist vergleichende Werbung in Deutschland verboten?
3. Wann ist es gut, dass eine Werbung lügt? Wann nicht?
4. Wie können die Konsumenten wissen, ob alles in der Werbung richtig ist?

➡ *Sehen Sie dazu Übung III.B im praktischen Teil.*

Grammatik-Spot §3.4   # Nebensätze und Konjunktionen

Nebensätze und ihre Wortstellung

Perhaps the easiest thing to do with dependent clauses is to remember that the verb always goes at the end of them, and memorize the subordinating conjunctions which create the dependent clauses.

Gabi wirft ihm vor, **dass** die Schleichwerbung im Film typisch amerikanisch **ist.**

Die Pepsi-Flasche war so groß, **dass** man sie nicht übersehen **konnte.**

Kinder wissen gar nicht, **ob** eine Aussage in einer Werbung **stimmt** oder nicht.

➡ *§3.4 in the grammar section will guide you through the use and sentence structure of dependent clauses.*

➡ *For practice, see exercises 3.4 a–c in the grammar section.*

➡ *GENAU GESEHEN: See grammar section p.G48 for a review of present tense and present perfect.*

AUS DER BETRIEBSPRAXIS

Marktwirtschaft oder Planwirtschaft?

Was ist der Unterschied zwischen Marktwirtschaft und Planwirtschaft?

Langenscheidts Großwörterbuch: Deutsch als Fremdsprache definiert die zwei Wirtschaftstypen wie folgt:

1. ein System, in dem die Wirtschaft eines Landes von einer zentralen Stelle geplant wird.
2. ein System, in dem die Produktion und der Preis von Waren von Angebot und Nachfrage[41] bestimmt werden.

[41] demand

Welche Definition passt demnach zu welchem Wirtschaftstyp?

Geben Sie zwei Länder an, in denen jedes System benutzt wird oder wurde.

Die Marktwirtschaft kann noch einmal untergliedert werden, in die freie Marktwirtschaft und die soziale Marktwirtschaft. Die folgenden Beispiele geben Denkanstöße:

freie Marktwirtschaft	*soziale Marktwirtschaft*
Die Regierung bestimmt wenig.	Die Regierung bestimmt einige soziale Bedingungen.
Nachfrage bestimmt den Preis.	Die Regierung bestimmt einige Subventionen und einige Preiskontrollen.
Jeder muss auf sich selbst aufpassen.	Die Regierung schützt die Schwachen.

Welche Vorteile hat jedes System? Es fallen Ihnen bestimmt noch mehr Unterschiede auf. Schreiben Sie diese in die folgende Liste.

freie Marktwirtschaft	*soziale Marktwirtschaft*
_____	_____
_____	_____
_____	_____
_____	_____

Schreiben Sie nun eine Definition für beide Wirtschaftsformen.

Welches System existiert in den USA, in Deutschland, in Österreich und in der Schweiz?

Meine Schlagzeile

Suchen Sie sich ein Produkt aus. Es kann auch ein amerikanisches Produkt sein. Sie und ein Partner wollen dieses Produkt auf dem deutschen Markt einführen. Entwerfen Sie zusammen eine Schlagzeile für dieses Produkt—auf Deutsch natürlich. Die folgenden Schlagzeilen sollen als Anregung dienen.

Die Bank fürs Wesentliche.

Da bin ich mir sicher

Innovativ denken. Verantwortlich handeln.

**Chemikalien, Kunststoffe und Fasern
Farbmittel und Veredlungsprodukte
Gesundheit und Ernährung, Öl und Gas**

Wir übernehmen das für Sie.

Handelsblatt

Substanz entscheidet

BADISCHERWEIN®
von der Sonne verwöhnt

5, 76185 Karlsruhe, http://www.badischerwein.com

➡ *Sehen Sie dazu Übungen III.C und D im praktischen Teil.*

Vokabelvorschau

Wie passen die folgenden Wörter zum Thema Werbung?

irreführend   aufstellen   Fernsehsendung   unlauter

Vor dem Lesen

1. Mit welchen Mitteln werben Agenturen, Firmen und Organisationen?
2. Darf eine Werbung in den USA falsche Behauptungen aufstellen?
3. Wie kann ein Verbraucher in Amerika prüfen, ob die Behauptungen einer Werbung richtig oder falsch sind?

KULTUR-ASPEKTE

Was ist „fairer Wettbewerb"?

[42] product

[43] nudity

[44] assertions
[45] to put forward
[46] misleading

Werbung in Amerika und in Deutschland ist wichtig und dient als Mittel, ein Erzeugnis[42] bekannt zu machen. Werbung in den beiden Ländern kann unterschiedlich aussehen. Eine in Deutschland sehr gut ausgearbeitete Werbung ist nicht unbedingt genauso erfolgreich in den USA, vor allem nicht wenn zu viel Sex oder Nacktheit[43] in den deutschen Werbungen vorkommen. Aus diesem Grund werden diese Werbungen in Amerika überhaupt nicht gezeigt. In Deutschland sind einige Werbepraktiken, die die Wettbewerbsposition zum Nachteil eines anderen Produktes verbessern, verboten. *Fair sein* ist sehr wichtig. Dafür sorgt in Deutschland das *Gesetz gegen den unlauteren Wettbewerb*, das zum Beispiel den Vergleich von Produkten gleicher Art miteinander verbietet. Es ist auch verboten Behauptungen[44] aufzustellen,[45] die für den Verbraucher irreführend[46] sein können oder sogar unwahre Informationen enthalten. Beispielsweise schreiben viele amerikanische Firmen auf ihre Packungen „fettfrei", obwohl es nie Fett in diesem Produkt gab. Auch Schleichwerbung, die Platzierung eines Produktes in einem Film oder einer Fernsehsendung, die einem nicht bewusst auffällt, ist in Deutschland verboten: zum Beispiel, vier Männer sitzen am Tisch und spielen Karten, und vor jedem Mann steht eine Flasche Becks Bier. Diese Art Werbung würde das *Gesetz gegen den unlauteren Wettbewerb* in Deutschland nie in einer Filmproduktion zulassen.

Fragen zum Text

1. Warum kann ein Werbespot für die USA geeignet sein, aber nicht für Deutschland? Und umgekehrt?
2. Was beinhaltet das *Gesetz gegen den unlauteren Wettbewerb*?
3. Welche Beispiele von Schleichwerbung kennen Sie?

Zur Diskussion

Welche Vorteile hat Schleichwerbung für den Kunden und die werbende Firma? Wie kann man sich gegen die Schleichwerbung oder subtile Aussagen in der Werbung schützen?

ABTEILUNG 4

Das Marketing

Vokabelvorschau

Stellen Sie sich vor, Sie wollen den Beliebtheitsgrad Ihres Produktes auf dem Markt testen. Wie würden Sie das machen? Die folgenden Wörter sollen Ihnen dabei helfen:

berichten   auswerten   verteilen   durchführen   Marktforschung
Gesichtspunkt   Umfrage   abschneiden   Marktanteil

Gleich hören Sie bei einer Sitzung von Meyers Chip AG mit. Passen Sie beim Zuhören besonders auf den Zusammenhang der aufgelisteten Verben auf.

Hörverständnis 3.4.a

Die Marktforschung am Werk

In Daniels Firma, Meyers Chip AG, werden immer wieder neue Produkte entworfen. Heute geht er mit seiner Chefin Vertriebsleiterin Schulz zu einer Sitzung, in der ein neues Produkt vorgestellt wird. Betriebsleiter Dr. Meissner lässt sich von Produktmanagerin Köller und Marktforscher Pfeiffer informieren.

Wie werden die Verben verwendet?

1. berichten
2. auswerten
3. verteilen
4. durchführen
5. abschneiden

Richtig oder falsch?

Hören Sie sich alles noch einmal an und kreuzen Sie die folgenden Aussagen als richtig oder falsch an.

_____1. Vier Leute sprechen in dieser Sitzung.
_____2. Frau Köller beginnt die Präsentation.
_____3. Frau Köller hat die Marktforschung durchgeführt.
_____4. Die Umfrage wurde mit Konkurrenten durchgeführt.
_____5. Der Minichip Typ „Hektor" hat am besten abgeschnitten.

Graphiken aus der Präsentation

Hier sind einige Graphiken aus Herrn Pfeiffers Präsentation. Wie würden Sie die Graphiken interpretieren?

(a)

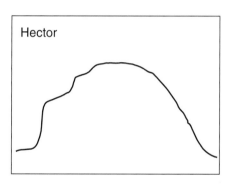

(b)

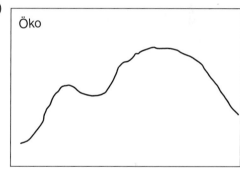

(c)

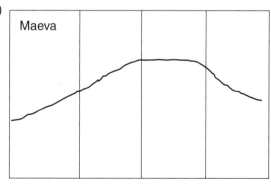

Beschreiben Sie die obigen Graphiken anhand der folgenden Ausdrücke.

ansteigen	fallen	konstant bleiben	rauf-/runtergehen
den Gipfel	erreichen	rasch	steil
schräg	allmählich		

Die Mitarbeit

Zwei Mitarbeiter von Herrn Pfeiffer, Mitarbeiter A und B, haben an einer Umfrage gearbeitet. Sie haben Daten zum Erstellen der Graphiken und Tabellen gesammelt. Um ihre Arbeit zu beenden, müssen die Kollegen Informationen austauschen. Die Informationen für Mitarbeiter A stehen hier, für Mitarbeiter B am Ende des Kapitels auf Seite 153. Arbeiten Sie zu zweit und erfragen Sie die Informationen von Ihrem Mitarbeiter.

Mitarbeiter A

	Hektor	Maeva	Öko
befragte Vertreter		*19*	*21*
Anwendbarkeit	*sehr geeignet*		
Speicherkapazität	*riesig groß*	*fast zu wenig*	
Durchmesser			*akzeptabel*
Qualität	*sehr gut*	*gut*	

Aus Erfahrung

Working at Infineon AG in the strategic marketing department gave me valuable experience learning about a product that was new for me, studying the promotion techniques of that product, and analyzing competition in the industry. It definitely enhanced my education, giving me an edge in future employment searches.

Lena Jennings
The Pennsylvania State University

Die Ergebnisse

Im weiteren Verlauf der Sitzung erläutert Marktforscher Pfeiffer den Stand der Marktforschungsergebnisse. Der neueste Bericht ergibt das Bild des zukünftigen Chip-Bedarfs der Kunden von Meyers Chip AG. Vertriebschefin Schulz, Betriebsleiter Dr. Meissner und Daniel hören gespannt zu.

Frau Schulz: Herr Pfeiffer, wir haben zwar alle Details im neuesten Bericht erhalten, aber vielleicht können Sie uns kurz auf den neuesten Stand bringen.

Herr Pfeiffer:	Ja, gern. Es gibt immer ein paar Details, die sich ändern. Als Ausgangspunkt für den neuesten Bericht über die Verkaufslage unserer Chips wurde der Markt gründlich erforscht. Wir wissen alle, dass unsere Firma und unsere Produkte auf dem Markt gut etabliert sind. Aber bei steigender Konkurrenz in unserer Branche müssen wir diese Stellung behaupten und ausbauen. Der Bericht zeigt, dass unsere kleinsten Chips immer wieder in den Vordergrund rücken. Sie wissen auch, dass unser Hauptkonkurrent bald einen neuen Minichip auf den Markt bringt, der uns angeblich das Fürchten lehren soll.
Dr. Meissner:	Leider habe ich das auch gehört!
Frau Schulz:	Nicht zu fassen!
Herr Pfeiffer:	Ja! In etwa 6 Monaten, oder hat jemand etwas anderes erfahren?
Dr. Meissner:	Mir ist nichts bekannt.
Herr Pfeiffer:	Die Entwicklung in unserem Labor läuft auf Hochtouren. Wir können davon ausgehen, dass die Markteinführung des neuen Models, „Hektor" vorbereitet werden kann.
Dr. Meissner:	Und unsere Zielgruppen?

Herr Pfeiffer meldet sich.

Herr Pfeiffer:	Nach dem Marktforschungsbericht sind die Zielgruppen immer noch unsere alten Kunden. Weil der neue Hektorchip kleiner im Durchmesser und die Speicherkapazität größer ist, können wir uns auch an Kunden wenden, die die neuesten Prozessoren herstellen. Unsere Werbung muss diesen Kreis gezielter[47] ansprechen.
Frau Schulz:	Und weil unsere Kunden immer auf den besten Preis achten, müssen Kostensenkungen einkalkuliert werden.
Dr. Meissner:	Besten Dank für Ihren Bericht, Frau Schulz und Herr Pfeiffer. Was Kostensenkungen angeht, muss überprüft werden, ob der hohe Qualitätsanspruch unserer Kunden noch gewährleistet werden kann.

[47] more targeted

Fragen zum Text

1. Was ist der Grund für diese Sitzung?
2. Wer nimmt an der Sitzung teil?

3. Warum könnte es bald Probleme für Meyers Chip AG geben?
4. Welcher Chip läuft am besten bei Meyers Chip AG?
5. Welchen Kreis muss die Werbung von Meyers Chip AG ansprechen?

➡ *Sehen Sie dazu Übung III.E im praktischen Teil.*

Grammatik-Spot §3.5 **Komparativ und Superlativ**

Steigerung, bis es nicht mehr weiter geht

*The comparative and superlative function basically the same in German as in English. However, in English the comparative is formed either by using **more** or adding -**er** to the adjective. In German there is only the -**er** form. In English, the superlative form takes **most** or -**est**, in German only the -**(e)st** form.*

Weil der neue Hektorchip **kleiner** im Durchmesser und die Speicherkapazität **größer** ist, können wir uns auch an Kunden wenden, die die **neuesten** Prozessoren herstellen.

➡ *§3.5 in the grammar section will provide an explanation on how to construct these forms and how they are used.*

➡ *For practice, see exercises 3.5 a–b in the grammar section.*

ßürowitz

Es fragte der Kollege:

„Hast du eine Ahnung, warum der Chef so deprimiert ist?"

„Der Umsatz ist während seines Urlaubs um dreißig Prozent gestiegen!"

Hörverständnis 3.4.b **Was sagt die Kurve?**

Zu welchen Graphiken passen diese Beschreibungen? Schreiben Sie die Nummer der Beschreibung neben die unten aufgelisteten Trendbeobachtungen.

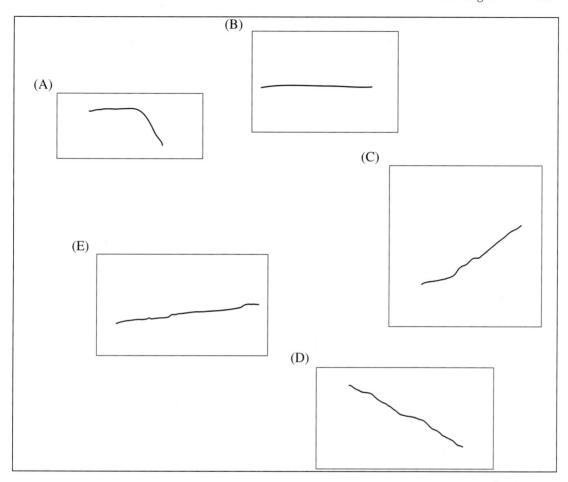

Vokabelvorschau

Sehen Sie sich die folgenden zwei Begriffe genauer an.

Produktlebenszyklus   Lebensdauer

1. Aus welchen Wörtern sind beide zusammengesetzt?
2. Was bedeuten die Wortteile?
3. Und was bedeuten beide Begriffe?

Der Produktlebenszyklus

Nach der Marketingsitzung besprechen Frau Schulz und Daniel den Produktlebenszyklus einer Ware.

Frau Schulz:	Wie Sie schon wissen, spielt die Produktlebenszyklus-kurve im strategischen Marketing eine wichtige Rolle.
Daniel:	An der Uni haben wir gelernt, dass sie den Zeitraum repräsentiert, in dem ein Produkt vermarktet werden kann.
Frau Schulz:	Das ist richtig, aber dieser Zyklus darf nicht mit der Lebensdauer eines Produkts verwechselt werden.
Daniel:	Ja, ich habe schon gehört, dass die Lebensdauer eines Produkts wesentlich kürzer als der Lebenszyklus desselben Produktes sein kann.
Frau Schulz:	Das stimmt auch. Das sieht man oft mit Spielzeugen. Aber das Umgekehrte mag auch sein. Die Lebensdauer eines bestimmten Chips ist oft länger als der Lebenszyklus desselben Chips. Dieser Modell-Lebenszyklus hängt von der schnellen Entwicklung neuer Chiparten ab.
Daniel:	Wir haben auch gelernt, dass dieser Lebenszyklus die Phasen Einführung, Wachstum, Reife/Sättigung, und Rückgang umfasst.
Frau Schulz:	Ja, diese befinden sich auf der Achse Umsatz/Gewinn und Zeit. Hier ist ein Beispiel dargestellt an unserem alten Chip „Maeva".

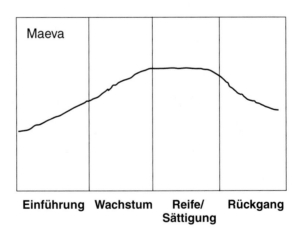

Einführung   Wachstum   Reife/   Rückgang
Sättigung

	Manchmal ist das ein grosses Problem! Je kürzer der Produktlebenszyklus, desto kürzer ist der Handlungszeitraum, um eine neue Ware auf den Markt zu bringen.
Daniel:	Ich kann mir vorstellen, dass modische Produkte dies öfter erleben.
Frau Schulz:	Ja, sehr oft. Frauenkleidung zum Beispiel. Jede Saison fängt ein neuer Zyklus an.

Fragen zum Text

1. Was ist der Unterschied zwischen Produktlebenszyklus und Lebensdauer?

2. Aus welchen Phasen besteht der Lebenszyklus eines Produktes?

3. Wie können die folgenden Aspekte jede Phase im Lebenszyklus beeinflussen?

   - ■ Absatz
   - ■ Marktanteil
   - ■ Konkurrenz
   - ■ Werbung

4. In der folgenden Graphik finden Sie vier verschiedene Produkte. Jedes Produkt befindet sich in einer anderen Phase des Lebenszyklus. Beschreiben Sie die verschiedenen Lebenszyklusphasen der Produkte.

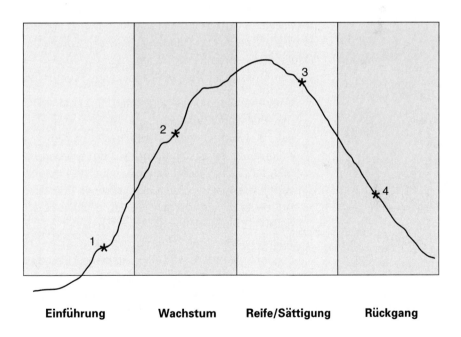

Einführung   Wachstum   Reife/Sättigung   Rückgang

1. Die Helga ist eine Brotmaschine.
2. Die Jena ist ein Mikrowellenherd.
3. Die Nora ist eine Küchenmaschine.
4. Die Simon ist ein Eierkocher.

➡ *Sehen Sie dazu auch Übungen III.F–H im praktischen Teil.*

KULTUR-ASPEKTE

Eine Besprechung

Man möchte meinen, eine Besprechung sei genau das, was das Wort schon sagt: man diskutiert über etwas in einer Gruppe. Der Ablauf und das Verhalten in einer Besprechung können allerdings von Land zu Land

[48] to be similar to

grundlegend verschieden sein. Zwar ähneln[48] sich im Wesentlichen der Ablauf einer Besprechung in Amerika und der in Deutschland. Unterschiede

[49] explanation

bestehen aber doch und bedürfen einer kurzen Erläuterung.[49] Vor einer Besprechung wird jeder Teilnehmer über den Grund der Sitzung informiert. In Deutschland ist es üblich, gut vorbereitet zu einer Besprechung zu

[50] appear

erscheinen.[50] Normalerweise trägt jeder seine Informationen in der Sitzung

[51] decision

vor, um dann eine Entscheidung[51] zu treffen. In den USA geht man zur Besprechung, um den Inhalt zu diskutieren und vorbereiten zu können. In Deutschland wird dies meistens vor der Sitzung gemacht. Für beide Seiten ist diese Situation problematisch. Stahl, Langeloh und Kühlmann geben Deutschen in ihrem Buch *Geschäftlich in den USA* eine mögliche Erklärung, wie die Amerikaner Deutsche in so einer Situation sehen.

Während Deutsche—gemessen an amerikanischen Standards— unverhältnismäßig viel Zeit auf die Sammlung von Informationen und die Bewertung von Lösungsalternativen verwenden, gehen Amerikaner geradliniger vor. Mit der Klärung von Grundsatzfragen und der Suche nach Lösungswegen hält man sich nicht lange auf, wenn man glaubt, eine funktionierende Lösung gefunden zu haben.

[52] speedily

Auf diese Weise werden Probleme meist zügig[52] und sachgemäß gelöst. Erweist sich jedoch der zunächst gewählte Weg als nicht

[53] effective

zielführend,[53] muß erneut mit der Suche nach einer Lösung begonnen werden, was ein kostspieliger Prozeß sein kann.

Mit Auszügen aus: Günther Stahl, Claudia Langeloh und Torsten Kühl-mann. 1999. Geschäftlich in den USA. *Wien: Wirtschaftsverlag Carl Ueber-reuther.*

[54] within the company

Eine betriebsinterne[54] Besprechung in Deutschland läuft meistens viel formeller ab als in den USA. Die Teilnehmer werden mit Nachnamen und *Sie* angesprochen. Man ist sich der *Betriebshierarchie* sehr bewusst. Der

[55] feeling

Umgangston unter den Teilnehmern ist für amerikanisches Empfinden[55] oft hart und kann vielleicht zum Teil als unfreundlich interpretiert werden. Die Diskussion wird sehr sachlich und relativ ernst geführt. Deutsche, die schon viel mit amerikanischen Geschäftsleuten zusammengearbeitet haben, erzählen *vielleicht* einen kleinen Witz oder eine kleine Anekdote, um die Atmosphäre aufzulockern, wie es oft in US-Sitzungen passieren kann. Deutsche, vor allem in der Geschäftswelt, achten sehr auf Manieren, beispielsweise auf ein pünktliches Erscheinen zu einer Besprechung. Normalerweise wird auch Wert darauf gelegt, die Sitzung pünktlich zu beenden.

Rollenspiel

Daniel und Maria, eine Bekannte aus Mexiko, sind im Gespräch, und Daniel erklärt ihr die Unterschiede zwischen amerikanischen und deutschen Besprechungen. Maria ist sehr neugierig und stellt viele Fragen. Sie arbeiten zu zweit. Verteilen Sie die Rollen.

Daniels Tagebuch

In diesem Segment hat Daniel weitere Kulturunterschiede kennen gelernt. Er hat alles in seinem Tagebuch aufgeschrieben.

3.11.

_____

_____

_____

_____

_____

Fachwortschatz

Substantive

der **Ablauf, ̈e** course, order of events   *Der Tagesablauf wurde nicht festgelegt.*

der **Absatz, ̈e** sales   *Der Absatz ist im letzten Monat sehr gestiegen.*

die **Anfrage, -n** inquiry   *Die Anfrage wurde schnell beantwortet.*

das **Angebot, -e** offer   *Daniel hat das Angebot an Top Roboter abgeschickt.*

die **Anlaufzeit, -en** time to get going/started   *Man muss immer die Anlaufzeit einkalkulieren.*

die **Anwendbarkeit, -en** use   *Wie ist die Anwendbarkeit unseres Produktes?*

der **Anwender, -** user   *Der Erfolg des Produktes liegt immer bei dem Anwender.*

der **Ausgangspunkt, -e** point of departure   *Der Ausgangspunkt für unsere Kalkulationen ist im Bericht zu finden.*

das **Bankkonto, -en** bank account   *Ich habe gestern mein Bankkonto bei der Berliner Sparkasse eröffnet.*

der **Bedarf** need, demand   *Unser Bedarf an Schreibwaren ist sehr hoch.*

der **Beitrag, ̈e** contribution   *Mein Beitrag zum neuen Produkt war gering.*

der **Besteller, -** person placing an order   *Der neue Besteller will sehr gute Qualität haben.*

die **Branche, -n** field, area of business   *In dieser Branche kann man nur wenig Geld verdienen.*

die **Eigenschaft, -en** characteristic, feature   *Welche Eigenschaften hat der neue Chip?*

die **Einführung, -en** introduction   *Die Einführung unseres Produktes war ein Erfolg.*

das **Erzeugnis, -se** product   *Unser Erzeugnis ist von bester Qualität.*

die **Folie, -n** transparency   *Er legt die Folie auf den Overheadprojektor.*

das **Formular, -e** form   *Frau Hase hat die Formulare für Daniels Arbeitsgenehmigung ausgefüllt.*

die **Herausforderung, -en** challenge   *Das Beste an der Arbeit ist die Herausforderung, kreativ zu sein.*

der **Konkurrent, -en** competitor   *Unser Konkurrent ist IBM.*

die **Konkurrenz, -en** competition   *Die Konkurrenz in unserer Branche ist sehr hoch.*

die **Kostensenkung, -en** cost reduction   *Die Kostensenkungen sparen tausende Euro für die Firma.*

die **Lebensdauer** life span   *Die Lebensdauer der Ware beträgt zwanzig Jahre.*

die **Lieferbedingungen** (pl.) terms of delivery   *Die Lieferbedingungen sind für den Kunden sehr günstig.*

der **Lieferplan, ̈e** delivery plan   *Der Lieferplan wurde von Herrn Schlüssel vorbereitet.*

die **Lieferzeit, -en** time of delivery   *Die Lieferzeit beträgt etwa eine Woche.*

die **Lösung, -en** solution   *Die Lösung wurde sehr spät gefunden.*

der **Marktanteil, -e** share of the market   *Unser Marktanteil ist sehr klein.*

die **Markteinführung, -en** introduction to the market   *Die Markteinführung des Hektor kam zu spät.*

die **Marktforschung, -en** market research   *Die Marktforschung für das neue Produkt läuft auf Hochtouren.*

die **Marktwirtschaft** market economy   *In der westlichen Welt hat man meistens eine Marktwirtschaft.*

der **Mengenrabatt, -e** bulk discount   *Der Lieferant hat uns einen Mengenrabatt gewährt.*

das **Muster, -** design, pattern   *Das Muster ist nicht das, was wir wollten.*

die **Probe, -n** sample   *Der Vertreter bringt immer Proben mit.*

die **Reklame, -n** advertisement   *Wir haben im Radio die Reklame gehört.*

die **Richtlinie, -n** guideline   *Die Firmen müssen sich immer an die Richtlinien halten.*

die **Sicherheit, -en** assurance   *Er wollte einen Kredit aufnehmen und musste eine Sicherheit angeben.*

die **Sitzung, -en** meeting   *Die Sitzung dauerte Stunden.*

das **Sortiment, -e** assortment   *Unser Sortiment ist klein aber fein.*

die **Speicherkapazität, -en** storage capacity   *Der Hektor hat eine hohe Speicherkapazität.*

der **Umsatz, ̈e** turnover   *Letztes Jahr ist unser Umsatz zurückgegangen.*

der **Verbraucher, -** consumer   *Der Verbraucher hat etliche Rechte, die geschützt werden müssen.*

die **Verkaufsabteilung, -en** sales department   *Die Verkaufsabteilung ist für Angebote zuständig.*

die **Verkaufslage, -n** sales situation   *Unsere Verkaufslage ist im Moment hervorragend.*

die **Visitenkarte, -n** business card   *Der Vertreter hat mir seine Visitenkarte gegeben.*

der **Wachstumsanstieg, -e** growth increase   *Die Firma hatte einen Wachstumsanstieg von 10%.*

die **Wachstumsrate, -n** growth rate   *Unsere Wachstumsrate ist um 10% gestiegen.*

die **Warenbeschreibung, -en** product description   *Unsere Warenbeschreibung muss auf Englisch und Deutsch sein.*

die **Werbepraxis, -praktiken** advertising practices, policies   *Meyers Chips Werbepraktiken orientieren sich an der Marktforschung.*

die **Werbung, -en** advertising   *Die Werbung in Deutschland ist sehr gut geschützt.*

das **Werk, -e** factory   *Das alte Werk in Spandau wurde nach dem Krieg neu ausgerüstet.*

die **Zahlungsbedingungen** (pl.) terms of payment   *Die Zahlungsbedingungen sind sehr kundenfreundlich.*

die **Zielgruppe, -n** target group   *Unsere Zielgruppe sind alle Firmen, die Miniprozessoren gebrauchen.*

Verben

ansteigen* to increase   *Unsere Produktion ist um das Doppelte angestiegen.*

ausschreiben* to write out, to announce   *Die neue Stelle wird in der Zeit ausgeschrieben.*

auswerten to evaluate   *Die neuen Daten wurden gestern ausgewertet.*

bedürfen (gen.) to need   *Wir bedürfen eines großen Raumes.*

berücksichtigen to take into consideration, to consider   *Wir haben alle Meinungen berücksichtigt.*

einkalkulieren to calculate, to figure in   *Alle Kosten wurden einkalkuliert.*

einpacken to pack, to wrap up   *Unsere Ware wird immer sehr gut eingepackt.*

empfehlen* (dat.) to recommend   *Der Vertreter hat mir empfohlen, die Ware zu kaufen.*

s. erkundigen nach to inquire about   *Wir haben uns danach erkundigt, wie lange es noch dauert, bis unsere Bestellung abgeschickt wird.*

erstellen to draw up   *Daniels Aufgabe ist es, Angebote zu erstellen.*

gewährleisten to ensure, to guarantee   *Wir haben gute Qualität gewährleistet.*

schützen to protect   *Wir müssen unsere Interessen schützen.*

versenden* to send, to forward   *Der Verkäufer versandte alle Werbeprospekte über den neuen Hektor.*

verstoßen* to offend   *Schleichwerbung verstößt gegen das Gesetz.*

vorliegen* (dat.) to be available   *Der Bericht liegt Ihnen vor.*

Wert auf etwas (akk.) **legen** to put emphasis or value on something   *Er legte großen Wert auf sein Aussehen.*

Adjektive

jdn. auf etwas aufmerksam machen to make someone aware of something   *Der Chef hat mich darauf aufmerksam gemacht, dass ich nächste Woche Urlaub habe.*

aussagekräftig meaningful   *Die Informationen, die Sie in den Graphiken finden, sind sehr aussagekräftig.*

beteiligt sein an (dat.) to be a part of   *Er ist an dem neuen Projekt beteiligt.*

sachlich factual   *Die Informationen sind sehr sachlich.*

unlauter unfair   *Wir haben immer unlautere Konkurrenz.*

Redewendungen

eine Entscheidung treffen to make a decision

Früchte tragen to bear fruit

auf Hochtouren laufen to run at full speed   *Unsere Produktion läuft auf Hochtouren.*

Na und? So what!

Wo kein Kläger, da kein Richter Well, if no one complains . . .

Zur weiteren Information

Renate Bartels. 1994. *Umgangsformen in Berufsleben.* Niederhausen/Ts: Falken-Verlag GmbH.

Gisa Briese-Neumann. 1995. *Geschäftliche Briefe.* Niederhausen/Ts: Falken-Verlag GmbH.

Roland Flamini. 1997. *Passport Germany.* San Rafael, CA: World Trade Press.

E.E.M. Van Glabbeek, H. Stegeman und J.V. Zambon. 1995. *Hochbetrieb in der Werbung.* Groningen: Wolters-Noordhoff.

Hans Lambrich und Margit Lambrich. 1999. *Der kaufmännische Schriftverkehr.* Darmstadt: Winklers Verlag.

Horst Sperber. 1989. *Mnemotechniken im Fremdsprachenerwerb.* München: iudicium verlag GmbH.

Günter Stahl, Claudia Langeloh und Torsten Kühlmann. 1999. *Geschäftlich in den USA.* Wien: Wirtschaftsverlag Carl Ueberreuter.

Inge Uffelmann. 1995. *Gute Umgangsformen in jeder Situation.* Niederhausen/Ts: Bassermann'sche Verlagsbuchhandlung.

Inge Wolff. 1998. *Kleines Lexikon der modernen Umgangsformen von Abendzug bis Zuhören.* Niederhausen/Ts: Falken-Verlag GmbH.

Rosemarie Wrede-Grischkat. 1997. *Mit Stil zum Erfolg.* Augsburg: Augustus Verlag.

Appendix

Die Mitarbeit

Mitarbeiter ß

	Hektor	Maeva	Öko
befragte Vertreter	*20*		
Anwendbarkeit		*veraltet*	*geeignet*
Speicherkapazität			*im Moment ausreichend*
Durchmesser	*winzig*	*zu groß*	
Qualität			*sehr gut*

SEGMENT IV

Bankverbindung

Aus dem Inhalt

Betriebswirtschaft und Kultur

Hier lernen Sie:

- ein Konto eröffnen und führen
- mit Telefon-Banking umgehen
- Aktien kaufen und verkaufen
- die Rolle der Informatik im Betrieb

Grammatik

- Futur
- Inversion
- da- und wo-Kompositum
- Relativsätze

Was zeigt dieses Bild? Was machen die Leute hier?

Aus Erfahrung

The financial aspect of work life is probably the most important for the average person. However, when this aspect does not function properly, life becomes very vexing. This can easily happen in another culture where financial dealings are conducted differently. Americans normally receive their pay by check or in rarer occasions in cash. These two forms of payment are not normally used in Germany. If you are not aware of this fact and also not aware of the standard procedure in Germany, you risk not being paid or getting your money much later than expected. This can also apply to your own payments for purchases or bills.

Understanding how Germans react in a given situation provides the non-native an advantage in interpersonal communication. This information allows you to be better prepared to respond in such situations. Intercultural communication will also be discussed in this segment.

© Thomas Uhlig

ABTEILUNG 1

Die Bankverbindung

Vor dem Hören

1. Wie bezahlen Sie Ihre Einkäufe? Zahlen Sie bar, mit Scheck oder mit der Kreditkarte?
2. Wie zahlen die meisten Amerikaner?
3. Welche Art von Konten haben die meisten Amerikaner auf der Bank?
4. Welche Zahlungsmethode wählt normalerweise ein amerikanischer Arbeitgeber? Welche Erklärung gibt es dafür?
5. In welchen Fällen kann man Geld überweisen oder abbuchen lassen?

Hörverständnis 4.1.a ## Ein Girokonto macht's möglich

In Deutschland ist es normal, dass der Arbeitgeber das Gehalt überweist. Um das Geld zu erhalten, muss der Arbeitnehmer ein Girokonto haben. Das Girokonto funktioniert etwa wie ein „checking account" in den USA.

Daniel hat eine Frau aus Mexiko kennen gelernt, die auch Praktikantin in Deutschland werden will. Daniel erklärt Maria vieles darüber, was sie vorher machen muss, z.B. warum sie ein Girokonto einrichten sollte.

Hören Sie sich das Gespräch an: Warum muss Maria ein Girokonto haben?

Hören Sie sich das Gespräch noch einmal an: Welche Vorteile hat Maria mit einem Girokonto?

	Wo und wieviel?	Symbol (kennzeichnet den Service)
In Deutschland	• bis zu 2.000 DM täglich an den über 500 Geldautomaten der Berliner Sparkasse • bis zu 1.000 DM bei anderen Sparkassen und sonstigen Geldinstituten • Neu max. 3.000 DM im Monat erhalten Sie von Ihrem Kapitalsparkonto. An allen Geldautomaten der Berliner Sparkasse	
In Europa	max. 1.000 DM pro Tag	EUFISERV
Weltweit	bis zu 1.000 DM pro Tag erhalten Sie an allen Geldautomaten mit dem Maestro-Symbol.	Maestro

Bargeld zu jeder Zeit

[1] to withdraw

1. Wie viel Geld können Sie bekommen, wenn Sie Geld vom Automaten der Berliner Sparkasse abheben[1] wollen?
2. Von welchem Konto können Sie maximal 3.000 DM im Monat abheben?
3. Wie hoch ist das Limit pro Tag in Europa gesetzt?
4. Wie viel erhalten Sie, wenn der Geldautomat mit dem Maestro-Symbol versehen ist?

Vor dem Lesen

1. Welche Vorteile hat man von einem „checking account" in Amerika?
2. In welchem Bezug stehen die folgenden Wörter zu einem Girokonto in Deutschland?

Dauerauftrag	abbuchen	Dispokredit	Filiale
Gebühr	ausführen	sich erkundigen nach	

Das Bankwesen

Maria und Daniel unterhalten sich. Maria ist zum Teil verblüfft, wie die Bankgeschäfte in Deutschland ablaufen. In Mexiko, wo sie herkommt, sind die Formalitäten etwas anders. Daniel hat gerade die Gehaltsüberweisung per Dauerauftrag angesprochen. Lesen Sie nun den weiteren Verlauf des Gesprächs.

Maria: Per Dauerauftrag?

Daniel: Ein Dauerauftrag ist ein Auftrag, der auf Dauer ausgeführt wird. Du sagst deiner Bank, dass du jeden Monat deine Miete von deinem Girokonto abgebucht haben willst, und es wird automatisch jeden Monat erledigt.

Maria: Hm ja, interessant.

[2] waiting period

[3] overdraft protection

Daniel: Du kannst auch später nach einer Wartefrist[2] Euroschecks mit Scheckkarte und Dispokredit[3] beantragen. Am Anfang bekommst du aber nur Verrechnungsschecks.

Maria: Was sind Verrechnungsschecks?

Daniel: Das sind normale Schecks. Im Unterschied zum Euroscheck ist bei den Verrechnungsscheck der Betrag nicht von der Bank garantiert. Euroschecks sind bis zu 200 Euro garantiert. Verrechnungsschecks sind überhaupt nicht garantiert.

[4] account balance
[5] transact, effect
[6] affiliate, branch office
[7] fees, service charges
[8] registration office
[9] city district
[10] another word for registration office

Maria:	Hab' ich auch noch andere Vorteile?
Daniel:	Oh ja, Online-Banking ist auch möglich. Du kannst deine Bank per Internet anklicken und so beispielsweise deinen Kontostand[4] erfahren. Oder du kannst eine Überweisung tätigen.[5]
Maria:	Kostet das extra?
Daniel:	Normalerweise nein. Du solltest dich bei deiner Bank erkundigen. Suche einfach eine Filiale[6] in der Nähe vom Betrieb oder in der Nähe deiner Wohnung aus.
Maria:	Gibt es besonders preisgünstige?
Daniel:	Die Gebühren[7] sind bei allen ziemlich gleich. Sparkasse, Berliner Bank, Deutsche Bank oder Dresdner Bank sind überall zu finden.
Maria:	Gut, aber Banken haben in Deutschland nur bis 15 Uhr auf.
Daniel:	Jede Bank hat mindestens einmal die Woche bis 18 Uhr auf. Ach ja, wenn du zur Bank gehst, wirst du deinen Reisepass und deine polizeiliche Anmeldung mitnehmen müssen.
Maria:	Polizeiliche Anmeldung?
Daniel:	Weißt du noch nicht, was das ist?

Maria schüttelt den Kopf.

Daniel:	Nun. Du musst zu deiner Meldestelle[8] im Stadtbezirk[9] gehen und deinen Wohnort anmelden. Jeder Deutsche und jeder Ausländer, der länger als 2 Wochen denselben Wohnsitz hat, muss sich beim Einwohnermeldeamt[10] melden.
Maria:	Warum das?
Daniel:	Das ist Vorschrift in Deutschland, aus Sicherheitsgründen. Also, wenn du ein Konto bei einer Bank eröffnen willst, wirst du nachweisen müssen, dass du gemeldet bist—deshalb eine polizeiliche Anmeldung.
Maria:	Was kostet eine solche Anmeldung?
Daniel:	Noch kostet es nichts.
Maria:	Und wenn ich es nicht mache?
Daniel:	Dann hast du Pech. Ohne polizeiliche Anmeldung wirst du keinen Lohn und auch keine Aufenthaltsgenehmigung bekommen. Du musst dich bei der Polizei melden!

Fragen zum Text

1. Wann wird Maria Euroschecks oder Dispokredit bekommen können?
2. Wie kann Maria ihren Kontostand erfahren?

3. Was muss Maria mitnehmen, um ein Konto zu eröffnen?
4. Wo kann man sich polizeilich anmelden?

➡ *Sehen Sie dazu Praktische Übungen IV.A und B mit weiteren Informationen über die polizeiliche Anmeldung.*

➡ *GENAU GESEHEN: For some basic rules for the construction of German composite words, see grammar section, pp. G51-52.*

Grammatik-Spot §4.1   # Futur

Futur mit Hilfsverb oder Präsens

*In German as in English, the future tense can either be formed with a helping verb (in German **werden**) or with the present tense. In German the future tense is normally expressed with the present tense and an adverb of future time. Where there is no future time indicator, the future tense form with **werden** is used.*

Wenn du zur Bank gehst, wirst du deinen Reisepass und deine polizeiliche Anmeldung mitnehmen müssen.
Wenn du ein Konto bei einer Bank eröffnen willst, wirst du nachweisen müssen, dass du gemeldet bist.

➡ *§4.1 in the grammar section will provide you with a review of this tense, its forms and sentence construction.*

➡ *For practice, see exercises 4.1 a–d in the grammar section.*

Rollenspiel

Arbeiten Sie zu zweit. Ein ausländischer Student sucht einen Beamten im Auslandsamt an der Humboldt Universität zu Berlin auf. Der Auslandsbeamte ist für die Betreuung ausländischer Studenten zuständig. Es entwickelt sich ein Gespräch darüber, was der Student machen muss, um halbtags arbeiten zu können.

Zur Diskussion

Welche Vor- und Nachteile gibt es, wenn man das Gehalt per Scheck (wie in Amerika) bekommt? Welche Vor- und Nachteile bestehen, wenn man das Gehalt überweisen lässt?

Umfrage

Interviewen Sie Ihre Mitstudenten und sammeln Sie Informationen zu den folgenden Fragen.

1. Wie würden Sie Ihre Bezahlungen erledigen, wenn Sie kein Bank-konto hätten?
2. Welchen Mindestbetrag würden Sie monatlich von der Gesamtrech-nung Ihrer Kreditkartenrechnung abbezahlen?
3. Wie würden Sie Ihre Einkäufe bezahlen, wenn Sie die Wahl hätten: bar oder per Kreditkarte?
4. Welche Kriterien sind für Sie wichtig, wenn Sie sich eine neue Bank aussuchen?
5. Würden Sie per Dauerauftrag bezahlen, falls Ihre Bank diese Option anbietet?

1.	Zahlungsmittel	
2.	Monatlicher Betrag	
3.	Bar? Kredit?	
4.	Bankkriterien	
5.	Dauerauftrag benutzen? ja nein	

Was sagen die Infos aus der Tabelle über die Studenten in Ihrem Kurs aus? Sind die Daten repräsentativ für alle Studenten in den USA? Warum/Warum nicht?

Zur Diskussion

Gibt es etwas Ähnliches wie die Anmeldung in den USA? Wie würden Amerikaner im Allgemeinen darauf reagieren, wenn Sie sich beim Ein-wohnermeldeamt melden müssten? Warum? Ist die Social-Security-Nummer etwas Ähnliches?

Vor dem Hören

1. Wer kann in Amerika eine Kreditkarte bekommen?
2. Was muss man nachweisen, um eine Kreditkarte zu erhalten?
3. Warum ist es möglich, dass Amerikaner mehrere Kreditkarten haben?

Vokabelvorschau

Versuchen Sie herauszufinden, in welchem Zusammenhang die folgenden Wörter zu einer Kreditkarte stehen, bevor Sie die nächste Szene hören.

Jahresbeitrag   abbuchen   Kundenservice

Wo kommen diese Wörter in dem Gespräch vor?

Hörverständnis 4.1.b

Daniel beantragt eine Kreditkarte

Daniel geht in Berlin zur Bank, um eine Kreditkarte zu beantragen. Er ist sich aber nicht sicher, welche Formalitäten dafür erforderlich sind.

Hören Sie sich das Gespräch noch einmal an und beantworten Sie die folgenden Fragen.

1. Wo in der Bank muss Daniel eine Kreditkarte beantragen?
2. Was muss Daniel machen, um eine Kreditkarte zu beantragen?
3. Wie viel kostet eine Kreditkarte im Jahr?

ABTEILUNG 2

Kreditkarten

Vor dem Lesen

Welche Vorteile hat eine Kreditkarte in Amerika? Listen Sie diese Vorteile in die linke Spalte der Tabelle auf.

Amerika	Deutschland

Bevor Daniel zur Bank gegangen ist, um eine Kreditkarte zu beantragen, hat er sich eine Broschüre von der Bank geholt, um besser informiert zu sein. Lesen Sie die Informationen, die Daniel erhalten hat.

Ihr Stück Unabhängigkeit.

Bargeldlos zahlen.

Mit Kreditkarten zahlen Sie bequem und immer passend. Denn Sie haben alle Währungen der Welt in Ihrer Tasche. Ob Sie einkaufen oder essen gehen, tanken oder verreisen: Sie zahlen nur mit Ihrer Karte und Ihrer Unterschrift. Ganz einfach. Und ohne Bargeld. Bei der Berliner Sparkasse erhalten Sie die VISA Karte und die EUROCARD. Denn zusammen sind die beiden Karten ein unschlagbares Team. Und Sie profitieren von dem weltweit größten Akzeptanzstellennetz. Nutzen auch Sie die Vorteile, nur mit Ihrem Namen zu bezahlen. Überall dort, wo Sie diese Zeichen sehen:

Jederzeit Geld abheben.

Sie brauchen Bargeld? Kein Problem. Denn mit Ihrer Karte und Ihrer persönlichen Geheimzahl erhalten Sie:
• bis zu 1.000 DM an den Geldautomaten im Bundesgebiet und an den über 500 Geldautomaten der Berliner Sparkasse
• bis zu 500 USD in der jeweiligen Landeswährung in Europa und weltweit.
Mit Ihrer Kreditkarte ersparen Sie sich das umständliche Wechseln und Umrechnen in fremde Währungen. Achten Sie einfach auf das VISA- bzw. EUROCARD-Zeichen.

Auf Nummer Sicher gehen.

Mit Kreditkarten sind Sie auf der sicheren Seite. Auch wenn Sie Ihre Karte verlieren oder Ihre Karte gestohlen wird. Denn Sie haften max. bis 100 DM / 51,13 EUR. Rufen Sie einfach unseren Kartenservice an, und lassen Sie Ihre Karte sperren. In jedem Fall bieten Ihnen Kreditkarten mehr Sicherheit als Bargeld oder Schecks.

Sie haben die Wahl.

Bargeldlos zahlen? Bargeld? Die Kreditkarten der Berliner Sparkasse bieten Ihnen noch mehr. Wählen Sie einfach das Angebot, das am besten zu Ihnen paßt.

Mit Foto.

Ihr Foto auf der Rückseite macht Ihre Kreditkarte noch persönlicher und sicherer. Und das für nur 5 DM / 2,56 EUR zusätzlich im Jahr.

Sicher auf Reisen.

Die Kreditkarte mit Reise-Unfallversicherung: für nur 40 DM / 20,45 EUR im Jahr. Ganz gleich, ob Sie Ihren Hotelaufenthalt, Ihr Flugticket oder Ihren Mietwagen mit Ihrer Kreditkarte bezahlen: Sie sind von Kopf bis Fuß unfallversichert. Und das ohne zusätzliche Kosten.

Die Freizeit genießen.

Weltweit und rund um die Uhr. Ohne Sorgen, wenn etwas passiert. Und ganz unabhängig von den Zahlungen mit Ihrer Kreditkarte. Die Kreditkarte mit Freizeit-Unfallversicherung gibt's schon für 60 DM / 30,68 EUR im Jahr.

Tragen Sie nun in die Tabelle (rechte Spalte) ein, welche Vorteile eine Kreditkarte in Deutschland hat.

Vergleichen Sie die deutschen Vorteile aus der Broschüre der Berliner Sparkasse mit denen, die Ihnen in den Vereinigten Staaten bekannt sind. Welche sind besser? Warum?

KULTUR-ASPEKTE

Ein Girokonto

[11] to keep an account

[12] pay packet

[13] *See footnote below*

In Deutschland ist es üblich, ein Girokonto zu führen.[11] In der Vergangenheit bekam jeder Arbeiter eine Lohntüte[12] mit seinem Gehalt am Ende des Monats. Das ist schon lange nicht mehr der Fall. Jede Firma überweist den Monatslohn oder das Gehalt[13] auf das Girokonto des Arbeitnehmers. Hat man kein Konto, wird man vom Arbeitgeber nicht bezahlt!

[14] electronic transfer instruction form

[15] transfer order

[16] routing number

Fast alle Transaktionen laufen über ein Girokonto. Im Geschäftsleben werden alle Rechnungen monatlich überwiesen oder abgebucht. Wird eine einmalige Rechnung gestellt, schickt die ausstellende Firma einen Überweisungsvordruck[14] mit eingetragener Bankverbindung, Kontonummer und dem zu zahlenden Betrag. Wenn eine Rechnung regelmäßig (beispielsweise monatlich, vierteljährlich, halbjährlich oder jährlich) zu begleichen ist, kann ein Dauerauftrag hilfreich sein. Ein Dauerauftrag ist eine Zahlungsanweisung[15] an die Geldinstitution, zu einem festgelegten Zeitpunkt Zahlungen von Auftraggebern zu erledigen. Die Auftraggeber teilen der Bank mit, an wen das Geld überwiesen werden soll, bei welcher Geldinstitution (Bankleitzahl [BLZ])[16] der Empfänger sein Konto (Kontonummer) hat, und die Höhe des Betrages. Die Bank erledigt dann diesen Auftrag selbstständig.

[17] bank statement

[18] *Soll* zeigt den Minus-Betrag auf dem Konto an, und *Haben* das Plus.

Die Kontoinhaber bekommen einen Kontoauszug,[17] woraus sie ersehen können, welche Bewegungen vorgenommen wurden, z.B. wo und wie viel man vom Konto abgebucht hat, und wie hoch der Kontostand zum Zeitpunkt der Kontoauszugserstellung war. Als weitere Informationen sind *Soll* und *Haben*[18] aufgeführt und wie viel Dispokredit einem noch zur Verfügung steht.

Die Kontoinhaber können bestimmen, wie oft sie einen Kontoauszug erhalten, einmal im Monat oder gleich nach jeder Kontobewegung. Die dritte Möglichkeit ist, einen Kontoauszug selbst zu holen. In jeder Filiale gibt es einen Kontoauszugdrucker, von dem man seinen Kontoauszug holen kann.

Richtig oder falsch?

_____1.   Heute gibt es noch Lohntüten in Deutschland.

_____2.   Ein Dauerauftrag wird regelmäßig von der Bank ausgeführt.

_____3.   Der Auftraggeber teilt der Bank BLZ und Kontonummer mit und an wen das Geld überwiesen werden soll.

---

[13] Was ist der Unterschied zwischen Lohn und Gehalt? Gehalt wird nur als ein Betrag bezahlt (Gehalt = Salär). Lohn kann pro Stunde bezahlt werden.

____4. Einen Kontoauszug kann der Kontoinhaber jeden Monat bekommen.

____5. *Soll* und *Haben* stehen auf dem Überweisungszettel.

➡ **Sehen Sie dazu auch Übungen IV.C–E im praktischen Teil.**

Aus Erfahrung

Coming into this internship I had very limited experience with most of what I encountered. I was able to take what little I did know and apply it to gain a much greater understanding of the workings of the banking system. The thing that sticks out most in my mind is the importance of each subdepartment to the other.

Adam Burgess
The Pennsylvania State University

Dauerauftrag

Sie müssen jeden Monat Ihre Miete in Höhe von 500 Euro zahlen, und es ist leichter für Sie, alles per Dauerauftrag zu erledigen. Füllen Sie den folgenden Dauerauftrag aus, um Ihre Miete zu überweisen. Ihr Vermieter ist die Gesellschaft für den Sozialbau, Konto-Nr. 13 02 678, BLZ 230 00 45, Neuhausener Sparkasse.

Online-Banking

Beantworten Sie anhand der abgebildeten Graphik die folgenden Fragen.

1. Warum, meinen Sie, holt Internet-Banking auf?
2. Wie viele Transaktionen beim Online-Banking gab es im Jahr 1999?
3. Spekulieren Sie! Wohin geht der Trend für Internet-Banking im Jahr 2010?
4. Was werden diejenigen Personen machen, die keinen Zugang zum Internet haben?

Internet-Banking holt auf

Über Internet- und Online-Banking geführte Privatkonten in Deutschland, Angaben in Mill.

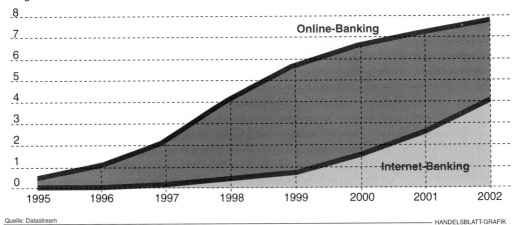

Quelle: Datastream   HANDELSBLATT-GRAFIK

Aus: Handelsblatt May 27, 2000.

Überweisung

Suchen Sie eine Bank im Internet, die ein Testkonto auf ihrer Website anbietet. Empfohlen wird *www.post.de.* Klicken Sie *Testkonto* an. Lesen Sie den Text und klicken Sie *Postbank Testkonto* an. Danach klicken Sie *OK* an. Wählen Sie *Überweisung,* und erledigen Sie die erste Aufgabe unten. Wenn Sie alles ausgefüllt haben, klicken Sie *OK* an. Drucken Sie die Ergebnisse aus und reichen Sie sie bei Ihrem(er) Lehrer(in) ein. Wiederholen Sie dieses Verfahren für alle drei folgenden Situationen.

■ Sie bekommen eine Rechnung von der Firma Schallplatten KG für Platten, die Sie bestellt haben. Der Betrag ist 58 Euro. Die Bankverbindung ist Dresdner Bank Hamburg BLZ 200 500 80. Die Kto.-Nr. der Firma ist 1500038200.

■ Sie haben Ihr Auto reparieren lassen, und Sie wollen das Auto abholen und die Rechnung bezahlen. Sie haben aber weder Kreditkarte noch Scheck dabei. Die Firma Automarkt stellt Ihnen eine Rechnung aus, die innerhalb von 30 Tagen bezahlt werden muss. Der Betrag ist 268 Euro. Die Firma hat ihr Konto bei der Deutschen Bank Dresden (BLZ 870 700 00), Kto-Nr. 5267 642.

■ Sie fahren mit Freunden in den Urlaub. Es wird eine gemeinsame Kasse geben. Jeder von Ihnen muss 200 Euro auf das Konto von Karin Müller überwiesen. Ihre Bankverbindung ist 1500026800 bei der Berliner Bank (BLZ 100 200 00).

Füllen Sie die Überweisung aus!

Überweisungsauftrag an

BERLINER BANK
AKTIENGESELLSCHAFT

Empfänger: Name, Vorname/Firma (max. 27 Stellen)

Konto-Nr. des Empfängers   Bankleitzahl

bei (Kreditinstitut)

Betrag: DM, Pf

Kunden-Referenznummer - noch Verwendungszweck, ggf. Name und Anschrift des Auftraggebers - (nur für Empfänger)

noch Verwendungszweck (insgesamt max. 2 Zeilen à 27 Stellen)

Kontoinhaber: Name, Vorname/Firma, Ort (max. 27 Stellen, keine Straßen- oder Postfachangaben)

Konto-Nr. des Kontoinhabers   Betragswiederholung: DM, Pf   20

BEI HANDSCHRIFT BLOCKSCHRIFT IN GROSSBUCHSTABEN

Für die Ausführung maßgeblicher Betrag. Die Betrags-Wiederholung hat verarbeitungstechnische Gründe

Vordr. 105040 I VE1 KI-1000

Datum   Unterschrift

Was unterscheidet dieses Formular von dem aus dem Internet?

Zur Diskussion

Viele Deutsche finden das Überweisungssystem besser als das amerikanische Scheckssystem. Was meinen Sie? Welche Vorteile und welche Nachteile hat jedes System? Sind die zwei Systeme eigentlich so viel anders?

ABTEILUNG 3

Telefon-Banking

Vor dem Hören

1. Wenn kein Geld mehr auf dem Konto übrig ist, können Sie Geld von Freunden „pumpen". Was heißt das, „Geld pumpen"?
2. Welche Informationen müssen Sie eingeben, wenn Sie Geld vom Automaten abheben, bevor der Automat Ihre Transaktion bearbeitet?
3. Wenn Sie vom Automaten kein Geld bekommen, können Sie mit Ihrem Anliegen zum Kundenservice gehen und einen Dispokredit beantragen. Was ist ein Dispokredit?

TELEFON-BANKING

0180 - 30 40 700

Postbank
Die Bank fürs Wesentliche.

Hörverständnis 4.3.a

Daniel ist pleite

Daniel und eine Kollegin, Sabine, machen Pause im Aufenthaltsraum. Sie trinken Kaffee, und Sabine raucht eine Zigarette. Daniel erzählt, „am Ende des Geldes ist immer so viel Monat übrig". Hören Sie sich jetzt das Gespräch zwischen Daniel und Sabine an. In welchem Kontext kommen die Ausdrücke *pumpen, übrig bleiben, Kennwort,* und *Anliegen* vor?

Hören Sie sich das Gespräch noch einmal an und geben Sie den Dialog wieder. Benutzen Sie dazu die folgenden Ausdrücke:

Lebst du über deine Verhältnisse?   Telefon-Banking
Kennwort   Automat   keine privaten Telefonate

Vor dem Lesen

Sabine schlug Daniel vor, den Telefon-Banking Service seiner Bank zu benutzen. In welchem Zusammenhang könnten in so einem Gespräch mit der Bank die folgenden Wörter vorkommen?

Empfängername   Verwendungszweck   Anzahlung
Angabe   Bankleitzahl

Telefon-Service

Beispiel eines Anrufs (hier: Überweisung)

Guten Tag! Hier ist der Telefon-Service der Berliner Bank, mein
Name ist Karin Kramer. Was kann ich für Sie tun?
Schulze, guten Tag. Meine Kontonummer lautet 123 456 78 00 . Ich heiße
Hans Schulze. Ich möchte gerne etwas von meinem Konto überweisen.
Gern, damit ich Ihnen helfen kann, nennen Sie mir bitte den 2. und 4.
Buchstaben Ihres Kennwortes.
Der zweite Buchstabe ist ein „a" wie Anton, der vierte ein „e" wie Emil.
Vielen Dank. So, jetzt kann's losgehen: Wie lautet der Empfänger-
Name? *Jochen Müller.*
Danke... Und die Kontonummer des Empfängers?
99 88 777 600.
Herr Schulze, bitte nennen Sie mir die Bankleitzahl und den Namen der
Empfängerbank.
100 200 00, also bei der Berliner Bank.
Wieviel möchten Sie überweisen?
500 Mark.
Soll ein Verwendungszweck mitgeteilt werden?
Schreiben Sie: „Anzahlung".
Gut, ich wiederhole: Sie überweisen an Jochen Müller, Konto-
nummer 99 88 777 600 bei der Berliner Bank, 500 Mark mit dem
Verwendungszweck „Anzahlung". Sind diese Angaben so richtig,
Herr Schulze?
Korrekt.
Kann ich sonst noch etwas für Sie tun?
Nein, danke. Auf Wiederhören.
Vielen Dank für Ihren Anruf. Auf Wiederhören.

Rollenspiel

Sie wollen Ihren Kontostand wissen und zwei Überweisungen tätigen. Sie
wählen den Telefon-Service der Berliner Bank. Was sagen Sie, und was
sagt der Telefon-Service der Berliner Bank? Arbeiten Sie mit einem Partner zusammen, und spielen Sie dieses Gespräch.

Hörverständnis 4.3.b

Was kann ich für Sie tun?

Hören Sie sich drei Kundengespräche an. Schreiben Sie die Nummer des
passenden Minidialogs vor eine der folgenden Aussagen.

_____Diese Frau will wissen, wie sie eine Kreditkarte beantragt.
_____Dieser Mann will Geld für Strom überweisen.

_____Diese Frau will Geld für ihre Hobbyzeitschrift überweisen.

_____Dieser Mann will wissen, wie er seinen Dispokredit erhöhen kann.

_____Diese Frau will ihr Kontoguthaben wissen.

Bürowitz

Es schrieb die Firmenleitung:

Natürlich garantieren wir in unserer Anzeige: Geld zurück, wenn nicht hundertprozentig zufrieden.

[19] absolutely

Aber wir sind durchaus[19] hundertprozentig zufrieden!

Vor dem Lesen

1. Was deutet der Titel „Zahlungsverkehr und Kredit" an?
2. Welche Unterschiede zwischen Deutschland und den USA kennen Sie schon in diesem Bereich?

KULTUR-ASPEKTE

Zahlungsverkehr und Kredit

[20] attitude

Der Zahlungsverkehr in Deutschland ist dem in den USA ähnlich. Man zahlt entweder bar, mit Scheck, Kreditkarte oder per Überweisung. Aber die Einstellung[20] gegenüber Geld in Deutschland unterscheidet sich von der amerikanischen. Im Allgemeinen zahlt man bar, auch wenn man etwas Größeres kaufen möchte. (Wenn man ein Auto kauft, bezahlt man natürlich mit Scheck, oder man lässt den Betrag überweisen.) Oftmals ist es in einem kleinen Laden nicht möglich mit Kreditkarte zu zahlen, weil es für den Ladenbesitzer nicht rentabel ist. Manchmal werden Kreditkarten nur gegen einen kleinen Aufschlag akzeptiert. Diese Gebühr entspricht normalerweise dem Betrag, den der Laden an die Kreditkartenfirma abführen muss.

[21] with the exception of

Schecks werden nicht immer gern gesehen, mit Ausnahme[21] des Euroschecks. Es lohnt sich nicht zu versuchen, mit einem Verrechnungsscheck im Laden zu zahlen, weil er oft gar nicht angenommen wird. Ein Euroscheck dagegen ist bis 200 Euro garantiert. Manchmal wird er auch angenommen, wenn der Betrag höher als 200 Euro ist, aber dann nur mit Personalausweis. Weil bargeldlose Bezahlung immer beliebter wird, haben Schecks in Deutschland voraussichtlich keine große Zukunft.

[22] use, employment

Lebensmittel wurden bis vor Kurzem ausschließlich mit Bargeld bezahlt. Immer häufiger kommt auch dort die Scheckkarte zum Einsatz.[22] In großen Warenhäusern ist es kein Problem, für Lebensmittel mit Kreditkarte zu zahlen. Neulich ist die Bezahlung mit Scheckkarte noch bequemer geworden. Der Magnetstreifen der Scheckkarte wird durch ein Lesegerät gezogen, die Geheimnummer eingegeben, und der zu zahlende Betrag wird automatisch vom Girokonto abgebucht. Wenn man einen kleinen Betrag bezahlen möchte, kann man das mit einer Chipkarte erledigen. Erst lädt man die Karte beim Geldautomaten auf und zahlt dann mit der Chipkarte, bis der Chip leer ist. Danach geht man wieder zum Automaten und lädt die Karte auf, bevor man wieder damit einkaufen kann.

[23] acquisitions, purchases

[24] debts through credit

Aber was macht man, wenn man kein Geld für größere Anschaffungen[23] hat? Normalerweise legt man etwas auf die hohe Kante, um die gewünschte Sache zu kaufen. Oder man nimmt z.B. einen Kredit auf, um ein Haus zu kaufen, aber meistens bezahlt man lieber bar—sogar für ein Auto. Deutsche versuchen Kreditschulden[24] zu vermeiden, denn warum soll man der Bank Zinsen zahlen, wenn es nicht notwendig ist? Wenn man spart, bekommt man Zinsen für sein Geld.

In Deutschland ist es nur den Banken erlaubt, Kredite zu vergeben. Deshalb musste Daniel seine Kreditkarte durch seine Bank besorgen und jeden Monat die Rechnung vom Girokonto abbuchen lassen. Es ist auch möglich, jede einzelne Rechnung nach dem Eingang aufs Konto abbuchen zu lassen. Um dieses zu umgehen, haben viele große Firmen ihre eigenen Banken gegründet. Wenn Volkswagen beispielsweise ein Angebot für ein neues Auto auf den Markt bringt, kann man sicher sein, dass die Finanzierung von der VW-Bank angeboten wird.

Übung zum Text

Ergänzen Sie jeden Satzanfang mit dem richtigen Endteil

1. Wenn man etwas Größeres kauft,
2. Der kleine Ladenbesitzer nimmt nicht gern Kreditkarte,
3. Ein Verrechnungsscheck wird selten genommen,
4. Man kann mit Euroscheck ab 200 EURO zahlen,
5. Der zu zahlende Betrag wird automatisch bezahlt,
6. Man spart erst das Geld,
7. Nur eine Bank gibt Kredit in Deutschland;

a. weil er nicht garantiert ist.
b. nachdem man die Scheckkarte durchzieht und die Geheimzahl eingibt.
c. zahlt man normalerweise bar.
d. weil es sich für ihn nicht lohnt.
e. solange man einen Personalausweis mit hat.
f. aus diesem Grund hat VW sein eigenes Geldinstitut gegründet.
g. wenn man etwas Teueres kaufen will.

➡ *Sehen Sie dazu Praktische Übungen IV.E und F für zusätzliche Informationen.*

Grammatik-Spot §4.2   ## Inversion

Satzumstellung

In German the word order of a sentence will change depending on which words start the sentence. This is seldom the case today in English. Only in rare instances **does this** *happen.*

> Im Allgemeinen zahlt man bar.
> In Deutschland ist es nur den Banken erlaubt, Kredite zu vergeben.

➡ *§4.2 in the grammar section will guide you through the use of this grammar point.*

➡ *For practice, see exercises 4.2 a and b in the grammar section.*

Zur Diskussion

Viele Deutsche meinen, dass eine Kreditkarte ein großes Risiko ist, weil man den Überblick über seine Finanzen verlieren kann. Man gibt schnell und einfach mehr Geld aus, als man hat. Die Gefahr besteht, dass man über seine Verhältnisse lebt. Wie denken Sie darüber?

Viele Deutsche behaupten, dass Amerikaner im Kaufrausch leben und alles auf Pump kaufen würden. Stimmt es? Warum/warum nicht?

ABTEILUNG 4   Die Aktien

Vergleichen Sie die hier abgebildeten Graphiken und beantworten Sie danach die Fragen.

Aus: Der Spiegel 19/2000.

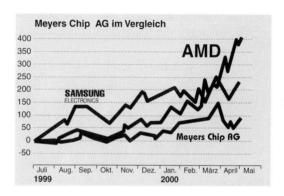

Fragen zu den Graphiken

1. Welche Firma hat den besten Kursverlauf?
2. Welche Firma ist der Neuling auf dem Markt?
3. Wie steht Meyers Chip AG im Vergleich zu den anderen?
4. Von welcher Firma würden Sie gern Aktien kaufen? Begründen Sie Ihre Antwort.

Vor dem Hören

1. Sie wollen Ihr Geld investieren und schnell Gewinn machen. Wie würden Sie das tun?
2. Haben Sie schon einmal Aktien gekauft? Warum/warum nicht?
3. Wo kaufen Sie Aktien in Amerika?
4. Was müssen Sie machen, um Aktien zu kaufen?

Vokabelvorschau

Im folgenden Gespräch kommen zwei Redewendungen vor:

„Bahnhof verstehen"
„Wie stehen die Aktien?"

Lesen Sie erst die Einleitung und hören Sie sich dann das Gespräch an. In welchem Kontext stehen diese Redewendungen, und können Sie die Bedeutung erkennen? Wenn nicht, sehen Sie am Ende der Lektion unter *Redewendungen* nach.

Hörverständnis 4.4.a   ## Wie stehen die Aktien?

Daniel und Hans-Peter sitzen am Tisch in einer Kneipe und trinken ein Bier, als sich ein Freund von Hans-Peter zu ihnen setzt. Hans-Peter und Jörg begrüßen sich, aber Daniel versteht nur Bahnhof!

Hören Sie sich das Gespräch noch einmal an und beantworten Sie danach die folgenden Fragen.

1. Welcher Wind hat Daniel nach Berlin geweht?
2. Ist Meyers Chip AG eine Firma, bei der man ein Praktikum machen kann?
3. Was meinen Sie, warum Hans-Peter und Jörg sich so begrüßt haben?

Aus Erfahrung

I gained a better perspective of German banking through a hands-on internship at Germany's third largest bank. In Germany there are fewer regulations on financial services. As a result, a German bank can offer a broader range of services from investment banking to life insurance. Working within this system gave me a thorough understanding of banking in Germany.

John Ziegler
The Pennsylvania State University

Fachwortschatz

Wenn Sie mit einem Ausländer über Aktien in Amerika sprechen wollten, welche Begriffe würden Sie ihm erklären? Listen Sie mit einem(er) Partner(in) etwa 10 Begriffe auf. Vergleichen Sie Ihre englische Liste mit der folgenden.

die Börse
der Börsenmakler
die Vorzugsaktie
die Stammaktie

das Depot
die Vollversammlung
das Stimmrecht
die Dividende
die Hausse
der Profit

1. Welche deutschen Begriffe verstehen Sie sofort?
2. Von welchen Begriffen können Sie die Bedeutung erraten?
3. Haben Sie einige dieser Begriffe auch auf Ihrer Liste?
4. Sehen Sie Begriffe, die Sie nicht verstehen, am Ende der Lektion unter *Fachwortschatz* nach.

Welche Begriffe aus der deutschen Liste finden sich nicht auf Ihrer Liste? Warum ist es vielleicht notwendig für Ihre ausländischen Freunde, diese Begriffe zu wissen?

Aktien sind sein Steckenpferd[25]

[25] hobby

Das Gespräch in der Kneipe geht weiter. Daniel freut sich immer darüber, neue Leute kennen zu lernen! Jörg scheint besonders intelligent zu sein. Daniel hat das Gefühl, dass etwas Besonderes aus diesem Gespräch werden kann.

Hans-Peter:	Ja. Übrigens, Jörg, wie stehen meine Aktien?
Daniel:	Du bist Börsenmakler?[26]
Jörg:	Nicht unbedingt. Ich arbeite auf einer Bank im Kundenservice.
Daniel:	Auf einer Bank?
Jörg:	Ja, in Deutschland werden Aktien bei der Bank verkauft.
Daniel:	Sehr interessant. Ich habe mir auch schon überlegt, ob ich deutsche Aktien kaufen soll. Aber ich kenne mich damit nicht aus.
Hans-Peter:	Oh nein, jetzt hören wir einen abendfüllenden Vortrag über Aktien. Du hast das falsche Stichwort[27] gegeben. Das ist Jörgs Steckenpferd.
Jörg:	Prima, was willst du wissen?
Daniel:	Wie fange ich an?
Jörg:	Es gibt zwei Sorten von Aktien, Vorzugsaktien[28] und Stammaktien.[29] Wenn du aber noch keine Aktien besitzt, musst du Stammaktien kaufen.

[26] stock broker

[27] key word

[28] preference shares
[29] original share

Daniel:	Wie läuft das hier eigentlich in Deutschland ab?
Jörg:	Komm zu mir in die Bank. Dann kannst du mir einen Auftrag erteilen, Aktien für dich an der Börse zu kaufen.
Daniel:	Gut. Und dann?
Jörg:	Ja, dann müssen wir ein Depot für dich einrichten.
Daniel:	Ein Depot?
Jörg:	Ja, das ist eine Art Konto, in dem die Aktien verwahrt werden.
Hans-Peter:	He, Daniel, wenn du die Gleichen kaufst, die ich habe, können wir nächstes Jahr zusammen zur Vollversammlung fahren und unsere Stimmrechte wahrnehmen.
Daniel:	Für mich sind Gewinn und Dividende wichtig.
Jörg:	Eigentlich macht die Dividende nicht viel aus.
Hans-Peter:	Eigentlich nein. Wenn wir eine Hausse[30] haben, können wir sehr gute Gewinne einfahren.[31]
Jörg:	Oder wenn man Glück hat, bekommt man Vorzugsaktien, bevor man alles verkauft, und das gibt einen guten Profit.
Daniel:	Langsam verstehe ich nur noch Bahnhof!
Hans-Peter:	Mach dir nichts draus, das lernst du auch noch!
Jörg:	Hier ist meine Visitenkarte. Melde dich, und wir können darüber sprechen.

[30] boom, bull market
[31] harvest, cash in

Fragen zum Text

1. Warum versteht Daniel nur noch Bahnhof?
2. Was ist Jörg von Beruf?
3. Was will Daniel eventuell kaufen?
4. Welche zwei Sorten Aktien gibt es in Deutschland?
5. Wo erteilt man seinen Auftrag, Aktien zu kaufen?
6. Was ist für Daniel wichtig, wenn er an Aktien denkt?

➡ ***Sehen Sie dazu Übungen IV.G und H im praktischen Teil.***

Rollenspiel

Arbeiten Sie zu dritt. Eine Person ist Amerikaner und die Anderen sind deutsche Kollegen. Die Kollegen wollen eventuell in die USA fahren und dort ihr Geld anlegen, und sie wollen alles Mögliche über die verschiedenen Anlagemöglichkeiten in den USA wissen. Wie läuft das Gespräch ab?

➡ *Sehen Sie Übung IV.I im praktischen Teil mit Informationen über das Logo.*

AUS DER BETRIEBSPRAXIS

Die Visitenkarte

Im Gegensatz zu einer privaten Visitenkarte zeigt eine geschäftliche Visitenkarte ein breiteres Informationsspektrum. Und deshalb hat sie wesentlich mehr Text als eine private Karte. Das Buch *Mit Stil zum Erfolg* gibt folgende Tipps:

Die geschäftlich genutzte oder die einheitliche Unternehmens-Visitenkarte enthält in der Regel:

- Vor- und Nachname, ggf.[32] Titel
- Position bzw.[33] Funktion
- Abteilung, Firmenanschrift, Firmenlogo
- Telefonnummer mit Durchwahl
- Faxnummer
- E-Mail bzw. Internet-Adresse
- evtl.[34] Privatanschrift—das ist aber nicht obligatorisch.

Aus: Rosemarie Wrede-Grischkat. 1997. Mit Stil zum Erfolg. Augsburg: Weltbild Verlag, S. 42.

[32] *gegebenenfalls* = if applicable

[33] *beziehungsweise* = and/or

[34] *eventuell* = perhaps

Überprüfen Sie die folgenden Visitenkarten. Enthalten Sie alle genannten Punkte? Welche nicht?

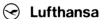

Lufthansa

Michael Faßnacht
Referent
Marketingstrategie

Deutsche Lufthansa AG
Lufthansa Basis / FRA EI
D-60546 Frankfurt/Main
Telefon (069) 696 9 68 83
Telefax (069) 696 9 68 80
e-mail: fassnacht.michael@dlh.de
SITA: FRAEILH

ANDREAS REDENZ
Rechtsanwalt
Geschäftsleitung

PROGAS-MINOL Flüssiggas-Vertriebs GmbH

PRIVAT
Dernburgstraße 13
14057 Berlin
Telefon (0 30) 3 22 72 87
Telefax (0 30) 3 22 72 87
e-mail: A. Redenz @t-online.de

Herzbergstraße 74–76
10365 BERLIN
Telefon (0 30) 55 77 05 29
Telefax (0 30) 55 77 05 55

BANKEN SERVICE
G m b H
Ein Unternehmen der Bankgesellschaft Berlin

Karlheinz Scholz

Brunnenstraße 111
D-13355 Berlin
Telefon: 030 / 24 55 77 66
Telefax: 030 / 24 55 77 40
Zentraler Einkauf   *e-mail:* karlheinz.scholz
Referent für Umweltfragen @bankenservice.de

➡ *Sehen Sie dazu Übung IV.J im praktischen Teil.*

Eine Visitenkarte fürs Geschäft

Entwerfen Sie nun Ihre eigene Visitenkarte. Sie arbeiten für die Firma Schering AG in Berlin. Die Adresse lautet Schering Deutschland GmbH, Max-Dohrn-Straße 10, 10589 Berlin, Tel. 30/ 34 98 90, und Fax 30/ 34 98 91. Sie suchen Ihre eigene Stelle und die Bezeichnung davon aus.

Nachhilfe in Sachen Aktien

Hören Sie sich das Gespräch erst einmal zur Information an. Ergänzen Sie dann nach dem zweiten Hören den folgenden Text mit den richtigen Wörtern. Überprüfen Sie nach dem dritten Anhören Ihre Antworten.

Daniel ruft Jörg an, weil er Näheres über _____ wissen will. Z.B. will Daniel erklärt haben, wie Aktien _____ werden. Jörg erklärt ihm, dass eine _____ gegründet werden muss. Dazu braucht man eine oder mehrere Personen, die mindestens _____ Euro dafür vorweisen müssen. Das _____ wird in „Häppchen"[35] von 2,50 Euro aufgeteilt. Dies wird als _____ bezeichnet. Aber eine Aktie ist nicht gleich _____. Die jungen Aktien stammen aus einer gerade vorgenommenen _____, und die alten sind länger im _____.

[35] little bits

Börsenwortschatz

Die folgenden Wörter haben alle etwas mit der Börse zu tun. Was bedeuten sie? Finden Sie für jedes Wort in Spalte A eine Entsprechung aus Spalte B.

A	B
Gewinn	Wertpapier
Ausschüttung	Aktienhändler
Vermögen	Computer
Erwerb	Kapital
Börsenmakler	Profit
Investmentpapier	Anteil
Rechner	Kauf

Vor dem Lesen

1. In Amerika kauft man Aktien beim Aktienhändler. Welche anderen Möglichkeiten gibt es heute in Amerika?
2. In Amerika kennen wir den Dow Jones Index. Wie heißt der deutsche Index?
3. In Amerika ist der Hauptbörsensitz in New York City. Wo ist der Hauptbörsensitz in Deutschland, in der Schweiz und in Österreich?

AUS DER BETRIEBSPRAXIS

Aktien

Was ist die Börse?

Die Börse ist nichts anderes als der Markt für Aktien: Dort, wo sich Angebot und Nachfrage treffen und wo die Käufer mit den Verkäufern um Preise, also um den Kurswert, verhandeln.

Was macht ein Börsenmakler?

Ein Börsenmakler arbeitet an einer der acht deutschen Wertpapierbörsen: In Frankfurt am Main, Berlin, Bremen, Düsseldorf, Hamburg, Hannover, Stuttgart und München. Die Börsenmakler erledigen die Geschäfte im Börsensaal (auf dem Parkett) oder per Telefon. Dafür kassieren sie eine Courtage.

Die Makler werden von Banken oder anderen institutionellen Anlegern beauftragt, Aktien zu kaufen oder zu verkaufen. Sie arbeiten aber auch auf eigene Initiative oder auf die Rechnung ihres Arbeitgebers. Börsenmakler nutzen günstige Kursentwicklungen, um die Wertpapiere zu kaufen oder zu verkaufen und daraus Gewinn abzuschöpfen.

Wie kauft man Aktien?

Bei einer Bank. Man gibt seiner Hausbank einen entsprechenden Auftrag, der Order heißt. Man kann die Order direkt am Bankschalter abgeben oder sogar, wenn man als Kunde der Bank bekannt ist, die Order per Telefon durchgeben.

Aus der Order muß der Name des Auftraggebers hervorgehen, der Kaufwunsch, die Depot- und Kontonummer, der Name der Aktie, die Stückzahl, an welcher Börse gekauft werden soll und die Entscheidung „Limit" oder „Billigst."

Wie wird man Aktionär?

Mit dem Erwerb der ersten Aktie ist man Aktionär. Für Aktionäre ist der Kursteil der Zeitung oft von großem Interesse, weil er nicht nur einen Anteil am Aktienkapital besitzt, sondern auch am Vermögen der Gesellschaft.

Was ist ein Kurswert und wann bekommt man eine Dividende?

Man unterscheidet den Kurswert (Wert der Aktie, wie er an der Börse gehandelt wird) vom Nennwert.[36] Aus Angebot und Nachfrage ergeben sich die täglichen Kursänderungen des DAX (DAX = deutscher Aktienindex). Wenn die wirtschaftlichen Aussichten eines Unternehmens nicht so gut sind, werden viele Aktionäre versuchen, sich von den Aktien des betreffenden Unternehmens zu trennen. Dadurch fällt der Aktienkurs. Im Gegensatz dazu steigt der Kurs der Aktien, wenn sich der Profit des Unternehmens mächtig erhöht.

Einmal im Jahr erfolgt eine Dividendenausschüttung an die Aktionäre, wenn die betreffende AG Gewinne erzielt hat.

Mit Auszügen aus: Stefan Reiß. 1999. Aktien: 83 Tips zur Geldanlage. München: Wilhelm Heyne Verlag, S. 20, 24, 25.

[36] Der Wert, der auf dem Aktienschein steht.

Fragen zum Text

Schreiben Sie Fragen zu den Antworten mit der „**wo** + Präposition"-Konstruktion.

1. Man erteilt den Auftrag für die Aktien bei der Bank.
2. Aus der Order muss der Name des Auftraggebers hervorgehen.
3. Der Käufer und der Verkäufer handeln um den Kurswert.
4. Mit der ersten Aktie ist man Aktionär.
5. Die täglichen Kursänderungen des DAX ergeben sich aus Angebot und Nachfrage.
6. Der Aktionär ist am Gewinn beteiligt.

Grammatik-Spot §4.3   *da-* und *wo-*Kompositum

Die Zusammensetzung von Präpositionen mit *da* oder *wo*

There is really no equivalent of this in English. The **da** *use is similar to the substitution of* **it** *for all inanimate nouns in statements and the* **wo** *use is similar to the substitution of* **what** *in questions.*

> **Womit** zahlt man meistens in Deutschland?
> **Worin** kann dieser Unterschied begründet sein?

Wozu nimmt man in Deutschland einen Kredit auf?
Ich komme noch **darauf** zurück.

➡ *§4.3 in the grammar section will present this construction in more detail and explain the various uses of both* **da** *and* **wo**.

➡ *For practice see exercises 4.3 a–c in the grammar section.*

Einige der größten Börsen der Welt

[37] Milliarde = 1000 Millionen

[38] listed (on stock exchange)

Börse	Börsenwert in Mrd.[37] Dollar	Notierte[38] Unternehmen (Anzahl)	Umsatz in Mrd. Dollar
Nasdaq New York	5036	4829	9986
New York Stock Exchange Wall Street	11160	3025	8655
IX International Exchange (Frankfurt/ London)	4258	3919	4693
Londoner Stock Exchange	2868	2791	3261
Deutsche Börsen	1389	1128	1431
Euronext (Paris, Brüssel, Amsterdam)	2405	2038	1301
Swiss Exchange	675	412	514

Quelle: Londoner Börse, Stand: Anfang 2000.

Fragen

1. Welche Börse hat die meisten notierten Unternehmen?
2. Welche Börse hat den niedrigsten Umsatz?
3. IX besteht aus welchen Börsen?
4. Euronext befindet sich in welchen Städten?
5. Woher stammen diese Informationen?

Aktienübersicht

AKTIENÜBERSICHT (KURSE IN EURO PRO STÜCK)

Wertpapier-bezeichnung	Letzte Dividende in DM	Bereinigte Kurse seit 03.01.00		30.12.99	04.05.00	11.05.00
		Höchst	Tiefst			
Adidas-Salomon*	V EURO 1,80	76,50	47,10	74,00	66,50	68,00
Allianz*	2,20	445,00	310,55	333,70	421,00	402,80
Bankgesellschaft Berlin	V EURO 0,60	18,00	15,00	16,50	17,20	16,80
BASF*	EURO 1,13	53,20	40,99	51,90	48,50	49,01
Bayer*	EURO 1,12+0,18	49,40	39,51	47,20	44,75	43,55
Bewag	1,10	12,50	9,00	11,50	10,28	11,20
BMW*	V EURO 0,40	35,40	23,10	30,40	31,50	34,00
Commerzbank*	V EURO 0,80	47,49	31,40	36,45	41,51	41,50
DaimlerChrysler*	EURO 2,35	79,97	59,75	77,95	64,75	60,60
Degussa-Hüls*	EURO 0.25+0,90	42,90	30,26	42,20	31,95	35,45
Deutsche Bank*	V EURO 1,15	95,65	68,75	84,05	75,74	79,69
Dresdner Bank*	EURO 0,85+0,05	58,99	41,60	54,00	43,60	43,17
Epcos*	k.A.	190,00	66,40	74,00	158,04	135,00
FMC*	V EURO 0,69	91,00	70,10	86,50	83,75	79,80
Henkel Vz.*	EURO 0,93	67,60	46,06	65,00	62,00	62,50
Hypo-Vereinsbank*	EURO 0,85	74,60	54,80	67,80	69,00	70,43
Karstadt Quelle*	1,10	40,70	27,50	40,00	32,50	33,30
Linde*	V EURO 1,13	58,50	39,50	54,70	43,85	46,50
Lufthansa*	1,10	26,25	19,25	23,60	23,26	26,00
MAN St.*	1,60+0,20	40,05	31,32	37,10	36,90	37,89
Metro*	EURO 1,02	55,80	33,45	52,50	43,20	42,50
Meyers Chip AG	EURO 1,20	756,02	397,83	584,03	597,45	589,72
Münchner Rück*	1,80	363,40	229,00	250,00	317,80	311,45
Preussag*	1,50	58,50	40,55	55,60	45,45	44,65
RWE St.*	EURO 1,00	40,20	30,22	39,30	35,55	36,11
SAP Vz.*	EURO 1,60	1092,43	505,10	607,52	643,99	604,00
Schering*	EURO 1,50+1,0	159,32	112,07	119,80	153,50	153,95
Siemens*	EURO 1,00	195,40	111,20	127,00	163,95	153,50
Telekom*	V EURO 0,62	104,90	60,01	69,90	66,73	65,20
Thyssen Krupp*	V 140	34,45	21,10	29,00	23,59	25,00
Veba*	EURO 1,25	58,00	41,01	48,50	54,96	57,03
VIAG*	V EURO 0,32	22,30	16,30	18,50	21,27	22,04
VW St.*	V EURO 0,77	57,25	39,61	55,90	45,90	47,50

V = Dividendenvorschlag (DM)   *= DAX-Werte

Fragen zur Aktienübersicht

Ergänzen Sie die folgenden Aussagen mit Informationen aus der Tabelle.

1. Die letzte Dividende von Thyssen Krupp wurde _____ gezahlt.
2. Am 3.1.00 wurde der Höchstwert der Meyers Chip AG von _____ erreicht.
3. Vom 4.5.00 bis zum 11.5.00 ist der Wert von Allianz um _____ gefallen.
4. Diese Firma hatte am 30.12.00 den höchsten Wert: _____.
5. Diese Firma hatte am 30.12.00 den niedrigsten Wert: _____.

Zur Diskussion

Statistisch gesehen sparen die Deutschen wesentlich mehr als die Amerikaner. Warum sparen Amerikaner weniger Geld? Worin kann dieser Unterschied begründet sein? Wenn man keine Aktien kaufen möchte, weil es zu riskant ist und man das Geld auch nicht auf einem Sparkonto haben wollte, weil die Zinsen zu niedrig sind, wo könnte man sein Geld noch investieren?

Die Computer-Anlage

Vor dem Hören

Sehen Sie sich die Computer-Anlage an. Wie heißen diese Teile auf Deutsch? Tragen Sie das richtige Wort neben jedes Bild ein.

der Rechner die Tastatur das Floppylaufwerk der Scanner
der Drucker   das Diskettenlaufwerk   der Bildschirm

Vergleichen Sie die deutsche Tastatur mit einer amerikanischen. Nennen Sie mindestens fünf Unterschiede.

Hörverständnis 4.4.c   # Computer sind international

Daniel zeigt Paola aus Italien seine Abteilung. Sie soll in das EDV-System von Meyers Chip AG eingearbeitet werden. Paola kennt sich mit Computern aus, aber verschiedene Ausdrücke auf Deutsch sind ihr neu. Hören Sie sich das Gespräch an.

1. Warum findet Paola Daniel so deutsch?
2. Welche Computerteile erwähnt Daniel im Gespräch?
3. Was ist Paolas Problem im Gespräch?

Vokabelvorschau

Die folgenden Wörter kommen im Text vor.

Gleitzeit   auffallen   virenfrei   Feierabend   vorsichtshalber

[39] *Vorsicht* = careful

Sehen Sie sich die Teile jedes Wortes genau an. Z.B. *vorsichtshalber* kommt von *vorsicht*[39] und *halber.* Sie kennen schon das Wort *Vorsicht.* Ohne das Wort *halber* zu kennen, wissen wir, dass es etwas mit *Vorsicht* zu tun hat. Suchen Sie das Wort *vorsichtshalber* im Text. Was könnte das Wort bedeuten? Wenn Sie immer noch unsicher sind, sehen Sie im Glossar nach. Führen Sie diese Übung mit allen angegebenen Wörtern durch.

Aus Erfahrung

I had an amazing experience working for INPRO in Berlin. I worked alongside a technology assessment engineer, researching alloys and composing briefs on this matter, and learning about other aspects of the company including computer systems and virtual reality testing. The work was interesting and the engineer gave me as much responsibility as I could handle. The computer system we worked with was familiar to me, similar to most US systems, using the German version of Microsoft Windows. As a result of this internship, my German improved greatly from interaction with co-workers on a social and professional basis, and I got real world experience in my major.

Kristen Pratt
The Pennsylvania State University

Vor dem Lesen

Nachdem Sie sich mit den neuen Wörtern vertraut gemacht haben, sollten Sie sich §4.4 über Relativsätze im Grammatikteil ansehen. Lesen Sie danach das Gespräch noch einmal durch und ergänzen Sie die Aussagen, die dem Grammatikspot §4.4 folgen.

Einstieg in die EDV

Daniel und Paola arbeiten weiter. Er erklärt ihr noch etliches und zeigt ihr einige Kniffe am Computer.

Paola: Ich habe meine Disketten aus Italien mitgebracht, die für meine Arbeit hier wichtig sind.

Daniel: Gib her. Die probieren wir gleich im Laufwerk aus. Dort Laufwerk A anklicken.

Paola: Prima, genau wie in Italien.

Daniel: Erstaunlich, deine Disketten sind virenfrei, denn das Sicherheitsprogramm hat sich nicht gemeldet.

Paola: Ich habe Daten auf dieser Diskette, die ich ausdrucken möchte. Was mache ich nun?

Daniel: Normalerweise ist der Drucker immer eingeschaltet, aber vorsichtshalber sehen wir mal nach, ob es auch so ist.

Daniel zeigt Paola, wo sie nachprüfen kann, ob der Drucker eingeschaltet ist.

Paola: Können wir einen Scanner zum Arbeiten benutzen?

Daniel: Ja, aber nicht hier im Zimmer. Zwei Türen weiter, im Büro von Frau Dr. Kohl steht der Scanner, der leider öfter außer Betrieb ist. Du musst einfach nachsehen oder nachfragen.

Paola: Gut. Falls ich andere Fragen oder Probleme habe, wer ist unsere Kontaktperson?

Daniel: Ruf Herrn Schröder an, der in der EDV-Abteilung arbeitet. Sei nicht überrascht, wenn du ihn nicht erreichst. Er ist selten am Platz. Sprich ihm etwas aufs Band, und er meldet sich bei dir.

Paola: Prima, ich glaube, dass ich schon arbeiten kann. Wie lange bist du noch da, falls ich Fragen habe?

Daniel: Bis 16 Uhr. Heute mache ich früher Feierabend.

Paola: Du arbeitest Gleitzeit?

Daniel: Ja, ich finde es schön. Eine gute amerikanische Erfindung, die man in Amerika wenig nutzt.

Paola: Ist wahr?

Daniel: Ja, aber die Mitarbeiter hier sind sehr begeistert von der Gleitzeit.

Paola: Das kann ich mir vorstellen.

Daniel: Mir ist schon aufgefallen, wie wichtig Freizeit für die Deutschen ist. Sie arbeiten wie verrückt, aber ihre Freizeit ist ihre Freizeit—„komme was wolle."

Grammatik-Spot §4.4   Relativsätze

Relativsätze für alle Fälle

The construction of relative clauses in German is similar to English. English uses the relative pronouns **which** *or* **that** *for things and* **who** *or* **that** *for people. In German, the same relative pronoun is used for both people and things, but its form (gender, number) is determined by the antecedent in the main clause. One big difference, however, is that in the German relative clause the verb is always placed at the end.*

> Im Büro von Fr. Dr. Kohl steht der Scanner, **der** leider öfter außer Betrieb ist.
> Ich habe Daten auf dieser Diskette, **die** ich ausdrucken möchte.
> Eine gute amerikanische Erfindung, **die** man in Amerika wenig nutzt.

➡ *§4.4 in the grammar section will guide you through the use of the relative clause and how it is constructed.*

➡ *For practice, see exercises 4.4 a–d in the grammar section.*

Übung zum Text

Entnehmen Sie bitte die fehlenden Informationen dem vorhergegangenen Gespräch. Achten Sie beim Vervollständigen des Textes auf die richtige Wortstellung.

1. Das Sicherheitsprogramm hat die Disketten, die _____, geprüft und nichts gefunden.
2. Auf dieser Diskette sind Informationen, die _____.
3. Der Scanner, der _____ steht, funktioniert nicht immer.
4. Telefoniere mit Herrn Schröder, _____ mit EDV _____.
5. Gleitzeit, _____ erfunden wurde, wird dort wenig genutzt.

➡ *Sehen Sie dazu Übung IV.K im praktischen Teil.*

Vor dem Hören

Bürowitz

Es war die Hölle! Der Computer war kaputt. Ich musste alles selbst denken!

Rollenspiel

Arbeiten Sie zu zweit. Eine Person spielt den Ehemann im Cartoon und die Andere ist seine Ehefrau. Sie reden darüber, was bei der Arbeit und dem Computerproblem passiert ist.

Hörverständnis 4.4.d ## Der Computer streikt

Paola sitzt noch am Rechner. Daniel ist schon längst nach Hause gefahren. Sie versucht noch schnell einige E-Mails zu senden.

Hören Sie sich die Situation an und beantworten Sie die folgenden Fragen.

1. Was macht Paola gerade, als der Rechner streikt?
2. Warum hat Paola ihre Arbeit noch nicht beendet?
3. Was schlägt Herr Schröder vor?
4. Was würden Sie Paola vorschlagen?
5. Was könnte mit dem Rechner los sein?

Herr Schröder arbeitet an einem Rundschreiben

Ein Rundschreiben ist ein Brief, der an mehrere Personen gerichtet[40] wird. Das Format entspricht dem eines Briefes. Der Stil kann entweder formell oder informell sein. Lesen Sie, was Herr Schröder schreibt.

[40] addressed

---

von: Martin Schröder
EDV-Abteilung
Meyers Chip AG
Plänterwald 123–28
14568 Berlin

an: alle Kollegen

                                          den 23.9.00

Liebe Kolleginnen und Kollegen,

vom 30.9.00 bis zum 30.10.00 bin ich in Urlaub.

Meine Vertretung während dieser Zeit wird von Frau Meisel übernommen. Bitte wenden* Sie sich mit auftretenden EDU-Problemen oder Anwenderfragen an Frau Meisel.

Die Arbeit am neuen E-Mail-Sicherheitssystem wird von Arbeitsgruppe 4 weitergeführt. Bitte wenden Sie sich dort an Herrn Zankapfel.

Gutes Gelingen allen Kollegen in meiner Abwesenheit.*

Mit freundlichen Grüßen

Ihr Kollege
Martin Schröder

---

* to turn to

* absence

Aufgabe

Stellen Sie sich vor, Sie sind Daniel und wollen Maria aus Mexiko helfen, ein Zimmer in Berlin zu finden. Schreiben Sie ein Rundschreiben an Ihre Kollegen. Erwähnen Sie, dass Maria aus Mexiko kommt, sie ein Praktikum bei einer kleinen Firma in Berlin macht und ein billiges Zimmer mit Duschmöglichkeit sucht, am besten in einer WG[41] in der Stadtmitte.

[41] *Wohngemeinschaft* This is the sharing of an apartment or house by several people.

* tediousness
* stiff, rigid

Aus: *SiemensWelt 7/97.*

Fragen

1. Was ist hier mit Kulturwechsel gemeint?
2. Für wen sind diese Änderungen gedacht?

Vor dem Lesen

1. Kennen Sie eine andere Kultur außer der Amerikanischen ersterhand?
2. Unter welchen Aspekten unterscheiden sich die Kulturen?
3. Welche Probleme können Ausländer in den USA mit der amerikanischen Kultur haben?

KULTUR-ASPEKTE

Interkulturelle Kommunikation

Mit Daniel, Paola und Herrn Schröder treffen drei verschiedene Kulturen aufeinander. Dies kann gut ausgehen oder aber auch zu Missverständnissen führen.[42] Im Folgenden vergleichen wir kurz die drei Kulturen. Paola und Daniel arbeiten an einer schwierigen Situation bei Meyers Chip AG. Der Weg zur Lösung wird aber entsprechend der Kultur unterschiedlich bestritten.[43] Ein Deutscher würde die ganze Sache sehr kritisch und höchstwahrscheinlich negativ sehen und versuchen das Problem gleich selbst zu lösen. Wenn Herr Schröder mit Paola zusammenkommt, könnte es passieren, dass er ihr genau sagen würde, wie er die Situation wahrnimmt[44] und ihre Gefühle wenig berücksichtigt. Im Vergleich zu Amerikanern und Italienern sagen Deutsche sehr direkt, was sie meinen.* Amerikaner meinen, dass sie auch direkt sind, aber im Vergleich zu Deutschland wird die Wahrheit in Amerika noch extra in Höflichkeit verpackt.† Die Italiener sind aber die Meister im Vergleich. Wenn Amerikaner meinen, dass sie direkt sind, so stimmt dies im Vergleich zu Italienern. Es ist sehr relativ.

Das Erledigen einer Arbeit gibt ein ähnliches Bild. Wie man mit Zeit umgeht,[45] hängt von der Kultur ab, meint Richard Lewis. Ein Italiener würde versuchen, mehrere Sachen auf einmal zu machen, und vielleicht nichts davon ganz zu machen (wenigstens in den Augen des Amerikaners oder des Deutschen)‡. Ein Amerikaner oder ein Deutscher würde eine Lösung Schritt für Schritt[46] in einer richtigen Reihenfolge finden wollen. Aber die Korrektheit der Arbeit wird u.a.[47] von der Kultur beeinflusst. Der Amerikaner würde meinen, dass er alles ordentlich macht, wohingegen[48] der Deutsche meinen würde, dass der Amerikaner alles nur halbwegs gemacht hätte.§ 100% ist nicht gut genug, ein guter Deutscher macht es 150%.

Fragen zum Text

1. Was beeinflusst die Lösung eines Problems?
2. Wie würde ein Deutscher im Allgemeinen ein Problem sehen?
3. Wie sind die Amerikaner im Vergleich zu Italienern? Im Vergleich zu Deutschen?
4. Welche zwei Sachen hängen von der Kultur ab?
5. Wie würden Italiener mit ihrer Zeit umgehen? Amerikaner? Deutsche?

[42] to lead to misunderstandings

[43] to accomplish

[44] perceives

[45] to deal with

[46] step by step
[47] unter anderen
[48] in contrast

* Sehen Sie Lewis
† Sehen Sie Stahl, Langeloh und Kühlmann
‡ Sehen Sie Hall und Hall
§ Sehen Sie Lewis

Aus Erfahrung

It seems paradoxical, but studies have shown that the same cultural characteristics can be found throughout different cultural groups. These characteristics are not necessarily evident in every situation or shown by every person all the time. They do, however, provide the interested person with a framework for the evaluation of various situations and any possible responses. Of course, one must be very flexible and prepared for reactions that do not fit into the preconceived notion. Many would consider some of these preconceived notions to be stereotypes, which they may be, but people must be willing to disregard these conceptions as they continue to learn.

Vor dem Lesen

1. Gibt es bestimmte Regeln auf Englisch, wie Sie die E-Mail gestalten sollen?
2. Gibt es bestimmte Ausdrucksformen, die Sie in einer E-Mail nicht benutzen sollen?
3. Wie können Sie Ihre Emotionen in einer E-Mail zeigen?

AUS DER BETRIEBSPRAXIS

Kleiner E-Mail-Knigge

E-Mails können selbstverständlich für normale Geschäftskorrespondenz so wie für interne Firmenmemos genutzt werden. In diesen Fällen ist es wichtig zu wissen, wie Nutzer auf E-Mails reagieren und was für den Empfänger angemessen[49] erscheint.

[49] appropriate

Die elektronische Post ist überwiegend ein informelles Kommunikationsmedium, das sich durch die üblichen stilistischen Zwänge[50] der Geschäftspost nicht auszeichnet. Zusätzlich wäre hier noch zu bedenken, dass man nicht sicher sein kann, ob die Aussagen in E-Mails unverfälscht[51] beim Empfänger ankommen. Es kann leicht passieren, dass der Empfänger bestimmte Wörter oder Ausdrücke missdeutet oder gar als unhöflich empfindet. Um dies zu vermeiden, sind einige nutzvolle E-Mail-Konventionen entstanden.

[50] constraints

[51] falsified

Ungebetene E-Mails
Die bekannteste Konvention betrifft ungebetene E-Mails: Werbebriefe und andere Nachrichten, die unaufgefordert die E-Mailbox im Computer füllen. Unaufgeforderte Papierbriefe (der Internet-Ausdruck dafür ist „snail mail") sind zwar lästig,[52] aber sie kosten wenigsten nichts. Internetnutzer dagegen müssen für ihren Internetzugang und für die Zeit des Downloadens bezahlen.

Ausdruck und Hervorhebungen[53]
In einer E-Mail benutzt man die normale Groß– und Kleinschreibung. Falls Sie in einer E-Mail BRÜLLEN[54] wollen, haben Sie zwei Möglichkeiten. Die Hervorhebung kann entweder durch Kursivschrift oder Unterstreichen gekennzeichnet werden.

Wenn Sie E-Mail nutzen, können Ihre Gefühle oder Mimik[55] im Text dargestellt werden. Auf diese Art und Weise kann man dem Leser das geschriebene Wort verdeutlichen. Außerdem gibt es einige Zeichenkombinationen, die „emoti-cons" heißen, um dem Text einen bestimmten Sinn zu geben.

:-)	froh
:-(	traurig oder ärgerlich
;-)	freundliches Zwinkern[56]
:^0	Schrecken

Kommerzielle Verpflichtungen[57]
Wird E-Mail für geschäftliche Zwecke verwendet, sind diese Regeln bedeutungsvoll. Darüber hinaus gibt es weitere Gesichtspunkte, die berücksichtigt werden sollten:

- E-Mail mag so informell wie ein Telefonat sein, es wird aber aufgezeichnet![58]
- Ein informeller Austausch von E-Mails kann schon eine kommerzielle Verpflichtung darstellen!

Mit Auszügen aus: Neil Barrett. 1998. 30 Minuten für den Einstieg ins Internet. Offenbach: GABAL Verlag.

Fragen zum Text

1. Wie können Sie E-Mail in der Firma einsetzen?
2. Wie kann man sicher stellen, dass die eigentliche Aussage richtig beim Empfänger angekommen ist?
3. Warum sind ungebetene E-Mails lästig?

---

[52] annoying

[53] emphases

[54] scream

[55] facial expressions

[56] to blink, to wink

[57] commercial responsibilities

[58] is recorded, written down

4. Was bedeutet das Wort „emoticons"?

5. Was ist die deutsche Bedeutung für die folgenden Zeichen?

;-)

:-)

:-(

:^O

* presumably
* slackness

* disregarded

* manners

* caught on

* serious

* polished
* overvalued

* count oneself lucky

→ **E-MAIL-KULTUR**

GENÜGT „HALLO"?

D ie „Berliner Morgenpost" hat's kürzlich zum Thema gemacht: die angeblich zu große Lockerheit* in der E-Mail-Gemeinde. Deutsche Sprache und Rechtschreibung würden missachtet.* Anonymität und Geschwindigkeit der E-Mail-Kommunikation würden manchen Schreiber alle guten Sitten* des Schriftverkehrs vergessen lassen. Zitiert wird auch eine Siemens-Mitarbeiterin, die sich wundere: „Ein schlichtes ‚Hallo' hat sich als Anrede in E-Mails offenbar eingebürgert.*" SiemensWelt online hat die Leser gefragt, ob das ein gravierendes* Problem sei – hier einige Antworten:

ÜBERRASCHT

Seit etwa einem Jahr benutze ich das „Hallo" als Anrede, weil es einfach kurz und trotzdem höflich ist. Es überraschte mich, dass man darüber jetzt schreibt.
HELMUT SCHAUB, EV, FRANKFURT

UNKONVENTIONELL

Ich finde die Anrede „Hallo" für dieses neue (jugendliche) Medium sehr passend. Es drückt doch recht gut die unkonventionelle und oft spontane Verwendung der E-Mail aus. Tausendmal bearbeitete und ausgefeilte* Schreiben sollten dem althergebrachten Brief vorbehalten bleiben. Auch Rechtschreibfehler sollten nicht überbewertet* werden, sofern noch (ohne Mühe!) der Sinn der Mitteilung erfasst werden kann.
ECKART KLEIBER, KWU, ERLANGEN

NEBENSÄCHLICH

Es gibt doch wohl wichtigere Dinge, als sich über solche Nebensächlichkeiten aufzuregen. Wer sonst keine Probleme hat, soll sich glücklich schätzen.*
MARKUS BRENNHÄUSSER, ICN, NÜRNBERG

Aus: SiemensWelt 2/2000, S. 21.

Fragen zum Text

1. Wo erscheint dieses Thema erstmals?
2. Wie wird das Benutzen von „Hallo" beim Lesen des Artikels empfunden?
3. Warum ist Helmut Schaub überrascht?
4. Wie findet Eckart Kleiber das „Hallo"?
5. Was meint Markus Brennhäusser über die Anrede „Hallo"?

Zur Diskussion

Wie kann E-Mail das Verständnis zwischen Menschen aus verschiedenen Kulturen verbessern? Was kann man tun, um das Kulturverständnis zu fördern?

Daniels Tagebuch

In diesem Segment hat Daniel weitere Kulturunterschiede kennen gelernt. Er hat alles in seinem Tagebuch aufgeschrieben.

4.11.

_____

_____

_____

_____

_____

Fachwortschatz

Substantive

die **Aktie, -n** share, stock   *Daniel will Aktien von der Siemens AG kaufen.*

der **Aktionär, -e** share holder   *Daniel ist noch nicht Aktionär der Siemens AG.*

die **Anleihe, -n** loan, bond   *Ich habe eine Bundesanleihe gekauft.*

der **Aufschlag, ̈e** additional charge, fee   *Ich habe den Aufschlag bezahlt.*

der **Auftrag, ̈e** order, task   *Daniel hat seiner Bank einen Auftrag zum Kauf von Aktien erteilt.*

der **Automat, -en** vending machine or ATM   *Daniel holt Geld aus dem Automaten.*

die **Bankleitzahl, -en (BLZ)** routing number   *Die Bankleitzahl von meiner Bank lautet 100 200 00.*

die **Bankverbindung, -en** bank, bank connection   *Meine Bankverbindung ist die Berliner Bank.*

die **Bewegung, -en** transaction, movement   *Ich habe nicht viele Bewegungen auf meinem Konto.*

der **Bildschirm, -e** monitor screen   *Mein Bildschirm ist groß genug für Doppelseiten-Layout.*

die **Börse, -n** stock market   *Die Börse hat heute nur Verluste gebracht.*

der **Börsenmakler, -** stockbroker   *Ich habe meine Aktien von einem Börsenmakler gekauft.*

die **Courtage, -n** commission   *Die Courtage betrug 100 Euro.*

die **Datei, -en** file (on a computer)

die **Daten** (pl.) data   *Ich habe die Daten eingegeben.*

der **Dauerauftrag, ̈e** standing order   *Meine Miete wird per Dauerauftrag bezahlt.*

das **Depot, -s** an account for shares and other investments   *Ich habe ein Depot für meine Wertpapiere bei der Bank.*

der **Dispokredit, -e** overdraft protection   *Ich muss einen Dispokredit haben, weil ich nie genug Geld auf meinem Konto habe.*

der **Drucker, -** printer   *In meinem Drucker bleibt oft das Papier stecken.*

der **Empfänger, -** receiver, recipient

die **Filiale, -n** branch office   *Jede Bank hat mehrere Filialen.*

die **Gebühr, -en** fee   *Die Gebühren für Kontoführung sind ziemlich hoch.*

das **Gehalt, ̈er** salary, pay   *Sein Gehalt ist nicht besonders gut.*

die **Geheimnummer** secret number, code number   *Die Geheimnummer für mein Konto lautet 33 45 67.*

der **Geldautomat, -en** automatic teller   *Vom Geldautomaten kann man Geld schneller abheben als vom Bankschalter.*

der **Gewinn, -e** profit   *Der Gewinn in diesem Quartal ist sehr gut ausgefallen.*

das **Girokonto, -konten** checking/banking account

ein Girokonto führen to keep an account   *Jeder Erwachsene in Deutschland führt ein Girokonto.*

das **Gründungskapital** initial capital

das **Haben** credit, asset   *Das Haben auf meinem Konto beträgt selten mehr als 100 Euro.*

der **Jahresbetrag, ⁻e** annual fee   *Der Jahresbetrag für meine Kreditkarte beträgt 30 Euro.*

die **Kasse, -n** checkout, cashier's office   *Ich hole mein Geld von der Kasse.*

das **Kennwort, ⁻er** secret word, code word   *Das Kennwort für mein Konto lautet J3K 4LM.*

das **Konto, -en** account   *Ich habe vier Konten bei vier verschiedenen Banken.*

der **Kontoauszug, ⁻e** bank statement   *Ich bekomme jeden Monat einen Kontoauszug.*

das **Kontoguthaben** account balance   *Mein Kontoguthaben beträgt 425 Euro.*

die **Kontonummer, -** account number   *Meine Kontonummer ist 15000 20 100.*

der **Kontostand, ⁻e** account balance   *Mein Kontostand ist im Augenblick 500 Euro.*

der **Kundenservice, -** customer service   *Beim Kundenservice kann ich alles erledigen.*

der **Kursverlust, -e** loss   *Der Kursverlust heute auf der Börse war enorm viel.*

das **Laufwerk, -e** disc drive   *Mein Laufwerk funktioniert nicht mehr.*

der **Lohn, ⁻e** wage   *Mein Lohn wird immer schlechter.*

der **Rechner, -** computer   *Mein neuer Rechner ist doppelt so schnell wie der alte.*

die **Rechnung, -en** bill   *Die Rechnung für diese Ware wurde gestern abgeschickt.*

die **Stammaktie, -n** common share   *Daniel kauft Stammaktien.*

das **Stimmrecht, -e** the right to vote   *Jeder Aktionär hat ein Stimmrecht.*

die **Tastatur, -en** keyboard   *Die deutsche Tastatur ist anders als die Amerikanische.*

die **Überweisung, -en** transfer   *Ich habe zwei Überweisungen zu erledigen.*

der **Überweisungszettel, -** transfer form   *Die Überweisungszettel liegen in der Bank aus.*

der **Umlauf** circulation

der **Umsatz, ̈e** turnover   *Der Umsatz von Meyers Chip AG war dieses Jahr sehr gut.*

das **Vermögen** property, wealth   *Sein Vermögen hat sich um 3 Millionen Euro vergrößert.*

die **Visitenkarte, -n** business card, calling card   *Ich habe dem Vertreter meine Visitenkarte in die Hand gegeben.*

die **Vollversammlung, -en** general meeting, stockholders' meeting   *Wir haben dieses Jahr die Vollversammlung in Berlin besucht.*

die **Vorzugsaktie, -n** preferred share   *Daniel hat keinen Zugang zu Vorzugsaktien.*

das **Wertpapier, -e** security, bond   *Die Wertpapiere steigen dieses Jahr überdurchschnittlich im Wert.*

der **Zusatz, ̈e** addition

Verben

abbezahlen to pay off   *Das Auto wurde endlich abbezahlt.*

abbuchen to deduct   *Die Rechnung wurde von meinem Konto abgebucht.*

abheben* to withdraw   *Daniel hat Geld von seinem Konto abgehoben.*

anlegen to invest   *Hans-Peter hat sein Geld gut angelegt.*

auffallen* (dat.) to attract attention   *Der Fehler ist mir aufgefallen.*

ausführen to carry out   *Meine Bank führt meine Wünsche aus.*

s. auskennen mit* to know one's way around with something   *Daniel kennt sich mit Aktien nicht gut aus.*

bearbeiten to process   *Mein Antrag wird bearbeitet.*

begleichen* to settle, to pay   *Ich begleiche meine Schulden immer sofort.*

eingeben* to put in, to type in   *Die Informationen wurden in die neue Datenbank eingegeben.*

einrichten to set up

ein Girokonto einrichten to open an account   *Daniel hat ein Girokonto einrichten lassen.*

s. erkundigen nach to inquire about   *Er hat sich nach dem Preis erkundigt.*

eröffnen to open   *Gabi hat ein neues Konto bei der Bank eröffnet.*

erwirtschaften to make or to obtain through good management

handeln to trade   *Aktien werden in Frankfurt an der Börse gehandelt.*

löschen to erase

nachprüfen to check   *Ich muss nachprüfen, ob ich genug Geld habe.*

nachsehen* to look at, to check   *Paola sieht nach, ob der Drucker eingeschaltet ist.*

notieren to quote

speichern to store

überschreiten* to exceed

überweisen* to transfer   *Sie hat gestern das Geld an die Firma überwiesen.*

vervielfachen to multiply, to increase

Adjektive

bar cash   *Ich zahle immer bar.*

rentabel profitable   *Diese Geldanlage ist nicht rentabel.*

riskant risky   *Dieser Aktienkauf ist sehr riskant.*

virenfrei virus free   *Mein Rechner ist virenfrei.*

Redewendungen

Bahnhof verstehen   *to understand nothing*

Es kommt darauf an.   *It depends.*

etwas auf die hohe Kante legen   *to save money*

in Rechnung stellen to charge   *Er hat mir die Bestellung in Rechnung gestellt.*

Kein Schwein kümmert sich darum.   *No one cares.*

über seine Verhältnisse leben   *to live beyond one's means*

Wie stehen die Aktien?   *How goes it?*

Zur weiteren Information

Neil Barrett. 1998. *30 Minuten für den Einstieg ins Internet.* Offenbach: GABAL.

Edward Hall und Mildred Reed Hall. 1990. *Understanding Cultural Differences.* Yarmouth, Maine: Intercultural Press.

Richard Lewis. 1996. *When Cultures Collide.* London: Nicholas Brealey Publishing.

Frank Mühlbradt. 1989. *Wirtschaftslexikon.* Berlin: Cornelsen Scriptor.

Jürgen Ortmann. 1998. *Einführung in die PC-Grundlagen.* Düsseldorf: ECON
     Taschenbuch Verlag.

Stefan Reiß. 1999. *Aktien: 83 Tips zur Geldanlage.* München: Wilhelm Heyne
     Verlag.

Günter Stahl, Claudia Langeloh und Torsten Kühlmann. 1999. *Geschäftlich in
     den USA.* Wien: Wirtschaftsverlag Carl Ueberreuter.

Strukturen und Organisationen

Aus dem Inhalt

Betriebswirtschaft und Kultur

Hier lernen Sie:

- ein Firmenprofil schreiben
- Firmenstrukturen feststellen
- innerbetriebliche Organisationsformen erkennen
- Pressemitteilungen schreiben
- Standorte definieren
- ein umweltbewusstes Büro gestalten
- ein Jubiläum feiern
- was eine Festanstellung beinhaltet

Grammatik

- Wortstellung
- Adjektivendungen
- Infinitive mit *zu, statt...zu, ohne...zu* und *um...zu*
- Konjunktiv II der Vergangenheit

Was soll das für ein Raum sein? Was machen die Mitarbeiter in diesem Raum? Was könnte hier hergestellt werden?

Aus Erfahrung

To better understand how a German firm works and what your position is as an intern in a company, it is important to know how a German company is structured. Knowing the background of the company also helps clarify any misconceptions and contributes to your understanding of the firm. Awareness of the German social system and its benefits adds immensely to this understanding of a company and its policies. Knowledge of the social system also assists in better understanding your colleagues and their way of thinking. These items will be presented and discussed in this segment.

* management trainee
* physical examination

© Thomas Uhlig 1999

Die Geschichte der Meyers Chip AG

Vokabelvorschau

Welche drei Wörter in jeder Gruppe haben dieselbe Bedeutung?

1. Organisation   Aufbau   Rechtsform   Struktur
2. Produktion   Fertigung   Entsorgung   Herstellung
3. Qualitätssicherung   Wertsicherung   Qualitätshaltung
   Qualitätskontrolle
4. Kooperation   Zusammenarbeit   Zusammenbruch
   Zusammenwirkung
5. Sparte   Abteilung   Leitungsebene   Bereich
6. Standort   Stellung   Lage   Vernetzung

Vor dem Lesen

Pressemeldung!   Welche Schlagzeile passt zu welchem Inhalt?

„Firma restrukturiert"
„Neue Firma für Relais gegründet"
„Firmenleiter gibt auf"

DER TAGESSPIEGEL

In Berlin-Spandau wurde gestern bekannt gegeben, dass Dr. Johannes Meyer ein Unternehmen für Relais gegründet hat. Er strebt eine enge Zusammenarbeit mit der Siemens AG an und hat deshalb Spandau als Standort ausgewählt.

BERLINER MORGENPOST
BERLINER ALLGEMEINE

Meyers Chip AG gab gestern bekannt, dass ihre Firma neu strukturiert wird. Das alte Linien-System wird durch Segmente ersetzt. Die einzelnen Abteilungen sind nicht mehr für die ganze Firma zuständig, sondern nur für jedes Produktsegment. Beispielsweise hat jetzt jedes Segment seine eigene Qualitätssicherung.

Berliner ⚜ Zeitung

Gestern wurde von einer Pressesprecherin der Meyers Chip AG der Verkauf des Unternehmens bekanntgegeben. Meyer sieht sich aus Gesundheitsgründen nicht mehr in der Lage, die Firma zu führen. Die westdeutsche Firma Pro-Relais GmbH wird neuer Eigentümer. Wie die Leitung von Pro-Relais bereits vor Wochen betonte,[1] wird die hervorragende Leitung von Herrn Dr. Johannes Meyer prinzipiell weitergeführt.

[1] emphasized

Vokabelvorschau

Diese drei Verben kommen im folgenden Gespräch vor. Was bedeuten sie?

wahrnehmen   wagen   verdanken

Hörverständnis 5.1.a

Die Gründung

Daniel und Herr Schmidt essen zusammen in der Kantine. Herr Schmidt erzählt über Meyers Chip AG.

Hören Sie sich das Gespräch zwischen Daniel und Herrn Schmidt an. Welche Ereignisse aus den obigen Pressemitteilungen werden im Gespräch erwähnt?

Hören Sie sich das Gespräch noch einmal an und beantworten Sie die drei Fragen.

1. Wann wurde Meyers Chip AG restrukturiert?
2. Wann wurde Meyers Chip AG gegründet?
3. Warum hat Berlin Einwohner verloren?

Vokabelvorschau

1. Was ist ein Firmenprofil?
2. In welchem Zusammenhang stehen die folgenden Wörter zum Firmenprofil?

Anlage   Nachfolger   Fusion   Vertrauter   Verhandlung   Berater

Die Firmenstruktur der Meyers Chip AG

Daniel und Herr Schmidt sitzen in der Kantine und unterhalten sich über Meyers Chip AG.

Daniel:	Wie sah die Firmenstruktur früher aus? Ich halte in einigen Tagen einen kleinen Vortrag über die Geschichte der Firma für die neuen Azubis.
Herr Schmidt:	Jetzt verstehe ich.
Daniel:	Mir wurde schon gesagt, dass in Deutschland ein Firmenprofil in einem Vortrag über die Firma sehr wichtig ist. Ohne das Firmenprofil ist so ein Vortrag nicht komplett.
Herr Schmidt:	Ja, das stimmt. Ohne das Firmenprofil ist so ein Vortrag für viele sehr ärgerlich, weil man hier wissen will, mit wem man es zu tun hat. Begonnen hat alles mit ein paar Ingenieuren und einer Sekretärin. Herr Dr. Meyer war damals der Leiter der Firma. Er hat eine kleine Anlage in Spandau nicht weit weg von Siemens gemietet.
Daniel:	Und dann ging's los?
Herr Schmidt:	Richtig. Herr Dr. Meyer war ein sehr intelligenter Geschäftsmann und hat seine Karten immer gut und richtig gespielt.
Daniel:	Was ist aus ihm geworden?
Herr Schmidt:	Er hat die Firma geleitet, bis er vor etwa 10 Jahren sehr krank wurde. Er und seine Frau haben nie Kinder gehabt, also keine Nachfolger in der Familie und der Firma. Als er krank wurde, hat er die Firma verkauft.
Daniel:	War es eine Fusion?
Herr Schmidt:	Nein, wir wurden regelrecht verkauft und ein paar Jahre danach wurden wir in eine AG umgewandelt und sind dann in den Osten umgezogen.
Daniel:	Und Sie? Was ist Ihre Rolle in der Firmengeschichte?
Herr Schmidt:	Ich fing hier ganz klein an und bin immer noch klein.

Herr Schmidt lacht ganz herzlich. Daniel hat schon gehört, dass Herr Schmidt eine wichtige Position im Verkauf der Firma hatte. Er war ein Vertrauter von Herrn Dr. Meyer. Damals besaß Herr Schmidt eine Schlüsselrolle in den Verhandlungen. Nach dem Verkauf ist er bei der Firma geblieben, weil sie eigentlich wie seine Familie war. Heute arbeitet er als Berater der Firmenleitung.

Grammatik-Spot §5.1   # Wortstellung

Die Position von Satzteilen nach der 2. Position

The word order after the conjugated verb in German is different from that in English. When the direct and indirect objects are both nouns, the ordering principle remains the same as in English (dat.–acc.), but when one or both are pronouns, it is the reverse (acc.–dat.).

Herr Schmidt gibt *Daniel* **eine Ausgabe** der Firmengeschichte.
Herr Schmidt gibt **sie** *ihm*.

➡ *§5.1 in the grammer section explains the word order of a sentence and presents possible variations.*

➡ **For practice see exercises 5.1 a–c.**

Aufgabe zum Text

1. Welche Unterschiede können Sie in den folgenden beiden Diagrammen feststellen?
2. Welche Struktur war für Meyers Chip AG kennzeichnend vor der Restrukturierung?

Bitte benutzen Sie in Ihrer Erklärung solche Wörter wie *zu der Zeit, damals, vor Jahren.*

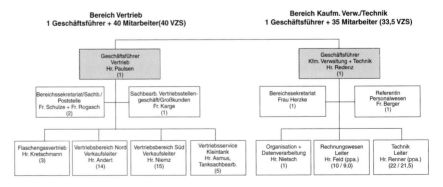

Organigramm der PROGAS-MINOL
per 01.01.2000

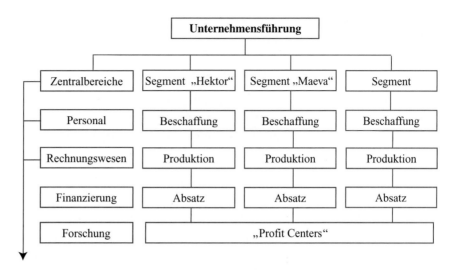

Vokabelvorschau

Welches Wort in Spalte A hat ungefähr dieselbe Bedeutung wie eines der
Wörter in Spalte B?

A	**B**
beträchtlich	erlaubt
Vermögen	akquirieren
zulässig	rechtlich
Rechtsform	limitieren auf
sich beschränken auf	Gesellschaftsform
juristisch	der ganze Besitz
haften	verantwortlich sein für
beschaffen	viel

Vor dem Lesen

1. Welche Gesellschaftsformen stehen Ihnen zur Wahl, wenn Sie eine
   Firma in den USA gründen wollen?
2. Wie unterscheiden sich diese Firmenarten?
3. IBM ist beispielsweise eine Corporation. Warum hat Ihrer Meinung
   nach IBM diese Rechtsform gewählt?
4. Geben Sie andere Beispiele an, und erklären Sie Ihre Wahl der Fir-
   menart.

AUS DER BETRIEBSPRAXIS

Betriebliche Rechtsformen

In diesem Segment lernen wir mehr darüber, wie die Meyers Chip AG aufgebaut ist. Bisher haben wir erfahren, dass Meyers Chip AG—wie es auch im Namen steht—eine AG (Aktiengesellschaft) ist. Aber was ist eine Aktiengesellschaft?

Aktiengesellschaften (AGs)

Aktiengesellschaften haben in der Bundesrepublik eine beträchtliche Bedeutung: So gut wie ohne Ausnahme besitzen alle deutschen Großunternehmen diese Rechtsform. Insgesamt gibt es mehr als 3.000 AGs (Stand 1998), und von diesen wiederum sind rund 700 Unternehmen an der Börse notiert. Die Rechtsform der AG wird vor allem deshalb gewählt, weil sich AGs an der Börse über die Ausgabe von neuen Aktien relativ leicht große Mengen an Kapital beschaffen können. Typisch für die AG ist folgendes:

■ Sie ist eine juristische Person und zählt zu den Kapitalgesellschaften.

■ Die Gründung einer AG wird durch eine (sog. **kleine AG**) oder mehrere Personen vorgenommen.

■ Das Grundkapital muß mindestens 100.000 DM betragen. Es ist die Summe der Nennwerte aller von den Aktionären erworbenen Aktien. Der Nennwert einer Aktie muß mindestens 5 DM betragen.

■ Die AG als juristische Person haftet mit ihrem Vermögen für die Schulden der Gesellschaft. Das Risiko eines Aktionärs beschränkt sich auf den Verlust des Wertes seiner Aktien.

[2] board of directors

■ Organe einer AG sind die Hauptversammlung (Versammlung der Aktionäre), der Vorstand[2] (Geschäftsführung der Gesellschaft) sowie der Aufsichtsrat (Kontrollorgan für den Vorstand).

Eine andere Rechtsform, die häufiger in Deutschland vorkommt, ist eine GmbH (Gesellschaft mit beschränkter[3] Haftung[4]).

[3] limited
[4] liability

Gesellschaft mit beschränkter Haftung (GmbH)

Bei kleinen und mittleren Unternehmen ist diese Rechtsform sehr beliebt. Grund: Beschränkung der persönlichen Haftung. Heute gibt es mehr als 600.000 GmbHs. Typisch für die GmbH ist:

■ Die GmbH ist eine juristische Person des Privatrechts und zählt zu den Kapitalgesellschaften.

■ Die Gründung durch nur eine Person ist zulässig (Einmann-GmbH).

■ Das Haftungskapital (Stammkapital) beträgt mindestens 50.000 DM, die Stammeinlage eines Gesellschafters mindestens 500 DM. Die Haftung eines Gesellschafters beschränkt sich jeweils auf seine Einlage, die Haftung der GmbH auf das Gesellschaftsvermögen.

■ Organe der Gesellschaft: Geschäftsführer (Leitung der GmbH), Gesellschafterversammlung.

Aus: Frank Muehlbradt. Wirtschaftslexikon. Berlin: Cornelsen Verlag, 1989, S. 25, 152, 153.

Aufgabe zum Text

Tragen Sie die fehlenden Informationen in die Tabelle ein.

	AG	**GmbH**
Wer?	*juristische Person*	
Gründung durch?		*eine Person*
Grund-/Stammkapital?	*mindestens 100.000 DM*	
Haftung?		*Geschäftsführer*
Organe der Gesellschaft?	*Hauptversammlung*	*Geschäftsführer*
	. . . .	. . . .
	. . . .	. . . .

Vor dem Hören

Stellen Sie sich vor, Sie besuchen eine Firma in Deutschland, die Sie schon lange kennen lernen wollten. Sie sind endlich dort und nehmen an einer Betriebsführung teil. Alle Besucher warten auf den Beginn der Führung. Die Führungsperson kommt herein und beginnt eine Rede zu halten. Was würden Sie in einer solchen Situation von einer Rede erwarten?

Vokabelvorschau

In ihrer Rede benutzt die Führungsperson die folgenden Wörter:

erobern   nachkommen   ermöglichen   in die Tat umsetzen
Zulieferer

Was bedeuten die Ausdrücke?

Hörverständnis 5.1.b

Eine Firma mit Erfolg

Füllen Sie beim Hören der Rede die folgende Tabelle aus.

Gründer der Girogruppe GmbH?	
Wann gegründet?	
Anlass der Gründung?	
Erster Erfolg?	
Neue Mitarbeiter?	
Eroberter Markt?	

➡ *Sehen Sie dazu Übung V.A im praktischen Teil.*

Firmenprofil im Internet

www.harcourtcollege.com/german/deutschimberufsalltag

Suchen Sie sich im Internet ein deutsches Unternehmen aus, beispielsweise *www.siemens.de, www.schering.de, www.vw.de,* oder *www.infineon.de,* und erstellen Sie ein Firmenprofil dieser Firma. Beantworten Sie in Ihrem Firmenprofil die folgenden Fragen:

1. Welche Produkte stellt die Firma her?
2. Wo ist der Hauptsitz?
3. Wo befinden sich die Werke?
4. Hat die Firma Tochtergesellschaften?
5. In welchen Ländern hat diese Firma Vertretungen?
6. Wie hoch ist der Jahresumsatz?
7. Wie viele Mitarbeiter hat die Firma?

➡ *Sehen Sie dazu Übung V.B im praktischen Teil.*

Präsentation

Halten Sie eine kleine Präsentation. Stellen Sie eine Firma dar. Benutzen Sie die Informationen, die Sie für das Firmenprofil auf Seite 212 gefunden haben.

KULTUR-ASPEKTE

Firmenprofil

In Segment IV haben wir Ähnlichkeiten zwischen der amerikanischen und der deutschen Geschäftswelt kennen gelernt. An dieser Stelle wollen wir uns einige Unterschiede näher ansehen.

[5] credible

Wenn sich ein neuer Geschäftspartner einer deutschen Firma vorstellt, wird zuerst ein ausführliches Firmenprofil präsentiert. Solch eine Präsentation zu unterlassen, wird als schlecht vorbereitet und nicht glaubwürdig[5] angesehen. Im Allgemeinen will eine deutsche Firma genau wissen, mit wem sie es zu tun hat. Dies liegt vielleicht daran, dass Deutsche im Allgemeinen sehr genau sind und alles korrekt machen wollen. Für Amerikaner ist ein ausführliches Firmenprofil nicht so bedeutsam und wird in einer Firmenpräsentation nur angeschnitten.[6] Man kann sich bei diesem Vergleich gut vorstellen, was passiert, wenn diese zwei Einstellungen[7] zusammentreffen. Die Amerikaner verstehen nicht, warum Deutsche sich solange mit dem Firmenprofil beschäftigen, und die Deutschen verstehen nicht, warum die Amerikaner gleich Geschäft machen wollen.* Deutsche möchten auch ein Bild vom Geschäftspartner gewinnen, das Hintergrundwissen einschließt, um eine gute Basis für eine Zusammenarbeit zu finden. Sie wollen genau wissen, mit wem sie es zu tun haben, um eine Vertrauensbasis zum Geschäftspartner aufzubauen. Amerikaner sind auf Schnelligkeit eingestellt, und Deutsche auf Details und Genauigkeit.†

[6] touched on (marginally)

[7] attitudes

[8] occur

Nach einer Geschäftssitzung zwischen Deutschen und Amerikanern können weitere Missverständnisse auftreten.[8] In Deutschland ist es üblich, dass ein Sitzungsprotokoll geführt und nach der Sitzung an alle Teilnehmer verteilt wird. Im Allgemeinen will ein Deutscher alles auf Papier haben, damit er später nachweisen kann, was gesagt wurde. Dies gilt auch für Verhandlungen, Telefonate und dergleichen. Amerikaner tendieren eher dahin, alles mündlich zu verhandeln und belassen es manchmal dabei. Wenn eine Ver-

* Sehen Sie dazu Stahl, Langeloh und Kühlmann.
† Sehen Sie dazu Hedderich

[9] to come to an agreement

einbarung nicht schriftlich getroffen[9] wurde, ist sie in Deutschland juristisch nicht verbindlich.

Richtig oder falsch?

_____1. Deutsche mögen Firmenprofile.

_____2. Amerikaner können gut verstehen, warum ein Firmenprofil so wichtig ist.

_____3. Ein Firmenprofil gibt Deutschen Hintergrundwissen, das für eine gute Zusammenarbeit wichtig ist.

_____4. Deutsche mögen alles in Schriftform, um spätere Unstimmigkeiten leichter zu klären.

_____5. Amerikaner finden, dass alles schnell ablaufen muss.

Aus Erfahrung

In general, a *Firmenprofil* is not of great importance to most Americans. However, being aware of the fact that it is essential for Germans, American businesspeople can better provide their German counterparts with what Germans feel is necessary in order to be more successful in doing business with them. As a student of German this knowledge provides you the chance to impress Germans with your knowledge of their cultural needs. In so doing you show your competence in intercultural communication.

Zur Diskussion

Welche Probleme kann man in den folgenden Szenarien erwarten, wenn Deutsche und Amerikaner zusammen kommen und keine Kulturkenntnisse über den Geschäftspartner haben?

1. Amerikanische und deutsche Geschäftsleute führen eine Besprechung über ihre Produktlinien. Die Deutschen präsentieren ihre Produkte sehr ausführlich, die Amerikaner aber nicht.

2. In einer Sitzung zwischen Amerikanern und Deutschen haben die Amerikaner den Deutschen gesagt, dass Sie alles Mögliche für die deutsche Firma machen werden. Die Deutschen nehmen die Aussagen von den Amerikanern für bare Münze.

Wie kann man in solchen Szenarien kulturelle Missverständnisse voraussehen? Wie kann man vermeiden, dass sich beide Seiten in ihren Vorurteilen über „eigenartige" Geschäftsstile festfahren[10]?

[10] to get stuck

Aus Erfahrung

When the person who was in charge of my office/room and other areas stopped by (maybe three times while I was there), he would walk around the whole room and shake everyone's hand, including mine. He would then normally proceed to the conference room with one or two of the managers to talk. He appeared to be the typical "boss" by American standards. He held the stature of an important person and everyone was sure to be proper around him.

Adam Burgess
The Pennsylvania State University

AUS DER BETRIEBSPRAXIS

Innerbetriebliche Organisationsformen

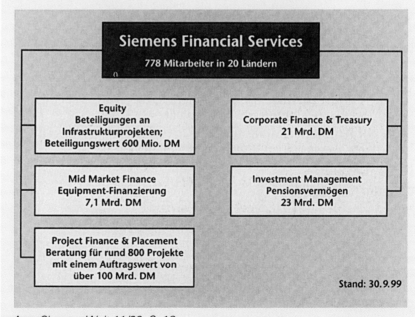

Aus: SiemensWelt 11/99, S. 18.

Die Aufbauorganisation ist das Gerüst des Unternehmens. Sie ist das Resultat des Aufgabenmodells und charakterisiert die Stellen, an denen Aufgaben ausgeführt werden. Nicht nur Aufgaben werden an diesen Stellen realisiert, sondern auch Leitungsaufgaben und Entscheidungen werden dort getroffen. Die Hierarchie des Unternehmens wird durch die Aufbauorganisation determiniert.

Jede Firma hat eine bestimmte Aufbauorganisation. Diese ist nicht abhängig von der Art des Unternehmens (groß, klein oder mittelständisch), des Leitungsstils der Firma oder des Managements. Beispiele dieser Aufbauorganisation sind das Linien-System, die Matrixorganisation und die divisionale (Segments-) Organisation.

Das Linien-System

Charakteristisch für das Linien-System ist sein klarer Entscheidungsaufbau. Alle Mitarbeiter sind einem Chef untergeordnet. Entscheidungen werden eindeutig von oben nach unten weitergegeben. Keine Zwischenstufe (z.B. Bereichsleiter) darf übergangen werden. Der Informationsweg verläuft von unten nach oben. Der Mitarbeiter informiert seinen Vorgesetzten, dieser gibt die Informationen an seinen Chef weiter. Abteilungen in diesem System fungieren als Glieder des Ganzen. Beispielsweise bilden Einkauf, Vertrieb und Qualitätssicherung den Grundkörper eines Betriebs dieser Struktur. Diese Aufbauorganisation findet man sehr oft in Deutschland.

Matrixorganisation

Diese Organisationstruktur folgt dem Prinzip des Arbeitens nach Tätigkeiten und Projekten. Mitarbeiter werden aus ihren normalen Funktionsbereichen herausgezogen, um an zeitlich begrenzten Projekten zu arbeiten. Im Team realisieren sie ein bestimmtes Projekt. In dieser Struktur kann das Fachwissen eines Mitarbeiters umfassend genutzt werden.

Divisionale Organisation

Großunternehmen mit einer großen Produktpalette werden oft in unterschiedliche Segmente aufgeteilt. Alle Massnahmen, die der Realisierung eines Produkts oder einer Produktlinie dienen, werden in Segmenten untergeordnet. Jedes Segment arbeitet selbstständig als „Profit Center". Alle Segmente arbeiten unter einer Leitung, die alle Segmente koordiniert.

Zuordnungsfragen

Welches Diagramm ist richtig für welche Aufbauorganisation? Erklären Sie warum!

➡ ***Sehen Sie dazu Übung V.C im praktischen Teil.***

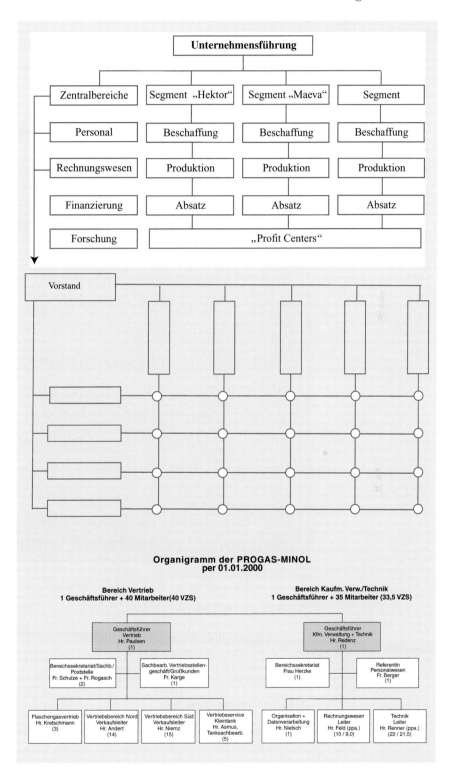

Unternehmensführung

Zentralbereiche	Segment „Hektor"	Segment „Maeva"	Segment
Personal	Beschaffung	Beschaffung	Beschaffung
Rechnungswesen	Produktion	Produktion	Produktion
Finanzierung	Absatz	Absatz	Absatz
Forschung	„Profit Centers"		

Vorstand

Organigramm der PROGAS-MINOL
per 01.01.2000

Bereich Vertrieb
1 Geschäftsführer + 40 Mitarbeiter(40 VZS)

Bereich Kaufm. Verw./Technik
1 Geschäftsführer + 35 Mitarbeiter (33,5 VZS)

Geschäftsführer
Vertrieb
Hr. Paulsen
(1)

Geschäftsführer
Kfm. Verwaltung + Technik
Hr. Redenz
(1)

Bereichssekretariat/Sachb./
Poststelle
Fr. Schulze + Fr. Rogasch
(2)

Sachbearb. Vertriebsstellen-
geschäft/Großkunden
Fr. Karge
(1)

Bereichssekretariat
Frau Herzke
(1)

Referentin
Personalwesen
Fr. Berger
(1)

Flaschengasvertrieb
Hr. Kretschmann
(3)

Vertriebsbereich Nord
Verkaufsleiter
Hr. Andert
(14)

Vertriebsbereich Süd
Verkaufsleiter
Hr. Niemz
(15)

Vertriebsservice
Kleintank
Hr. Asmus,
Tanksachbearb.
(5)

Organisation +
Datenverarbeitung
Hr. Nietsch
(1)

Rechnungswesen
Leiter
Hr. Feld (ppa.)
(10 / 9,0)

Technik
Leiter
Hr. Renner (ppa.)
(22 / 21,5)

ABTEILUNG 2

Der Standort
Berlin-Spandau

Süddeutsche Zeitung
MÜNCHNER NEUESTE NACHRICHTEN AUS POLITIK, KULTUR, WIRTSCHAFT UND SPORT

Strukturwandel
in Siemensstadt

SÜDDEUTSCHE ZEITUNG

18.1. 2000

Der Umbau von Siemensstadt zum Dienstleistungs- und Entwicklungs- standort wird in den nächsten Jahren andauern.* Entscheidend bleibe da- bei, dass die Schlüsseltechnologien des neuen Jahrhunderts mitgestaltet* würden, sagte Peter von Siemens auf dem traditionellen Neujahrsempfang.

* to last

* formed, created

Aus: SiemensWelt 2/2000, S. 6.

Fragen zum Text

1. Woher kommen diese Informationen?
2. Was passiert in Siemensstadt?
3. Was wird in Siemensstadt mitgestaltet?

Vokabelvorschau

Seit Wochen hat sich Daniel auf seinen Vortrag über die Firmen- geschichte vorbereitet und trotzdem ist er nervös. Es ist sein erster wichtiger Vortrag auf Deutsch. Etwa 20 neue Azubis bei Meyers Chip AG kommen zu Daniels Präsentation. Daniel gibt jedem Azubi zur Begrüßung beim Betreten des Raumes die Hand. Danach geht er zum Pult, um seine Rede zu halten.

In seiner Rede hören Sie folgende Ausdrücke

Praktikum   ein kleines Haus   pachten   ansiedeln

Hörverständnis 5.2.a

Die Firmenlage

Hören Sie sich die Rede an. In welchem Zusammenhang stehen diese Ausdrücke zum erwähnten Standort?

Hören Sie sich die Rede noch einmal an und ordnen Sie die folgenden Ergebnisse in der richtigen Reihenfolge.

_____1.   Gründungszeit der Meyers Chip AG
_____2.   Umzug in den Osten
_____3.   Grundstück im Spandauer Wald
_____4.   Umwandlung in eine AG

Vokabelvorschau

Die folgenden Wörter haben etwas mit dem Standort zu tun. Welchen Zusammenhang könnte jedes Wort mit dem Standort haben?

aus den Nähten platzen   Naturschutz   dementsprechend
preisgünstig   verlagern   unrentabel

In den Osten ziehen

Daniel führt seinen Vortrag weiter. Die Beteiligung von den Azubis ist sehr gut gewesen. Sie zeigen viel Interesse.

Azubi 2:   Wie lange ist Meyers Chip AG an diesem Standort geblieben?
Daniel: Etwa fünf Jahre, bis alles aus den Nähten platzte. Dann ist die Firma zum nächsten Standort umgezogen. Herr Dr. Meyer hat diesen neuen Platz ausgesucht, weil die Firma die Möglichkeit hatte, hier zu expandieren. Der alte Platz war dafür nicht geeignet, weil der Wald ringsum unter Naturschutz stand.
Azubi 3:   Sie haben gesagt, dass Meyers Chip AG andere Standorte hatte, stimmt das?

Daniel: Ja, das stimmt. In den letzten Jahren ist die Produktion bei Meyers Chip AG enorm gestiegen, und unser Bedarf an Silikon hat sich dementsprechend auch gesteigert. Und natürlich haben sich die Produktionskosten in Deutschland erhöht. Jeder weiß, dass Deutschland ein teurer Standort für eine Firma ist. Die Sozialabgaben in Deutschland machen den Standort Deutschland fast unrentabel. Es wurde überlegt, wo ein guter Standort für die Produktion zu finden sei.

Azubi 4:   So, Sie wollen uns sagen, dass Meyers Chip AG die Produktion verlagern wollte?

Daniel: Ja, richtig. Und das ist dann auch passiert. Meyers Chip AG wollte einen guten Ort finden, der nicht so weit weg von Berlin war, aber andererseits auch einen preisgünstigen Standort, um die Unkosten senken zu können und gleichzeitig den Mitarbeitern mehr Lebensqualität zu bieten. Natürlich ist Meyers Chip AG sofort auf Tschechien gekommen. Es gibt dort auch noch einen anderen Vorteil. Viele Leute in Tschechien können noch gut Deutsch, also würde das heißen, dass es hoffentlich weniger Probleme mit der Kommunikation gäbe.

Azubi 2:   So, Sie haben deshalb Prag ausgewählt.

Daniel: Das ist richtig. Prag ist eine wunderschöne alte Stadt. Die Arbeitnehmer in Prag sind gut gebildet und die Verbindungen zwischen Prag und Berlin sind ausgezeichnet.

Daniel legt eine andere Folie auf.

Daniel: Dies ist unsere neue Produktionsstätte in Prag. Wir sind sehr stolz auf unseren neuen Standort.

Aufgabe zum Text

Ergänzen Sie die folgende Tabelle mit den Informationen aus dem vorherigen Dialog. Was wollen die Azubis wissen, und welche Informationen gibt ihnen Daniel? Geben Sie nur Stichwörter[11] an!

[11] key words

	Frage	Daniels Antwort
Azubi 2		
Azubi 3		
Azubi 4		

Grammatik-Spot §5.2   # Adjektivendungen

Adjektive mit ihren Endungen

*You may not realize it, but English too had and, in rare cases, still has adjective endings. We find them today in words like **woolen** and **wooden.** Perhaps the easiest way to learn the endings is to remember that in most situations the standard ending is **-en.** There are only five exceptions: nominative masculine, feminine, and neuter; and accusative feminine and neuter.*

> Der alt**e** Platz war dafür geeignet.
> Wir sind sehr stolz auf unser**en** neu**en** Standort.

➡ ***§5.2 in the grammar section will guide you through the use of adjectives and their endings.***

➡ ***For practice see exercises 5.2 a–d.***

„Spandauer Betrieb zieht in den Osten"

Schreiben Sie einen kleinen Artikel zu der obigen Schlagzeile. Benutzen Sie die Informationen aus dem vorhergehenden Gespräch, und wenn Sie möchten, auch ihre eigene Phantasie.

Historischer Überblick

Bringen Sie die historischen Ereignisse der Meyers Chip AG in die richtige Zeitfolge.

1970	Verkauf der Firma an Pro-Relais
	Gründung der Meyers Chip AG von Herrn Dr. Meyer
	Restrukturierung
1990	Umwandlung in eine AG
	Erkrankung von Herrn Dr. Meyer
1995	ein neuer Standort in Prag
2000	Umzug nach Plänterwald

Hörverständnis 5.2.b

Ein Standort mit Freizeitwert

Ihre Firma sucht einen neuen Standort. Es arbeiten sehr viele junge Mitarbeiter in Ihrer Firma, die sehr gut ausgebildet sind, also sind kulturelle Einrichtungen sehr wichtig. Da viele Mitarbeiter sehr umweltbewusst sind, fahren sie jeden Tag mit dem öffentlichen Nahverkehr zur Arbeit, und am Wochenende genießen sie die Natur. Lesen Sie die Lückentexte durch und schlagen Sie die Wörter, die Sie nicht kennen, nach.

Hören Sie sich Standortbeschreibung 1 an und füllen Sie die Lücken mit den fehlenden Informationen aus.

[12] cross-country skiing

An diesem Ort sind Eislaufen, Langlauf[12] und alle Arten . . . . möglich. Hier gibt es gut ausgebaute . . . . .und man kommt gut mit . . . . überall hin. Das eigentliche Besondere dieser Stadt ist . . . . , zu beschreiben als . . . .

Hören Sie sich Standortbeschreibung 2 an und füllen Sie die Lücken mit den fehlenden Informationen aus.

[13] performances

In der neuen Sporthalle kann man . . . . Erstklassige Aufführungen[13] finden im . . . . statt. Man kann die Stadtmitte gut mit . . . . erreichen. Das Verkehrssystem ist . . . . , also braucht man kein Auto.

Hören Sie sich Standortbeschreibung 3 an und füllen Sie die Lücken mit den fehlenden Informationen aus.

[14] sports facilities

An diesem Ort hat man alles: Sporteinrichtungen,[14] . . . . , in einer großen Metropole. Staus sind hier kein Problem, weil . . . . Ein Park gibt es in . . . . und außerhalb der Stadt . . . .

Welcher Standort wäre am besten für Ihre Mitarbeiter geeignet? Begründen Sie warum!

1. _____   2._____   3._____

➡ *Sehen Sie dazu Übung V.D im praktischen Teil.*

Vor dem Lesen

1. Berücksichtigen amerikanische Firmen die Umwelt, wenn sie einen Standort wählen? Welche Beispiele fallen Ihnen ein?
2. Wie kann eine Firma umweltfreundlich gestaltet werden?
3. Wie können die Mitarbeiter zur Umweltfreundlichkeit am Arbeitsplatz beitragen?

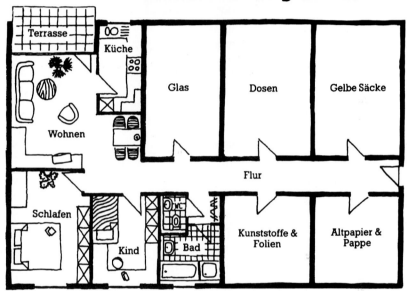

KULTUR-ASPEKTE

Das umweltbewusste Büro

Lesen Sie den Text und tragen Sie in jede Lücke die richtige Antwort aus den Lösungsvorgaben am Ende des Textes ein.

Die umweltfreundliche Einrichtung eines Büros beginnt schon beim __1__ von Möbeln und Geräten. Bei Geräten muss man sich fragen, ob sie überhaupt __2__ sind und ob sie menschengerecht[15] und bedienungsfreundlich sind. Lebensdauer, Energiebedarf, Lärm- und Luftverschmutzung sind auch wichtig. Heute finden wir öfter in Büros die __3__ Geräte zu ersetzen, sobald etwas Neues auf den Markt kommt. Dies passiert auch, wenn die Geräte noch gut funktionieren und die an sie gestellten Erwartungen erfüllen.

[15] right for people

Selbstverständlich hat das Wohlbefinden der Menschen im ökologischen Büro eine hohe__4__. Das bedeutet, dass Dauerstress durch Lärm- und Geruchsbelästigungen,[16] durch Hitze, Kälte, ungünstiges Licht, gesundheitsschädliche[17] Stoffe usw.__5__werden müssen. Es gehört auch zu den Hauptzielen einer ökologischen Büroplanung, den__6__von Rohstoffen[18] und Energie zu reduzieren und Müll und sonstige Belastungen[19] für Luft, Wasser und Boden zu__7__. Kunststoffe[20] sind hier in__8__problematisch. Bei der Produktion von Gegenständen aus Kunststoff werden sehr viel Energie und Erdöl gebraucht und giftige__9__verwendet. Für den Konsumenten lohnt es sich oft nicht, Plastikprodukte__10__zu lassen. Deshalb wirft er sie weg, wenn sie nicht mehr brauchbar sind, und__11__dadurch den Müllberg.

Mit Auszügen aus: Duden: Das Sekretariatshandbuch. *1997. Mannheim: Dudenverlag.*

Was ist der richtige Lückenfüller?

1.	Anschaffung	Verkauf	Kauf
2.	notwendig	gebraucht	gekauft
3.	Trend	Tendenz	Geschehen
4.	Preis	Stellenwert	Priorität
5.	vermieden	unterstützt	geleitet
6.	Gebrauch	Nutzen	Verbrauch
7.	erhöhen	senken	steigen
8.	vielen Fällen	vielen Variationen	vielen Möglichkeiten
9.	Chemikalien	Objekte	Gegenstände
10.	reparieren	herstellen	kaufen
11.	senkt	reduziert	erhöht

➡ *Sehen Sie dazu Übung V.E im praktischen Teil.*

Zur Diskussion

1. Wie wichtig ist es für Sie, zu Hause und bei der Arbeit umweltfreundlich zu handeln?
2. Finden Sie es gut, dass die Regierung die Bevölkerung dazu zwingt, umweltfreundlich zu sein; z.B. Pfand auf Flaschen oder Ökosteuern auf Benzin?
3. Sind Sie der Meinung, dass der Mensch im Allgemeinen umweltfreundlich handeln würde, wenn ihm die Regierung nichts vorschreiben würde?

[16] noise and odor irritation
[17] health-damaging
[18] raw materials
[19] burdens
[20] plastics

ABTEILUNG 3 # Das Jubiläum

Vokabelvorschau

Welches Substantiv gehört zu welchem Verb?

den Abend   vor Publikum   den Ami   eine Lage   eine Feier
eine Ansprache

halten   reden   ausrichten   ausgeben   begrüßen   genießen

Bilden Sie mit jedem Ausdruckspaar einen Satz.

Vor dem Hören

1. Was würden Sie sich einfallen lassen, um das Hochzeitsjubiläum Ihrer Eltern oder Großeltern zu gestalten?
2. Wer bezahlt für die Feier?
3. Welche anderen Jubiläen kann man feiern?
4. Diese Abteilung heißt „das Jubiläum." Welches Jubiläum könnte gemeint sein?

Hörverständnis 5.3.a ### Die Firmenfeier

Daniel steht mit drei Kollegen zusammen. Sie hören die Ansprache vom Firmendirektor Dr. Meissner zu seinem 10. Dienstjubiläum bei Meyers Chip AG.

Hören Sie sich das Gespräch an und beanworten Sie die folgenden Fragen.

1. Welches Jubiläum feiert Herr Dr. Meissner?
2. Worüber spricht Herr Schmidt in seiner Festrede?
3. Was ist für Daniel so ungewöhnlich an dieser Rede?
4. Warum wirkt es für Daniel ungewöhnlich, als die Mitarbeiter Dr. Meissner gratulieren?
5. Was sagen Daniels Kollegen, als er ihnen erzählt, dass die Mitarbeiter in Amerika für Dr. Meissner die Feier bezahlen würden?

Grammatik-Spot §5.3 ## Infinitiv

Gebrauch von Infinitiven

This aspect of German is similar to English.

> Ich danke Ihnen noch einmal herzlich für Ihr Kommen und bitte
> Sie den Abend zu genießen.
> Er verdient doch genug, um uns mal einzuladen.

➡ **See §5.3 in the grammar section for the various uses of infini-
tives and explanation for their use and construction.**

➡ **For practice see exercises 5.3 a–b.**

Vor dem Lesen

1. Was ist eine Pressemitteilung?
2. Welche Arten von Information können in einer Pressemitteilung stehen?
3. Wer nutzt dieses Medium?

AUS DER BETRIEBSPRAXIS

Die Pressemitteilung

Lesen Sie die folgende Pressemitteilung und beantworten die folgenden Fragen.

PRESSEMITTEILUNG

**ES IST SOWEIT:
DER 1. SPATENSTICH* FÜR EINES DER
SCHÖNSTEN WOHNBAUPROJEKTE
BERLINS**

Heute am Freitag, den 30. September 1994, feiern
wir den 1. Spatenstich in Berlin Alt-Stralau, den der
**Senator für Stadtentwicklung und Umweltschutz
des Landes Berlin, Herrn Dr. Volker Hassemer
durchführen wird.**

Wir, das ist die CONCORDIA Bau und Boden AG,
ein reines, börsennotiertes Immobilienunternehmen,
das sich durch seine langjährige und erfolgreiche Tätigkeit in den Bereichen Grundbesitzverwaltung* und Pro-
jektentwicklung einen Namen gemacht hat.
Den Leistungsnachweis* hat das Unternehmen mit zahl-
reichen Bauprojekten im In - und Ausland erbracht.*
Errichtet* werden Miet- und Eigentumswohnungen, Büro-
und Geschäftshäuser, Hotels, Gewerbeparks*, Fachmarkt-
und Einkaufszentren. Hinzu* kommen Landerschließungs-
und Entwicklungsmaßnahmen.

BERLIN als deutsche Hauptstadt
das ist zugleich Anstoß* für Aufgaben der Stadtentwicklung, des Wohnungsbaus, der Anlage von
Naherholungsgebieten*, des Sportstättenbaus
und der Modernisierung der Verkehrsnetze.
Hieraus ergibt sich für Berlin eine städtebauliche
Aufwertung,* die den Wohnwert erheblich steigert.

Im Dreieck der Bezirke Friedrichshain, Treptow und
Lichtenberg werden über 5000 Wohnungen für rund
12000 Personen entstehen.

Fragen zum Text

1. Welche Teile hat eine Pressemitteilung?
2. Welche Funktion haben die einzelnen Teile?

Marginal glossary (left column):

* groundbreaking

* property
management
* proof of performance
* achieved
* constructed
* industrial parks
* specialty
* in addition
* land development
* impulse

* local recreation
areas

* upgrade

Lesen Sie die Tipps und beantworten Sie die folgenden Fragen.

Tips für Presse-Informationen

■ Inhalt

☐ Eine Presse-Information (PI) muß „Nachrichtenwert" haben. Sie muß aktuell sein und von allgemeinem Interesse. In ihrem Mittelpunkt steht eine Neuigkeit. Ansprechpartner ist der Journalist und nicht der Kunde!

☐ Eine gute PI ist objektiv und verständlich geschrieben und folgt einem bestimmten Aufbau.

☐ Eine PI muß vollständig sein. Der Journalist erhält auf seine Fragen (Wer, was, wie, warum, wann und wo?) eine Antwort. Sie muß aber um Gottes Willen nicht das gesamte Wissen einer Niederlassung beinhalten. Das Wesentliche muß herausgearbeitet sein.

☐ Entscheidend ist der erste Satz, der den Journalisten packen muß.

☐ Grundsätzlich gilt: Das Wichtigste vorneweg.*
Im Verlaufe gilt: Vom Wichtigen zum weniger Wichtigen.

☐ Der Einstieg in eine PI kann auch mit einem Zitat,* mit einer Frage oder einem Rufzeichen*(„Eine gute Nachricht!") erfolgen. Es gilt aber stets:* Sofort zum Thema kommen.

■ Form

☐ Einfach: Die Sätze sind kurz. Die Wortwahl ist sachlich. Es wird nachrichtlich formuliert und nicht, wie im Prospekt, werblich. Das geschriebene Deutsch ist verständliches, gutes Deutsch. Auf Modewörter wird verzichtet, Abkürzungen und nicht vermeidbare Fachwörter werden erklärt, Behördendeutsch* wird getilgt.* Auf das Passiv wird verzichtet, die Sprache wird durch das Aktiv lebendiger.

at first

quote
exclamation mark
always

government German ("legalese")
eliminated

Fragen zum Text

1. Wen soll die Presseinformation (PI) ansprechen?
2. Wie wird eine PI geschrieben?
3. Was soll eine PI beinhalten?

4. Was muss den Journalisten packen?
5. Was kommt zuerst?
6. Mit welchen Mitteln beginnt man?

Pressemitteilung

Sie sind die Pressesprecherin von Meyers Chip AG. Schreiben Sie eine Pressemitteilung zu Dr. Meissners Jubiläum. Nehmen Sie die Informationen aus den Texten. Wenn Sie zusätzliche Informationen benötigen, kreieren[21] Sie sie.

[21] to create

Vokabelvorschau

Sehen Sie sich die folgenden Verben näher an. In welcher Art von Anrede könnten diese Wörter vorkommen?

ehren	sich kurz fassen	treu bleiben
vertrauen	sich versammeln	pflegen

Wie lautet das Substantiv für jedes Verb?

Vor dem Hören

Schreiben Sie mit einem Partner mindestens zwei Sachen auf, die zu jedem genannten Anlass vorkommen könnten.

Betriebsversammlung   1. die wirtschaftliche Lage der Firma schildern

2. _____

Begrüßung von ausländischen Praktikanten   1. _____

2. _____

Der Jubilar dankt   1. _____

2. _____

Geburtstagswünsche   1. _____

2. _____

Hörverständnis 5.3.b

Ansprachen für verschiedene Zwecke

Welche Anrede hören Sie? Schreiben Sie die Nummer der Anrede in die Lücke des Anlasses.

_____1. Begrüßung von Praktikanten aus dem Ausland
_____2. Betriebsversammlung
_____3. Der Jubilar dankt
_____4. Geburtstagswünsche

Die Geburtstagsrede

Sie feiern Ihren Geburtstag in Deutschland. Es sind viele Freunde und Kollegen eingeladen. Es ist so weit, und Sie halten eine feierliche Rede. Lesen Sie erst die „zehn Regeln für eine gute Rede" und schreiben Sie dann die Rede für Ihre Feier.

Neun Regeln für die gute Rede

1. Sie müssen erst eine Idee haben. Sammeln Sie hierzu soviel Informationen, wie Sie finden können, und stellen Sie alles nach Wichtigkeit auf.
2. Die „fünf W" (Wer - Was - Wann - Wo - Warum) helfen sehr.
3. Eine gute Rede beginnt immer mit einem passenden Zitat, mit einem interessanten Erlebnis, mit einem Kompliment oder mit einer Anekdote.
4. Eine ewig lange Begrüßungsliste ist unheimlich langweilig. Kürzen Sie die Liste auf das Minimale und fassen Sie sonst alles so weit möglich zusammen.
5. Vermeiden Sie Begriffe wie „würde" und „man". Es heißt nicht: „ich würde sagen" oder „ich würde denken", sondern: „Ich sage" und „ich denke".
6. Teilen Sie die Rede in Einleitung, Hauptteil und Schluss auf. Wenn die Struktur unkompliziert ist und die Gedankengänge klar sind, werden die Zuhörer aufmerksamer und können Ihrer Rede leichter folgen.
7. Wiederholen Sie zum Schluss die Hauptgedanken und die wichtigsten Aussagen oder fassen Sie alles kurz zusammen.
8. Proben[22] muss sein. Nehmen Sie sich Zeit für die Vorbereitung und die Probe!
9. Denken Sie auch daran, „in der Kürze liegt die Würze".

[22] practice

Fragen zum Text

1. Was ist „ein Tag der offenen Tür"?
2. Was kann man bei der Festlichkeit machen?
3. Was wird für die Gäste hier getan?

KULTUR-ASPEKTE

Jubiläum

[23] retirement
[24] to celebrate

Aus Segment II wissen wir bereits, dass ein Geburtstag in Deutschland anders gefeiert wird als in den USA. Anlässe wie Jubiläum, Tag der offenen Tür oder Pensionierung[23] sind in Deutschland festlich zu begehen[24]. Das Jubiläum von Herrn Dr. Meissner ist ein gutes Beispiel. Bei einer solchen Feier ist es üblich, dass eine Rede über den Feiernden gehalten wird. Der Feiernde sucht jemanden aus seinen Freunden und Kollegen aus, der diese Rede hält. In dieser Rede werden noch einmal der Lebensweg der Person und herausragende Taten sowie gute Erinnerungen aus der Vergangenheit

[25] praised
[26] festivities, celebration

gewürdigt[25]. Die Rede ist ein wichtiger Teil der anstehenden Festlichkeiten[26].

Wie beim Geburtstag organisiert und bezahlt der Feiernde alle Festlichkeiten. Das erwarten die Kollegen und Mitarbeiter in so einem Fall und sie sind enttäuscht, wenn es keine Feier gibt. Wenn man Betriebsleiter ist, wie Dr. Meissner, ist es allen Mitarbeitern und Kollegen offen, zu der Festlichkeit zu kommen. Das heißt, wenn der Betrieb beispielsweise 200 Mitarbeiter hat, muss der Feiernde—hier Dr. Meissner—genug Essen und Getränke für 200 Mitarbeiter spendieren[27]. Bei einer großen Gruppe ist es leichter ein Büffet zu geben. Wie bei einer Geburtstagsfeier wird auch hier Alkohol getrunken, meistens Sekt bzw. Bier.

Nachdem die Feier eröffnet ist und Reden gehalten wurden, kommen die Kollegen und Mitarbeiter zum Gratulieren. Hier wird die Hand gegeben und fest geschüttelt[28] und beste Wünsche für die Zusammenarbeit ausgesprochen. Oft kann man sehen, wie sich eine Schlange um den Herrn Direktor bildet, um ihm zu danken. Natürlich ist es angebracht, dem/der Geehrten[29] ein Geschenk zu geben. Dies kann unterschiedlich gemacht werden. Oft sammelt eine ganze Abteilung Geld, um ein gemeinsames Geschenk zu kaufen, aber es ist auch möglich, dass ein paar Kollegen, die den Feiernden besser kennen, sich zusammen tun und etwas kaufen.

Fragen zum Text

Welche Antwort passt?

1. Welche Anlässe werden in Deutschland festlich begangen?
   a. Jubiläum, Pensionierung und Tag der offenen Tür
   b. Jubiläum, Betriebsausscheidung und Tag der offenen Tür
   c. Firmenverkauf, Jubiläum und Pensionierung
2. Wer hält die Rede für den Feiernden?
   a. Der Feiernde sucht einen Kollegen aus, der die Rede hält.
   b. Der Feiernde sucht einen Feind[30] aus, der die Rede hält.
   c. Der Feiernde sucht einen guten Freund oder einen Kollegen aus, der die Rede hält.
3. Wer kommt zu der Festlichkeit des Direktors?
   a. Es steht den Mitarbeitern frei, zu der Festlichkeit zu kommen.
   b. Es steht den Mitarbeitern und Kollegen frei, zu der Festlichkeit zu kommen.
   c. Es steht den Kollegen und Kindern frei, zu der Festlichkeit zu kommen.
4. Was spendiert der Jubilar für die Gäste?
   a. Der Feiernde bezahlt das ganze Essen.
   b. Der Feiernde bezahlt alle Festlichkeiten.
   c. Der Feiernde bezahlt alle Getränke.

[27] to donate

[28] shaken

[29] honored one

[30] enemy

5. Was kann nach der Eröffnung des Büffets passieren?

a. Der Feiernde wird hochgejubelt.

b. Der Feiernde wird gebeten, eine zweite Rede zu halten.

c Dem Feiernden wird gratuliert.

6. Welche Möglichkeiten gibt es, Geld für ein Geschenk zu sammeln?

a. Die ganze Abteilung sammelt Geld für ein Geschenk.

b. Die ganze Abteilung sammelt Geld für ein Geschenk, oder einige Freunde tun ihr Geld für ein Geschenk zusammen.

c. Die ganze Abteilung sammelt zusammen mit guten Freunden Geld, um ein Geschenk zu kaufen.

Zur Diskussion

Wie organisieren Sie eine große Party? Wen laden Sie ein? Warum? Was machen Sie für Ihre Gäste? Schildern Sie, wie Sie sich nach einer Party fühlen, wenn alles gut abgelaufen ist.

Rollenspiel

Ihre deutschen Kollegen wollen wissen, wie eine Festlichkeit in Amerika abläuft. Arbeiten Sie zu dritt. In der Gruppe wird erst entschieden, welche Festlichkeit (z.B. Hochzeit, Abschluss der High School) gefeiert wird. Zwei Gruppenmitglieder spielen die Deutschen und der Dritte den Amerikaner.

ABTEILUNG 4 # Die feste Anstellung

Vokabelvorschau

Sie reden mit Daniel über Meyers Chip AG. Dabei fallen die vier folgenden Wörter im Gespräch. In welchem Kontext könnte er sie benutzen?

großartig   hilfsbereit   verlängern   beschäftigen

Vor dem Hören

Daniels Praktikum bei Meyers Chip AG geht langsam zu Ende.

1. Was wird er nach dem Praktikum machen?
2. Warum will er vielleicht in Berlin bleiben?
3. Wie ist das Praktikum für Daniel abgelaufen?
4. Wie findet Meyers Chip AG Daniels Arbeit?

Die feste Anstellung

Frau Schulz begegnet Daniel im Flur und sagt ihm, dass er kurz vorbeikommen solle, da sie ihm etwas Wichtiges mitzuteilen hat. Etwa eine Stunde später erscheint Daniel in Frau Schulzes Büro. Hören Sie zu. Ergänzen Sie die Aussagen mit Informationen aus dem Gespräch.

1. Die Kollegen sind _____
2. Hätte ich mehr Zeit gehabt, _____
3. Das bringt mich eigentlich darauf, warum _____
4. Aber ich weiß, wie _____ eine Aufenthaltsgenehmigung _____ geschweige denn[31]_____

[31] much less

5. Nein, im Gegenteil, _____

Hören Sie sich das Gespräch noch einmal an und beantworten Sie folgende Fragen.

1. Wie war die Zeit bei Meyers Chip AG für Daniel?
2. Hat Daniel schon einmal daran gedacht, länger in Berlin zu bleiben?
3. Welche Genehmigung ist schwierig für Ausländer zu bekommen?
4. Wird Daniels Praktikum verlängert?
5. Wie will Meyers Chip AG Daniel beschäftigen?

Vokabelvorschau

Welches Wort passt nicht in der Gruppe?

1. klären   regeln   regulieren
2. unterschreiben   signieren   designieren
3. eifrig   fleißig   bequem
4. benötigen   brauchen   gebrauchen
5. Beitrag   Gebühr   Antrag

Vor dem Lesen

1. Was ist zu tun, wenn Sie eine neue Stelle bekommen?
2. Was müssen Sie bei den Behörden erledigen?
3. Wer regelt Ihre Sozialversicherung, Krankenkasse, Arbeitslosenversicherung?

Der Behördengang

Daniel und Frau Schulz unterhalten sich über die Festanstellung. Frau Schulz freut sich, dass Daniel bleiben will. Sie erklärt Daniel, was er jetzt erledigen muss, bevor er die neue Stelle antreten darf.

Daniel: Kaufmann, das hört sich sehr gut an. Ich würde mich sehr freuen, länger bei Meyers Chip AG zu arbeiten. Was wäre denn nun zuerst zu tun?

Fr. Schulz: Gut, zuerst sage ich Frau Hase Bescheid, dass wir gesprochen hätten und auch dass Sie Interesse haben. Dann bekommen Sie einen neuen Arbeitsvertrag, den Sie bitte unterschreiben. Danach müssen wir dann alles mit den Behörden klären. Sie werden ein Schreiben von uns bekommen, in dem Meyers Chip AG erklärt, dass wir Sie fest anstellen wollen. Mit diesem Schreiben gehen Sie zur Ausländerbehörde und beantragen eine Aufenthaltsgenehmigung.

Daniel: Das habe ich schon am Anfang getan.

Fr. Schulz: Gut. Sie benötigen aber eine neue. Sie müssen sich auch eine Krankenkasse aussuchen und Mitglied werden.

Daniel: Da bin ich schon drin, Frau Schulz.

Fr. Schulz: Ja, aber was Sie jetzt haben, ist für Studenten. Sie müssen alles ändern, da Sie Angestelltenstatus haben werden.

Daniel schreibt eifrig[32] mit.

[32] eagerly

Fr. Schulz: Ach ja, Sie müssen sich auch bei der BfA melden.

Daniel: BfA?

Fr. Schulz: Ja, Bundesanstalt für Angestellte. Sie müssen Beiträge für die Rente in Deutschland zahlen, und die BfA ist dafür zuständig.

Daniel: Aber ich will keine Rente in Deutschland bekommen.

Fr. Schulz: Das macht nichts aus, Sie haben leider keine Wahl. Wenn Sie in Deutschland arbeiten, müssen Sie auch Renten- und Krankenversichert sein. Es ist halt wieder ein Gesetz.

Daniel: Frau Schulz, entschuldigen Sie, aber Sie haben etwas sehr Wichtiges vergessen.

Fr. Schulz: Habe ich?

Daniel: Ja! Mein Gehalt!

Fr. Schulz: Mensch, ja, das Wichtigste überhaupt! Sie verdienen 2.500,00 Euro brutto im Monat. Die Arbeitszeiten bleiben wie bisher 38 Stunden pro Woche mit Gleitzeit.

Daniel: Sehr schön!

Fragen zum Text

1. Weshalb will Frau Schulz mit Daniel sprechen?
2. Ist das Angebot von Frau Schulz akzeptabel? Warum?
3. Warum muss Daniel eine neue Arbeitsgenehmigung beantragen?
4. Was muss er noch erledigen, bevor er bleiben darf?
5. Was muss Daniel bei der BfA beantragen?

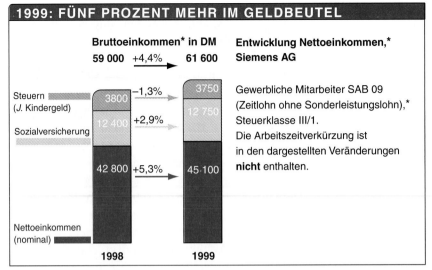

* gross income (before taxes)

* net income (after taxes)

* special pay, e.g. overtime

Aus: Siemenswelt 2/2000, S. 41.

Fragen zum Text

1. Wie viel mehr in DM wurde im Jahr 1999 gegenüber 1998 verdient?
2. Wie viel mehr an Sozialversicherung zahlte man im Jahr 1999?
3. Wie viel mehr an Steuern zahlte man im Jahr 1999?

Grammatik-Spot §5.4   # Konjunktiv II der Vergangenheit

Die Vergangenheit von Konjunktiv II

The use of this form is similar to English. However, in German the form can either be formed with **haben** *or* **sein** *depending on the main verb. If this form is used with modal verbs, the past subjunctive is indicated with the helping verb* **haben.** *When using a modal verb, all verbs that normally take* **sein** *use* **haben,** *e.g.* **Ich hätte kommen können.**

Ich sage Frau Hase, dass wir gesprochen hätten.
Hätte ich mehr Zeit gehabt, hätte ich mehr lernen können.

➡ *§5.4 in the grammar section will guide you through the use of this form and its construction.*

➡ *For practice, see exercises 5.4 a–b.*

Vor dem Hören

1. Was müssen Sie beachten, wenn Sie eine Krankenversicherung in den USA abschließen wollen?
2. Eine Schweizer Freundin hat ihre erste Arbeit in den USA bekommen und hat noch keine Social-Security-Nummer. Wo und wie bekommt sie diese Nummer?
3. Ein Freund aus Österreich will länger in Amerika wohnen und braucht eine Aufenthaltsgenehmigung. Er will von Ihnen wissen, was er zu tun hat. Was raten Sie ihm?
4. Ihr österreichischer Freund möchte auch eine Arbeitsgenehmigung beantragen. An wen muss er sich wenden?

Hörverständnis 5.4.b   # Die Behörden

Welche Behörde ruft Daniel an? Machen Sie sich Notizen beim ersten Hören. Der Notizblock mit Stichwörtern soll Ihnen helfen, die Situationen später zu identifizieren.

Situation 1
    Frau_____sprechen
    möchte wissen, _____Beiträge_____
    Informationen über_____
    10 Jahre_____

Situation 2
    Praktikum_____
    Meyers Chip alles_____
    Website anklicken_____

Situation 3
    als Kaufmann_____
    die nötigen Formulare_____

Situation 4
    Informationen über_____
    Reisepass_____
    Passfoto_____
    offen von_____

Hören Sie sich die Gespräche noch einmal an. Schreiben Sie die Nummer der Situation vom Band in die richtige Lücke unten.

_____1. Daniel ruft die BfA an.

_____2. Daniel ruft die Ausländerbehörde an.

_____3. Daniel telefoniert mit der Krankenkasse.

_____4. Daniel ruft das Arbeitsamt an.

Vokabelvorschau

Welche zwei Wörter haben etwa dieselbe Bedeutung? Zwei Wörter haben keine Bedeutungspartner.

befristet	anerkannt	Anstrengung	unterstützen
limitiert	angesehen	runterladen	Bemühungen
fördern	downloaden	Beförderung	Stellung

Vor dem Lesen

1. Wie lange müssen Sie Social Security zahlen, bevor Sie eine Rente bekommen können?
2. Wo können Sie Informationen darüber erhalten?
3. Welche Papiere müssen Sie dem neuen Arbeitgeber in den USA vorweisen, wenn Sie eine neue Stelle antreten?
4. Was müssen Sie als Arbeitnehmer in Amerika tun, wenn Sie einer Krankenkasse durch die neue Firma beitreten wollen?

Ihre Meinung ist gefragt!

Was sagen Sie zum Thema Kulturwandel? Ihre Meinung, Ihre Beispiele interessieren uns! Schreiben Sie an die Redaktion Siemens Welt, Stichwort Kulturwandel.

Aus: Siemens Welt 7/97, S. 29.

KULTUR-ASPEKTE

[33] payroll deductions for social benefits

[34] overwhelming

[35] to support someone's cause

[36] valid

[37] hurdle

[38] unemployment benefits

[39] Bundesanstalt für Arbeitnehmer

[40] forms of protection

[41] agreement

[42] contributions

[43] duty, obligation

[44] transferred

[45] here: obligatory

[46] care

Sozialabgaben[33]

Wenn man in Deutschland arbeiten will, führt man einen Papierkrieg. Die vielen Behördengänge können manchmal überwältigend[34] sein. Daniel muss wie jeder Ausländer eine Aufenthalts- und Arbeitsgenehmigung beantragen. Manchmal kommt es aber zu paradoxen Situationen. Beispielsweise, um eine Aufenthaltsgenehmigung zu bekommen, muss man eine Arbeitserlaubnis haben, aber eine Arbeitserlaubnis erhält man erst, wenn man eine Aufenthaltsgenehmigung hat. (Mit Studentenstatus kann man ohne Arbeitsgenehmigung arbeiten.) Natürlich ist es leichter, wenn eine Firma sich für einen Bewerber einsetzt.[35] Eine Arbeitsgenehmigung ist nur für diejenige Firma gültig,[36] in der man dann seine Tätigkeit beginnt. Ein Firmenwechsel bedeutet, dass man eine neue Arbeitsgenehmigung beantragen muss. Die Arbeitsgenehmigung wird normalerweise von der arbeitgebenden Firma beantragt, und die Aufenthaltsgenehmigung von dem ausländischen Arbeitnehmer.

Sozialabgaben sind eine weitere Hürde[37] für die meisten Ausländer. Die Sozialabgaben bestehen aus Krankenkasse, Rentenversicherung und Arbeitslosenunterstützung.[38] Die Arbeitslosenversicherung wird automatisch von der Firma abgeschlossen. Die Rentenversicherung ist obligatorisch. Der Arbeitnehmer muss Mitglied der BfA[39] werden. Er kann aber freiwillig andere Schutzarten[40] beantragen wie beispielsweise eine Lebensversicherung. Um Mitglied der BfA zu werden, wird man gemeldet, dann erhält man eine Versicherungsnummer, die immer angegeben werden muss, wenn es um die Rente geht. Zwischen Amerika und Deutschland gibt es ein Abkommen,[41] in dem vereinbart wurde, dass Amerikaner, die in Deutschland arbeiten und Beiträge[42] an die BfA leisten, diese Beiträge in Amerika für Social Security angerechnet bekommen, falls der amerikanische Arbeitnehmer Deutschland verlässt und wieder in Amerika arbeitet. Wer mindestens 10 Jahre in Deutschland arbeitet, bekommt eine deutsche Rente.

In Deutschland gibt es etwas, das die Amerikaner „socialized medicine" nennen. Jeder muss in Deutschland versichert sein, das ist Pflicht![43] Das bedeutet aber auch, dass jeder, der arbeitet, zur Kasse gebeten wird. Monatlich wird ein Beitrag vom Gehalt abgebucht, der an die Krankenkasse abgeführt[44] wird. Der Arbeitnehmer, wenn er genug verdient, hat die Wahl in einer gesetzlichen[45] Krankenkasse oder einer privaten Krankenkasse versichert zu sein. Der Vorteil der Privatversicherung liegt in der besseren Qualität der Versorgung.[46] Manche Amerikaner glauben, dass die medizinische

Versorgung kostenfrei ist. In der Vergangenheit war das so, aber heute muss man für Rezepte oder Arztbesuche zusätzlich kleine Beiträge zahlen.

Fragen zum Text

1. Wer muss eine Aufenthaltsgenehmigung beantragen?
2. Was muss man vorweisen, wenn man eine Arbeitsgenehmigung beantragt?
3. Wer beantragt normalerweise die Arbeitsgenehmigung?
4. Was sind Sozialabgaben?
5. Wofür ist die BfA zuständig?
6. Wie lange muss man arbeiten, bevor man eine Rente bekommen kann?
7. Was muss ein Amerikaner machen, um seine eingezahlte deutsche Rente in Amerika angerechnet zu bekommen, nachdem er nicht mehr in Deutschland arbeitet?

Private Krankenversicherung – aber welche?
Kostenlose Zusendung – ausführliche Beratung
Beitrags- und Leistungsvergleich
Aktuelle Vergleiche für Angestellte, Freiberufler, Selbständige, Beamte, Ärzte und Zahnärzte

➡ *Sehen Sie Übung V.F im praktischen Teil.*

Internet   www.harcourtcollege.com/german/deutschimberufsalltag

Wählen Sie die Website einer Krankenkasse und klicken Sie diese an. Empfohlen wird *www.barmer.de*. Dort können Sie Ihre Sozialabgaben unter **Beitragsberechnung** bestimmen lassen. Ihr Bruttomonatsgehalt beträgt 2.500 Euro (5.000 DM). Was zahlen Sie im Monat für:

Krankenkasse _____

Pflegeversicherung[47] _____

Rentenversicherung _____

Arbeitslosenversicherung _____

Welcher Prozentsatz von Ihrem Gehalt wird für jede Versicherung abgezogen?

[47]This is an extra insurance to pay for your care if you are laid up for an extended period of time.

Rollenspiel

Maria und Daniel sprechen über sein Glück, eine feste Anstellung gefunden zu haben. Maria hat viele Fragen und will wissen, was Daniel alles erledigen muss, um die neue Stelle antreten zu können. Erfinden Sie zu zweit eine kleine Szene. Spielen Sie die Rollen von Maria und Daniel.

Zur Diskussion

Warum ist es oft sehr schwierig für Ausländer eine Aufenthalts- oder Arbeitsgenehmigung zu bekommen? Soll ein Ausländer Steuern oder Rentenbeiträge in dem Land zahlen, in dem er arbeitet? Was passiert, wenn der Ausländer nicht lange genug in Deutschland arbeitet, um eine Rente zu bekommen?

Daniels Tagebuch

In diesem Segment hat Daniel weitere Kulturunterschiede kennen gelernt. Er hat alles in seinem Tagebuch aufgeschrieben.

25.11.

_____

_____

_____

_____

_____

Fachwortschatz

Substantive

der **Ablauf, ̈e** order of events, course   _Der Projektablauf kann kompliziert werden._

die **Aktiengesellschaft (AG), -en** company that is listed on the stock exchange   _Siemens ist eine AG._

die **Anlage, -n** system   _Die Computeranlage ist auf dem neuesten Stand der Technik._

die **Anschaffung -en** acquisition, thing acquired   _Die Anschaffungen im Jahr 1998 und im Jahr 1999 haben sich gelohnt._

die **Arbeitsgenehmigung, -en** worker's permit   _Jeder Ausländer muss eine Arbeitsgenehmigung haben._

die **Arbeitslosenversicherung, -en** unemployment insurance   _Jeder Arbeitnehmer muss die Arbeitslosenversicherung zahlen._

der **Arbeitsvertrag, ̈e** job contract   _In Deutschland muss man einen Arbeitsvertrag vorweisen._

die **Aufbauorganisation, -en** structural organization   _Die Aufbauorganisation von Meyers Chip AG hat sich zweimal geändert._

der **Bedarf** need   *Unser Bedarf an Computern ist riesengroß.*

der **Beitrag, ⸚e** contribution   *Mein Beitrag zum Vortrag war minimal.*

der **Berater, -** advisor, consultant   *Frau Schulz fungiert als Daniels Beraterin für die neue Anstellung.*

der **Bereich, -e** field, area   *Im Geschäftsbereich Haushaltsgeräte ist der Profit um 27% gestiegen.*

der **Eigentümer, -** owner   *Der Eigentümer der Müller AG möchte gern sein Werk erweitern.*

die **Fertigung, -en** production   *Die Fertigung von Chips bei Meyers Chip AG ist in Prag angesiedelt.*

die **Folie, -n** transparency, foil   *Daniel hat eine Folie auf den Overheadprojektor gelegt.*

die **Forschung, -en** research   *Meyers Chip AG verlangt viel Forschung im Bereich Silikon.*

die **Fusion, -en** merger   *Die Fusion von Daimler Benz und Chrysler wurde erfolgreich vollzogen.*

die **Gesellschaftsform, -en** type of company   *Welche Gesellschaftsform hat Ihre Firma?*

der **Hauptsitz, -e** headquarters   *Der Hauptsitz von IBM ist in Poughkeepsie, New York.*

die **Herstellung, -en** production   *Die Herstellung von PCs erfolgt bei Dell.*

der **Jahresumsatz, ⸚e** yearly turnover   *Der Jahresumsatz von Meyers Chip AG beträgt 437 Millionen Euro.*

der **Konsument, -en** consumer   *Die Konsumenten kaufen zu Weihnachten sehr viel ein.*

die **Krankenkasse, -n** health insurance   *Meine Krankenkasse zahlt alle Arztkosten.*

die **Pressemitteilung, -en** press release   *Meyers Chip AG veröffentlicht eine Pressemitteilung für die neue Produktlinie.*

der **Pressesprecher, -** press secretary   *Der Pressesprecher von Meyers Chip AG hat mit den Journalisten gesprochen.*

die **Produktionsstätte, -n** factory, production site   *Meyers Chip AG hat ihre Produktionsstätte in Prag.*

die **Qualitätssicherung, -en** quality assurance   *Der Qualitätssicherung von Meyers Chip AG wird eine große Rolle im Produktionsprozess beigemessen.*

die **Rechtsform, -en** type of company   *Die Rechtsform der Siemens AG ist eine Aktiengesellschaft.*

die **Rente, -n** pension   *Daniel bekommt seine Rente in den USA.*

die **Sozialabgabe, -n** welfare contribution   *Die Sozialabgaben in Deutschland sind: Arbeitslosenversicherung, Rentenversicherung, Krankenkasse und Pflegeversicherung.*

die **Sozialversicherung, -en** social insurance, welfare   *Die Sozialversicherung in Deutschland tritt ein, wenn ich beispielsweise arbeitslos werde.*

die **Sparte, -n** area, section   *Eine Sparte bei Meyers Chip AG ist beispielsweise der Einkauf.*

die **Steuer, -n** tax   *Die Steuern in Deutschland sind sehr hoch.*

die **Tochtergesellschaft, -en** subsidiary   *Eine Tochtergesellschaft von Lufthansa ist Condor.*

die **Umwelt** environment   *Wir müssen unsere Umwelt schützen.*

die **Vereinbarung, -en** agreement   *Meyers Chip AG hat eine Vereinbarung mit Happy Schreibwaren über eine Kooperation geschlossen.*

die **Verhandlung, -en** negotiation   *Die Verhandlungen zwischen Meyers Chip AG und IBM sind sehr gut abgelaufen.*

der **Vorgesetzte, -n** supervisor, boss   *Daniels Vorgesetzte ist Frau Schulz.*

das **Werk, -e** plant   *Das neue Werk von Meyers Chip AG befindet sich in Plänterwald.*

der **Zulieferer, -** supplier   *Der Zulieferer für Stifte[48] hat den Vertrag nicht erfüllt.*

die **Zusammenarbeit, -en** cooperation   *Die Zusammenarbeit mit Sabine läuft prima für Daniel.*

[48] pins

Verben

abschließen* to close, to settle   *Daniel hat einen neuen Arbeitsvertrag mit Meyers Chip AG abgeschlossen.*

anschneiden* to touch on   *In seinem Vortrag hat Daniel die Geschichte der Meyers Chip AG angeschnitten.*

ansiedeln to settle, to establish   *Dr. Meyer hat seine Firma in Spandau angesiedelt.*

auftreten* to appear, to occur   *In einem Projekt können viele Probleme auftreten.*

beschäftigen to keep busy, to hire, to employ   *Daniel wird als Kaufmann beschäftigt.*

s. beschränken auf to limit oneself to   *In seinem Vortrag hat Daniel sich auf die Geschichtsaspekte von Meyers Chip AG beschränkt.*

s. auf etwas einstellen to adapt to something   *Daniel hat sich auf die deutsche Art und Weise eingestellt.*

ermöglichen to make possible   *Die neue Stelle ermöglicht einen längeren Aufenthalt in Berlin für Daniel.*

s. kurz fassen to keep it short   *In seiner Rede hat sich Dr. Meissner kurz gefasst.*

fördern to promote, to support   *Frau Schulz fördert eine feste Anstellung von Daniel.*

haften to be liable   *Jeder muss für seine Fehler haften.*

herstellen to produce   *IBM stellt Computer her.*

herunterladen* to download   *Daniel hat Informationen aus dem Internet heruntergeladen.*

meistern to master something   *Daniel hat die Situation mit den Azubis gut gemeistert.*

nachkommen* to keep up with, to follow   *Der Zulieferer kann dem Bedarf von Meyers Chip AG nicht nachkommen.*

pachten to lease   *Meyers Chip AG hat ein neues Lagerhaus gepachtet.*

umfassen to surround, to encompass   *Unser Sortiment umfasst die ganze Palette der Hobbyartikel.*

unterlassen* to refrain from, to leave out   *Er sollte es besser unterlassen, mich weiter zu stören.*

unterordnen to subordinate   *Die neue Arbeiterin kann sich ihrem Chef schwer unterordnen.*

verlagern to relocate   *Die Produktion wird nach Spanien verlagert.*

Adjektive

anerkannt recognized   *Unsere Produkte sind weltweit anerkannt und sehr gefragt.*

bedienungsfreundlich easy to use, user–friendly   *Mein PC ist sehr bedienungsfreundlich.*

befristet limited   *Ich habe einen befristeten Arbeitsvertrag unterschrieben.*

brutto gross   *Ich bekomme 2.500 DM brutto im Monat bezahlt.*

eifrig diligent(ly)   *Daniel arbeitet sehr eifrig.*

verbindlich binding   *Der unterschriebene Arbeitsvertrag mit Meyers Chip AG ist verbindlich.*

Redewendungen

aus allen Nähten platzen   *to burst at the seams*

etwas auf die Beine bringen   *to accomplish something*

In der Kürze liegt die Würze.   *Brevity is the soul of wit.*

in die Tat umsetzen   *to put words into action*

in die Wege leiten   *to set something in motion*

jdn. zur Kasse bitten   *to ask someone to pay*

Zur weiteren Information

Bernd Desinger, Hans Walter Frischkopf, Ulrich Scheck und Helfried Seliger. 1999. *Basiswissen Wirtschaftsdeutsch.* München: Iudicium.

Norbert Heddrich. 1999. "When Cultures Clash: Views from the Professions." In: *Die Unterrichtspraxis: Teaching German.* No.2, 158–165.

Frank Sicker. 1993. *Moderne Reden und Ansprachen.* Niederhausen/Ts: Falken.

Günter Stahl, Claudia Langeloh und Torsten Kühlmann. 1999. *Geschäftlich in den USA*. Wien: Wirtschaftsverlag Carl Ueberreuter.

Firmenprojekt

Das Projekt

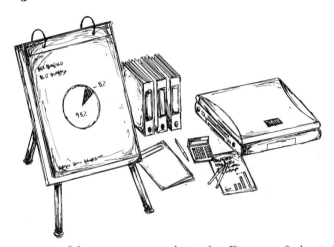

Sie haben nun erfahren, wie eine deutsche Firma aufgebaut ist, und welche Firmenarten es in Deutschland gibt. Sie haben nun die Hintergrundinformationen, die Sie brauchen, um eine Firma zu konzipieren. In diesem Projekt sollen Sie Ihre eigene Firma gründen, die ein Produkt Ihrer Wahl verkauft oder eine von Ihnen bestimmte Dienstleistung anbietet. Sie können Firmenprofile aus Ihrer Ausbildung oder Berufserfahrung nutzen oder Ihrer Fantasie freien Lauf lassen.[49] Die Bedingungen sind, die Firma soll als eine deutsche konzipiert sein und alles muss auf Deutsch geschrieben werden.

[49] let your imagination run wild

Bitte nutzen Sie die folgenden Punkte für Ihren Entwurf:

- *Firmenname*. Zeichnen Sie ein Logo, einen Briefkopf und eine Visitenkarte für die Firma.
- *Standort*. Wo befindet sich Ihr Unternehmen? Welche Bedingungen haben eine wichtige Rolle gespielt, als Sie die Entscheidung für Ihren Standort getroffen haben?
- *Kostenvoranschlag*.[50] Wie viel Geld brauchen Sie, um Ihre Firma auf die Beine zu stellen? Wie wollen Sie Ihr Projekt finanzieren? Haben Sie Eigenkapital und wie viel? Wollen Sie einen Kredit aufnehmen und zu welchen Bedingungen? Welche Rechtsform wählen Sie für Ihre Firma: GmbH oder AG? Begründen Sie Ihre Entscheidung.

[50] estimate, price quote

■ *Die Beschreibung des Produktes oder der Dienstleistung.* Beschreiben Sie detailliert Ihr Produkt oder Ihre Dienstleistung. Wie wird dieses Produkt hergestellt? Welche Produktionsschritte sind zu absolvieren oder welche logistischen Schritten sind zu unternehmen, um die Dienstleistung anzubieten? Welche Rohstoffe sind erforderlich? Wie wird alles verteilt? Müssen Sie mit Lieferanten/Großhändlern zusammenarbeiten? Werden Sie direkt mit den Kunden arbeiten oder sind Sie der Lieferant/Großhändler? Welche Produktionskosten sind zu erwarten? Wie werden Ihre Dienste vergütet, pro Stunde oder pro Projekt? Wie hoch sind die Endkosten Ihres Produktes oder Ihrer Dienstleistung? Wie viel davon ist Gewinn? Gewähren Sie eine Garantie? Was muss der Kunde im Fall von Reklamationen machen?

■ *Zielgruppe.* Beschreiben Sie den idealen Kunden für Ihre Firma (Alter, Geschlecht, Jahreseinkommen, Stadtmensch/Landei, soziales Niveau, Religion, Freizeitaktivitäten). Aus welchen Gründen meinen Sie, dass der Kunde Ihr Produkt kaufen wird? Wozu ist Ihr Produkt notwendig?

■ *Räumlichkeiten.* Wo liegt Ihr Betriebsstandort (Verkehrsanbindungen, Zulieferer, Marktnähe)? Über welche Einrichtungen verfügen Sie? Kaufen Sie die Einrichtungen oder pachten Sie alles (monatlich, jährlich)? Welche Ausstattungen müssen Sie haben (Rechner, Faxmaschinen, Büroeinrichtungen, Lieferwagen usw.)? Wie viel werden all diese Sachen kosten? Betrachten Sie diese Informationen als Teil des Kostenvoranschlags.

■ *Aufbau.* Bilden Sie die Leitung Ihrer Firma. Wie beschreiben Sie die Hierarchie Ihrer Firma? Welche Qualifikationen braucht Ihr Personal? Wie wollen Sie das Personal anwerben? Entwerfen Sie eine Stellenanzeige für eine Position in der Firma.

■ *Öffentlichkeitsarbeit.* Wie wollen Sie Ihre Firma in der Öffentlichkeit bekannt machen? Denken Sie sich eine Werbung für Radio oder Zeitung/Zeitschrift aus oder schreiben Sie eine Pressemitteilung. Welche Art Promotionen bevorzugen Sie? Wie bauen Sie ein gutes Image der Firma auf? Wie gestalten Sie Public Relations?

■ *Persönliche Gründe für Ihre Entscheidung, die Firma zu gründen.* Was macht das Projekt so anziehend für Sie? Was begeistert Sie am meisten?

Gedanken übers Lernen

How do you learn?

Think a moment about how you learn things, not necessarily a foreign language. Which of the following answers best describe you?

1. You are attending a lecture.
   a. You like to look at something, for example handouts or diagrams on the board. During the lecture you like to take notes and look at them.
   b. You like listening to the lecture but notetaking is not of much interest to you.
   c. You don't like sitting and listening to the lecture, you'd much rather be moving around.
2. In a language class:
   a. You enjoy reading and you like looking at the pictures.
   b. You enjoy talking. Discussion is your favorite activity.
   c. You enjoy role-playing. You like doing things.
3. You are putting together a new bookshelf.
   a. You read the instructions and look at the pictures or diagrams.
   b. You like to have someone tell you how to put it together.
   c. You like putting it together without the instructions, through trial and error.
4. Do you listen to music while studying?
   a. Yes, I do. I like it a lot.
   b. No, I don't. I can't listen to music and study at the same time.
   c. When I hear music, I feel like moving.
5. When I learn vocabulary:
   a. I see the spelling of the word. Spelling is easy for me.
   b. I hear the sound of the word. I move my lips and say the word to myself.
   c. I remember words best when I use them in conversations or in writing.
6. When I speak on the phone in my own language:
   a. I speak quickly and often doodle at the same time.
   b. I speak at a normal pace.
   c. I speak rather slowly and use my hands a lot to emphasize what I'm saying.

Turn to the end of this unit (p. 249) to find out what kind of learner you are.

Everyone uses all three learning styles, but everyone has a preference for one more than the others. While learning German, you now know which style will help you learn effectively. However, sometimes one style may be more appropriate than the others. For example, when learning the pronunciation of a German word, the auditory style is more effective. When learning to spell a word, the visual mode is most effective.

How do you learn vocabulary?

The following method can help you learn vocabulary more effectively. Those of you who already have an effective method for learning vocabulary should still take a look at this technique. It is possible that there are aspects of this method that you can integrate into your already effective technique. Before using this method you need to have the words you want to learn plus their English equivalents. These are best kept in a vocabulary notebook so that you can review them about ten days after learning them and again about three weeks later. Either write both the German and the English words in this notebook in various colors, or draw pictures for the meaning of the German words using no English.

Step One: Get yourself into a comfortable position for learning and relax.

Step Two: Look at the German word and its equivalent in English so you know what you are learning. Now imagine a picture or a little movie for the meaning of the word you want to learn. Have this picture in beautiful colors. It should be clear, so that it is easy to see and recognize your imagined picture or video. When you have a good mental image for this word, write the word with its gender somewhere in the picture or video. The writing can be in big, crazy, colorful letters if you want. But the written word must be easy to see and recognize in your mental image.

Step Three: Now imagine a sound or sounds for this word in your inner ear. This sound or these sounds should be pleasant to listen to (not too loud but also not too soft, not too harsh or negative). It is also a good idea to say the word you are learning to yourself with your inner voice, again this should be in a pleasant voice.

Step Four: Then imagine a feeling (motion, emotion, taste, smell, touch) for this same word you are learning.

Step Five: Now ask yourself the meaning of the word in English. If you don't remember the word, something went wrong in the process. You need to repeat the complete process for this word. Be sure to use positive colors, sounds, and feelings when possible. The visual image must be clear and easy to see and recognize!

Step Six: Review the words you learned using this method about 10 days later by going down the vocabulary list in your notebook and just imagine the picture you stored for each word while using this technique. If the mental image with the word written in it is not there, you didn't store it properly the first time you learned the word, and you'll have to learn it again using the same process.

NOTE: Sometimes a picture is not adequate for conveying the meaning of a word. In this case a mental video or movie can convey the meaning much more effectively.

Learning grammar

For some, learning a grammar rule and remembering it are tedious. The following learning strategy will help you do both. To demonstrate this strategy, we will use subordinating conjunctions and subordinating clauses. An example of this is

Wenn der Mann keine Zeit **hat, komme** ich nicht.

Now imagine that a clause is a meadow. This meadow is bordered by a fence, the beginning of the meadow. A fence in this meadow looks like a comma or a period, for example. In this meadow there is a frisky little lamb. This frisky little lamb is always in action. The name of this lamb could be *haben, hat, ist, sind, essen, lesen* and so on, in other words an action word. As everyone already knows, a lamb is always afraid of a wolf, and when a wolf appears at the beginning of the meadow, the little lamb will always run as far away from the wolf as possible. The wolf's name can be *wenn, dass, ob* or *weil*, for example. This means that the lamb will run to the fence. If there is another meadow on the other side of the fence, the lamb in that meadow will come to the same fence to show solidarity to the frightened lamb.

Metaphors like this one can be used for learning various grammar rules. Horst Sperber in his book *Mnemotechniken im Fremdsprachenerwerb* provides many good examples on how to use metaphors in learning a foreign language.

Mostly As: You are probably a visual learner: you prefer learning through seeing.

Mostly Bs: You are probably an auditory learner: you prefer learning through hearing.

Mostly Cs: You are probably a kinesthetic learner: you prefer learning through moving and/or feeling.

Grammatik-Bausteine

Motivation ist der erste Schritt

§1.1 Präsens

Endungen und Stammlautänderungen

Das Präsens im Deutschen ist dem Englischen ähnlich. Manche Verben erfordern eine Vokaländerung in der 2. oder 3. Person Singular:

	laufen	sprechen	machen	schreiben
ich	lauf-e	sprech-e	mach-e	schreib-e
du	läuf-st	sprich-st	mach-st	schreib-st
er/sie/es	läuf-t	sprich-t	mach-t	schreib-t
wir	lauf-en	sprech-en	mach-en	schreib-en
ihr	lauf-t	sprech-t	mach-t	schreib-t
sie	lauf-en	sprech-en	mach-en	schreib-en
Sie/sie	lauf-en	sprech-en	mach-en	schreib-en

Trennbare Präfixe

Wenn das Verb ein trennbares Präfix hat, wird dieses Präfix immer ans Ende des Satzteils gestellt:

> Sie **kommt** um 7 Uhr **an.**
> Wenn die Schule aus ist, **holen** wir unsere Kinder **ab.**

Zu den trennbaren Präfixen gehören **um, zu, vor, an, aus, ab** und **her.** Andere Präfixe, wie zum Beispiel **be-, emp-, ent-, er-, ge-, ver-** und **zer-** sind nicht vom Wortstamm trennbar.

1.1.a   Trennbar oder nicht?

Teilen Sie die folgenden Verben in zwei Gruppen auf.

anhören	entwickeln	verkaufen	aufhören	empfangen
besprechen	vorlesen	zusenden	besuchen	umgehen

trennbar   **nicht trennbar**

_____   _____

_____   _____

_____   _____

_____   _____

_____   _____

1.1.b   Verben mit Stammlautänderung

Die folgenden Verben mit Stammlautänderung und einem trennbaren Präfix kommen im Deutschen öfter vor. Bilden Sie die richtige Form.

Beispiel:

zutreffen/es   Es *trifft zu.*

vortragen   Du _____
                 Er _____
ablaufen/gut   Es _____
durchlesen/es   Du _____
                 Er _____
anfangen   Du _____
                 Es _____
durchsehen/es   Du _____
                 Er _____
vorschlagen/es   Du _____
                 Er _____
einfallen/mir   Es _____

1.1.c   Was machen die Kollegen?

Bilden Sie einen Satz aus den angegebenen Wörtern. Achten Sie auf die Verbform!

Beispiel:

vorschlagen / Herr Meyer / den neuen Plan
Herr Meyer schlägt den neuen Plan vor.

1. das Formular / ausfüllen / Daniel
2. anstellen / den neuen Kollegen / der Abteilungsleiter
3. vorlesen / der Chef / der Mitarbeiterin / die Stellenbeschreibung
4. der Gast / pünktlich / ankommen
5. die Kollegen / die Präsentation / anhören
6. mir / zuhören / meine Mitarbeiter / immer
7. die Telefonnummer / aufschreiben / die Sekretärin
8. Gabi / den Computer / anmachen
9. Daniel / ausmachen / den Scanner
10. Meyers Chip AG / einen Praktikanten / einstellen

1.1.d   Was passiert hier?

Tragen Sie das richtige Verb in die Lücke ein. Achten Sie auf die richtige Verbform und darauf, ob die Vorsilbe des Verbs trennbar ist.

| besprechen | treffen | zugeben |
| umsehen | empfangen | bewerben |

1. Mein Chef _____ gerade Besuch.
2. Die Projektleiterin _____ das Projekt mit den Mitarbeitern.
3. Frau Schmidt _____ sich abends mit ihren Kollegen.
4. In der Mittagspause _____ sich Theodor im Lampenladen _____.
5. Der Manager _____ _____, dass er einen Fehler gemacht hat.
6. Der Kandidat _____ sich um die Stelle.

Genau Gesehen   Die Position von *nicht*

Die Position von *nicht* hängt von den vorhandenen Satzelementen ab.

- *Nicht* wird nachgestellt (zum Satzende) in Verbindung mit einem Finitverb, direktem Objekt, Pronomen und spezifischem Zeitwort:

  Martha **arbeitet** *nicht*.
  Wir sahen **den Mann** *nicht*.
  Ich mache **es** *nicht*.
  Sie kommt **heute** *nicht*.

- In Verbindung mit den meisten anderen Satzelementen wie Prädikaten (substantivische, adjektivische), Adverben, unspezifischen Zeitwörtern und Präpositionen wird *nicht* vorgestellt.

  Ich bin *nicht* **der Mann.**
  Ihr seid *nicht* **nett.**

> Er hat das *nicht* **gern.**
> Wir machen das *nicht* **oft.**
> Ihr fahrt *nicht* **nach Hause.**

1.1.e   Eine Einladung

Ein Kollege lädt Sie zu sich nach Hause ein. Die folgenden Sätze geben Aussagen an, denen Sie nicht zustimmen. Verneinen Sie die Sätze.

1. Ich will hingehen.
2. Ich freue mich, weil er mich eingeladen hat.
3. Ich esse gern Fleisch.
4. Ich kann gut mit vielen Menschen reden.
5. Ich habe gewusst, dass ich etwas mitbringen musste.

Auf der Party freuen sich die Gäste sehr, dass ein Amerikaner da ist. Es gibt viele Fragen an Sie. Leider müssen Sie immer negativ auf die Fragen reagieren.

1. Sind Sie schon lange in Berlin?
2. Haben Sie schon alle Sehenswürdigkeiten in Berlin gesehen?
3. Kommen Sie aus Kanada?
4. Haben Sie in Berlin studiert?
5. Sind Sie öfter in der Vergangenheit nach Berlin gefahren?

§1.2   Imperfekt oder Perfekt?

[1]word stem

Die Vergangenheit kann im Deutschen mit Imperfekt oder Perfekt ausgedrückt werden. Man unterscheidet zwischen regelmäßigen und unregelmäßigen Verben. Im Imperfekt bilden die regelmäßigen Verben ihre Formen durch Anschluss der Silbe **-te** an den Wortstamm[1], beispielsweise **lachen** = **lach** (Wortstamm) + **te** = **lachte**; Wenn der Wortstamm in **-d** oder **-t** endet, bildet man das Imperfekt mit **-ete**, z.B. **arbeiten** = **arbeit** + **ete** = **arbeitete**. Wenn der Stamm auf **-m** oder **-n** endet, benutzt man auch **-ete**, beispielsweise **öffnen** = **öffn** + **ete** = **öffnete**. Aber nach einem **l** oder **r** lässt man das **e** weg, z.B. **warnen** = **warn** + **te** = **warnte**. Bei den unregelmäßigen Verben ändert sich der Stammlaut.

lach + **te** ⟶ **lachte**

arbeit + **ete** ⟶ **arbeitete**

öffn + ete ➡ **öffnete**

warn + te ➡ **warnte**

	machen	kommen	fahren
ich	mach-**te**	kam	fuhr
du	mach-**test**	kam-**st**	fuhr-**st**
er/sie/es	mach-**te**	kam	fuhr
wir	mach-**ten**	kam-**en**	fuhr-**en**
ihr	mach-**tet**	kam-**t**	fuhr-**t**
Sie/sie	mach-**ten**	kam-**en**	fuhr-**en**

Das Perfekt besteht aus dem Partizip und entweder *sein* oder *haben*. Das Partizip wird mit *sein* gebildet, wenn das Verb (Partizip) intransitiv ist und Bewegung oder Zustandsveränderungen anzeigt. Sonst benutzt man *haben*. Dabei wird das Partizip normalerweise mit **ge-** als Präfix und **-t** als Suffix für regelmäßige Verben gebildet. Wenn der Wortstamm in **-d** oder **-t** endet, ist das Suffix **-et.** Wenn der Stamm auch in **-m** oder **-n** endet, benutzt man **-et** ebenfalls. Wenn ein **l** oder **r** vor dem **n** oder **m** kommt, lässt man das **e** weg. Die Verben mit nicht trennbaren Präfixen oder solche, die auf **-ieren** enden, nehmen kein **ge-** Präfix. Für unregelmäßige Verben ist es erforderlich, die Partizipien auswendig zu lernen.

ge + **arbeit** + **et** ➡ **gearbeitet**

ge + **öffn** + **et** ➡ **geöffnet**

ge + **warn** + **t** ➡ **gewarnt**

bearbeit + **et** ➡ **bearbeitet**

telefonier + **t** ➡ **telefoniert**

regelmäßige Verben	**unregelmäßige Verben**
hat gemacht	hat gesungen
hat gekauft	ist gelaufen
hat gesucht	hat getrunken
hat getanzt	hat gegessen

TIPP   In der Geschäftswelt schreibt man einen Geschäftsbrief im Imperfekt und hält einen Vortrag oder redet mit einem Kunden am Telefon im Perfekt. Doch es gibt eine Ausnahme: wenn man über eine Reihe von Ereignissen erzählt, kann man in der gesprochenen Sprache das Imperfekt benutzen. Man benutzt die Imperfektformen von *sein, haben, werden* und den Modalverben öfter als die Perfektformen. Dies stimmt auch in der gesprochenen Sprache.

1.2.a Was ist die richtige Form?

Was ist das Imperfekt von den folgenden Verben? Geben Sie die Form für die 3. Person Singular an.

Beispiel:

suchen   *suchte*

rennen   _____
bringen   _____
tippen   _____
kopieren   _____
anrufen   _____
verkaufen   _____
anmachen   _____
abholen   _____
mitgehen   _____
suchen   _____

1.2.b Notizen zum Werdegang

Daniel schreibt Notizen für seinen Werdegang. Die folgenden Informationen sind im Präsens. Helfen Sie Daniel, alles in das Imperfekt zu setzen.

Beispiel:

Ich lerne Mathematik in der Grundschule.

Ich lernte Mathematik in der Grundschule.

1. Ich singe in einem Chor.
2. Meine Mutter holt mich vom Sport ab.
3. Meine Lehrerin macht mir Komplimente.
4. Ich lerne Deutsch in der High School.
5. Ich programmiere meinen Computer.
6. Mein Vater hilft mir, Pascal zu lernen.
7. Meine Brüder schlagen mir einen Computerkurs vor.

[2]accounting

8. An der Uni bin ich sehr gut im Rechnungswesen[2].
9. Ich arbeite in den Sommerferien.
10. Im Juni absolviere ich mein Studium.

1.2.c Kindertage

Schreiben Sie 10 Sätze über das, was so alles in Ihrer Vergangenheit passiert ist.

1. _____
2. _____
3. _____
4. _____
5. _____
6. _____
7. _____
8. _____
9. _____
10. _____

1.2.d Welche Form?

Bilden Sie das Partizip jedes Verbs und ordnen Sie es in das richtige Feld ein.

vorlesen	anstellen	anschreiben	suchen
rufen	zerbrechen	bearbeiten	entnehmen
tippen	abgeben	ausmachen	verkaufen

Regelmäßig	ich-Form	Partizip

Unregelmäßig		

1.2.e *Sein* oder *haben?*

Schreiben Sie für jedes Verb einen Satz im Perfekt.

*Remember the rule for using **sein** and **haben** with the appropriate participle as stated on p. 5 of grammar section.*

vorkommen	stehen	ablaufen	konzipieren
telefonieren	rennen	umgehen	anfangen
verkaufen	verbessern		

1. _____
2. _____
3. _____
4. _____
5. _____
6. _____
7. _____
8. _____
9. _____
10. _____

1.2.f Eine außergewöhnliche Karriere

Lesen Sie das folgende Interview mit dem ehemaligen Arbeitsminister der Bundesrepublik Deutschland und tragen Sie die richtige Form von dem passenden Verb ein. Sie müssen sich entscheiden, ob Sie das Imperfekt oder das Perfekt brauchen. Wenn Perfekt, entscheiden Sie sich, ob Sie *sein* oder *haben* brauchen.

besuchen	arbeiten	haben	gehen
machen	reisen	geschehen	beginnen
sein (2)	werden	abschließen	geboren

[3]predestined

Reporter:	Guten Tag, Herr Dr. Blüm.
Blüm:	Guten Tag, Herr Marowski.
Reporter:	Herr Dr. Blüm, ich möchte gern etwas über Ihre Karriere erfahren. Es scheint mir, dass Ihr Weg vorbestimmt[3] _____.
Blüm:	Das könnte man vielleicht sagen.
Reporter:	Wo _____ Sie _____?
Blüm:	In Rüsselsheim.
Reporter:	Welche Schule _____ Sie _____?
Blüm:	Ich _____ zur Volksschule in Rüsselsheim _____.
Reporter:	Und danach?
Blüm:	Ich _____ eine Lehre als Werkzeugmacher bei Opel in Rüsselsheim _____.
Reporter:	Haben Sie etwas Besonderes gleich nach der Volksschule gemacht?
Blüm:	Ja, natürlich! Ich _____ durch Europa _____ und _____ als Bauarbeiter in Griechenland und als Kunstschmied in der Türkei _____.
Reporter:	_____ Sie als Werkzeugmacher zufrieden?
Blüm:	Eigentlich nein. Deshalb _____ ich auf das Gymnasium _____, danach mein Studium und meinen Doktor der Philosophie _____.
Reporter:	Was _____ der Höhepunkt Ihrer Karriere?
Blüm:	Ah, das ist einfach. Als ich Arbeitsminister wurde.
Reporter:	Oh, natürlich! Herr Dr. Blüm, Sie _____ wirklich einen sehr interessanten Weg _____! Was würden Sie jungen Leuten empfehlen, die ihre Karriere starten?
Blüm:	Sie sollen immer schwer arbeiten und nie aufgeben, obwohl die Zukunft manchmal sehr schlecht aussieht.
Reporter:	Herzlichen Dank für Ihre Zeit, Herr Dr. Blüm!
Blüm:	Gern _____!

§1.3 *Wenn, als, falls* oder *wann?*

Was ist der Unterschied zwischen *wenn, als, falls* und *wann?*

Wenn gebraucht man für etwas, was relativ sicher ist.

Wenn du Zeit hast, kommst du.

Als benutzt man für etwas, was in der Vergangenheit passiert ist.

Als er in Spanien war, hat er Tapas gegessen.

Falls verwendet man für etwas, was relativ unsicher ist.

Falls sie Geld hat, kauft sie ein neues Auto.

Wann benutzt man für eine direkte oder indirekte Frage.

Wann kommen Sie morgen?

Er fragt, **wann** Sie morgen kommen.

Weitere Beispiele für *wenn, als, falls* und *wann* am Anfang des Nebensatzes:

Wenn ich Zeit habe, kaufe ich mir das Buch.

Als er jung war, ging er nicht gerne in die Schule.

Falls ich mit der Arbeit fertig bin, komme ich.

Die Personalchefin fragte den Praktikanten, **wann** er anfangen will.

Wann gehst du zum Mittagessen in die Kantine?

1.3.a Lückentext

Setzen Sie das richtige Wort in die Lücke ein.

1. _____ kommt er nach Hause?
2. _____ ich Zeit habe, tue ich es.
3. _____ ich jung war, habe ich viel Sport getrieben.
4. Der Chef fragt, _____ der Bericht fertig ist.
5. Wir sind morgen im Büro zu sprechen,_____ Sie Fragen haben.
6. _____ ich im Krankenhaus war, hat meine Frau mir Blumen gekauft.
7. Ich kaufe dir das Buch, _____ ich Geld habe.
8. _____ der Kunde Interesse hat, kann er alles sofort bekommen.

1.3.b Fragenkatalog

Beantworten Sie die folgenden Fragen mit kompletten Sätzen.

1. Was bringen Sie mit, wenn Sie einen Kunden besuchen?
2. Was machen Sie, falls Sie auf einer Dienstreise Zeit haben?
3. Was haben Sie studiert, als Sie Student waren?
4. Der Chef lässt fragen, wann Sie zu ihm kommen können.
5. Was würden Sie wählen, wenn Sie Ihren idealen Beruf haben könnten?

§1.4 Der Gebrauch von *man*

Man wird benutzt, wenn man das Subjekt nicht betonen will. In einem *man*-Satz ist die Betonung mehr auf das Verb oder auf das Objekt. *Man* kann die englischen Wörter *one, you, we, they* und *people* ersetzen. *Man* ist immer Singular. Ein *man*-Satz kann anstatt einer Passivkonstruktion gebraucht werden. Das Wort *man* kann nur im Nominativ benutzt werden. Im Akkusativ benutzt man *einen* und im Dativ *einem*. Im Genitiv benutzt man das Wort *sein* oder *eigen*.

> **Man** soll das nicht zu ernst nehmen.
>
> Das braucht **einen** nicht zu wundern.
>
> Das tut **einem** gar nicht weh.
>
> Man bringt **seine** Bücher mit.
>
> Man bringt das **eigene** Geld für die Reise mit.

1.4.a Aktivitäten im Betrieb

Was macht man in diesen Situationen? Schreiben Sie einen Satz mit *man* und einem Teil aus Spalte A und Spalte B.

A	B
einen Besucherschein	abschicken
den Lebenslauf	konzipieren
die Bewerbung	teilnehmen
an einem Vorstellungsgespräch	antworten
auf eine Anzeige	ausfüllen
eine Sitzung	besprechen
eine Mitarbeiterin	führen
den Anrufbeantworter	anstellen

1. Man _____

   _____.

2. Man _____

   _____.

3. Man _____

_____.

4. Man _____

_____.

5. Man _____

_____.

6. Man _____

_____.

7. Man _____

_____.

8. Man _____

_____.

1.4.b Unpersönlich

Schreiben Sie jeden Satz mit *man* um.

Beispiel:

Der Manager schreibt ein Fax.

Man schreibt ein Fax.

1. Die Kandidatin überprüft ihre Unterlagen.
2. Die Vorgesetzten halten eine Präsentation.
3. Die Personalfrau gibt eine Anzeige auf.
4. Die Mitarbeiter besprechen das neue Projekt.
5. Die Studenten bewerben sich um die ausgeschriebenen Stellen.

Genau Gesehen   ## Geschlecht von Substantiven

Am besten lernt man das Geschlecht mit jedem einzelnen Wort. Aber ein
[4]rule of thumb   paar Faustregeln[4] können helfen.

Substantive mit den folgenden Endungen sind männlich:

-er, z.B. der Lehrer, der Bewerber

-ling, z.B. der Lehrling, der Schönling

-us, z.B. der Realismus, der Kommunismus

Substantive mit den folgenden Endungen sind weiblich:

-ung, z.B. die Bewerbung, die Vertretung

-in, z.B. die Lehrerin, die Sekretärin

-e (meistens), z.B. die Ware, die Schule

Substantive mit den folgenden Endungen sind normalerweise sächlich:

-chen oder **-lein**, z.B. das Mädchen, das Häuslein

-ment (meistens)*, z.B. das Argument, das Monument;

oder wenn das Wort vom Verbinfinitiv kommt,
z.B. das Schreiben, das Treffen

Welches Geschlecht hat jedes Wort?

_____	Meisterin	_____	Anrufbeantworter
_____	Tippen	_____	Chefin
_____	Erfahrung	_____	Moment
_____	Zettelchen	_____	Büchlein
_____	Broschüre	_____	Realismus
_____	Vertreter	_____	Managerin
_____	Beobachtung	_____	Sagen
_____	Segment	_____	Studentin
_____	Bearbeitung	_____	Mappe

Genau Gesehen   ## Mehrzahl von Substantiven

1. Endet das Wort auf, **-schaft, -ung, -keit, -heit** und **-ei,** ist die Mehrzahl mit **–en,** z.B. die Bücherei, die Büchereien.
2. Endet das Wort auf **-chen** oder **-lein,** bleibt die Form in der Mehrzahl unverändert, z.B. das Mädchen, die Mädchen.
3. Stammt das Wort aus dem Latein, bildet sich die Mehrzahl oft nur mit **–s,** z.B. das Auto, die Autos.
4. Endet ein Wort auf **–in,** bildet sich die Mehrzahl mit **–nen,** z.B. die Freundin, die Freundinnen.

*One exception to this rule is **der Moment.**

5. Endet das Wort auf **–e,** bildet sich die Mehrzahl mit **–n,** z.B. die Ware, die Waren.
6. Endet das Wort auf **–ling,** bildet sich die Mehrzahl mit **–e,** z.B. der Lehrling, die Lehrlinge.

Geben Sie das Geschlecht und die Mehrzahl für das Wort an. Der Artikel für die Mehrzahl ist *die*.

Einzahl	Mehrzahl
_____ Ausstattung	
_____ Landschaft	
_____ Chefin	
_____ Radio	
_____ Schule	
_____ Bürokratie	
_____ Bäckerei	
_____ Beobachtung	
_____ Station	
_____ Mappe	

§1.5 Modalverben

Die Modalverben im Deutschen sind *können, sollen, wollen, mögen, müssen* und *dürfen*. Sie fungieren ähnlich wie im Englischen. *Müssen, dürfen* und *mögen* können aber auch eine andere Bedeutung im Deutschen als im Englischen haben. Das Deutsche unterscheidet nicht zwischen *have to* und *must*. Beide entsprechen dem deutschen *müssen*. *Must not* wird als *darf nicht* übersetzt. *Dürfen* kann als *may* aber auch als *be permitted to* übersetzt werden. *Mögen* kann als *like* aber auch als *may/can* übersetzt werden. Wie für alle Verben gibt es verschiedene Zeitformen. Modalverben können auch benutzt werden, um höfliche Vorschläge zu machen.

	dürfen	können	sollen	mögen	müssen	wollen
ich	darf	kann	soll	mag	muss	will
du	darf-st	kann-st	soll-st	mag-st	muss-t	will-st
er/sie/es	darf	kann	soll	mag	muss	will
wir	dürf-en	könn-en	soll-en	mög-en	müss-en	woll-en
ihr	dürf-t	könn-t	soll-t	mög-t	müss-t	woll-t
Sie/sie	dürf-en	könn-en	soll-en	mög-en	müss-en	woll-en

Beispiel:

Wenn Sie sich um eine Stelle in Deutschland bewerben, **müssen** Sie einen Lebenslauf schreiben. Sie **dürfen** nicht vergessen, diesen Lebenslauf zu unterschreiben.

1.5.a Was machen diese Leute?

Beantworten Sie die Fragen mit ganzen Sätzen.

1. Was müssen Sie lernen, bevor Sie Ihren Computer programmieren können? _____

2. Was dürfen Sie sich im Büro auf keinen Fall erlauben? _____

3. Wann sollen Sie bei der Arbeit sein? _____

[5] go home for the day

4. Wann dürfen Ihre Kollegen Feierabend machen[5]? _____

5. Wo können Sie mit Ihren Kollegen zu Mittag essen? _____

6. Wohin möchten Sie mit Ihrem Chef nicht fahren? _____

7. Wie können Sie sich nach der Arbeit am besten erholen? _____

8. Was muss Ihre Kollegin bei ihrer Arbeit berücksichtigen? _____

9. Was muss der Chef jeden Tag erledigen? _____

10. Wann kann der Betriebsleiter normalerweise Urlaub machen? _____

1.5.b Bewerbungs-Tipps

Lesen Sie die folgenden Tipps und setzen Sie ein passendes Modalverb in jede Lücke ein.

1. Sie _____ Ihr Bewerbungsschreiben kurz und aussage-kräftig schreiben und deutlich darstellen, warum Sie für diese Stelle

qualifiziert sind. Sie _____ genau auf die Anforderungen der Stelle eingehen.

2. Sie _____ einen tabellarischen Lebenslauf hinzufügen. Sie _____ ihn zeitlich nach der Abfolge Ihrer Ausbildungs- und Berufsstationen gliedern. Sie _____ vor allem nicht vergessen, den Lebenslauf zu unterschreiben.

3. Sie _____ ein Passfoto rechts oben auf Ihren Lebenslauf kleben. Das Passfoto _____ nicht aus dem Fotoautomaten kommen. Es _____ teuer sein, aber es _____ professionell gemacht werden.

4. Sie _____ Ihre Ausbildungs- und Arbeitszeugnisse (Fotokopien) hinzufügen. Diese _____ Sie in zeitlicher Reihenfolge ordnen, das Neueste zuerst. Die Daten der Zeugnisse und des Lebenslaufs _____ übereinstimmen!

5. Sie _____ alle Unterlagen in eine Clip-Mappe oder einen Schnellhefter einlegen. Falls Sie einen Schnellhefter benutzen _____ , _____ Sie jedes Blatt in eine Klarsichtfolie[6] einlegen.

[6] sheet protector

Modalverben in der Vergangenheit

Die Modalverben im Deutschen haben unregelmäßige Formen im Perfekt und Imperfekt. Modalverben treten auch in den Perfektformen auf, aber diese Formen werden selten benutzt. Wenn Sie also über etwas in der Vergangenheit sprechen und ein Modalverb benutzen wollen, dann nehmen Sie in der Regel die Imperfektform. Die Modalverbindungen im Imperfekt sind dieselben wie für regelmäßige Verben.

	dürfen	können	sollen	mögen	müssen	wollen
ich	durf-te	konn-te	soll-te	moch-te	muss-te	woll-te
du	durf-test	konn-test	soll-test	moch-test	muss-test	woll-test
er/sie/es	durf-te	konn-te	soll-te	moch-te	muss-te	woll-te
wir	durf-ten	konn-ten	soll-ten	moch-ten	muss-ten	woll-ten
ihr	durf-tet	konn-tet	soll-tet	moch-tet	muss-tet	woll-tet
Sie/sie	durf-ten	konn-ten	soll-ten	moch-ten	muss-ten	woll-ten

1.5.c Wohnzimmergespräch

Tragen Sie das richtige Modalverb in der richtigen Form in die passende Lücke ein. Manchmal gibt es verschiedene Möglichkeiten. Machen Sie Ihre Wahl von der inhaltlichen Bedeutung abhängig[7] und erklären Sie Ihre Wahl.

[7] dependent

Daniel und Gabi sitzen im Wohnzimmer und unterhalten sich über Daniels Vorstellungsgespräch.

Gabi:	Wie war es denn?
Daniel:	Sehr interessant! Bevor ich angekommen bin, habe ich mir alles zurecht gelegt, was ich Frau Hase sagen _____.
Gabi:	Ach ja?
Daniel:	Da stand ich aber erst einmal vor dem Pförtner, und er hat mich gar nicht wahrgenommen. Dann _____ ich warten, bis er mich bei Frau Hase gemeldet hat.
Gabi:	Und die Frau Hase? Wie war sie?
Daniel:	Ich _____ auf sie am Tor warten. Sie hat mich abgeholt, und wir sind in ihr Büro gegangen. Sie hat mir gesagt, dass sie meine Bewerbung _____. Nach unserem Gespräch _____ wir auf Frau Schulz warten.
Gabi:	Wer ist Frau Schulz?
Daniel:	Meine neue Chefin. Sie kam dann auch, und Frau Hase meinte, dass ich mit Frau Schulz mitgehen _____. Sie _____ mir meine Aufgaben und meinen neuen Arbeitsbereich zeigen. Als wir in ihrem Büro waren, _____ ich eine Viertelstunde auf sie warten, weil es ein dringendes Telefonat gab.
Gabi:	Das war nicht so schön.
Daniel:	Ich _____ es nicht fassen! Ich _____ nur sitzen und warten. Endlich war sie fertig und es _____ losgehen. Sie hat verschiedene Fragen gestellt, die ich gut beantworten _____. So habe ich die Stelle bekommen und darf schon in zwei Wochen anfangen.

§1.6 Fragen formulieren

Wenn im Deutschen eine direkte Frage gestellt wird, kommt das Modalverb oder das konjugierte Verb gleich nach dem Fragewort (2. Position). Wenn es eine ja/nein-Frage ist, steht das Modalverb oder das konjugierte Verb in erster Position. Wenn Sie ein Modalverb benutzen, kommen der Infinitiv oder andere Verbteile ans Ende der Frage.

Was **wissen** Sie über unsere Firma?

Was **wollen** Sie über unsere Firma **wissen?**

Möchten Sie unsere Firma besichtigen?

1.6.a   Bei Meyers Chip AG

Frau Hase unterhält sich auf dem Weg zu ihrem Büro mit Daniel. In diesem Gespräch benutzt Frau Hase unter anderem die folgenden Sätze. Sie ist sehr direkt. Wie kann man die Sätze mit Modalverben höflicher formulieren? Benutzen Sie *dürfen, können* und *möchten* abwechselnd, wo sie am besten passen.

Beispiel:

Rufen Sie mich bitte an!

Können Sie mich bitte anrufen?

1.   Kommen Sie bitte mit! _____?
2.   Ich schreibe Ihre Besuchernummer auf._____?
3.   Gehen Sie bitte vor! _____?
4.   Nehmen Sie bitte Platz! _____?
5.   Ich stelle Ihnen Ihre neue Chefin vor. _____?
6.   Ich rufe Sie morgen noch einmal an. _____?
7.   Sie nehmen an einer Betriebsführung teil. _____?

1.6.b   Was ist die richtige Frage?

Schreiben Sie eine Frage, die nach der fett gedruckten Information fragt.

Beispiel:

der Manager / kommen / gestern / **mit seiner Frau**

Mit wem ist der Manager gestern gekommen?

1.   letzte Woche / die Sekretärin / fahren / schnell / **nach Hause**

_____?

2.   **ein Auto** / mieten / der Chef / dürfen / letztes Wochenende / nicht

_____?

3.   der Pförtner / wollen / mich / **gestern** / hineinlassen _____

_____?

4.   **das** / tun / ich / nicht / letztes Jahr _____

_____?

5.   wir / nach Hause / fahren / **am letzten Dienstag** _____

_____?

1.6.c   Welche Fragen haben Sie?

Stellen Sie eine Frage, die zur Situation passt. Benutzen Sie das passende Modalverb.

Beispiel:

Daniel arbeitet im Büro mit Kundenunterlagen, aber er weiß nicht genau, wie er alles ordnen soll. Eine Kollegin von ihm kommt ins Büro. Welche Frage stellt er der Kollegin? *Wie soll ich die Unterlagen ordnen?*

1. Daniel spricht mit Gabi über seine Bewerbung. Er weiß nicht, wie er seinen deutschen Lebenslauf schreiben soll. Was fragt er Gabi?

    _____

2. Gabi erzählt Daniel, dass ihr Vater ihm helfen will, aber erst am Sonntag. Daniel will nicht so lange warten und möchte wissen, ob sie schon jetzt anfangen können. Was fragt er?

    _____

3. Daniel weiß, dass die Arbeit mit seiner Bewerbung länger dauert, also trinkt er einen Kaffee. Er will wissen, ob Gabi auch einen Kaffee trinkt. Was fragt er?

    _____

4. Daniel und Frau Hase sprechen am Telefon. Daniel will wissen, wie er zur Meyers Chip AG fahren muss. Was fragt er?

    _____

5. Daniel und Frau Schulz sprechen noch nach dem Vorstellungsgespräch. Daniel will wissen, wann er am Montag die Arbeit anfangen muss. Was fragt er?

    _____

[8] counter question

6. Frau Schulz antwortet mit einer Gegenfrage[8]. Daniel hat die freie Zeitwahl, so lange es vor 10 Uhr ist. Sie will wissen, wann er beginnen möchte. Was fragt sie?

    _____

7. Daniel möchte von Frau Schulz auch wissen, was er im Büro nicht machen darf. Was fragt er?

    _____

1.6.d   Herr Walker, was haben Sie gemacht?

Übernehmen Sie die Rolle von Frau Schulz im Vorstellungsgespräch mit Daniel. Hier sind Daniels Antworten auf ihre Fragen. Schreiben Sie die Fragen von Frau Schulz auf.

Beispiel:

Wo und wann sind Sie geboren?

Ich bin am 1.10.76 in Utah geboren.

1. Ich habe mein Studium in BWL absolviert. _____
   _____?

2. Nein, als ich sehr jung war, sind wir nach Kalifornien umgezogen.
   _____?

3. Ich habe an der Columbia University studiert. _____
   _____?

4. Ja, ich habe in den Sommerferien gearbeitet. _____
   _____?

5. Mein Hauptgebiet war Rechnungswesen _____
   _____?

6. Ja. Als ich sehr klein war, war meine Mutter Hausfrau. _____
   _____?

7. Ja, vor einem Jahr war ich hier. _____
   _____?

1.6.e   Die häufigsten Fragen

Stellen Sie sich jetzt vor, Sie führen ein Vorstellungsgespräch mit einem(r) Kandidaten(in). Verwenden Sie die Fragen der Hitliste im Hauptteil auf Seite 47. Denken Sie sich selbst zusätzlich drei oder vier weitere Fragen für das Gespräch aus, und schreiben Sie diese Fragen auf.

Genau Gesehen   ## Die Position von Verben im Hauptsatz

Lesen Sie zuerst die Beispielsätze und kreisen Sie dann das richtige fett gedruckte Wort in der darauf folgenden Grammatikregel an.

Der Chef kommt jeden Tag zur Arbeit.
Der Kandidat schreibt seinen Lebenslauf.

1. Im Hauptsatz kommt das konjugierte Verb immer an die **erste / zweite** Stelle.

Die Personalchefin ruft den Kandidaten an.
Der Boss schreibt die Adresse auf.

2. Wenn es ein trennbares Verb gibt, kommt das konjugierte Verb an die **erste / zweite** Position und das Präfix ans Ende des Satzteiles.

Der Praktikant kann gute Arbeit leisten.
Der Manager hat einen Geschäftsbrief getippt.

3. Wenn es im Hauptsatz ein Hilfsverb oder Modalverb gibt, kommt dieses Verb an die **erste / zweite** Position.

Der Praktikant hat es geschafft, den Bericht abzuliefern.
Der Personalchef wollte den Mitarbeiter nicht verlieren.

4. Wenn das Hilfsverb an die zweite Position kommt, kommt der Infinitiv oder das Partizip an **das Ende / den Anfang** des Hauptsatzes.

Was denken Sie?

Wo können Sie eine Mappe kaufen?

5. In einer Frage mit Fragewort kommt das konjugierte Verb an die **erste / zweite** Position.

Wann müssen Sie die Arbeit erledigen?

Kann man zur Arbeit fahren?

6. In einer Frage kommt der Infinitiv oder das Partizip an **das Ende/ den Anfang** des Hauptsatzes.

| **SEGMENT II** | # Im Büro |

§2.1　Nominativ

[9] cause, causer

Das Subjekt in einem Satz ist immer der Verursacher[9] einer Tätigkeit oder einer Aussage. Das Subjekt kann eine Person, ein Konzept oder ein Ding sein. Es beantwortet die Frage, *wer* oder *was*. Das Subjekt im Deutschen ist immer Nominativ, der erste Fall.

Der Mann ist hier.

Die Frau fährt Auto.

Das Mädchen trinkt Cola.

Die Häuser sind sehr alt.

[10] Nomen = Substantiv

Das Prädikatsnomen[10] designiert eine Person, ein Konzept oder ein Ding, das das Subjekt wiederholt. Das Prädikatsnomen vervollständigt Sätze mit Verben wie *heißen, sein* und *werden*.

Der junge Amerikaner heißt **Daniel.**

Daniel ist **ein netter junger Mann.**

Er wird **ein guter Kaufmann.**

2.1.a　*Wer* oder *was*?

Schreiben Sie einen ganzen Satz zu jeder Frage.

1. Wer kommt aus Kalifornien?
2. Wer ist die Personalchefin von Meyers Chip AG?
3. Wer ist die Freundin von Daniel?

4. Wer hilft mit Daniels Bewerbung?
5. Wer führt das Vorstellungsgespräch mit Daniel?
6. Was ist ein Lebenslauf?
7. Was ist ein Werdegang?
8. Was ist eine Bewerbungsmappe?

2.1.b   Welche Funktion hat der Nominativ?

Welche Satzteile stehen im Nominativ? Welche Funktion haben diese Satzteile?

Beispiel:

Ich gehe oft ins Konzert und genieße die Musik.

Ich *steht im Nominativ und fungiert als Subjekt.*

1. Der Chef ruft mich an und er will immer wissen, was ich mache.
2. Meine Freundin hilft mir mit meiner Bewerbung, aber sie will immer alles erfahren.
3. Meine Sekretärin ist eine hervorragende Rednerin.
4. Der Schreibtisch steht neben der Tür, und neben dem Schreibtisch steht die Kaffeemaschine.
5. Der Lebenslauf und das Foto sind wichtige Bestandteile einer Bewerbung.
6. Der Pförtner ist der Bruder meines Freundes.

§2.2   Wechselpräpositionen

[11] require, trigger

Im Deutschen gibt es neun Präpositionen (*an**, *auf, hinter, neben, vor, über, unter, in* und *zwischen*), die beide Fälle—Akkusativ und Dativ—nach sich ziehen können.[11] Ob Akkusativ oder Dativ hängt von der Bedeutung ab. Wie erkenne ich den Unterschied? Ist eine Situation, in der die Präposition verwendet wird, statisch (keine Bewegung), dann verlangt die Präposition in der Regel den Dativ.

Ich stehe am Fenster.

Aber wenn eine Situation durch Bewegung oder Ortsänderung gekennzeichnet ist, dann gebraucht man den Akkusativ.

Ich gehe ans Fenster.

---

* Note the differences in use of *an, auf* and *in*. *An* is used for vertical surfaces or edges (e.g. *Ich stehe an der Tür*). *Auf* is used for public buildings (e.g. *Ich gehe auf die Bank*) and social events (e.g. *Ich bin auf einer Fete*). *In* is used for locations one enters (e.g. *Ich gehe ins Büro*). When the preposition *über* has the English meaning of *about* or *concerning*, it always takes the accusative case.

Bestimmte Präpositionen können mit dem Artikel kombiniert werden.

an + das ➝ ans

an + dem ➝ am

in + das ➝ ins

in + dem ➝ im

auf + das ➝ aufs

über + das ➝ übers

Wenn man diese Präpositionen mit bestimmten Verben kombiniert, hat man besondere Bedeutungen, die man von der Zusammensetzung her nicht erkennen kann. Sie müssen auswendig gelernt werden. Es gibt leider keine Faustregeln.

Der Mitarbeiter **hat Angst vor** seinem Chef. (*Dativ*)

The employee is afraid of his boss.

Was die Sekretärin mir erzählt, bleibt **unter uns.** (*Dativ*)

What the secretary tells me must remain between us.

Ich **warte auf den** Bus. (*Akkusativ*)

I'm waiting for the bus.

legen/liegen, setzen/sitzen, stellen/stehen, hängen, stecken

[12] for all purposes

Das Verb für alle Fälle[12] im Englischen, das Bewegung anzeigt ist *to put*. Das englische Verb kann man im Deutschen mit *legen, setzen, stellen, hängen* oder *stecken* gleich stellen. Nach diesem Verb benutzt man den Akkusativ mit den Präpositionen von oben. Diese Verben sind immer regelmäßig.

Infinitiv	Imperfekt	Partizip	
legen	legte	gelegt	*to lay*
setzen	setzte	gesetzt	*to set*
stellen	stellte	gestellt	*to stand upright*
hängen	hängte	gehängt	*to hang*
stecken	steckte	gesteckt	*to stick*

Das Verb für alle Fälle im Englischen, das Position anzeigt, ist *to be*. Das englische Verb kann man im Deutschen mit *liegen, sitzen, stehen, hängen* oder *stecken* gleich stellen. Diese Verben sind außer *stecken* immer intransitiv. Nach diesem Verb benutzt man den Dativ mit den Präpositionen von oben. Diese Verben sind außer *stecken* unregelmäßig.

Infinitiv	Imperfekt	Partizip	
liegen	lag	gelegen	*to be lying*
stehen	stand	gestanden	*to be standing*
sitzen	sass	gesessen	*to be sitting*
hängen	hing	gehangen	*to be hanging*
stecken	steckte	gesteckt	*to be inserted*

Daniel steckt die Mappe in seine Aktentasche.

Die Mappe steckt in der Aktentasche.

2.2.a   Alle kommen heute zu spät

Ergänzen Sie die Sätze mit den Wörtern in Klammern.

Beispiel:

Tina kommt zur Arbeit und läuft ..... (in / Büro)

1. Daniel kommt aus der U-Bahn und geht . . . . (über / Straße)
2. Frau Schulz sitzt schon . . . . (an / Schreibtisch)
3. Frau Hase kommt schnell . . . . .und macht das Fenster auf. (an / Platz)
4. Martina packt ihre Tasche aus und legt alles . . . . (neben / Telefon)
5. Daniel schließt das Büro auf und steckt den Schlüssel . . . . (in / Hosentasche)
6. Frau Hase macht die Kaffeemaschine an und schüttet sich Wasser . . . .(in / Maschine)
7. Frau Schulz steht . . . . und raucht eine Zigarette. (vor / Fenster)
8. Daniel will seinen Kaffee schnell austrinken und schüttet Kaffee . . . . (auf / Hemd)
9. Frau Hase sieht ihren Kugelschreiber, er ist . . . . gefallen. (unter / Schreibtisch)
10. Martina redet mit zwei Kollegen und stellt sich . . . . (zwischen / Kollegen)

2.2.b **Daniel beim Arbeiten**

Vervollständigen Sie die Sätze.

Beispiel:

Daniel setzt seine Kaffeetasse auf _____.

Daniel setzt seine Kaffeetasse auf *den Tisch.*

1. Daniel stellt den Aktenordner in _____.
2. Sein Reisepass liegt in _____.
3. Er hängt sein Familienfoto an _____.
4. Er stellt das Telefonbuch auf _____ der Sekretärin.
5. Der Locher steht neben _____.
6. Seine Klammern liegen unter _____.
7. Er steckt den Kugelschreiber zwischen _____.
8. Der Stuhl steht vor _____.
9. Das Faxgerät steht zwischen _____ und

   _____.

10. Daniel legt die Unterlagen in _____.

2.2.c **Was machen Sie in jeder Situation?**

Benutzen Sie eine der folgenden Präpositionen in Ihrer Antwort. Schreiben Sie komplette Sätze.

in   an   vor   über   zwischen   auf   unter

Beispiel:

Sie haben Ihren Kugelschreiber fallen lassen. Er fällt unter Ihren Schreibtisch. Was machen Sie?

Ich krieche unter den Tisch und hebe ihn auf.

1. Sie sitzen an Ihrem Schreibtisch und hören Krach draußen vor dem Fenster. Sie sind neugierig und stehen auf. Was machen Sie?
2. Wo sitzen Sie, wenn Sie telefonieren?
3. Sie halten eine Tasse Kaffee in der rechten Hand, und eine neue Kollegin kommt auf Sie zu. Sie wollen ihr die Hand geben. Was machen Sie mit dem Kaffee?
4. Zwei Kollegen diskutieren heftig, und Sie haben Angst, dass die beiden sich schlagen werden. Wo stellen Sie sich hin?
5. Ihre Chefin will, dass Sie eine kleine Präsentation für Azubis durchführen. Die Azubis sitzen im Besprechungsraum und warten auf Sie. Was machen Sie?
6. Sie stehen vor dem Büro Ihres Chefs und klopfen. Ihr Chef sagt, „herein!" Wohin gehen Sie?

7. Wo stehen Sie, wenn Sie sich morgens kämmen?
8. In Ihrem Büro haben Sie nichts an der Wand, also bringen Sie Bilder von zu Hause mit. Was machen Sie mit den Bildern?
9. Sie wollen einen Brief absenden, aber Sie haben keine Briefmarke. Wo kaufen Sie eine?
10. Das Büro von Kollege A ist links von Ihnen, und das Büro von Kollege B ist rechts von Ihnen. Wo ist Ihr Büro?
11. In meinem Büro höre ich Geräusche. Ich sehe nach oben und merke, es ist der Ventilator. Wo befindet sich der Ventilator?

Genau Gesehen   *Dann, denn* oder *weil*?

Diese Wörter können in ihrer Bedeutung manchmal problematisch sein. *Dann* hat die englische Bedeutung *then*, aber nicht in der Vergangenheit. In der Vergangenheit benutzt man das Wort *damals*. *Denn* kann als Interjektion benutzt werden und verstärkt die Bedeutung. Sonst haben *denn* und *weil* eigentlich die gleiche Bedeutung aber die Wortstellung nach diesen Wörtern ist anders. Nach *denn* folgt die Wortstellung für einen Hauptsatz und nach *weil* die Wortstellung für einen Nebensatz.

➡ ***Vergleichen Sie Segment 3, §3.4, worin die Wortstellung in Nebensätzen besprochen wird.***

2.2.d   Zitate

Welches Wort passt?

1. Sie kommen in ein Büro und sehen überall Papier, Tüten, Becher usw. herumliegen. Sie fragen, „Was ist _____ hier los?"
2. Sie wollen wissen, ob Ihr Kollege morgen kommt. Sie fragen, „Kommen Sie morgen? Ich gebe einen aus." Er sagt, „Ja, _____ komme ich."
3. Sie sprechen am Telefon mit einer Kundin. Sie sagen, „Wenn Sie Weiteres wissen möchten, _____ können Sie uns anrufen."
4. Sie sind mit den Geschäftsergebnissen nicht zufrieden und sagen zu einem Freund, „Wir verkaufen im Moment nicht viel, _____ die Konkurrenz ist ziemlich stark."
5. Ihr Freund wiederholt Ihre Aussage, „Sie verkaufen momentan nicht viel, _____ die Konkurrenz so groß ist."
6. Sie kommen heute bei der Arbeit an und sehen, dass kaum jemand da ist. Sie fragen eine Kollegin, „Warum sind so viele Kollegen nicht da? _____ die Züge Verspätungen haben."
7. Und Ihre Kollegin meint, „Ja, viele Kollegen sind verspätet, _____ es ein Eisenbahnunglück gab."

8. Sie sagen, „_____ ich immer zu Fuss komme, bin ich immer pünktlich."

9. Sie erklären der Kollegin, „erst klingelt der Wecker, _____ stehe ich auf."

10. Und Sie erklären ihr weiter, „und abends kommt zuerst das Bier und _____ das Essen."

§2.3 Reflexivverben

Reflexivverben sind Verben, die immer ein Reflexivpronomen nach sich ziehen. Viele Reflexivverben im Deutschen haben keine direkten englischen Entsprechungen; z. B. *sich verwählen* (to dial the wrong number) oder *sich verzetteln* (to spread oneself thin by trying to do too many things at once). Das Reflexivpronomen hängt immer vom Subjekt ab.

ich vertippe mich	wir vertippen uns
du vertippst dich	ihr vertippt euch
er/sie vertippt sich	Sie/sie vertippen sich

[13] tenses

Wie alle Verben können Reflexivverben durch alle Zeitformen[13] konjugiert werden. In der nicht-reflexiven Form nehmen diese Verben den Akkusativ an:

Ich vertippe **den** Brief.
Sie ärgert **den** Chef.

2.3.a Unordnung

Beantworten Sie die Fragen mit Reflexivverben.

1. Hier ist ein Bild von Ihrem Arbeitszimmer zu Hause. Worüber wundern Sie sich in diesem Zimmer? _____

2. Wenn Sie dieses Zimmer aufräumen, was werden Sie höchstwahrscheinlich übersehen und worüber würden Sie sich später ärgern, wenn Sie es nicht finden? _____

3. Wofür werden Sie sich in diesem Zimmer entschuldigen, wenn Freunde zu Besuch kommen? _____

4. Worüber werden Sie sich aufregen, wenn eine Putzfrau Ihr Zimmer aufräumt? _____

5. Warum freuen Sie sich über dieses Zimmer, auch wenn es unordentlich ist? _____

2.3.b   Was haben diese Mitarbeiter falsch gemacht?

Benutzen Sie die folgenden Verben mit der passenden Reflexivform.
Begründen Sie Ihre Antworten.

verhören   vertippen   verrechnen   verschreiben   vertun
verlaufen   versprechen   verfahren   verwählen   verzetteln

1. Schmidt wird mit „dt" buchstabiert und nicht mit Doppel „t". Sabine
   hat _____ bestimmt _____.
2. Mensch, wo bin ich? Entschuldigung, ich suche die Personalabteilung. Oh, Sie haben _____ _____. Es ist nicht hier.
3. „Guten Abend. Ich wollte mit Herrn Meyer sprechen."   „Hier ist
   Koch. Ich glaube, Sie haben _____ _____."
4. Jedesmal, wenn wir mit dem PC arbeiten, _____ wir _____.
5. Entschuldige, das ist eigentlich nicht, was ich sagen wollte. Ich habe
   _____ _____.
6. Ich habe deinen Brief gelesen und einige Fehler gefunden. Du hast
   _____ ein paar Mal _____.
7. Einige Kalkulationen von Herrn Seyffert in der Rechnung sind nicht
   in Ordnung. Er hat _____ _____.
8. Herr Meyer versucht immer viele Sachen auf einmal zu tun, und er
   schafft wenig. Er _____ _____ immer.

2.3.c Persönliche Fragen

Beantworten Sie jede Frage mit einem ganzen Satz.

1. Worüber haben Sie sich neulich im Unterricht geärgert?
2. Warum freuen Sie sich auf den Urlaub?
3. Wann hatten Sie wirklich Grund sich zu beschweren und warum?
4. Worüber haben Sie sich gewundert, als Sie die Zeitung gelesen haben?
5. Wofür haben Sie sich in Ihrem Leben zu bedanken?

§2.4 Das Passiv

Das Passiv betont die Tätigkeit und nicht das Subjekt, das die Tätigkeit ausübt. Um das Passiv zu bilden, benutzt man *werden* und das Partizip Perfekt.

ich werde gebraucht	wir werden gebraucht
du wirst gebraucht	ihr werdet gebraucht
er/sie wird gebraucht	Sie/sie werden gebraucht

Das Auto wird gefahren.

Das Haus wird gekauft.

Man kann auch den Verursacher der Aktion oder die Person benennen, indem man *von* oder *durch* einfügt (*durch* ist normalerweise für Dinge).

Das Auto wird von dem Mann gefahren.

Die Straße wird durch den Regen beschädigt.

Bei allen Verben kann das Passiv in verschiedenen Zeitformen erscheinen. Wenn man ein Modalverb benutzt, wird das Modalverb konjugiert und alle anderen Verbteile kommen ans Ende des Satzteils, in dem sie benutzt werden.

Der Wagen muss heute noch repariert werden.

Das Papier muss noch eingelegt werden.

Das unpersönliche Passiv. Im Englischen hat ein aktiver Satz ohne ein direktes Objekt kein vergleichbares Passiv. Im Deutschen dagegen kann solch ein Satz eine Passivform haben. Diese Passivform wird normalerweise mit *es* als Subjekt gebildet.

Aktiv: Jeder telefoniert im Moment. *Everyone is using the phone at the moment.*

Passiv: Im Moment wird telefoniert.

Es wird im Moment telefoniert.

Diese Form wird in der Geschäftswelt benutzt, wenn man sehr unpersönlich sein will.

Es wird hier schwer gearbeitet.

Es wird heute nicht viel gearbeitet.

Es wird am Wochenende nicht produziert.

Das Passiv mit Verben, die Dativ nach sich ziehen

Im Deutschen darf nur das direkte Objekt (Akkusativ) ins Subjekt eines Passivsatzes umgewandelt werden. Ein Objekt im Dativ wandelt sich nicht, es bleibt im Dativ in einem Passivsatz. In solch einem Satz gibt es kein Subjekt.

Aktiv:	Wir antworten ihm.	*We answer him.*
Passiv:	Ihm wird geantwortet.	*He is given an answer.*
Aktiv:	Die Sekretärin hilft ihm.	*The secretary helps him.*
Passiv:	Ihm wird geholfen.	*He is being helped.*

2.4.a   Was ist das Partizip Perfekt?

Schreiben Sie das Partizip Perfekt jedes Verbs in die richtige Spalte.

unterschreiben	vergleichen	bestätigen	vergessen
liefern	überprüfen	faxen	vorlesen
weiterleiten	abschicken	bestellen	vorschlagen

regelmäßig	**unregelmäßig**
gefaxt	unterschrieben
_____	_____
_____	_____
_____	_____
_____	_____
_____	_____
_____	_____

2.4.b Was wird bei der Arbeit gemacht?

Daniel erzählt Gabi von der Arbeit. Er erzählt seine Geschichte im Passiv. Leider vergisst er, dabei die Partizipien zu verwenden. Helfen Sie Daniel und schreiben Sie die Sätze zu Ende.

1. Das neue Produkt wird mit dem alten _____.
2. Unsere Bestellung wird _____.
3. Die Ware ist angekommen, jetzt wird sie _____.
4. Ich habe die falsche Person angerufen, jetzt werde ich _____.
5. Es wird _____, dass wir neue Schreibtische bestellen.
6. Also werden neue Schreibtische _____.
7. Es wird immer _____, das Licht auszuschalten.
8. Der Brief wird heute Nachmittag _____.
9. In der Sitzung wird das neue Protokoll_____.
10. Die bestellten Schreibwaren werden heute _____.

2.4.c Wie lautet das Passiv?

Harry, ein amerikanischer Freund von Daniel, ist nach Berlin gekommen, um in der Stadt zu wohnen und zu arbeiten. Sein Deutsch ist aber noch nicht so gut. Daniel erklärt ihm, dass das Passiv im Deutschen viel wichtiger ist als im Englischen. In der Geschäftswelt wird es sehr oft benutzt; viel mehr als in Amerika. Also will Daniel mit Harry üben. Er gibt Harry Aktivsätze vor, die Harry ins Passiv umschreiben muss. Schreiben Sie die Sätze für Harry ins Passiv um und lassen Sie den Verursacher weg.

Beispiel:

Die Mitarbeiterin benutzt das Telefon.

Das Telefon wird benutzt.

1. Der Chef konzipiert den neuen Brief.
2. Die Sekretärin schreibt die Bestätigung.
3. Der Vertreter führt die neuesten Modelle vor.
4. Der Mitarbeiter liest das lange Protokoll vor.
5. Frau Schulz diktiert die Mängelrüge an die Firma Top-Transceiver GmbH.
6. Die Praktikantin schlägt einen besseren Termin vor.
7. Der Pförtner schreibt die Telefonnummer und die Adresse auf.
8. Der Manager löst den alten Fall.
9. Herr Koch verliest die Bestellliste.
10. Ich gebe die Informationen an Frau Schulz weiter.

2.4.d   Von wem wird es gemacht?

Kombinieren Sie die beiden Spalten so, dass sinnvolle Sätze dabei herauskommen. Benutzen Sie das Passiv.

Was?	**Von wem?**
die Personalakte ansehen	Frau Schulz
Kunden betreuen	Herr Seyffert
das Büro leiten	Frau Hase
Besucher empfangen	Daniel
Nachrichten übersetzen	der Pförtner
Faxe schreiben	Gabi

1. *Faxe werden von Gabi geschrieben.*
2. _____
3. _____
4. _____
5. _____
6. _____

2.4.e   Ein Problem im Betrieb!

Im Betrieb gab es gestern eine unangenehme Sache. Jemand hat einige Materialien aus dem Büro mitgenommen, und jetzt will man feststellen, wer es war. Übertragen Sie die Sätze ins Englische.

Beispiel:

Dem zweiten Mitarbeiter kann nichts bewiesen werden.

Nothing can be proved against the second employee.

1. Ihm wird aber nicht geglaubt.
2. Nach diesem Fall wird sehr viel diskutiert.
3. Uns wird immer wieder gesagt, dass so etwas nicht wieder passieren soll.
4. Uns wird geschrieben, dass wir uns keine Sorgen machen sollen.
5. Es wird uns vorgeschlagen, mit den Büroartikeln sorgsamer umzugehen.
6. Es wird entschieden, die Polizei nicht zu informieren.
7. Dem zweiten Mitarbeiter wird vorgeworfen[14], dass er es getan hat.

[14] is accused

SEGMENT III

Vertrieb und Marketing

§3.1 Akkusativ und Dativ

Direktes Objekt: Akkusativ

Die Tätigkeit eines Verbs bezieht sich auf das direkte Objekt. Das direkte Objekt beantwortet eine *wen* oder *was* Frage. Ein Nomen oder ein Pronomen, das als direktes Objekt fungiert, wird immer im Akkusativ (dem 4. Fall) benutzt.

> Ich trage **den Mantel.**
>
> Sie trägt **eine Hose.**
>
> Das Kind liest **das Buch.**
>
> Die Leute sehen sich **die Bilder** an.

Die Akkusativformen der Pronomen lauten:

Pronomen im Akkusativ

Einzahl		*Mehrzahl*	
ich	mich	wir	uns
du	dich	ihr	euch
er/sie/es	ihn/sie/es	Sie/sie	Sie/sie

Indirektes Objekt: Dativ

Der Dativ, oder der dritte Fall, fungiert oft als indirektes Objekt.

> Ich gebe **meinem Bruder** die neue Adresse.
>
> Daniel schreibt **der Firma Schulz** ein Angebot.
>
> Frau Schulz erklärt **dem Azubi** seine Aufgabe im Betrieb.

Die Dativformen von Pronomen lauten:

Pronomen im Dativ

Einzahl		Mehrzahl	
ich	mir	wir	uns
du	dir	ihr	euch
er/sie/es	ihm/ihr/ihm	Sie/sie	Ihnen/ihnen

3.1.a Wortstellung

Lesen Sie zuerst die Beispielsätze und kreisen Sie dann den richtigen fett gedruckten Begriff in der darauf folgenden Grammatikregel ein.

Daniel kauft dem Kollegen ein Geschenk.
Sabine schreibt dem Unternehmen einen Brief.

1. Wenn es im Satz ein indirektes und ein direktes Objekt gibt, kommt das indirekte Objekt **zuerst/zuletzt.**

Daniel kauft es ihm.
Sabine schreibt es ihm.

2. Wenn beide Objekte mit Pronomen ersetzt werden, kommt das direkte Objekt **zuerst/zuletzt.**

3.1.b Die Beschäftigungen

Im Moment gibt es sehr viel bei Meyers Chip AG zu tun. Lesen Sie hier, was verschiedene Kollegen gerade tun. Fügen Sie die richtige Form des Wortes aus den Klammern in die Lücke ein.

Beispiel: Frau Hase lässt *dem* Kandidaten *eine* Botschaft auf das Band.

1. Daniel gibt _____ (sein) Kollegen _____ (das) neue Buch zum Geburtstag.
2. Der Chef erzählt _____ (die) Sekretärin, was sie zu tun hat.
3. Frau Schulz schreibt _____ (die) Firma TopRoboter _____ (ein) Angebot.
4. Sabine schickt _____ (die) Vertreterin _____ (eine) E-Mail.
5. Herr Seyffert schreibt _____ (der) Vertreter, was im Angebot stehen soll.
6. _____ (ich) sagt niemand, was noch zu erledigen ist.

3.1.c Sabines Liste

Sabine hat alles aufgeschrieben, was verschiedene Kollegen erledigen. Leider ist ihre Liste ein bisschen durcheinander geraten. Daniel liest die Liste und versucht alles richtig zu stellen, damit es alle Kollegen leicht lesen können. Helfen Sie Daniel, alles richtig zu stellen.

> **Beispiel:** Kaffee / kochen / ich / Daniel
>
> *Daniel kocht mir Kaffee.*

1. der Chef / vorlesen / der Geschäftsbrief / die Mitarbeiterin
2. der Azubi / ein Fax / der Vertreter / schicken
3. schreiben / die Sekretärin / die Firma / eine E-Mail
4. das Protokoll / Sabine / geben / der Geschäftsmann
5. der Bericht / der Betriebsleiter / senden / die Kunden
6. die Personalfrau / der Kandidat / zurückschicken / die Unterlagen
7. zeigen / der Besucher / der Pförtner / der Reisepass
8. die Ausländerin / der Computer / erklären / der Chef

3.1.d Der Bericht

Lesen Sie den Bericht und fügen Sie jeweils ein Pronomen in die Lücke, wenn Sie meinen, dass es passt. Wenn kein Pronomen passt, tragen Sie die richtige Form des Artikels in die Lücke ein.

Daniel Walker und ich waren vorige Woche auf Geschäftsreise nach Frankfurt. Wir haben _____ (unser) neuen Produkte mitgenommen. _____ sind gerade vor unserer Reise fertig geworden. _____ (die) Kunden fanden _____ sehr gut. Unser Chip Hektor war sehr beliebt. _____ hat sehr viel Interesse geweckt. _____(die) anderen Produkte waren weniger gefragt, aber ich glaube, _____ haben auch noch _____ (eine) gute Chance zum Erfolg. Wir müssen _____ besser vermarkten, und dann kommen _____ bestimmt gut an. Nach dem ersten Kundenbesuch haben wir _____ (die) Vorführungsmodelle eingepackt und sind weitergefahren. _____ (der) nächste Kunde kam leider nicht zur Verabredung. Also haben wir _____ (die) Ware wieder eingepackt und sind nach Berlin geflogen.

Genau Gesehen: Passiv Imperfekt

In §2.4 haben wir das Passiv im Präsens wiederholt. Das Passiv kann aber auch im Imperfekt auftreten. Um das Imperfekt im Passiv zu bilden, muss man lediglich das Hilfsverb *werden* ins Imperfekt wandeln:

Das Auto **wird** gefahren.   Gestern **wurde** das Auto gefahren.

Das Buch **wird** gekauft.   Gestern **wurde** das Buch gekauft.

Wenn man ein Modalverb im Passiv benutzt, wird es konjugiert. Es zeigt dann die Zeit (beispielsweise Präsens oder Imperfekt) an.

Präsens	**Imperfekt**
Das Haus **muss** repariert werden.	Das Haus **musste** letzte Woche repariert werden.
Die Häuser **müssen** abgerissen werden.	Die Häuser **mussten** abgerissen werden.

3.1.e Montag früh

Daniel kommt am Montag früh zur Arbeit und findet einen Zettel von Sabine auf seinem Schreibtisch. Sie hat zwar vieles am Freitag Nachmittag geschafft, aber nicht alles. Daniel liest ihre Liste durch.

erledigt	**noch offen**
Faxe schreiben	Unterlagen einordnen
E-Mail durchlesen	Anrufbeantworter abhören
Kaffeemaschine putzen	Post verteilen
Frau Schulz den Vertrag schicken	Pflanzen gießen
Firma Joop anrufen	Büro lüften
Kopierpapier nachfüllen	Briefe eingeben

Daniel denkt darüber nach, was schon gemacht wurde.

Die Faxe wurden schon geschrieben.

_____

_____

_____

_____

_____

Und dann denkt er darüber nach, was noch gemacht werden muss.

Das Büro muss noch gelüftet werden.

_____

_____

_____

_____

_____

3.1.f Das Gespräch

Sabine und Daniel quatschen im Aufenthaltsraum. Sabine erzählt Daniel vieles über den Betrieb. Sabine will aber keine Namen nennen, also benutzt sie das Passiv. Leider ist es ziemlich laut im Aufenthaltsraum und Daniel versteht nicht immer den ganzen Satz. Ergänzen Sie die Sätze, die Daniel akustisch nicht versteht.

> **Beispiel:** Die Anfrage *musste geschrieben werden*, aber wir haben es vergessen. (müssen / schreiben / werden)

1. Das Angebot an IBM ____ _____ _____, aber niemand hatte Zeit. (müssen / erledigen / werden)
2. Die Post _____ _____ _____, aber ich kam nicht dazu! (müssen / lesen / werden)
3. Die Briefe _____ _____ _____, aber......... (sollen / abschicken / werden)
4. Der Arbeitsvertrag für Sie ____ _____ _____ (müssen / schreiben / werden).
5. Die Chips _____ nicht _____ _____, weil die Qualität nicht gut war. (dürfen / liefern / werden)

3.1.g Die Ergänzung

Ergänzen Sie Sabines Liste mit drei anderen Sachen.

1. _____
2. _____
3. _____

§3.2 Akkusativpräpositionen und Dativpräpositionen

Akkusativpräpositionen

Im Deutschen gibt es sieben Präpositionen, die immer den Akkusativ verlangen: *um, gegen, durch, bis, ohne, für* und *entlang*. *Bis* steht oft mit einer anderen Präposition zusammen.

Der Chef geht **bis an** das Fenster.

Diese S-Bahn fährt **durch** den Tunnel.

Das Auto fuhr **gegen** den Baum.

Manchmal wird die Präposition mit dem Artikel zusammengesetzt.

durch + das	⟶	durchs	Daniel läuft **durchs** Tor.
für + das	⟶	fürs	Sabine bringt etwas **fürs** Büro mit.
um + das	⟶	ums	Der Mitarbeiter fährt **ums** Gebäude.

TIPP   Wenn das Nomen betont oder modifiziert wird, gibt es keine Zusammensetzung.

Für **das** Gerät geben wir kein Geld aus.

Dativpräpositionen

Ähnlich wie im Akkusativ gibt es eine Gruppe von Präpositionen, die immer den Dativ verlangt. Diese sind *mit, nach, zu, bei, seit, gegenüber, aus, von,* und *außer.* Manchmal wird die Präposition auch mit dem Artikel zusammengesetzt.

zu + dem	⟶	zum	Er fährt **zum** Markt.
zu + der	⟶	zur	Sie geht **zur** Kirche.
bei + dem	⟶	beim	Er wohnt **beim** Wasserturm in Prenzlauer Berg.
von + dem	⟶	vom	Daniel kommt **vom** Markt.

Zeitangaben

Zeitangaben ohne Präposition verlangen den Akkusativ, wenn sie die Fragen *wann?* oder *wie oft?* oder *wie lange?* beantworten.

Wann / Wie oft / Wie lange?

Nächsten Sommer komme ich.

Letztes Jahr begann ich die Stelle.

Diese Woche fahre ich nach Hamburg.

Ich arbeite den ganzen Tag.

Ich habe das ganze Jahr in Berlin gearbeitet.

Sabine war die ganze Woche krank.

Die Präpositionen *an, vor* und *in,* in Zeitangaben verlangen immer den Dativ.

am Tag	during the day
am Montag	on Monday
am Abend	in the evening
in der Nacht	at night
in einer Woche	in a week
im Februar	in February
vor einer Stunde	an hour ago
vor dem Frühstück	before breakfast

Es gibt auch einige Verben, die immer den Dativ verlangen.

antworten auffallen befehlen begegnen danken dienen entsprechen fehlen folgen gefallen gehorchen gehören gelingen gewähren glauben helfen Leid tun passen passieren raten schmecken überlegen verzeihen weh tun

Daniel dankt **der** Frau für ihre Hilfe.

Wir sind **unseren** alten Freunden aus Hannover begegnet.

3.2.a PowerBreakfast

[15] to stroll
[16] to stay, to spend time

Daniel geht gern in seiner Freizeit bummeln[15]. Er kennt in der Friedrichstraße einen sehr guten Buchladen mit Café. Dort verweilt[16] er sehr gern und isst das PowerBreakfast. Leider sind aus dem Catherines Prospekt eine ganze Reihe kleiner Wörter herausgefallen. Suchen Sie sich aus der angegebenen Wortliste das jeweils richtige Wörtchen für jede Stelle heraus.

1. Ihre	Ihr	Ihres
2. einer	eines	einem
3. den	die	das
4. den	dem	der
5. Ihr	Ihre	Ihren
6. eine	ein	einen
7. die	das	den
8. zum	zur	zu
9. unserem	unserer	unseren

POWERBREAKFAST IM CATHERINE'S

Wie wäre es, wenn Sie 1 *Business-Besprechungen im Catherine's bei* 2 *PowerBreakfast abhalten?*

Verbinden Sie doch einfach 3 *Angenehme mit* 4 *Nützlichen. Verlegen Sie* 5 *Meeting an unseren 5 m langen „Happy Table". Tanken Sie Energie für* 6 *erfolgreichen Arbeitstag. Und nutzen Sie* 7 *anregende Atmosphäre im Catherine's* 8 *Sammeln neuer Ideen und kreativer Problemlösungen.*

POWERBREAKFAST

Sie essen von 9 *Frühstückskarte soviel Sie möchten – inklusive „Kaffee Bodenlos", Tee, frisch gepreßtem Orangensaft und Mineralwasser. Und zahlen nur:*

19,90 DM.

POWERBREAKFAST

Ab 4 Personen
9 bis 11 Uhr
Reservierung erwünscht
Tel.: 0 30/ 20 25-15 55

3.2.b Ein Geschenk

Daniel erlebt eine Überraschung, wenn er nach Hause kommt. Lesen Sie, was es ist, und ergänzen Sie die Lücken auf Deutsch.

1. Nach der Arbeit kam ich nach Hause und fand ein Paket
   _____. (*for me*)
2. Es war _____ (*from South America*)
   _____. (*from my parents*)
3. Meine Eltern wohnen dort _____. (*for a half year*)
4. In meinem Urlaub war ich _____ (*with them*) in Brasilien.
5. Wir sind oft _____ (*to the beach*) gefahren und haben
   in einem kleinen Hotel _____ (*across from town hall*)
   gewohnt.
6. _____ (*until my next vacation*) werde ich sie nicht
   wiedersehen.

[17] hammock

7. Im Paket war eine Hängematte[17]. Sie war genau
   _____ (*made of the material*), den ich haben
   wollte!
8. _____ (*besides the hammock*) waren noch zwei
   Packungen Kaffee im Paket.
9. _____ (*without coffee*) kann ich nicht leben.
   Ich trinke ihn so gern!

3.2.c *Wann, wie oft* oder *wie lange?*

Beantworten Sie die Fragen in der richtigen Zeit. Benutzen Sie die folgenden Zeitangaben und entscheiden Sie sich, ob Sie die Präpositionen *an, in, vor* oder keine Präposition gebrauchen müssen.

ganz- Tag	ein Monat	letzt- Freitag	zwei Mal
jed- Jahr	drei Monate	jed- Mittag	eine Woche
Montag	zwei Jahre	zwei Wochen	

Beispiel: Wie lange schon ist Daniel in Berlin?

Er ist schon drei Monate in Berlin.

1. Seit wann arbeitet Daniel bei Meyers Chip AG?
2. Wann hat Herr Wagner den Brief geschrieben?
3. Wie lange arbeitet Sabine heute?
4. An welchem Tag hat Daniel die Arbeit bei Meyer Chip AG begonnen?
5. Wie oft hat Daniel diese Woche frei gehabt?
6. Wann geht Daniel in die Kantine?
7. Vor wie lange hat Daniel bei IBM gearbeitet?
8. Wie oft fährt Sabine in den Urlaub?
9. Wie lange ist Frau Schulz auf Dienstreise?
10. Wann kommt Frau Schulz von der Dienstreise wieder?

3.2.d   Daniels Fragen an Sie

Beantworten Sie Daniels Fragen mündlich oder schriftlich.

Daniel: Als ich Student war, passte es mir nicht, immer wieder so viel lernen zu müssen. Was passt Ihnen an Ihrem Studium nicht?

Daniel: Als ich Student war, gefiel es mir sehr gut, abends immer auszugehen. Was gefällt Ihnen an Ihrem Studium?

Daniel: Als ich nach Deutschland kam, dachte ich, dass mir eine Aufenthaltsgenehmigung zusteht[18]. Was, glauben Sie, steht Ihnen im Leben zu?

[18] entitled to

Daniel: Zu Beginn fehlten mir die Freunde sehr in Deutschland. Was fehlte Ihnen am meisten, als Sie Ihr Studentenleben begannen?

3.2.e   Der Anfang der Woche

Daniel überlegt sich, wie der Anfang der Woche abgelaufen ist. Wir lesen hier seine Gedanken. Tragen Sie die richtige Form der Wörter in die Lücken ein.

„Der Anfang der Woche war nicht einfach. Es fing damit an, dass die Informationen, die ich für das neue Angebot brauchte, _____ einfach _____ (ich, fehlen). Natürlich _____ _____ (ich, passen) das nicht. Frau Schulz _____ _____ (wir, glauben) nicht, dass die Marketingabteilung _____ nicht _____ (wir, helfen) konnte. Die Marketingabteilung _____ _____ _____ (unser Fax, antworten) gar nicht. Frau Schulz meinte, dass _____ das noch öfter _____ würde (sie, passieren), und wir sollten uns nichts dabei denken. Aber ohne solche Informationen _____ es _____ (ich, gelingen) nicht, ein Angebot zu schreiben. Ich _____ _____ (sie, danken) für ihre Meinung, aber es _____ _____ (ich, helfen) nicht. Ich werde aber _____ _____ _____ (ihr Rat, folgen) und mich nicht aufregen. Der Anfang war schwer, der Rest der Woche kann nur besser werden.“

3.2.f   Wie viel wissen Sie?

Wie viel wissen Sie schon über das Betriebsleben bei deutschen Firmen oder über Daniels Berufsalltag? Antworten Sie mit ganzen Sätzen und achten Sie auf Dativ und Akkusativ.

1. Was schicken Sie dem Personalchef, wenn Sie sich um eine Stelle bewerben?
2. Mit wem sprechen Sie, wenn Sie Probleme mit Kollegen haben?

3. Bei wem beantragen Sie Urlaub, wenn Sie ihn bekommen wollen?
4. Welche Dokumente beinhaltet Ihre Bewerbung?
5. Was machen Sie vor dem Vorstellungsgespräch?
6. Wie kommen Sie am besten zur Arbeit?
7. Was gibt Daniel dem Pförtner beim Verlassen Meyers Chip AG?
8. Von wem hat Daniel Hilfe mit seiner Bewerbung bekommen?
9. Bei wem muss sich ein Besucher melden?
10. Seit wann arbeitet Daniel bei Meyers Chip AG?

Genau Gesehen „sich vorstellen"

Das Reflexivverb *sich vorstellen* hat zwei verschiedene Bedeutungen. Es hängt davon ab, wie es benutzt wird. Wenn das Reflexivpronomen im Dativ steht, bedeutet es auf Englisch *to imagine* (to myself), wenn es mit Akkusativ steht, bedeutet es *to introduce* (myself). Es kann auch mit Dativ und Akkusativ stehen: **Ich stelle dir meinen Chef vor.** Hier ist es kein Reflexivverb. In beiden Fällen ist **vorstellen** ein trennbares Verb und nimmt immer **haben** im Perfekt.

Ich stelle **mir** vor, wie schön es in Italien sein kann.

Bei einer Sitzung stelle ich **mich** immer vor.

3.2.9 Welche Reflexivpronomen passen (Akkusativ oder Dativ)?

1. Wir haben _____ vorgestellt, wie dieses Produkt aussehen sollte.
2. Gestern habe ich _____ bei dem neuen Kunden vorgestellt.
3. Die Ingenieure stellen _____ und ihr Produkt nächste Woche auf der Messe vor.
4. Stell _____ die neue Situation vor! Was können wir in der Situation machen?
5. Wenn du einen Vortrag hältst, stellst du _____ immer prima vor.
6. Wie stellst du _____ vor, wie es weitergehen soll?
7. Ich habe schon genug Zeit gehabt, _____ vorzustellen, wie ich _____ in der Präsentation vorstellen will.
8. Die neue Sekretärin hat _____ gestern ihren neuen Chef vorgestellt.

§3.3 Konjunktiv II

Wenn man etwas Unsicheres auf Deutsch ausdrücken will oder wenn man höflich sein möchte, kann man den Konjunktiv II benutzen. Meistens werden *haben, sein, werden* und die Modalverben in dieser Form gebraucht.

Ich **könnte** das machen, wenn Sie **wollten.**

Hätten Sie Zeit, mich abzuholen?

Wärest du bereit mitzukommen?

Um diese Form zu bilden, nimmt man die Imperfektform des Hilfs- oder Modalverbs, wobei der Stammvokal gelegentlich zum Umlaut wird. Nur **wollen** und **sollen** bekommen keinen Umlaut. Die Endungen für jede Person sind dieselben wie im Imperfekt, jedoch muss man ein **-e** als Endung für die erste Person Singular, die dritte Person Singular, und die zweite Person Plural für *war* (Imperfektform) nehmen.

ich war ➡ ich wäre

sie war ➡ sie wäre

ihr wart ➡ ihr wäret

Verb	Imperfekt	Konjunktiv II
haben	hatte	hätte
sein	war	wäre
werden	wurde	würde
können	konnte	könnte
sollen	sollte	sollte
müssen	musste	müsste
dürfen	durfte	dürfte
wollen	wollte	wollte
mögen	mochte	möchte

3.3.a   Was könnte es sein?

1. Dieses Ding wird jeden Tag benutzt. Es kann überall im Haus gebraucht werden. Es ist eine Maschine, die mit Strom funktioniert. Wenn man den Teppichboden putzen möchte, könnte man dieses Gerät benutzen. Was könnte es sein?

2. Dieses Ding wird zu Hause oder manchmal bei der Arbeit benutzt. Zu Hause findet man dieses Gerät in der Küche. Wenn ich sauberes Geschirr bräuchte, würde ich diese Maschine benutzen. Was müsste es sein?

3. Dieses Ding wird sowohl zu Hause als auch bei der Arbeit gebraucht. Jedes Mal, wenn ich etwas drucken wollte, würde ich dieses Gerät benutzen. Es ist normalerweise ein Teil von einer/einem ganzen

Anlage/System; ohne andere Geräte könnte dieses Ding nicht sehr hilfreich sein. Was dürfte es sein?

3.3.b Partnerarbeit

Schreiben Sie mit einem Partner eine Produktbeschreibung, aber sagen Sie nicht direkt, welches Ding es ist. Wenn alle fertig sind, lesen Sie Ihre Beschreibung vor und lassen Sie Ihre Mitstudenten raten, was es sein könnte.

3.3.c Was würden Sie machen, wenn...?

Beantworten Sie die folgenden Fragen.

Was würden Sie machen, wenn der Strom ausfällt und die folgenden Geräte nicht mehr funktionieren?

1. Staubsauger
2. Spülmaschine
3. Stereoanlage
4. Kaffeemaschine
5. Schreibtischlampe

Was müssten Sie mit diesen Geräten tun, um Erfolg bei der Arbeit zu haben?

6. Computer
7. Drucker
8. Scanner

Was sollten Sie mit diesen Geräten machen, um in Kontakt mit Kunden zu bleiben?

9. Faxgerät
10. Telefon

3.3.d Testen Sie Ihr allgemeines Wissen über Geschäftsessen

Wie würden Sie die folgenden Fragen beantworten?

1. Ein Geschäftsmann ist zu Besuch bei einer deutschen Firma in Hamburg und seine Gastgeberin steht mit ihm vor der Tür eines Restaurants. Er möchte höflich sein. Wie würde eine höfliche Szene ablaufen?
2. Sie sitzen alle am Tisch und warten auf die Speisekarte und der Kellner kommt nicht. Was würden Sie machen?

3. Sie gehen mit Geschäftsbesuchern aus China essen. Ein chinesischer Gast fragt, ob er eine Zigarette rauchen darf. Was würden Sie dazu sagen?

4. Sie sind mit amerikanischen Geschäftsleuten zum Essen gegangen. Da fällt Ihnen auf, dass alle von ihnen mit einer Hand essen. Sie wissen, dass so etwas in Deutschland unhöflich ist. Was könnten Sie machen oder sagen, um die Amerikaner darauf aufmerksam zu machen?

5. Am Tisch fragt der Gast, wie viel Trinkgeld man dem Kellner gibt. Sie sagen ihm, dass die Bedienung im Preis eingeschlossen ist, aber wenn man wollte, könnte man noch Trinkgeld geben. Wie viel Trinkgeld würden Sie vorschlagen?

6. Das deutsche Essen war ein Genuss. Die chinesischen Gäste möchten sehr höflich sein und zeigen, dass es ihnen geschmeckt hat. Wie würden Sie als Deutscher auf Rülpsen reagieren?

7. Ein Geschäftsmann und seine Gastgeberin stehen vor der Tür und wollen das Restaurant verlassen. Was würde er tun, wenn er höflich sein wollte?

§3.4   Nebensätze

Der Nebensatz ist ein Teil des Satzes, der nie ohne den Hauptsatz stehen kann. Ein Nebensatz beginnt mit einer Konjunktion wie *dass, ob, obwohl, nachdem, bevor, wenn, falls* oder *als*. In einem Nebensatz ist die Wortstellung anders als in einem Hauptsatz.

Er möchte,	*dass* du mit deiner Freundin **kommst.**
Er kauft das Buch,	*obwohl* er leicht in dem Seminar **mitkommt.**
Sie fragt,	*ob* du nicht lieber am Nachmittag **kommen willst.**
Es dauert noch drei Monate,	*bis* du in die Versandabteilung **kommen wirst.**
Der Chef sagt,	*dass* sie gestern um 9.00 Uhr mit dem Flugzeug **gekommen ist.**

Im Nebensatz kommt das Finitverb an das Ende:

1. Ein einfaches Verb kommt ans Ende (z.B. **kommst**).
2. Ein trennbares Verb wird nicht getrennt und kommt ans Ende (z.B. **mitkommst**).
3. Ein Modalverb kommt nach dem Infinitiv im Nebensatz und hat die letzte Position im Nebensatz (z.B. **kommen willst**).

4. Im Futur folgt das Hilfsverb *werden* dem Infinitiv und hat die letzte Position im Nebensatz (z.B. **kommen wirst**).

5. Im Perfekt folgen die Hilfsverben *haben* und *sein* dem Partizip und haben die letzte Position im Nebensatz (z.B. **gekommen ist**).

Wenn ein Nebensatz den Satz beginnt, kommt das konjugierte Verb im Hauptsatz gleich an erste Position (z.B. **war, musste**).

> Da ich nicht genug geschlafen hatte, **war** ich schlecht gelaunt.

> Obwohl ich keine Lust hatte, **musste** ich trotzdem arbeiten.

Die häufigsten subordinierenden Konjunktionen sind:

als	when	**obgleich**	although
bevor	before	**obwohl**	although
bis	until	**seit**	since (Zeit)
da	because, since	**seitdem**	since (Zeit)
damit	so that	**sobald**	as soon as
dass	that	**solange**	as long as
ehe	before	**während**	while, whereas
nachdem	after	**weil**	because
ob	if, whether	**wenn**	if, when, whenever

3.4.a Wortsalat

Hier sind die Wörter wieder durcheinander gekommen. Schreiben Sie gute Sätze aus dem Wortsalat.

> **Beispiel:** kaufen wollen / Maria / ein Auto, sie / mehr Geld / haben / wenn
>
> *Maria will ein Auto kaufen, wenn sie mehr Geld hat.*

1. wenn / haben / Zeit / wir, morgen / wir / kommen.
2. Daniel / bevor / nach Berlin / kommen / letzten Sommer, er / an der Columbia University / studieren.
3. Sabine / mit der Ausbildung / fertig / sein / nachdem, bekommen / sie / eine Stelle bei der Meyers Chip AG.
4. gestern / Frau Schulz / hören, die Briefe / dass / nicht / schreiben / ich.
5. der Chef / auf Dienstreise / letzten Monat / sein, verschiedene Kunden / besuchen wollen / er / weil.

3.4.b   Daniel erzählt

Stellen Sie sich vor, Sie wären Daniel, wie würden Sie die Fragen beantworten?

1. Was haben Sie zuerst gemacht, nachdem Sie in Berlin angekommen sind?
2. Was würden Sie nach dem Praktikum bei Meyers Chip AG machen, wenn Sie Zeit und Geld hätten?
3. Wie haben Ihnen die Kollegen geholfen, als Sie noch ganz neu waren?
4. Was haben Sie alles gemacht, um Deutsch zu lernen, bevor Sie nach Berlin gekommen sind?
5. Was machen Sie jeden Tag bei der Arbeit, auch wenn Sie keine Lust dazu haben?

3.4.c   Umfrage

Sie wollen mehr über Ihre Mitstudenten wissen. Interviewen Sie Ihre Mitstudenten. Für dieses Interview formulieren Sie eine Frage zu jedem der folgenden Wörter.

dass   wenn   obwohl   nachdem   seitdem

Wenn Sie alle Antworten haben, präsentieren Sie der Klasse Ihre Informationen in einem Personenprofil.

Genau Gesehen   Präsens und Perfekt

Wie schon in Segment I besprochen wurde, haben bestimmte Verben im Präsens für die zweite und die dritte Person Singular eine Stammlautänderung.

fahren	er f**ä**hrt
sprechen	sie spr**i**cht
laufen	er l**äu**ft
werfen	sie w**i**rft

Bitte nicht vergessen, dass ein Partizip eine regelmäßige oder unregelmäßige Form haben kann, und um das Perfekt zu bilden, muss man entweder *haben* oder *sein* mit dem Partizip Perfekt benutzen.

haben: gegessen, gerufen, verkauft

sein: gelaufen, gegangen, gerannt

3.4.d   Wie reagieren Sie?

Sie reden mit einem Kunden am Telefon und er stellt Ihnen viele Fragen. Wie reagieren Sie auf seine Fragen? Benutzen Sie das Verb und Teile der Frage, die Sie verwenden können, um die Antwort zu ergänzen.

> **Beispiel:** Werben Sie immer auf diese Art und Weise für diesen Apparat?
>
> Ja, meine Firma *wirbt immer auf diese Art und Weise für diesen Apparat.*

1. Vergessen Sie bitte nicht zurückzurufen! Nein, meine Sekretärin
   v_____
2. Tragen Sie die Verantwortung für die Lieferkosten? Ja, meine Firma
   t._____
4. Geschehen solche Sachen öfter? Ja, so was g._____.
   immer wieder.
5. Sehen Sie auch genau nach, was passiert ist? Nein, mein Kollege
   s_____
6. Entwerfen Sie den Vertrag? Nein, meine Chefin e._____
7. Treten Sie jemals vom Vertrag zurück? Nein, meine Firma
   t_____selten_____
8. Treffen Sie die Entscheidung? Nein, der Direktor t_____
9. Versprechen Sie uns die bestmögliche Qualität? Ja, meine
   Firma_____
10. Besprechen Sie den Plan mit Ihren Kollegen? Nein, mein Partner
    b_____

3.4.e   Wie haben Sie reagiert?

Einige Tage später sprechen Sie mit demselben Kunden. Dieses Mal erzählen Sie, was Sie erreicht haben. Schreiben Sie die anderen Antworten von oben ins Perfekt um.

> Wir haben immer auf diese Art und Weise für den Apparat geworben.

§3.5   Komparativ und Superlativ

Komparativ wird auf Deutsch mit einem **-er** und Superlativ mit einem **-est** oder **-st** gebildet. Wenn vor dem Superlativ kein Artikel steht, benutzt man *am* davor und endet es mit einem **-en:**

schnell	schneller	am schnellsten
intelligent	intelligenter	am intelligentesten
interessant	interessanter	am interessantesten

Bei manchen Adjektiven ändert sich der Vokal im Komparativ und Superlativ:

groß	größer	am größten
alt	älter	am ältesten
jung	jünger	am jüngsten

Bei einigen Adjektiven ändert sich die Form ganz:

gut	besser	am besten
viel	mehr	am meisten

3.5.a   Die Kollegen

Drei Mitarbeiter bei Meyers Chip AG im Profil.

	Sabine	Herr Pfeiffer	Paola
geboren	am 10.5.75	am 25.6.58	am 12.12.74
Größe	175 cm	177 cm	165 cm
Gehalt	Euro 1.485,52 (Netto)	Euro 2.238,09 (Netto)	Euro 1.952,38 (Netto)
Ausbildung	2-jährige Ausbildung	5-jähriges Studium	5-jähriges Studium
Urlaub	3 Wochen	6 Wochen	4 Wochen
arbeitet	38 Stunden pro Woche	60 Stunden pro Woche	45 Stunden pro Woche
bei der Firma	2 Jahre	20 Jahre	2 Jahre

Wenn man zwei Sachen oder Personen vergleicht, kann man *als* oder *so ...wie* benutzen. Es kommt auf die Bedeutung an.

Beispiel:

Daniel ist **älter als** Gabi.

Gabi ist **so groß wie** Christine.

Vergleichen Sie die Kollegen in der Tabelle.

3.5.b   Internet

Gehen Sie zu einer Website eines Autoherstellers wie VW. Zur Zeit lautet die Adresse *http://www.vw.de.*

Füllen Sie die folgende Tabelle aus und vergleichen Sie die Eigenschaften von drei Autos.

Autoname			
Länge			
Sitzmöglichkeiten			
PS (Pferdestärke)			
Benzinverbrauch[19]			

[19] gas consumption

Welches Auto hätten Sie gern und warum? Schreiben Sie einen Bericht.

SEGMENT IV   # Bankverbindung

Genau Gesehen   Wortzusammensetzung

Wenn das erste Wort der Zusammensetzung ein Nomen ist, wird diesem Nomen oft eine Endung angehängt. Manchmal kann diese besondere Endung auf bestimmte Deklinationen zurückgeführt werden, beispielsweise auf den Genitiv oder auf die Mehrzahl des Wortes. Wörter mit den Endungen **-keit**, **-heit**, **-schaft**, **-ung** und **-ion** nehmen immer ein **-s** als Bindeglied.[20] Wörter mit Endung **e** nehmen normalerweise ein **-n** als Bindeglied. Zusammensetzungen mit Bestandteilen[21] ausländischer Wörter nehmen oft keine Endung.

[20] connecting element
[21] components

Betrieb + s + Wirtschaft = Betriebswirtschaft

Aufenthalt + s + Genehmigung = Aufenthaltsgenehmigung

Gehalt + s + Erhöhung = Gehaltserhöhung

Führung + s + Kraft = Führungskraft

Meinung + s + Umfrage = Meinungsumfrage

Option + s + Schein = Optionsschein

Börse + n + Makler = Börsenmakler

Bekannte + n + Kreis = Bekanntenkreis

Menge + n + Rabatt = Mengenrabatt

Konto + Stand = Kontostand

Bank + Verbindung = Bankverbindung

Wenn das erste Wort der Zusammensetzung ein Verb ist, dient der Wortstamm als bildendes Element der Zusammensetzung, d.h. die Endung des Infinitivs **-en/-n** fällt weg.

lauf(en) + Werk = Laufwerk

wohn(en) + Sitz = Wohnsitz

Wenn das erste Wort der Zusammensetzung ein Adjektiv ist, fügt man die Wörter ohne Bindeglied zusammen.

klein + Geld = Kleingeld

bar + Geld = Bargeld

Die Anmeldung

Benutzen Sie die folgenden Wörter, um neun neue zusammengesetzte Wörter zu bilden. Alle Wörter haben etwas mit der Anmeldung zu tun.

Zustell	Geburt	Familie	Staat	Gatte	Pass
Ehe	Angehörigkeit	Schein	Reise	Behörde	Ort
Ausstellung	Melde		Stand	Ausweis	Postamt	Personal

§4.1 Futur

Das Futur im Deutschen wird mit dem Hilfsverb *werden* + Infinitiv gebildet.

Ich **werde** nächste Woche das Haus kaufen.
Die Frau **wird** sich die Haare schneiden lassen.

Das Präsens eines Verbs kann auch als Futur gebraucht werden. In so einem Fall steht es oft im Zusammenhang mit einem Adverb, das die Zukunft ausdrückt. Wenn kein Adverb vorhanden ist, wird *werden* benutzt.

Morgen **gehe** ich ins Kino.
Nächsten Monat **kaufen** wir ein neues Auto.

Im Futur steht das Modalverb immer im Infinitiv und kommt an die Endposition des Satzes. In dieser Position folgt das Modalverb dem Hauptverb im Infinitiv. Diese Form wird selten gebraucht, stattdessen wird das Präsens benutzt. In der Geschäftswelt wird das Futur von Modalverben in der gesprochenen Sprache selten verwendet, dafür aber um so öfter in der Schriftform. Aus diesem Grund ist es wichtig, damit vertraut zu sein.

Sie **werden** die Reise bestimmt nicht antreten können.
Ich **werde** den Brief bestimmt schreiben müssen.

Andere Anwendungen des Futurs

Das Futur wird oft gebraucht, wenn man eine Vermutung oder Entschlossenheit äußern möchte.

Vermutung: Sie **wird** uns sicher finden.
Entschlossenheit: Ich **werde** die Aufgabe erledigen.

Das Futur kann auch eine Wahrscheinlichkeit in der Gegenwart ausdrücken. In diesem Fall benutzt man öfter die Adverben *sicher, wohl* und *schon.*

Er **wird sicher** müde sein.

Das **wird wohl** klappen.

Das **wird schon** in Ordnung gehen.

Wiederholung: Wenn-Sätze

Nebensätze, die mit Wörtern wie *wenn, dass, ob, obwohl* und *weil* eingeleitet werden, erfordern eine andere Wortstellung als in einem Hauptsatz. In dieser Konstruktion kommen die Verbteile ans Ende des Satzteils und das konjugierte Verb ganz zuletzt. Wenn ein Nebensatz vor dem Hauptsatz steht, steht das konjugierte Verb im Hauptsatz an erster Stelle nach dem Nebensatz, gefolgt vom Subjekt in der 2. Position. Im Fall von *wenn* kann das Futur in dem Nebensatz nicht ausgedrückt werden.

Wenn ich Zeit habe, werde ich kommen.

Wenn sie genug Geld verdient, wird sie sich ein neues Auto kaufen.

Obwohl ich ihn nicht gesehen habe, habe ich ihn gehört.

4.1.a   Berufe raten

1. Wenn ich mit der Uni fertig bin, werde ich in einem Büro arbeiten. Ich werde höchstwahrscheinlich jeden Tag mit Kunden telefonieren und Angebote schreiben und abschicken. Welchen Beruf werde ich ausüben?
2. Nach meiner Ausbildung werde ich auch im Büro arbeiten, ich werde ebenfalls Angebote tippen aber nicht konzipieren. Ich werde Telefonnotizen für meinen Chef aufnehmen und höchstwahrscheinlich werde ich auch Kaffee für ihn kochen müssen. Welche Stellung wird das sein?
3. Ja, ich werde im Außendienst tätig sein und jeden Tag viel Auto fahren müssen, um Kunden zu besuchen. Wenn ich beim Kunden bin, werde ich viel mit ihm reden und versuchen, ihm etwas zu verkaufen. Welcher Beruf wird das sein?

Denken Sie sich eine Beschreibung des Berufes aus, den Sie später einmal ausüben werden, und bringen Sie Ihre Gedanken zu Papier. Lesen Sie dann Ihre Beschreibung vor, und lassen Sie die anderen raten, welcher Beruf es ist.

4.1.b   Die falsche Vorstellung?

Tragen Sie die richtigen Verbformen in den Lückentext ein.

Wenn ich mit meinem Studium fertig _____ (*sein*), _____(*suchen*) ich eine Stelle in einer großen Firma. Die Firma _____ (*stellen*) mich ein, und dann _____ (*sich erweitern*) mein Bekanntenkreis durch die neuen Kollegen. Hoffentlich _____(*gehen*) wir abends oft zusammen weg. Unsere Stammkneipe _____ (*anbieten*) uns eine große Auswahl an Essen und Getränken _____ . Meine Beschäftigung _____ (*mit sich bringen*) bestimmt eine ausgezeichnete Arbeitsatmosphäre, und die Firma _____ (*offerieren*) gewiss alle üblichen Extras. Ach ja, meine Unterlagen für die Stelle _____ (*vorbereiten lassen*) ich von einem Personalservice _____ . So _____ (*können*) ich sicher sein, dass die Unterlagen den Verantwortlichen im Personalbüro _____ (*gefallen*).

Sie sind ein guter Freund dieses Studenten und kennen seine Berufsvorstellung. Sie wollen mit ihm darüber sprechen und versuchen ihm zu sagen, dass seine Vorstellung nicht der Realität entspricht. Was sagen Sie ihm und was sagt er? Benutzen Sie in Ihrem Dialog die fünf folgenden Verben.

laufen   sehen   lassen   sprechen   geschehen

4.1.c Was wird Daniel tun müssen?

Daniel ist gerade zur Arbeit gekommen und findet einen Zettel auf seinem Schreibtisch. Sabine hat gestern nicht alles so geschafft, wie sie wollte. Sie möchte, dass Daniel einige Sachen für sie erledigt. Hier ist ihre Liste:

Beispiel: Ich habe die Unterlagen nicht finden können. (*suchen / müssen*)

Du wirst sie suchen müssen.

1. Ich habe nicht alle Briefe schreiben können. (*schreiben / müssen*)
2. Die Faxe habe ich auch nicht absenden dürfen, bevor der Chef alles gelesen hatte. (*absenden / können*)
3. Ich habe den Anrufbeantworter nicht abhören wollen, weil mein Freund höchstwahrscheinlich angerufen hat. (*abhören / wollen*)
4. Ich sollte das Angebot konzipieren, aber die notwendigen Informationen waren nicht vorhanden. (*erledigen / müssen*)
5. Und zum Schluss habe ich das Papier im Kopierer nicht nachfüllen müssen, weil es noch genug Papier darin gab. (*nachfüllen / wollen*)

4.1.d Niemand hat Zeit

Daniel will heute Abend in die Disco gehen und möchte einige Kollegen einladen mitzugehen. Er ruft alle Kollegen im Büro an, aber viele sind nicht erreichbar und die anderen haben keine Zeit. Endlich erreicht er jemand und stellt Vermutungen darüber an, warum die anderen nicht zu erreichen sind. Gebrauchen Sie das Futur und *wohl*.

Beispiel: Wo ist Sabine im Moment?

Sie wird im Moment wohl beim Einkaufen sein.

1. In welcher Abteilung arbeitet Maria diese Woche? (*beim Einkauf*)
2. An welchem Projekt arbeitet Peter im Moment? (*am Paroli-Projekt*)
3. Wo ist Hans-Jörg momentan? (*im Urlaub*)
4. Wie lange ist Martina schon krank? (*einen Monat*)
5. Wohin fährt Frau Schulz heute Abend? (*auf dem Weg zu IBM*)
6. Telefonierst du noch mit jemandem nach unserem Gespräch? (*nein, niemand mehr*)
7. Was machst du heute Abend?

§4.2 Inversion

Die Grundstellung des einfachen Satzes sieht das Subjekt an erster Stelle.

Thomas hat sich gestern einen neuen Rechner gekauft.

Kommt ein anderes Satzteil an die erste Stelle, spricht man von Inversion. Wenn ein Objekt oder ein Adverb beispielsweise am Anfang des Satzes vorkommt, bleibt das konjugierte Verb auf Position 2 und das Subjekt auf Position 3.

Position	**1**	**2**	**3**
Inv. 1	Einen neuen Rechner	hat	sich Thomas gestern gekauft.

Position	**1**	**2**	**3**
Inv. 2	Gestern neuen Rechner gekauft.	hat	sich Thomas einen

Einfach gesagt, wenn das Subjekt (in einer Aussage) nicht an erster Stelle steht, kommt das Verb immer vor das Subjekt.

TIPP   Wenn ein Satzteil besonders betont werden soll, wird Inversion benutzt. Das Element, das betont werden soll, kommt an die erste Stelle im Satz.

Morgen werde ich wohl Zeit haben.

Inversion ist auch im Englischen möglich. Wenn ein verneinendes Element einen Satz beginnt, verwendet man Inversion.

Never before have there been so many interested clients.

4.2.a Gestern Abend

Tragen Sie die Wörter in Klammern in die Lücke ein. Achten Sie auf die Wortstellung und die Verbformen (Person und Zeit).

Daniel erzählt Gabi vom Treffen mit Hans-Peter und Jörg gestern Abend.

1. Um 22 Uhr _____ _____ in der Kneipe beim Bier trinken. (*wir / sitzen*)
2. Kurz danach _____ _____ zu uns rüber. (*ein Freund von Hans-Peter / kommen*)
3. Dann _____ _____ _____ so eigenartig begrüßt. (*sie / haben sich*)
4. Aber _____ _____ Bahnhof. (*ich / verstehen*)

5. Interessanterweise _____ _____ mit Aktien. Ich wollte immer mehr über Aktien erfahren. (*Jörg / arbeiten*)

6. Erst _____ _____ über Vorzugs- und Stammaktien (*Jörg / erzählen*), dann _____ _____ ein bisschen mehr über Dividenden. (*er / erklären*)

7. Natürlich _____ _____ gleich auf die Vollversammlung mit mir fahren. (*Hans-Peter / wollen*)

8. Ja, heute _____ _____ nur ans Geld. (*er / denken*)

9. Zum Schluss _____ _____ mir seine Visitenkarte und sagte mir, dass ich mich melden sollte. (*Jörg / geben*)

10. Nun _____ _____ leider noch nicht, was ich tun will. (*ich / wissen*)

4.2.b Was wurde getan?

Die Datei unten ist irgendwie durcheinander geraten. Die Wörter im Fettdruck sind der Anfang jedes Satzes. Bringen Sie die Wörter in die richtige Reihenfolge. Achten Sie auf die Zeit!

> **Beispiel:**   Thomas / **vor zwei Monaten** / kaufen / Vorzugsaktien
>
> *Vor zwei Monaten hat Thomas Vorzugsaktien gekauft.*

1. ich / der Kunde / **gestern** / besuchen
2. überweisen / er / letzte Woche / **Geld**
3. der Aktionär / **die Dividende** / vorigen Monat / bekommen
4. mir / er / **die Visitenkarte** / gestern Abend / geben
5. **voriges Jahr** / wir / gehen / auf die Vollversammlung

§4.3 Das *da-* und *wo*-Kompositum

Im Deutschen werden Pronomen, die sich auf Personen beziehen, normalerweise nach Präpositionen (z.B. *von ihm*) verwendet. Wenn es sich auf Dinge oder Ideen bezieht, wird ein **da**-Kompositum gebraucht (z.B. *davon*). Beginnt die Präposition mit einem Vokal, wird **da-** auf **dar-** erweitert: *darauf, darin, darüber.*

> Redet er viel **über seinen Kollegen?** Ja, er redet viel **über ihn.**
>
> Redet er viel **über seine Arbeit?**   Ja, er redet viel **darüber.**
>
> Freut sie sich **auf die neue Stelle?**   Ja, sie freut sich **darauf.**

Die Fragewörter *wen* und *wem* beziehen sich wie *wer* auf Personen. *Wen* und *wem* werden mit Präpositionen gebraucht: *für wen, von wem.* Das

Fragewort *was* bezieht sich normalerweise auf Dinge oder Ideen. Wenn *was* mit einer Präposition verwendet wird, wird es meistens durch *wo* ersetzt. Dies ergibt ein *wo*-Kompositum (z.B. *wovon*). Wenn die Präposition mit einem Vokal beginnt, wird **wo-** auf **wor-** erweitert: *worauf, worin, worüber.*

Über wen redet sie?   Sie redet **über ihren Kollegen.**

Worüber redet sie?   Sie redet **über ihre Arbeit.**

Worauf freut sie sich?   Sie freut sich **auf die neue Stelle.**

Nebensätze

Ein **da**-Kompositum kann auch einen Nebensatz einleiten.

Ich freue mich auf die Hauptversammlung mit dir.

Ich freue mich **darauf**, **dass** wir zusammen zur Hauptversammlung fahren können.

4.3.a   Heute bei der Arbeit

Daniel ist gerade nach Hause gekommen und findet Gabi im Wohnzimmer. Sie hat schon Kaffee gekocht und wartet auf ihn. Daniel nimmt auf dem Sofa Platz, gießt sich eine Tasse Kaffee ein und beginnt über seinen Tag zu erzählen. Leider ist es im Wohnzimmer etwas laut, weil die Straße neu gebaut wird, und Gabi versteht die Sätze manchmal nicht vollständig. Wie könnten ihre Fragen lauten?

Beispiel: Daniel: Ich bin heute zur Arbeit gekommen und Frau Schulz hat schon **auf** mich gewartet.
Gabi: *Auf wen hat Frau Schulz gewartet?*

Daniel: Danach habe ich **mit** meiner Arbeit angefangen.
Gabi: _____?
Daniel: Mensch, du hörst heute schlecht!
Gabi: Es tut mir Leid, die Bauarbeiter sind so laut. Aber bitte erzähl weiter!
Daniel: Es hat nicht lange gedauert und Sabine ist **mit** der neuen Praktikantin gekommen.
Gabi: _____?
Daniel: Mit der Praktikantin! Ich habe ihr gezeigt, wie sie **mit** dem Kopierer arbeiten kann.

Gabi:	_____?
Daniel:	Mit dem Kopierer! Danach hat sie mir **von** ihrer Ausbildung erzählt.
Gabi:	_____?
Daniel:	Von ihrer Ausbildung! Wir haben den ganzen Vormittag zusammen gearbeitet. Nachmittags habe ich Faxe **an** verschiedene Kunden geschrieben.
Gabi:	_____?
Daniel:	An verschiedene Kunden!

4.3.b Zwischenbericht

Frau Hase und Daniel sprechen über seine Zeit bei Meyers Chip AG. Frau Hase will wissen, ob Daniel bei Meyers Chip AG zufrieden ist und wie er bestimmte Sachen in der Firma findet. Sie sind Daniel. Beantworten Sie die Fragen von Frau Hase mit Pronomen oder einem **da**-Kompositum.

Beispiele: Sind Sie mit der Stelle zufrieden?

Ja, ich bin damit sehr zufrieden.

Freuen Sie sich über das Gehalt?

Darüber freue ich mich sehr.

Frau Hase:	Wie kommen Sie mit der deutschen Sprache zurecht?
Daniel:	_____
Frau Hase:	Wie klappt die Zusammenarbeit mit den Kollegen?
Daniel:	_____
Frau Hase:	Stimmt es, dass Sie regelmäßig mit dem Rechner arbeiten?
Daniel:	_____
Frau Hase:	Ist es wahr, dass sich Ihre Kollegen für Ihr Privatleben interessieren?
Daniel:	_____
Frau Hase:	Sprechen Sie oft über Ihre Freunde?
Daniel:	_____
Frau Hase:	Haben Sie viel Kontakt mit den Kunden?
Daniel:	_____
Frau Hase:	Müssen Sie oft an einer Besprechung teilnehmen?
Daniel:	_____
Frau Hase:	Ist es richtig, dass Sie viel über Ihre Kollegen wissen möchten?
Daniel:	_____
Frau Hase:	Erzählen Sie öfter über Amerika?
Daniel:	_____

> Frau Hase: Möchten Sie an einem multikulturellen Seminar teilneh-
> men?
>
> Daniel: _____

4.3.c Hans-Peter hat Fragen

Nach Daniels Besuch bei Jörg in der Bank spricht er mit Hans-Peter. Hans-Peter hat etliche Fragen über den Besuch. Schreiben Sie Hans-Peters Fragen.

> **Beispiel:**   Hans-Peter: *Worüber habt ihr gesprochen?*
> Daniel: Wir haben natürlich über Aktien gesprochen.

Hans-Peter: _____?
Daniel: Jörg hat mich über die Aktienarten informiert.
Hans-Peter: _____?
Daniel: Wir haben auch über Kurs- und Nennwert geredet.
Hans-Peter: _____?
Daniel: Am meisten interessiere ich mich für T-Online Aktien.
Hans-Peter: _____?
Daniel: Über Siemens Aktien haben wir uns natürlich auch unter-
halten.
Hans-Peter: _____?
Daniel: Unter anderem haben wir auch über SAP Aktien diskutiert.
Hans-Peter: Die Aktien habe ich schon. Kauf die doch!
Weißt du, _____ (sich freuen)?
Daniel: Darauf, dass wir zusammen zur Hauptversammlung fahren
können, stimmt's?

Bilden Sie nun Nebensätze mit den Antworten von Übung 4.3.c.

> **Beispiel:**   Wir haben natürlich über Aktien gesprochen.
> *Wir haben natürlich darüber gesprochen, wie wir Aktien kaufen wollen.*

1. _____
2. _____
3. _____
4. _____
5. _____

§4.4 Relativsätze

Das Relativpronomen stellt die Verbindung zwischen dem Hauptsatz und dem Relativsatz (Nebensatz) her. Es richtet sich in Geschlecht und Zahl nach dem Nomen im Hauptsatz, worauf es sich bezieht. Der Fall des Relativpronomens hängt von der Rolle ab, die es im Relativsatz hat.

Nominativ (1. Fall)	der	Der Firmenwagen, **der** gute Dienste geleistet hat, wird zum Kauf angeboten.
Genitiv (2. Fall)	dessen	Der Firmenwagen, **dessen** Stossstange kaputt ist, gehört Meyers Chip AG.
Dativ (3. Fall)	dem	Der Firmenwagen, **dem** man nicht ansieht, dass er sehr alt ist, wird verkauft.
Akkusativ (4. Fall)	den	Der Firmenwagen, **den** ich immer fahre, ist sehr bequem.

Das Relativpronomen kann im Zusammenhang mit einer Präposition stehen. In diesem Fall verlangt das Relativpronomen den Fall der Präposition.

> Der Bus, mit **dem** ich immer zur Arbeit fahre, ist außer Betrieb.
>
> Der Mann, auf **den** wir warten, ist unser Chef.

Das Relativpronomen **was** kommt in den folgenden Fällen vor:

1. nach Adjektiven und Adverben mit sächlichem Geschlecht

   Ich sag euch nur **das, was** mir gesagt wurde.

   Das Einzige, was wir machen können, ist alles verkaufen.

2. nach dem Superlativ eines als Nomen gebrauchten Adjektivs

   Das Beste, **was** man in dieser Situation tun kann, ist …

   Das war das Schlimmste, **was** ich je erlebt habe.

3. wenn es sich auf den ganzen vorausgehenden Teilsatz bezieht

   Wir präsentieren **alles, was** wir können.

4.4.a   Wo ist das Relativpronomen?

Finden Sie das Relativpronomen und unterstreichen Sie es. Zeichnen Sie einen Pfeil vom Pronomen auf das Bezugswort[22]. Welche Funktion hat das Pronomen im Nebensatz?

[22] reference word

Beispiel: Der Brief, <u>den</u> Sabine geschrieben hat, ist nicht angekommen.

Direktes Objekt/Akkusativ

1. Der Internetprovider, den wir in der Firma haben, ist nicht besonders gut.

2. Die Kunden, die wir regelmäßig besuchen, haben gar nichts bestellt.

3. Die Lieferung, auf die ich gewartet habe, ist sehr spät eingetroffen.

4. Maria sucht eine Wohnung, die zwei Zimmer hat.

5. Frau Schulz hat einen neuen Wagen bestellt, der sehr teuer ist.

6. Der Vertreter, von dem wir eine Antwort erwartet haben, hat sich endlich gemeldet.

7. Daniels Handy, das ich ausgeliehen habe, ist kaputt.

8. Die U-Bahnlinie, mit der ich jeden Tag zur Arbeit fahre, war heute außer Betrieb.

9. Die Aktie, die ich kaufen wollte, ist sehr im Kurs gefallen.

10. Ich habe ein Konto eröffnet, auf das Meyers Chip AG mein Gehalt überweist.

4.4.b   Was wissen Sie über das Büro?

Was ist das richtige Relativpronomen für jede Lücke?

Beispiel: Wir haben den neuesten Rechner gekauft, *der* alles blitzartig schnell speichern, rechnen und wiedergeben kann.

1. Herr Meyer hat für uns ein Programm entwickelt, _____ alle Dateien auf einmal wieder herstellen kann.
2. Was bleibt zu tun, wenn man alles, _____ getan werden muss, erledigt hat?
3. Die Website, _____ gerade fertig geworden ist, wurde gelöscht.
4. Der Sekretär hat alle neuen E-Mail-Adressen gesammelt, an _____ wir Interesse haben.

5. Das Laufwerk ist leider nur für Disketten, _____ ein 3″ Format haben.

6. Ich habe gestern mit dem Webmaster gesprochen, _____ meine Website aktualisieren[23] wollte.

7. Hans-Peter möchte immer eins: nur das, _____ er möchte, und nichts Anderes.

8. Die Zuständige vom Einkauf hat mir einen neuen Drucker bestellt, _____ ich ohne Probleme bedienen kann.

9. Im Büro gibt es nur noch eine alte Anlage, _____ sogar keinen Internetanschluss hat.

10. Das Netzwerk, _____ gerade entwickelt wird, wird nächsten Monat installiert.

11. Das Beste, _____ wir in diesem Fall probieren können, ist erst eine Marketinganalyse durchzuführen.

12. Susanne hat eine neue Tastatur bekommen, mit _____ sie nichts anfangen kann.

13. Wir haben einen tollen Link in unsere Website eingebaut, mit _____ wir unsere Kunden erreichen können.

14. Unser Chef hat uns nur das berichtet, _____ er von seinem Chef erfahren hat.

4.4.c Aus der Werbung

Setzen Sie das richtige Relativpronomen in die Lücke.

Hansaplast Bandagen stützen Gelenke, ___ viel vorhaben.

1.

_____

In den Kathedralen des Südens gibt es viel zu sehen. Für den, ___ die richtige

Brille trägt. Eine, ___ man nicht wechseln muss, wenn sich die Lichtverhältnisse*

ändern. Weil ihre Gläser intelligent auf jede neue Lichtsituation reagieren.

ColorMatic passt
sich automatisch allen
Lichtverhältnissen an.

2.

_____ _____

Es gibt Nachrichten,____ können nicht darauf warten, bis sie gedruckt werden.

Neu: aktuelle Nachrichten,____ Sie überall erreichen.

3. _____   _____

Deutschlands Raststätten sind auch nicht mehr das, ____sie mal waren.

4. _____

Der Loewe Aconda.

Entdecken Sie ungeahnte Möglichkeiten: Der Loewe Aconda ist der erste Fernseher, ____Sie modular nach Wunsch erweitern können.

5. _____

Für Leute,____niemals einen Diesel fahren würden.

6. _____

Zinsen,____wachsen und wachsen. Bundesschatzbriefe.

7. _____

4.4.d   Wie definiert man diese Sachen?

Aus zwei mach eins.   Verbinden Sie jeweils zwei Sätze, indem Sie einen davon in einen Relativsatz verwandeln.

Beispiel: Ein Handbuch ist ein Buch. Ein Handbuch präsentiert

Informationen und Bedienungsanleitungen.

Ein Handbuch ist ein Buch, das Informationen und Bedienungsanleitungen präsentiert.

1. Ein Computer ist eine Maschine. Sie verarbeitet Daten.
2. Eine Datei ist eine Sammlung von Daten. In dieser Sammlung speichert man Informationen.
3. Ein Plug-in ist ein Softwareelement. Der Browser benutzt es, um Dateien abzurufen.
4. Ein Monitor ist ein Bildschirm. Mit dem Bildschirm ist es möglich, die Arbeit im und am Rechner sichtbar zu machen.
5. Die Homepage ist die Begrüßungsseite beispielsweise einer Person im Internet. Sie führt meistens durch Links auf andere Seiten.
6. Das Internet ist eine weltweite Verknüpfung von Hosts. Mit dem Internet können Informationen übermittelt werden.
7. Der Browser ist ein Programm. Dieses Programm stellt Informationen des Internets auf dem Bildschirm graphisch dar.
8. Eine Tastatur besteht aus Tasten. Diese ermöglichen es Informationen in den Computer einzugeben.
9. Ein Laufwerk ist ein Gerät. Dieses Gerät liest CDs oder Disketten.
10. Eine Maus ist ein Apparat. Er fungiert als Befehlsgeber einer erweiterten Tastatur.

SEGMENT V

Strukturen und Organisationen

§5.1 Wortstellung

Die Form vom direkten Objekt (*wen?* oder *was?*) beeinflusst die Wortstellung. Wenn das direkte Objekt ein Nomen ist, folgt es dem indirekten Objekt (*wem?*).

Der Chef gibt **dem** Kollegen **das** Fax.

Der Chef gibt **ihm das** Fax.

Wenn es in einem Satz zwei Pronomen gibt, steht das direkte Objekt immer vor dem indirekten Objekt. Wohl gemerkt, egal ob direktes oder indirektes Objekt, immer kommt ein Pronomen vor das Nomen.

Der Chef gibt **es dem** Kollegen.

Der Chef gibt **es ihm.**

Wenn man Adverben (Einzelwort oder Kombination mit einer Präposition) im Satz hat, ist eine bestimmte Reihenfolge einzuhalten: Zeit (*wann?*), Art und Weise (*wie?*) und Ort (*wo?*). Wenn ein Satz über zwei Zeitausdrücke verfügt, kommt der ungenaue Ausdruck (z.B. *heute*) zuerst und dann der genaue (z.B. *um 20 Uhr*).

	ungenaue Zeit	genaue Zeit	Art und Weise	Ort
Wir fahren	morgen		mit dem Zug	nach Hannover.
Wir fahren	morgen	um sieben Uhr	mit dem Zug	nach Hannover.

Wenn ein Satz alle Teile wie in der Tabelle dargestellt enthält, ergibt sich der „Sandwicheffekt". Alle Adverben werden dann zwischen das indirekte und das direkte Objekt gestellt. Der Sandwich-Belag beginnt nach dem indirekten Objekt und endet vor dem direkten.

Subjekt (wer)	Verb	indirektes Objekt (wem)	Zeit (wann)	Art und Weise (wie)	Grund (warum)	Ort (wo)	direktes Objekt (was)
Die Managerin	gibt	dem Mitarbeiter	heute Früh	auf die Schnelle		im Korridor	das Fax.
Daniel	schreibt	der Firma	heute Nachmittag	per Internet		im Büro	das Angebot.
Daniel	gab	Frau Schulz	gestern			in der Kantine	eine Essensmarke.

5.1.a   Was haben die Kollegen Daniel geschenkt?

Vielleicht können Sie sich daran erinnern, dass Daniel seinen Geburtstag im Büro gefeiert hat. Zu der Zeit war Sabine leider im Urlaub und sie weiß nicht, was Daniel alles bekommen hat.

Daniel: Gabi hat _____ _____ (*ein tolles Buch / mir*) geschenkt.

Sabine: Sie hat _____ _____ (*mir / es*) doch gesagt. Sie hat mit mir darüber gesprochen!

Daniel:	Ist wahr? Ja, und Thomas Kröger wollte _____ (*eine CD / mir*) schenken aber er wusste nicht, was mein Geschmack ist.
Sabine:	Wie ich Thomas kenne, hat er _____ dann _____ (*gar nichts / dir*) geschenkt.
Daniel:	Ja, das stimmt. Und Sabine, du hast _____ auch _____ geschenkt. (*mir / nichts*)
Sabine	Ja, das weiß ich. Hier, Daniel, ich gebe _____ jetzt _____. (*dir / das Geschenk*)

5.1.b   Im Büro

Alle Kollegen sind heute im Büro sehr beschäftigt. Daniel hat aber heute frei. Er ruft Sabine im Büro an und möchte gern wissen, was alle machen. Sie übernehmen Sabines Rolle und sagen Daniel, was die anderen so tun. Benutzen Sie die angegebenen Stichwörter.

> **Beispiel:** Frau Schulz fliegt (zu IBM auf Besuch / heute)

> *Frau Schulz fliegt heute zu IBM auf Besuch.*

1. Sie fliegt (nach Poughkeepsie / immer / mit dem Flugzeug)
2. Frau Hase präsentiert (im Hauptgebäude / um 14 Uhr / heute)
3. Paola geht (in die Kantine / gerade)
4. Martina fährt (zur Uni / heute Nachmittag / mit der U-Bahn)
5. Herr Scholz kommt (ins Büro / bald)
6. Thomas Kröger wurde (krank / heute Früh / am Schreibtisch)
7. Susanne tippt (sehr viel / am Rechner / heute Morgen)
8. Dr. Meissner steht (am Fenster / den ganzen Vormittag)

5.1.c   Die Pressemitteilung

[24] typesetting

Hier ist eine Pressemitteilung. Leider sind die Wörter beim Setzen[24] durcheinander geraten. Helfen Sie dem Drucker und bringen Sie die Wörter für alle Sätze in die richtige Reihenfolge. Wenn Sie alle Sätze korrigiert haben, fügen Sie sie zu einer Pressemitteilung zusammen. Achten Sie auf die Zeitform.

1. Meyers Chip AG / der Bau einer neuen Fabrik / bekannt geben
2. zusammenrufen / die Presse / heute Früh / die Pressesprecherin der Firma Meyers Chip AG
3. in Berlin Treptow / nächstes Jahr / bauen / die Fabrik für Chipherstellung / Meyers Chip AG
4. 50 Milliarden Euro / das ganze Projekt / heute / kosten

5. ein Grundstück mit 10 Hecktar / kaufen / die Firma / bald / mit finanzieller Unterstützung der Berliner Bank

6. in dieser Fabrik / können beschäftigen / in zwei Jahren / maximal 500 zusätzliche Mitarbeiter / die Firma Meyers Chip AG

§5.2 Adjektivendungen

Das prädikativ gebrauchte Adjektiv steht immer nach dem Verb *sein, werden* oder *bleiben*. Dieses Adjektiv bezieht sich auf das Subjekt des Satzes und wird nie mit einer Endung versehen.

Das Projekt ist **interessant.**

Die Sitzung wird **lang.**

Der Himmel bleibt **schön.**

Das attributive Adjektiv steht vor dem Nomen, auf das es sich bezieht. Die Endung dieses Adjektivs hängt von Geschlecht, Anzahl (Singular oder Plural), und dem Gebrauch des modifizierten Nomens im Satz ab. Des weiteren ist die Endung auch abhängig vom Artikel des Nomens. Es kann entweder einen bestimmten Artikel (**der**-Wort) oder einen unbestimmten Artikel (**ein**-Wort) oder sogar keinen Artikel haben.

Haben Sie den **neuen** Rechner gesehen?

Das wird eine **lange** Sitzung.

Wir haben eigentlich ein **gutes** Projekt, nicht wahr?

Wenn es mehrere Adjektive gibt, haben sie alle dieselbe Endung.

Das ist mein **neuer teurer** Stuhl.

Die Mitarbeiter haben ein **schönes neues** Büro.

Adjektivendungen nach einem bestimmten Artikel

	Nominativ	Akkusativ	Dativ	Genitiv
männlich	e	en	en	en
weiblich	e	e	en	en
sächlich	e	e	en	en
Mehrzahl	en	en	en	en

Beispiele

	Nominativ	Akkusativ	Dativ	Genitiv
männlich	der lang**e** Brief	den lang**en** Brief	dem lang**en** Brief	des lang**en** Briefes
weiblich	die kurz**e** E-Mail	die kurz**e** E-Mail	der kurz**en** E-mail	der kurz**en** E-Mail
sächlich	das gut**e** Fax	das gut**e** Fax	dem gut**en** Fax	des gut**en** Faxes
Mehrzahl	die lang**en** Briefe	die lang**en** Briefe	den lang**en** Briefen	der lang**en** Briefe

Kommt ein unbestimmter Artikel oder ein **ein-**Wort vor das Adjektiv, sind die Endungen die gleichen wie bei einem bestimmten Artikel. Hier gibt es lediglich drei Ausnahmen: das sind Nominativ männlich, Nominativ sächlich und Akkusativ sächlich.

Ein kleiner Mann wartet in seinem Auto.

Ein schönes Mädchen steht vor der Tür.

Ich lese kein gutes Buch.

Adjektivendungen ohne Artikel

	Nominativ	Akkusativ	Dativ	Genitiv
männlich	**er** '	en	en	en
weiblich	**e**	**e**	en	en
sächlich	**es**	**es**	en	en
Mehrzahl	**e**	**e**	en	en

Beispiele

	Nominativ	Akkusativ	Dativ	Genitiv
männlich	gut**er** Prozess	gut**en** Prozess	gut**em** Prozess	gut**en** Prozesses
weiblich	gut**e** Aufgabe	gut**e** Aufgabe	gut**er** Aufgabe	gut**er** Aufgabe
sächlich	gut**es** Projekt	gut**es** Projekt	gut**em** Projekt	gut**en** Projekts
Mehrzahl	gut**e** Formen	gut**e** Formen	gut**en** Formen	gut**er** Formen

Die unbestimmten Adjektive *andere, einige, mehrere, viele* und *wenige* stehen schon im Plural und deuten unbestimmte Quantitäten an. Wenn diese von attributiven Adjektiven gefolgt werden, verhalten sie sich wie Adjektive in einer Reihenfolge, d.h. sie haben alle dieselbe Endung.

> **Einige neue** Mitarbeiter nehmen nächste Woche ihre Arbeit auf.
>
> Er kennt **viele gute** Vertreter.

TIPP   Mit nicht zählbaren Wörtern haben *wenig* und *viel* keine Endung.

> Wir haben **viel** Arbeit und **wenig** Zeit.

Im Deutschen können viele Adjektive als Nomen verwendet werden. Sie behalten dann die Adjektivendung bei und werden groß geschrieben. Einige Nomen, die beispielsweise von Adjektiven stammen, sind *der/die Angestellte, Bekannte, Erwachsene, Fremde, Jugendliche* und *Verwandte*.

> Er hat das Projekt **der Neuen** übergeben.
>
> **Das Gute** an dem Projekt ist der Preis.

Adjektive, die Abstraktheit ausdrücken (**das Gute, das Schöne),** werden als sächlich kategorisiert. Sie stehen oft nach den Wörtern **etwas, nichts, viel** und **wenig** und müssen mit **-es** (**etwas Gutes**) versehen werden. Adjektive nach dem Wort **alles** enden auf **-e** (**alles Gute**).

> Wir haben **viel Gutes** über Sie gehört.
>
> **Alles Liebe** zum Jubiläum.
>
> So **einen Tüchtigen** findet man selten.

Das Wort **hoch** wird zu **hoh-,** wenn es mit einer Endung versehen wird. Adjektive, die auf **-el** oder **-er** enden, verzichten auf das **–e–.**

> Das ist ein **hoher** Preis.
>
> Das ist eine **dunkle** Straße.
>
> Das ist ein **teures** Angebot.

5.2.a   Die Dienstreise

Frau Schulz ist von einer Dienstreise zu verschiedenen Firmen zurückgekehrt. Übernehmen Sie die Rolle von Frau Schulz und beantworten Sie die Fragen ihrer Freundin zur Reise. Benutzen Sie die Stichwörter in Klammern.

Beispiel: Hast du Vertreter kennen gelernt? (*viele / interessant*)

Ja, ich habe viele interessante Vertreter kennen gelernt.

1. Hast du die Produktion gesehen? (*einige / gut*)
2. Hast du mit Projektleitern gesprochen? (*viele / intelligent*)
3. Hast du Prototypen ausprobiert? (*mehrere / neu*)
4. Hast du andere Produkte angeschaut? (*viele / schön*)
5. Hast du mit den Betriebsleitern geredet? (*alle / bekannt*)
6. Bist du abends in Konzerte gegangen? (*mehrere / gut*)

5.2.b Angestellte oder Familie?

Daniel und Sabine sitzen wieder im Aufenthaltsraum und quatschen über die Welt. Sabine hat einige Fragen an Daniel. Übertragen Sie das Gespräch ins Deutsche.

Sabine:	Do you still have relatives in America?
Daniel:	Yes, I still have many relatives there.
Sabine:	I have some relatives in Montana.
Daniel:	Really? An acquaintance of mine lives in Helena.
Sabine:	My relatives also live there.
Daniel:	My acquaintance is an employee in a bank there.
Sabine:	Really? Which bank?
Daniel:	First National. He's the supervisor[25] of the loan department.
Sabine:	No, really? What's his name?
Daniel:	Steve.
Sabine:	Isn't that interesting! The name of my relative is Steve, too.
Daniel:	Hey, your relative must be my acquaintance.

[25] *Vorgesetzte*

5.2.c Standort

Daniel redet mit Gabis Vater über den Wirtschaftsstandort Deutschland und was für viele Firmen von Bedeutung ist, wenn sie einen neuen Standort wählen. Daniel hat nämlich neulich einen Artikel in der Zeitung darüber gelesen.

Daniel:	Ich habe gelesen, dass Deutschland _____ (*ein / teuer*) Pflaster ist.
Herr Zimmermann:	Ja, das ist richtig. Leider haben wir sehr _____ (*hoch*) Mieten und die _____ (*ander*) Kosten sind auch _____ (*hoch*).
Daniel:	Was kann getan werden, um Deutschland wirtschaftlich ein _____ (*attraktiv*) Land zu machen?

Herr Zimmermann: _____ (*ein*) sehr _____ (*gut*) Frage! Ich finde, dass wir erst die Mieten senken sollten.

Daniel: Wie können _____ (*niedrig*) Mieten eingeführt werden?

Herr Zimmermann: Ja, das ist nicht so einfach. Vielleicht kann die _____ (*lokal*) Regierung eine Art Mietpreisbindung einführen.

[26] tax advantage

Daniel: Berlin hat eine Art Steuervergünstigung[26], oder?

Herr Zimmermann: Jain. Es wird davon gesprochen, aber im Moment haben wir so etwas _____ (*ähnlich*) noch nicht.

Daniel: Vielleicht kann Berlin _____ (*ander*) Möglichkeiten bieten.

Herr Zimmermann: Woran denkst du?

Daniel: Vielleicht kann Berlin jeder Firma _____ (*finanziell*) Unterstützung anbieten.

Herr Zimmermann: Ja, aber so etwas wird sehr _____ (*teuer*).

5.2.d Voraussetzungen für einen guten Standort

Nach dem Gespräch mit Gabis Vater hat Daniel noch Informationen über die Voraussetzungen für einen guten Standort gelesen. Lesen Sie diese Informationen und vervollständigen Sie den Satz mit den richtigen Endungen.

Der Wirtschaftsstandort Deutschland hat im international _____ Wettbewerb eine Reihe von Pluspunkten: ein_____ hoh_____ Produktivität, ein_____ gut _____ Ausbildung und Motivation der Berufstätigen, ein_____ hoh_____ technisch _____ Standard, kreativ _____ Wissenschaftler[27], ein _____ funktionierend _____ Infrastruktur, sozial _____ Frieden, ein _____ stabil _____ Währung und ein _____ verläßlich _____ politisch _____ Umfeld. Mit dies _____ Vorzügen[28] allein kann Deutschland freilich[29] in Zukunft nicht bestehen. In Sachen Arbeitskosten, Betriebszeiten, Unternehmenssteuern, Umweltschutzvorschriften[30] und Sozialabgaben haben die deutsch _____ Unternehmen ein _____ schwer _____ Stand gegenüber der international _____ Konkurrenz.

[27] scientists

[28] advantages

[29] surely

[30] environmental protection regulations

[31] else

Die Lohnzusatzkosten zum Beispiel sind in Deutschland so _____ (*hoch*) wie nirgends sonst[31] auf der Welt. 19,75 DM mussten deutsch _____ Unternehmer in der verarbeitend _____ Industrie 1994 je geleisteter Arbeitsstunde zusätzlich zum—ebenfalls hoh _____ Stundenlohn zahlen.

Während die Arbeit in Deutschland also so _____ (*teuer*) ist wie kaum anderswo auf der Welt, arbeiten die Deutsch _____ zugleich weniger als in jed _____ ander _____ Industrieland der Welt. Die effektiv _____ Jahresarbeitszeit in der Metallindustrie lag 1995 in Deutschland im Durchschnitt pro Arbeiter bei 1573 Stunden. In den USA arbeitet man 1896 Stunden im Jahr.

Aus: Tatsachen über Deutschland. *Frankfurt/Main: Societäts-Verlag, 1996.*

§5.3   Der Infinitiv

Gebrauch des Infinitivs

Ohne *zu*
Der reine Infinitiv gebraucht kein *zu* und steht nach

- a) Modalverben: können, sollen, wollen, dürfen, müssen und mögen
- b) den folgenden Verben: heißen, helfen, lassen, sehen, hören und fühlen.

Der Chef muss den Brief schreiben.

Ich sehe die Probleme kommen.

Sie hört den Vorgesetzten am Telefon sprechen.

Mit *zu*
Die meisten Verben gebrauchen den Infinitiv mit *zu* und dieser Infinitiv kommt am Ende des Satzes

Daniel versucht *zu arbeiten*.

Die Produktion fängt an *zu klappen*.

Frau Hase bittet Daniel bei Meyers Chip AG *zu bleiben*.

Einige Ausdrücke mit den Verben *haben* (z.B. Lust haben) und *sein* (z.B. Zeit sein) werden vom Infinitiv mit *zu* gebildet

Haben Sie Lust, mit uns ins Blaue zu fahren?

Es ist höchste Zeit, den Umsatz zu erhöhen.

Wenn der Infinitiv andere Satzelemente enthält, wird dies ein *Infinitivsatz* genannt.

Wenn das Verb trennbar ist, kommt die Partikel *zu* zwischen dem Präfix und dem Verb.

Ich habe vor, nach Tokio ab**zu**reisen.

Es ist Zeit, das Projekt an**zu**fangen.

Einige alltägliche Ausdrücke, die immer *zu* verlangen, sind:

Es macht Spaß, ...

Es ist schwer (leicht), . . .

Es ist schön, . . .

Die Präpositionen *um*, *(an)* *statt* und *ohne* können mit dem Infinitiv mit *zu* kombiniert werden, um einen Infinitivsatz einzuführen.

Frau Schulz besuchte IBM, **um** das neue Produkt **zu sehen.**

Wir werden Ihnen lieber faxen, **statt** einen Brief **zu schicken.**

Er hat die Firma verlassen, **ohne** eine Abschiedsparty **zu geben.**

Die Konstruktionen *(an)statt . . . zu* und *ohne . . . zu* werden mit Infinitiven (z.B. *schicken, helfen*) gebraucht. Im Englischen wird dies mit der Endung **-ing** formuliert: z.B. *instead of sending a letter, without helping me.* Der Fall vom Nomen im Infinitivsatz hängt vom Gebrauch ab.

Wir werden Ihnen faxen, statt **einen** Brief zu schicken.

Er ging, ohne **mir** zu helfen.

Im ersten Infinitivsatz ist das Wort **Brief** das direkte Objekt, also zeigt das Wort **ein** Akkusativ männlich an. Im zweiten Beispiel steht das Wort **mir** im dritten Fall (Dativ), weil das Verb **helfen** immer den Dativ nach sich zieht.

5.3.a Sabines Dienstreise

Sabine geht zum ersten Mal auf Dienstreise und möchte alles mit Daniel vorher besprechen. In welchen Fällen wird kein Infinitiv mit *zu* gebraucht?

Beispiel: Es ist schon lange mein Wunsch (auf Dienstreise fahren)

Es ist schon lange mein Wunsch, *auf Dienstreise zu fahren.*

Sabine: Ich habe endlich die Möglichkeit (eine Dienstreise machen).
Daniel: Wohin?
Sabine: Ich muss (nach Hannover fahren). Mein Auftrag lautet (vier Firmen besuchen).
Daniel: Das muss (sehr interessant sein).

Sabine: Ja, aber auch viel Stress. Ich hoffe mit der Bahn (weniger Stress haben).

Daniel: Die Züge sind oft voll, das kann auch (viel Stress geben).

Sabine: Wenn ich bei den Firmen bin, kann ich viel (mit den Leuten sprechen).

Daniel: Das wäre schön für mich, da könnte ich (die deutsche Sprache üben).

Sabine: Vielleicht kann ich auch (ein bisschen Englisch üben).

Daniel: Hast du vor (lange bleiben)?

Sabine: Nein, heute hin und morgen zurück.

Daniel: Na dann, viel Spaß!

5.3.b Sabines Rückkehr

Sabine ist nach der Reise wieder im Büro und berichtet Daniel, wie es abgelaufen ist. Sie sind Sabine. Erzählen Sie Daniel, was Sie gemacht haben. Verbinden Sie die Sätze mit *um...zu*, *ohne...zu* und *statt...zu*.

Beispiele: Ich wählte doch das Auto. Ich fuhr nicht mit dem Zug.

Ich wählte doch das Auto, statt mit dem Zug zu fahren.

1. Ich musste lange suchen. Ich fand die erste Firma.
2. Ich musste mich beeilen. Ich kam bei der zweiten Firma pünktlich an.
3. Ich wollte eine Präsentation halten. Ich wollte keine Folien benutzen.
4. Ich bin früher nach Berlin gefahren. Ich wollte nicht im Hotel übernachten.
5. Ich hatte keine Telefonkarte. Ich konnte dich nicht anrufen.
6. Ich bin direkt nach Hause gefahren. Ich bin nicht zu meinem Freund gefahren.

Wiederholung: Relativsätze

5.3.c Was meint Paola?

Paola und Daniel treffen sich auf der Jubiläumsfeier und plaudern ein bisschen. Paola hat einige Sachen gesehen, die sie auf Deutsch nicht kennt. Vervollständigen Sie Paolas Beschreibungen auf Deutsch.

Paola	**Daniel**
Das ist ein Ding, aus *dem man Sekt* trinkt.	Oh, das ist einfach. Das ist ein Sektglas.

1. Das ist ein Tuch, mit _____ abwischt.

Ach ja, das ist eine Serviette.

2. Das ist eine Büroeinrichtung, in _____ stellt.

Moment, ich hab's, das ist ein Aktenschrank.

3. Das ist eine Feier, zu _____ eingeladen werden.

Das ist nicht so einfach, aber ich glaube, das ist ein Dienstjubiläum.

4. Das ist ein Buch, in _____ eintragen.

Oh, das ist sehr schwer. Warte einen Moment! Ach ja, das ist ein Gästebuch.

5. Das ist ein Gegenstand, an _____ hält.

Hmm, was könnte das sein.

Mensch, ja, das ist ein Rednerpult.

§5.4   Der Konjunktiv II der Vergangenheit

Der Konjunktiv II der Vergangenheit setzt sich zusammen aus *haben* oder *sein* im Konjunktiv plus dem Partizip Perfekt des Hauptverbs.

Wenn ich genug Zeit **gehabt hätte, hätte** ich noch einen Kunden **besucht.**

Hätte er das **gewusst, hätte** er anders **gehandelt.**

Der Konjunktiv II der Vergangenheit wird gebraucht, um Wunschsätze, vorsichtige Aussagen, besonders höfliche Aussagen und Bedingungssätze der Unwirklichkeit in der Vergangenheit zu äußern. Das entspricht dem englischen *would have* plus Partizip Perfekt.

Im Konjunktiv II der Vergangenheit haben Modalverben zwei Partizipformen: eine regelmäßige Form (*gekonnt*) und eine Form, die dem Infinitiv (*können*) gleich ist.

Die regelmäßige Form des Partizips besteht aus dem Präfix **ge-** und die Endung **-t** (*gedurft, gekonnt, gemocht, gemusst, gesollt* und *gewollt*). Die regelmäßige Form wird verwendet, wenn das Modalverb das Hauptverb im Satz ist.

Hätte er es **gewollt, hätte** er es auch **geschafft.**

Wenn ein Modalverb mit einem Infinitiv gebraucht wird, wird die zweite Partizipform benutzt. Die Partizipform ist gleich dem Infinitiv des Modalverbs (*dürfen, können, mögen, müssen, sollen* und *wollen*). Im Konjunktiv II der Vergangenheit wird *haben* immer mit den Modalverben gebraucht.

Sabine **hätte** zur Sitzung **kommen sollen.**

Daniel **hätte** den Brief **schreiben können.**

In Haupt- und Nebensätzen findet man diese Infinitive am Satzende. Im Konjunktiv II der Vergangenheit steht in Nebensätzen das Hilfsverb *haben* direkt vor den Infinitiven im Nebensatz.

Frau Hase meinte, dass du mit ihr darüber **hättest sprechen müssen.**

Ich finde, dass du mit der Bahn **hättest fahren können.**

5.4.a Produktionsprobleme

In einer Sitzung reden Daniel und die Entwicklungsingenieure über Produktionsprobleme. Daniel stellt verschiedene Fragen an die Ingenieure. Sie sind einer dieser Ingenieure. Wie würden Sie Daniels Fragen beantworten?

Daniel: Wie hätten Sie gehandelt, wenn Sie früher gewusst hätten, dass Ihre Idee nicht funktionieren würde?

Ingenieur: _____

Daniel: Was hätten Sie anders gemacht, hätten Sie mehr Geld für das Projekt gehabt?

Ingenieur: _____

Daniel: Was hätten Sie geändert, hätten Sie mehr Zeit für die Einführungsphase des Projekts bekommen?

Ingenieur: _____

Daniel: Wie hätten Sie das Projekt anders geleitet?

Ingenieur: _____

Daniel: Wann hätten Sie mit dem Projekt angefangen, hätten Sie gewusst, dass Sie so viele Probleme haben würden?

Ingenieur: _____

5.4.b Was hätte …?

Beantworten Sie die folgenden Fragen.

1. Was hätten Sie (Sie sind Frau Schulz) machen können, hätten sie gewusst, dass Herr Walker nicht bleiben wollte?
2. Was hätten Sie in der High School gelernt, hätten Sie gewusst, dass Sie in der Zukunft in Deutschland arbeiten würden?

3. Wie wären Sie heute zur Arbeit (oder zur Uni) gefahren, hätten Sie gewusst, dass Sie Stunden lang im Stau stehen würden?

4. Heute Nacht hat's viel geschneit und Ihr Auto stand nicht in der Garage. Was hätten Sie gestern Abend machen sollen?

5. Gestern unterwegs zum Supermarkt haben Sie Ihr Portemonnaie verloren. Da waren 200 Euro drin. Sie sind einfach nach Hause gegangen und haben nichts unternommen. Was hätten Sie machen sollen?

6. Sie waren gestern im Warenhaus und haben gesehen, wie eine Frau ein Kleid gestohlen hat, aber Sie haben nichts dagegen gesagt oder getan. Wie hätten Sie sich verhalten sollen?

7. Sie haben sich um eine neue Stelle beworben, aber Sie haben vergessen, Ihr Foto mitzuschicken. Wie hätten Sie das vermeiden können?

8. Sie waren gestern in der Kantine und vor Ihnen an der Kasse hat ein Kollege, nach dem Bezahlen sein Portemonnaie vergessen. Was hätten Sie ihm sagen sollen?

9. Sie haben gestern Abend einen Parkplatz in der City gesucht aber alle Parkplätze waren belegt, also haben Sie im Parkverbot gestanden und später einen Strafzettel bekommen. Was hätten Sie anders machen können?

10. Sie haben ein Angebot für die Firma X geschrieben und in der Anrede *du* verwendet. Wie hätten Sie es schreiben müssen?

Praktische Übungen

SEGMENT I

Motivation ist der erste Schritt

I.A Das passende Wort

Schreiben Sie die Substantive auf, die man von diesen Verben bildet. Alle Substantive finden Sie in den Stellenangeboten im Hauptteil, Seiten 7-11.

trennbare Verben		**nicht trennbare Verben**	
1. ausbilden	die _____	1. bewerben	die _____
2. vorstellen	die _____	2. erfahren	die _____
3. zusammenarbeiten	die _____	3. vertreiben	der _____
4. einkaufen	der _____	4. bearbeiten	der _____

I.B Der/die richtige Kandidat(-in)

Tragen Sie die Informationen aus Christines und Hans-Peters Lebensläufen (Seiten Ü2 und Ü3) und Daniels und Gabis Lebensläufen (vorne im Hauptteil, Seiten 22 und 23) in die Tabelle ein.

	Daniel	Gabi	Christine	Hans-Peter
Geburtstag und Datum				
Ort der Schule und Daten				
besuchte Uni und Abschluss				
berufliche Erfahrungen				
Fertigkeiten				

Lebenslauf

Name: Hans-Peter Stresemann
Wohnort: Müllerstr. 125
13349 Berlin
Tel. 030/84 76 28

Persönliche Daten
    geboren am 22.5.74
    in Berlin Wedding
    Familienstand: ledig, ein Kind (3 Jahre alt)
    Staatsangehörigkeit: deutsch

Ausbildungsdaten

Schulausbildung	1988–1995	Gabriele-von-Bülow-Oberschule
Berufsausbildung	1995–1998	Ausbildung zum Industriekaufmann[32] Firma Profit-Müller
Studium	1998–jetzt	Freie Universität Berlin, Fachrichtung BWL
Sprachkenntnisse		Englisch gut in Wort und Schrift Französisch ausreichend

Berlin, den 2.6.00
Hans-Peter Stresemann

[32] industrial/business manager

Lebenslauf

Christine Schneeglocke
Müllerstr. 125
13349 Berlin
Tel. 030/84 76 28

Geburtsdatum: 4.12.75
Geburtsort: Rostock
Nationalität: deutsch
Familienstand: ledig, ein Kind

Schule

Aug. 86 – Juni 95   Gabriele-von-Bülow-Oberschule
                     Abschluss: Abitur mit Durchschnittsnote 1,3

Ausbildung

Okt. 95 – Mai 98   Hartnack Fremdsprachen Akademie Berlin
                     Ausbildung zur Fremdsprachensekretärin
                     Fremdsprachen Englisch und Italienisch
Okt. 98 – jetzt   Humboldt Universität zu Berlin
                     Studiengang: Dolmetscherin für Englisch und Italienisch

Berufliche Tätigkeiten

Sommerferien 1996   General Motors, Detroit, Michigan, USA
                     Praktikum als Fremdsprachensekretärin
Sept. 96 – jetzt   CNN Nachrichtenagentur Berlin
                     Werkstudentin: Übersetzerin für den Nachrichtenservice

Besondere Fertigkeiten

                     Englischkenntnisse fliessend
                     Italienischkenntnisse gut in Wort und Schrift
                     Gute EDV-Kenntnisse
                     Führerschein Klasse 3

Berlin, 00.11.8

I.C   Wen nehmen Sie?

Arbeiten Sie in Zweiergruppen. Sie sind nun der/die Personalchef(in) von Lufthansa von der Anzeige im Hauptteil auf Seite 10. Wen würden Sie anhand der Informationen in der Tabelle für Ihre Stelle nehmen, Gabi, Christine, Hans-Peter oder Daniel? Warum?

I.D   Welche Wörter passen zusammen?

1.	Bewerbung	a.	abschließen
2.	Praktikum	b.	zusammenstellen
3.	Unterlagen	c.	machen lassen
4.	Zeugnis	d.	absolvieren
5.	Lichtbild	e.	konzipieren und schreiben
6.	Studium	f.	schreiben lassen

I.E   *Bewerben* oder *beantragen?*

Tragen Sie entweder **bewerben** oder **beantragen** in die Lücken ein. Achten Sie auf die richtige Form des Verbs.

1. Gestern _____ ich mich um die Stelle.
2. Herr Müller hat eine neue Kreditkarte _____.
3. Sabine hat sich um eine Praktikantenstelle _____.
4. Die jungen Azubis haben Reisegeld _____.
5. Hans-Jürgen _____ letzten Monat einen neuen Reisepass.
6. Heute _____ Maria sich um den Job.

Was ist der Unterschied zwischen *bewerben* und *beantragen?*

I.F   Das Lichtbild

Vor dem Lesen

33 customary
34 staple, attach

1. In Deutschland ist es üblich[33], ein Lichtbild an den Lebenslauf zu heften[34]. Das Foto soll aber nicht aus dem Automaten kommen. Warum nicht?

35 add, attach

2. Warum, meinen Sie, ist es in Amerika nicht erforderlich, ein Lichtbild beizufügen[35]?

3. Was könnte der Grund sein, dass man in Deutschland ein Lichtbild beifügt?

Ein gutes Passfoto macht Eindruck

[36] job advertiser

[37] assume

[38] skin

[39] draw conclusions

[40] attitude

[41] Let's not kid ourselves.

[42] often

[43] comes about

[44] study, investigation

[45] prospects

[46] selection

[47] performance comparison

[48] approximately

[49] undecided

[50] invented, fictional

[51] portfolio profile

[52] judge

Warum benötigt der Stellenanbieter[36] eigentlich ein Bild vom Bewerber? Sie können davon ausgehen,[37] daß aus der Art Ihrer Bekleidung (Kleidung ist die zweite Haut[38] eines Menschen!) Rückschlüsse gezogen[39] werden über Ihre Einstellung[40] zum Leben und über das »Niveau«, in dem Sie sich bewegen. Wie ist Ihre Krawatte gebunden, wie dezent ist ihr Muster, wie sieht Ihr Jacket aus, Ihre Haare, Ihre Brille—und ganz besonders Ihr Gesichtsausdruck? Machen wir uns nichts vor:[41] Jeder von uns hat einen ersten Eindruck vom anderen Menschen, so tolerant wir auch immer sein wollen!

Es gibt so etwas wie »Liebe auf den ersten Blick«, und wie die häufig[42] zustande kommt[43] und wohin sie führen kann, zeigt eine veröffentlichte Untersuchung,[44] über die die Deutsche-Presse-Agentur berichtete:

Wer gut aussieht, wird eben eingestellt

Wer gut aussieht, hat bessere Aussichten,[45] mit einer Bewerbung Erfolg zu haben—besonders dann, wenn dem Personalchef wenig andere Informationen über die zur Auswahl[46] stehenden Bewerber vorliegen oder wenn der Leistungsvergleich[47] annähernd[48] unentschieden[49] steht. Dies fanden Privatdozent Dr. Heinz Schuler und Diplom-Ökonom Walter Berger vom Psychologischen Institut der Universität Augsburg heraus, als sie achtzig Managern erfundene[50] Bewerbungsunterlagen sowie ein Paßbild vorlegten und sie baten, die »Bewerber« und »Bewerberinnen« nach der Aktenlage[51] zu beurteilen[52] und eine Einstellungsempfehlung abzugeben.

Aus: Manfred Lucas, 1993. Der ECON Berufsbegleiter. *Düsseldorf, ECON-Verlag.*

Fragen zum Text

1. Kann das Foto viel oder wenig über den/die Bewerber(-in) aussagen?
2. Nicht jeder ist schön oder modisch. Kann der Ausdruck „Sympathie auf den ersten Blick" zutreffen?
3. Warum haben besser aussehende Leute mehr Chancen?
4. Was ist in der Studie passiert?

Manfred Lucas betrachtet die folgenden 5 Punkte als bedeutungsvoll bei der Anfertigung eines Lichtbildes.

1. Kein Foto aus dem Automaten. Die schlechte Qualität des Bildes (z.B. die Schwarzweißkontraste) kann einen noch so attraktiven Menschen schlecht aussehen lassen.

2. Ein Lichtbild vom professionellen Fotografen. Es mag teurer sein, aber er nimmt verschiedene Lichtbilder von Ihnen auf, aus denen Sie das Beste wählen können.

3. Schwarz-weiß oder bunt? Das liegt bei Ihnen.

4. Bildgröße? Es sollte mindestens Passfotogröße haben, aber dies hängt von der Position ab. Z.B. wenn Sie sich um eine Stelle als Mannequin, Dressman oder Fotomodell bewerben, ist ein größeres Lichtbild besser.

5. Wie alt? Das Foto sollte so aktuell wie möglich sein.

I.G   Anrufbeantworter

Vor dem Lesen

1. Haben Sie einen Anrufbeantworter?
2. Was hören Sie oftmals, wenn Sie einen Anrufbeantworter erreichen?
3. Was finden Sie wichtig, aufs Band zu sprechen?
4. Was haben Sie auf Ihren Anrufbeantworter gesprochen?

STANDPUNKT !!!

Anrufbeantworter: Weniger ist mehr

„Guten Tag. Sie sind verbunden mit Josef Mustermann, Telefon 01 23 45 67 89, Bereich XY der Siemens AG. Zur Zeit bin ich nicht im Hause. Sie können mir nach dem Pfeifton eine Nachricht hinterlassen, ich rufe Sie so bald als möglich zurück." Dasselbe meist auf zwei Sprachen, um ja keinen Zweifel aufkommen zu lassen, mit wem man es zu tun hat: mit einem vollgepackten Anrufbeantworter nämlich.

Unnötig lange muß man an vielen Anrufbeantwortern warten, um endlich seine Botschaft loszuwerden, meint Thomas Dehelmahr aus Stuttgart. Zeit ist Geld, wie es heißt, und die Warterei zerrt an den Nerven. Deshalb hat Dehelmahr jetzt vorgeschlagen, eine knappe Standard-Ansage einzuführen. Außerdem sollen alle Mitarbeiter, die international arbeiten, nur die englische Ansage aufsprechen und auf die in ihrer Muttersprache ganz verzichten.

Aus: Siemens Welt 3/98.

Fragen zum Text

1. Von wem ist die Ansage?
2. Wo arbeitet er?

3. Mit wem hat man es zu tun?

4. Wie lange, meint Thomas Dehelmahr, muss man warten, bevor man seine Botschaft loslassen kann?

5. Was hat Thomas Dehelmahr vorgeschlagen?

6. In welcher Sprache soll die Ansage gehalten sein, wenn man international arbeitet?

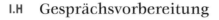

Schreiben Sie Ihre eigene Ansage.

I.H Gesprächsvorbereitung

[53] equivalent to the English *executive*

[54] to be suitable

[55] outline

Die folgende Gesprächsvorbereitung ist für Manager,[53] und erklärt, wie man ein Gespräch vorbereiten sollte. Obwohl diese Vorbereitung nicht unbedingt für ein Vorstellungsgespräch gedacht ist, eignet[54] sie sich doch sehr gut. Lesen Sie die folgende Gliederung[55] und ergänzen Sie die fehlenden Informationen (in den Kategorien) mit den folgenden Begriffen.

viel Arbeit in die Vorbereitung investieren   aktiv zuhören

ein persönliches Ziel besprechen   herzlich Willkommen heißen

[56] to discuss

[57] time limit

[58] to present

I.   Planung
    a. Datum ansagen
    b. Thema erörtern[56]
    c. Zeitbegrenzung[57] einhalten
    d. _____
    e. Unterlagen vorlegen[58]

II.   Eröffnung
    a. _____
    b. auf den Punkt kommen

III. Verlauf
    a. beim Thema bleiben
    b. _____

IV.   Schluss
    a. Aufgaben konkret verteilen
    b. Zeitbegrenzung einhalten
    c. alles kurz zusammenfassen
    d. _____

Lesen Sie die folgenden Fragen und markieren Sie die beste Antwort. Begründen Sie Ihre Wahl.

1. Was ist das Ziel eines Vorstellungsgesprächs?
   a. Leute kennen zu lernen   b. Erfahrung zu sammeln
   c. eine Stelle zu bekommen

2. Welche Information sollen Sie über die Firma bereits wissen?
   a. die Anzahl der Häuser von der Firma   b. die Größe der Firma
   c. die Produkte der Firma

3. Welche Unterlagen benötigen Sie, damit Sie einen kompetenten Eindruck hinterlassen?
   a. Bewerbungsunterlagen (z.B. Originale von den Zeugnissen)
   b. Führerschein   c. Urkunden

[59] advantage
4. Wie wollen Sie das Gespräch zu Ihren Gunsten[59] starten?
   a. freundlich sein   b. besserwissend sein
   c. eingebildet sein

5. Welchen Punkt sollten Sie im Gespräch nicht anschneiden?
   a. Freizeitmöglichkeiten   b. Urlaubsgeld
   c. Fortbildung

[60] objections
6. Welche Einwände[60] können Sie eventuell erwarten und was sagen Sie dazu?
   a. nicht alt genug   b. nicht genug Erfahrung
   c. nicht intelligent genug

7. Was sind Ihre Stärken und wie unterscheiden Sie sich von den anderen Bewerbern?
   a. Sie arbeiten gut im Team.   b. Sie lassen gern arbeiten.
   c. Sie sind sehr kreativ.

1.1   Wie komme ich zum Vorstellungsgespräch?

In dieser Situation hat der/die Bewerber(-in) mit Frau Meisel vom Personalbüro der Schering AG ein Vorstellungsgespräch vereinbart. Der Kandidat weiß aber nicht, wie er/sie zu dieser Firma kommen soll. Der „Kandidat" orientiert sich an der unten abgedruckte Straßenkarte von Berlin, „Frau Meisel" verwendet die Informationen auf Seite Ü55.

Kandidat: Ihr Vorstellungsgespräch bei der Schering AG in Berlin/Wedding soll innerhalb der nächsten Stunde stattfinden. Ihre Kontaktperson bei Schering AG ist Frau Meisel. Rufen Sie Frau Meisel an (Sie haben ein Handy im Auto) und erkundigen Sie sich, wie Sie am besten zu Schering AG gelangen. Sie sind gerade aus Potsdam gekommen und fahren auf der Avus in Richtung Norden. Notieren Sie die Anweisungen von Frau Meisel oder markieren Sie Ihre Route auf der folgenden Karte.

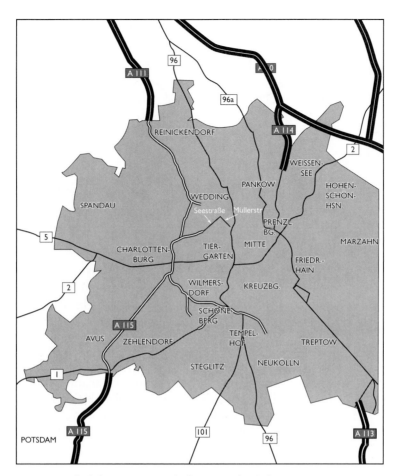

I.J   Gefühle: Ins Gesicht geschrieben

Vokabelvorschau

Was haben die folgenden Wörter mit der Kommunikation zu tun?

Gesichtsausdruck   Gestik   Blickkontakt

Körperhaltung   Sitzweise   Abstand

Vor dem Lesen

1. Womit kommunizieren Sie?
2. Wie benutzen Sie Ihren Körper, wenn Sie kommunizieren?
3. Was kommunizieren Sie, wenn Sie Ihren Körper benutzen?

Die folgenden drei Gesichter sagen Verschiedenes aus. Welche Gefühle erkennen Sie in den Gesichtern? Wie erkennen Sie dies?

Körpersprache

[61] observer

[62] facial expression

[63] voice control

[64] unconsciously

Für den erfahrenen Beobachter[61] ist die Körpersprache des Gesprächs-partners sehr informativ. Durch Gesichtsausdruck[62], Gestik, Körperhal-tung und Stimmführung[63] gibt jede Person unbewusst[64] wichtige Infor-mationen über ihre innere Kondition.

[65] self-assured

In einem Gespräch ist das Gesicht am besten zu beobachten. Beispiels-weise spielt der Blickkontakt eine wichtige Rolle im Vorstellungsgespräch. Ein offener und freundlicher Blickkontakt wirkt selbstsicher[65]. Sieht man aus dem Fenster oder am Gesprächspartner vorbei, wird dies als Un-sicherheit interpretiert.

[66] manner of sitting

[67] edge of the chair

[68] attitude

[69] to lessen

[70] distance

Körperhaltung und Sitzweise[66] sagen auch viel über Bewerber aus. Beispielsweise zeigt ein Sitzen auf der Stuhlkante[67], dass sie nervös sind. Haben Sie bequem Platz genommen, signalisieren Sie Selbstsicherheit. Hier dokumentiert sich auch die Einstellung[68] gegenüber einer anderen Person. Verringert[69] man den Abstand[70] zur Person, ist das ein Zeichen, dass man die Person mag.

1. Welche Verhaltensweisen geben ungesagte Auskunft über einen Bewerber?
2. Wie drückt sich Selbstsicherheit im Bewerbungsgespräch aus?
3. Wie wird ein Blick aus dem Fenster interpretiert?
4. Was sagt die Sitzweise oder Körperhaltung aus?
5. Wie erkennt man Sympathie in einem Bewerbungsgespräch?

SEGMENT II   # Im Büro

II.A   Was ist das für ein Ding?

Die folgenden Wörter haben Sie schon in dieser Lektion gelernt.

Was ist es?

(mit Artikel)

1. In diesem Ding finden Sie Anschriften,
   Namen von Personen und Firmen, weiße
   und gelbe Seiten und Telefonnummern. _____
2. Im Arbeitszimmer stehen Bücher auf
   diesem Ding. _____
3. Wenn ich am Schreibtisch sitze und es
   dunkel wird, mache ich dieses Ding an. _____
4. Wenn ich ein Fax schicken will, muss ich
   es mit diesem Ding schicken. _____
5. Ich habe viel geschrieben und muss alles
   einheften, aber bevor ich das tun kann, muss
   ich alles mit diesem Ding lochen. _____
6. Wenn ich alles am PC geschrieben habe,
   muss ich alles mit diesem Ding ausdrucken. _____
7. Ich hefte die Unterlagen in den Aktenordner
   und stelle ihn in dieses Ding. _____
8. Wenn ich etwas, z.B. altes Papier, nicht mehr
   brauche, werfe ich es in dieses Ding. _____

II.ß Was gehört auf den Schreibtisch?

Vor dem Lesen

1. Was machen diese Leute?

   Jäger   Sammler

2. Was können diese Leute mit einem Schreibtisch zu tun haben?
3. Aus welchen Wörtern bestehen die folgenden Wörter?

   Volltischler   Leertischler

4. Was können diese zwei Wörter bedeuten, wenn Sie die zwei Teile
   jedes Wortes kennen?
5. Was haben Jäger, Sammler, Volltischler, und Leertischler miteinander
   zu tun?

Der folgende Text ist für deutsche Manager, aber wie können Sie als Student diese Informationen anwenden? Lesen Sie den folgenden Text.

Schreibtischmanagement

Die Fähigkeiten des Menschen als Jäger und Sammler lassen sich an der Anzahl und Unordnung überhäufter[71] Schreibtische festmachen, die viele als Zeitfresser und Störfaktor empfinden.

[71] overflowing

[72] das Wichtigste

Aus Angst, das Wesentliche[72] zu vergessen, werden die Vorgänge auf dem Tisch gestapelt (=**Volltischler**); auf diese Weise („aus dem Auge—aus dem Sinn") kann nichts verloren gehen.

[73] attention units
[74] brain

Jedes Blatt Papier, Poststück, Management Wissen-Magazin etc. auf dem Arbeitsplatz bindet Aufmerksamkeitseinheiten[73] Ihres Gehirns[74] und damit Teile Ihrer Arbeitsenergie. Motivation und Konzentrationsfähigkeit werden auf diese Weise blockiert. Sie „verzetteln" sich im wahrsten Sinne des Wortes. Wichtige Aufgaben aus irgendeinem Papierstapel werden oft nur hektisch und meist in letzter Minute erledigt.

[75] overloaded

Erfolgreiches Schreibtisch-Management fordert statt einer total überladenen[75] Arbeitsplatte nur die Unterlagen eines Vorgangs auf den Tisch, an dem gerade aktiv gearbeitet wird (=**Leertischler**).

Aus: Hardy Wagner und Lorenz Wolff, Hrsg., 1987. Das ABC der Arbeitsfreude. *Speyer: GABAL.*

Fragen

1. Wie sieht Ihr Schreibtisch aus? Wie viel Ordnung oder Unordnung haben Sie auf der Arbeitsplatte?
2. Warum werden die Vorgänge auf dem Schreibtisch gesammelt?
3. Sind Sie ein „Volltischler"? Stimmt es, dass auf diese Art und Weise nichts verloren gehen kann?
4. Welche Unterlagen fordert ein erfolgreiches Schreibtisch-Management?
5. Sind sie ein „Leertischler"?

II.C   Ordnung schaffen mit Prioritäten

Vor dem Lesen

1. Was können Sie tun, um Ihren Schreibtisch ordentlicher zu halten?
2. Welche drei Aktivitäten fallen Ihnen zu den drei Schlagwörtern ein?

Sofort tun	Tagesplan	Aktivitäten-Checkliste
_____	_____	_____
_____	_____	_____
_____	_____	_____

Lesen Sie über das 3-Stufen-Prinzip und tragen Sie die obigen Titel auf der jeweils richtigen Stufe ein.

Das 3-Stufen Prinzip

Als **Sofort-Maßnahme** hilft nur eine durchgängige Reorganisation aller unerledigten Papiere, Projekte und Prospekte nach dem **3-Stufen-Prinzip.**

Stellen Sie dazu bei jedem Schriftstück die **Aktionsfrage**:

1.   _____
Alles, was weniger als 5 Min. dauert, erledigen Sie **sofort**! Für alles andere legen Sie konkret fest, **Wann** Sie es endlich tun werden (Termin!).

2.   _____
Alles, was Sie in den nächsten Tagen erledigen wollen, notieren Sie im betreffenden Tagesablauf.

3.   _____
Alles, was Sie in den nächsten Wochen erledigen wollen, schreiben Sie in Ihre monatliche Prioritätenliste (Monatsplan).

Daneben können Sie z.B. auf einem Sideboard einen Stapel für Papiere einrichten, die Sie gelegentlich einmal in Ruhe lesen wollen. Alles andere sollte in den **Papierkorb**—den besten Freund des Büromenschen. Geben Sie sich einen Ruck—es kann mehr weg als Sie meinen!

Aus: Hardy Wagner und Lorenz Wolff, Hrsg., 1987. Das ABC der Arbeitsfreude. *Speyer: GABAL.*

Fragen zum Text

1. Was ist der 3-Stufen-Plan?
2. Was können Sie gelegentlich in Ruhe lesen?
3. Wer ist der beste Freund des Büromenschen?

II.D   Die Einkaufsliste

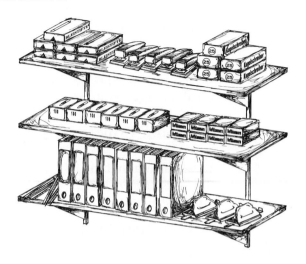

Daniel muss Büromaterialien bestellen. Auf seiner Liste ist der Bedarf angegeben. Helfen Sie Ihm bei der Bestandserstellung[76] und rechnen Sie aus, wie viele Artikel jeder Sorte er bestellen muss. Zählen Sie dazu die Anzahl der Artikel in der Zeichnung.

	Bestellung	Bestand	Bedarf
Bleistifte			100
Klammeraffe			5
Kugelschreiber			200
Büroklammern			1.000
Heftklammern			15.000
Ordner			10

Daniel wartet auf den Vertreter. Er hätte schon längst da sein müssen. Daniel entscheidet sich, die Firma des Vertreters anzurufen, um die Bestellliste durchzugeben.

II.E   Das „durcheinander" Gespräch

Das folgende Gespräch ist durcheinander geraten. Bringen Sie die Sätze in die richtige Reihenfolge.

_____   Ja, wir brauchen heute ziemlich viel. Zuerst.........dann...... zuletzt.......

_____ Auf Wiederhören.

___1___ Guten Tag, Happy Schreibwaren GmbH. Wie kann ich Ihren Anruf weiterleiten?

_____ Einen Moment, bitte. Ich verbinde.

_____ Komisch, er wollte heute sehr früh bei Ihnen sein. Vielleicht hat ein Kunde ihn aufgehalten. Na gut. Was möchten Sie bestellen?

_____ Guten Tag, Herr Dragowsky. Meyers Chip AG, Walker.

_____ Ich möchte eine Bestellung durchgeben.

_____ Guten Tag, Happy Schreibwaren GmbH, Verkaufsabteilung, Dragowsky.

_____ War Herr Klein nicht bei Ihnen?

_____ Bitte schön.

_____ Nein, er ist heute nicht gekommen.

_____ Bis wann brauchen Sie alles?

_____ Guten Tag, Herr Walker. Was kann ich für Sie tun?

_____ Kein Problem. So, in zwei Wochen liefern. Ich schreibe alles hier auf und faxe Ihnen eine Bestätigung.

_____ Guten Tag. Ich möchte mit der Verkaufsabteilung sprechen.

_____ Dankeschön!

_____ Auf Wiederhören.

_____ Können Sie alles in zwei Wochen liefern?

II.F Was ist das richtige Wort?

Wählen Sie das richtige Wort für das richtige Bild.

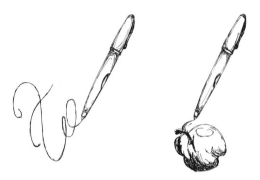

Welches Wort paßt? *Unterzeichnen, zeigen, das Zeichen,* oder *zeichnen?*

1. Sie _____ uns einen Plan, damit wir den Weg finden können.
2. Wenn unser Vertreter bei Ihnen ist, _____ er Ihnen unsere neue Produktlinie.
3. Mein Chef hat vergessen, die Rechnung zu _____.
4. Seine Worte _____, dass er mir vertraut[77].
5. _____ Sie uns mal, was Sie mitgebracht haben.
6. Können Sie mir bitte den Weg zur Personalabteilung _____?
7. _____ Sie mir bitte Ihren Firmenausweis.
8. _____ Sie bitte hier den Besucherschein.
9. Der Pförtner gab mir ein _____ und ich fuhr durch.

[77] trusts

II.G   Alles geht über E-mail

Vor dem Lesen

Basierend auf Ihrem Allgemeinwissen, beantworten Sie die folgenden Fragen.

1. Was ist ein wichtiges Instrument in der Weltkommunikation?
2. Sie erklären einer älteren Dame, was eine elektronische Mailbox ist, und wie sie funktioniert. Sie beginnen die Erklärung mit dem Öffnen einer Mailbox. Welche Schritte sind am Computer notwendig?
3. Welche Vorteile hat das E-Mail-System? Und welche Nachteile sehen Sie?

Vokabelvorschau

In welchem Kontext kommen die folgenden Wörter im Artikel vor? Es sind drei unbekannte dabei. Was könnte jedes dieser Wörter bedeuten? Schlagen Sie sie nicht nach, sondern erraten Sie sie aus dem Kontext.

der Zugang   das Fax   das Netz   der Anschluss   das Internet
die E-Mail   der Mausklick   die Mailbox   die Software

E-Mail reduziert Ausgaben bei Siemens

E-Mail kann Kosten bis zu 70 Prozent reduzieren. Der PC-Anschluss kann die Arbeitsstelle in ein weltumfassendes Kommunikationsnetz einbinden, einschließlich des Internetanschlusses. Der Zugriff[78] auf viele wichtige Informationsquellen wird so möglich, beispielsweise das Siemens eigene weltweite Adressbuch.

Ein wichtiges Mittel im Kommunikationsbereich ist die elektronische Post oder E-Mail. Damit können auf dem Rechner[79] getippte Briefe, Rundschreiben[80] oder Formulare leicht mit einem Knopfdruck versandt werden. Empfänger können Einzelpersonen oder ein größerer Verteilerkreis[81] sein. Der Adressat öffnet seine Mailbox mit einem Mausklick und liest die Nachricht, bearbeitet und beantwortet sie oder leitet sie an einen Kollegen weiter. Auf diese Art und Weise wird der E-Mail-Dienst für Software Up-dates, Anfragen- und Angebotsbearbeitung, Abstimmungen[82] von Produktentwicklung oder für die Klärung von Liefersituationen nutzbar. Der Einsatz[83] von E-Mail führt zum schnelleren Informationsfluss gegenüber dem Einsatz von Dokumenten. Die Reduzierung von Durchlaufzeiten[84] liegt bei 30 Prozent. Dies wirkt sich beispielsweise positiv im Bereich der Kundenauftragsbearbeitung aus. Darüber hinaus[85] wird das Budget durch den Umstieg[86] von Briefpost, Telefon oder Fax auf die elektronische Post erheblich[87] entlastet[88]. Normalerweise kostet eine Schreibmaschinenseite per Fax 1,50 DM an Übertragungskosten[89]. Dazu addieren sich noch die Bearbeitungskosten (Zeit, Material) im Schnitt[90] mit 3,50 DM. Ein Telefonanruf kommt mit 5,50 DM sogar noch teurer. Eine E-Mail kostet dagegen nur 1,50 DM pro Kommunikationseinheit[91] an Übertragungs- und Bearbeitungskosten.

Mit Auszügen aus: Siemens: Intern Dialog.

Fragen zum Text
Welches Wort ergänzt die Aussage richtig?

1. E-Mail _____ die Kosten um bis zu 70 Prozent.
   steigert   erhöht   reduziert

2. Ein Anschluss ans Internet erlaubt den _____ zu wichtigen Informationsquellen.
   Zugang   Sperre   Eingang

3. Mit einem Knopfdruck kann man Briefe, Rundschreiben oder Formulare über das Internet _____.
   verleiten   versenden   verschreiben

---

[78] access

[79] computer

[80] circulars

[81] distribution circle

[82] votes, consensus

[83] use

[84] processing time

[85] beyond that/this

[86] change, transfer

[87] extremely

[88] unburdened

[89] transmission costs

[90] on average

[91] unit of communication

4. Man kann E-Mail für Software-Updates, Anfragen- und Angebotsbearbeitung _____.

   einsetzen   absetzen   versetzen

5. Die _____ von E-Mail beschleunigt den Informationsfluss
   überall dort, wo Dokumente eingesetzt werden.

   Arbeit   Unterlage   Verwendung

6. Der Umstieg von Briefpost, Telefon oder Fax auf die E-Mail
   _____ das Budget.

   erleichtert   belastet   kompliziert

II.H   Da ist der Wurm drin

Sehen Sie sich die folgende Graphik genau an und beantworten Sie danach
die begleitenden Fragen.

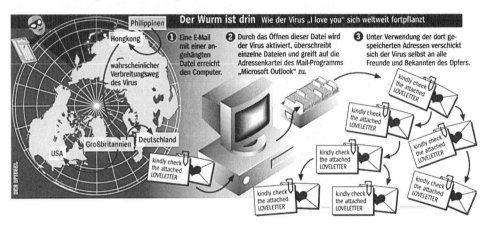

Aus: Der Spiegel 19/2000.

Fragen

1. Wo hat der Virus angefangen?
2. Was ist der erste Schritt vom Virus?
3. Wie wird der Virus aktiviert?
4. Wie wird der Virus weitergeleitet?

II.I   Weltwirtschaft

Vor dem Lesen

1. Welche großen deutschen Firmen kennen Sie?
2. Was stellen diese Firmen her? Oder welche Dienstleistung bieten sie an?
3. Wie kann eine dieser Firmen unter sich kommunizieren?
4. Lesen Sie die Einleitung zum Artikel „Global Office".

Global Office

Siemens ist ein überschaubarer[92] und familiärer[93] Betrieb geworden, gelegen in dem kleinen Dorf, das Welt heißt. Mary Jones aus Washington, D.C. geht mal eben zum Kunden-Meeting nach Kairo, und Hans Schmidt aus Berlin leitet zwischen Mittagessen und Kaffeepause einen Turbinen-Testlauf am Kap.

Unterdessen[94] steht Dr. He aus Hongkong gleichzeitig auf den Börsen-Parketten[95] von London, Frankfurt und Paris, während Jacques Dubois aus Marseille seiner Moskauer Tele-Mitarbeiterin zum zweiten Kind gratuliert.

Worum kann es in diesem Artikel gehen?

Soviel zur Vision, der Weg dorthin ist freilich[96] noch steinig. Zwar gibt es bei Siemens im Grunde bereits die Online-Medien, die diese Visionen wahr machen können. Doch vieles steckt noch in den Kinderschuhen[97], und außerdem gilt:[98] Was der eine nicht mehr missen möchte, ist dem anderen noch immer ein Buch mit sieben Siegeln.[99] So haben ausgerechnet in vielen Führungsetagen[100] moderne Kommunikationssysteme noch immer einen schweren Stand.

Wir wollten wissen, wie die vorhandenen[101] Online-Medien trotz vieler Vorbehalte[102] und Probleme bereits heute Eingang in die tägliche Arbeit in aller Welt gefunden haben.

Ecuador: E-Mail im Vertrieb

Für Vertriebsingenieur Ramiro Gordon Salgado (36) aus Quito gehört die E-Mail zum täglichen Brot. „Diese Kommunikationsform ist in meinem Job besonders wichtig", unterstreicht[103] Salgado, „weil E-Mail viel einfacher, schneller und kostengünstiger[104] ist als das Fax und weil es das Telefonieren prima ergänzt!" Nur eines läßt ihn mitunter etwas verzweifeln.[105] Manchmal kommen seine E-Mails im benachbarten Kolumbien nicht an, was schon echte Probleme hervorgerufen[106] hat— „Nobody is perfect."

China: Online-Aufbruch[107]

Im „Reich der Mitte" liegt auch das Reich von Shuyun Tian (26): Die Marketing-Spezialistin für Öffentliche[108] Kommunikationsnetze ist für das noch junge Intranet Projekt von Siemens in China verantwortlich. „Das Intranet unterstützt und erleichtert meine Arbeit", meint sie, „auch wenn die Ladezeiten[109] manchmal ewig[110] lange sind, vor allem nachmittags hier in Beijing."

---

[92] easily overseen
[93] informal, close

[94] meantime, meanwhile
[95] the stock exchange floor

[96] surely

[97] many things are in their infancy
[98] is valid
[99] a closed book
[100] management „floors"

[101] present
[102] *scepsis*

[103] emphasize

[104] cheaper, more cost effective
[105] to doubt
[106] to cause

[107] emergence

[108] public

[109] loading time
[110] very, eternally

[111] to run at full speed

[112] series of steps

[113] the sending of a fax

Solange das Intranet noch nicht auf vollen Touren läuft[111], ist die E-Mail besonders wichtig: „Ich nutze sie für fast alle Kommunikations-vorgänge[112] bei Siemens—nicht zuletzt deshalb, weil ich hier sofort weiß, ob der Empfänger die erhalten hat, Das ist beim Fax-Versand[113] anders". Auch wenn eine Meldung an einen größeren Verteilerkreis gehen muß, ist E-Mail praktisch und bequem—eine für alle nur auf Knopfdruck.

Aus: Siemens Welt.

Fragen zum Text

Welche Antwort ist richtig?

1. Was ist Siemens?
    a. Siemens ist ein überschaubares und nationales Unternehmen, das in dem kleinen Dorf, das Welt heißt, liegt.
    b. Siemens ist ein übersehbares und familiäres Unternehmen, das in dem kleinen Dorf, das Welt heißt, liegt.
    c. Siemens ist ein übersehbares und vertrauliches Unternehmen, das in dem kleinen Dorf, das Welt heißt, liegt.

2. Was kann diese Vision von Siemens wahr machen?
    a. Bei Siemens gibt es schon die Online-Medien, die diese Visionen wahr machen können.
    b. Bei Siemens gibt es bereits verschiedene Medien, die diese Visionen wahr machen können.
    c. Bei Siemens gibt es schon die elektronischen Medien, die diese Visionen wahr machen können.

3. Wer ist Shuyun Tian?
    a. Sie ist chinesische Ingenieurin, die bei Siemens in China arbeitet.
    b. Sie ist Spezialistin für öffentliche Kommunikationsnetze bei Siemens in China.
    c. Sie ist Projektleiterin für das junge Intranet-Projekt von Siemens in China.

4. Welches Projekt gibt es bei Siemens in China?
    a. Es gibt das Projekt für öffentliche Kommunikationsnetze.
    b. Es gibt das Intranet-Projekt.
    c. Es gibt das Projekt für Marketing Spezialisten.

5. Wozu benutzt Shuyun Tian die E-Mail?
    a. Sie benutzt die E-Mail für fast alle Kommunikationsvorgänge.
    b. Sie benutzt die E-Mail für alle Kommunikationsvorgänge.
    c. Sie benutzt die E-Mail für alle persönlichen Kommunikationen.

6. Wo bei Siemens arbeitet Ramiro Gordon Salgado?
    a. Er arbeitet für die Siemens AG in San Juan.

b. Er arbeitet für die Siemens AG in Quito.

c. Er arbeitet für die Siemens AG in Lima.

7. Warum ist die E-Mail in Ramiros Job wichtig?

a. Sie ist wichtig, weil sie einfacher, schneller und preiswerter ist.

b. Sie ist wichtig, weil sie bequemer, rascher und teuer ist.

c. Sie ist wichtig, weil sie das Telefonieren ersetzt.

8. Welches Problem hat er mit seinen Mails?

a. Seine Mails kommen immer durcheinander an.

b. Seine Mails kommen in Peru nicht an.

c. Seine Mails kommen in Kolumbien nicht an.

II.J   FreeMail

Sehen Sie sich die Website von FreeMail an und beantworten Sie die folgenden Fragen.

* short message

* to administer, to manage

* introduction

Fragen zum Text

1. Wie viele Funktionen hat FreeMail?
2. Wie heißt der Teilnehmer?
3. Was kann man unter Rubrik „Gruppen" erledigen?
4. Sie wollen Ihre Mails lesen. Was klicken Sie an?
5. Was tut man mit dem Ikon „Adressbuch"?

II.K Es wird erklärt, wie ein Kopierer funktioniert

[114] *der/die Auszu-bildende* = apprentice

Daniel erklärt einer neuen Azubi[114], wie der Kopierer funktioniert.

Daniel: Zuerst müssen Sie überprüfen, ob die Papierkassette voll ist. Wenn nicht, müssen Sie Kopierpapier nachfüllen.

Petra: Und danach schalte ich das Gerät ein?

Daniel: Richtig! Das machen Sie hier. Drücken Sie den Betriebsschalter.

Petra: Und dann hebe ich die Abdeckplatte hoch und lege das Original auf die Glasplatte.

Daniel: Sie kennen sich gut aus! Aber bitte nicht vergessen, die bedruckte Seite kommt nach unten.

Petra: Das ist klar! Wo gebe ich die gewünschte Kopienzahl ein?

Daniel: Hier. Und gleich daneben können Sie die Belichtung nachstellen und besondere Funktionen einstellen.

Petra: Gut, und um alles zu starten, drücke ich die grüne Kopiertaste und der Kopiervorgang beginnt, richtig?

Daniel: Ja, richtig. Bitte nicht vergessen, Sie müssen alle Kopien aus dem Sammelfach nehmen. Falls Sie noch Fragen haben, stehe ich Ihnen gern zur Verfügung. Oder im Notfall lesen Sie die Gebrauchsanweisungen.

Betrachten Sie die Zeichnung des Kopierers und benennen Sie die Teile.

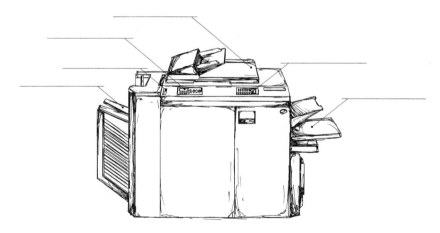

Sie sind der Azubi, und Daniel ist nicht mehr am Platz. Beantworten Sie die Fragen auf der Liste mit ganzen Sätzen im Passiv. Die folgenden Ausdrücke werden Ihnen helfen.

Kopierpapier nachfüllen
die Abdeckplatte hochheben
die Belichtung einstellen
alle Kopien aus dem Sammelfach nehmen

den Betriebsschalter drücken
die Kopienzahl eingeben
die grüne Kopiertaste drücken
die Gebrauchsanweisungen lesen

1. Was wird gemacht, wenn die Papierkassette leer ist?
2. Was wird gemacht, wenn das Gerät nicht eingeschaltet ist?
3. Was wird gemacht, wenn Sie Papier auf die Glasplatte legen wollen?
4. Was wird gemacht, wenn Sie den Kopiervorgang beginnen wollen?
5. Wird die bedruckte Seite nach oben oder nach unten gelegt, wenn Sie eine Kopie machen?
6. Wie wird der Kopierer eingestellt, wenn Sie die Kopie heller haben wollen?
7. Was wird gemacht, wenn Sie den Vorgang beginnen wollen?
8. Was wird gemacht, wenn Sie fertig sind?
9. Wen wird angerufen, wenn Sie nicht wissen, wie es weitergeht?

II.L Wie funktioniert das?

Arbeiten Sie in Gruppen von drei Mitstudenten. Jede Gruppe wählt ein Gerät. In der Gruppe wird darüber gesprochen, wie dieses Gerät funktioniert. Erzählen Sie danach den anderen Studenten, wie Ihr Gerät funktioniert.

SEGMENT III Vertrieb und Marketing

III.A Anfrage per Telefon

Sie arbeiten bei Xerox Deutschland. Ein Anrufer aus Österreich möchte Information über Preise und Lieferbedingungen. Wie könnte so ein Dialog aussehen? Die Stichwörter sollen Ihnen helfen, den Inhalt des Gesprächs zu gestalten. Sie und ein(e) Partner(in) gestalten dieses Gespräch. Die ersten drei Zeilen gelten als Einleitung zu Ihrem Gespräch.

Telefonistin:	Xerox Deutschland, guten Tag.
Kunde:	Ich hätte gern Information über den Kopierer NX 5000.
Telefonistin:	Warten Sie einen Moment, bitte. Ich verbinde.
Verkäufer:	Verkaufsabteilung / Information über den Kopierer NX 5000
Kunde:	aus Österreich / billiger in Deutschland
Verkäufer:	nicht wissen in Österreich / die Bedingungen in Deutschland geben
Kunde:	wichtig Preis
Verkäufer:	Kaufpreis Euro 7.258 ohne MwSt.[115] / leasen besser / in Verbindung mit Xerox Österreich setzen
Kunde:	und Service in Deutschland
Verkäufer:	Bedingungen gleich weltweit
Kunde:	Lieferzeiten
Verkäufer:	einige Apparate auf Lager / sofort liefern
Kunde:	Lieferbedingungen
Verkäufer:	muss abgeholt werden / kann nur in Deutschland liefern
Kunde:	besten Dank / Informationen
Verkäufer:	gern geschehen

[115] *Mehrwertsteuer* = value added tax

III.ß   Werbung lässt die Bilder laufen

Vor dem Lesen

Was bedeutet dieser Titel? Was könnte der Inhalt von einem Artikel mit diesem Titel sein?

Lesen Sie nur den ersten Satz in jedem Absatz des folgenden Textes. Was könnte der Inhalt jedes Absatzes sein?

Lesen Sie den ganzen Text und schreiben Sie fünf Fragen zum Inhalt. Tauschen Sie Ihre Fragen mit einem Mitstudenten und beantworten Sie sie schriftlich.

Werbung regiert die Medien. Der Kampf um Werbeeinnahmen[116] wird mit harten Bandagen geführt. Sowohl innerhalb einer Mediengattung,[117] etwa Zeitschriften gegen Zeitschriften, als auch intermediär, zum Beispiel Print versus Funk.[118] Die Auseinandersetzungen zwischen öffentlich-rechtlichen[119] und privaten TV-Sendern kann die interessierte Öffentlichkeit[120] beinahe täglich in den Printmedien verfolgen, die mit Genuß den verbalen Schlagabtausch[121] der Elektroniker zitieren.[122]

Wo rechtliche Beschränkungen[123] greifen[124] und mangelnde Einschaltquoten[125] keinen Werbekunden mehr zur Buchung von TV-

[116] advertising revenue

[117] media branch
[118] radio
[119] public TV
[120] public
[121] exchange of blows
[122] to quote

[123] restrictions
[124] to take hold
[125] viewing figures

[126] to tempt

Spots reizen,[126] greifen die Sender zur Schleichwerbung, neudeutsch Product Placement. Obwohl die unauffällig-auffällige Plazierung von Produkten verboten ist, taucht sie immer öfter und nicht nur bei Privatsendern auf.[127] Schmerzmittel[128] von Togal und Softdrinks von Coca–Cola im ARD-„Tatort" oder Lufthansa- und Eurodisney-Auftritte[129] in der ZDF-Samstagabendshow „Traumjob" sind keine Zufälle, werden von den Verantwortlichen gleichwohl[130] als solche bezeichnet.

[127] appears
[128] pain relievers
[129] appearances
[130] nevertheless

[131] agencies
[132] casual

Es gibt bereits Agenturen,[131] die sich auf Product Placement spezialisiert haben. Die beiläufige,[132] optische oder akustische Präsentation eines Produktes innerhalb einer Filmhandlung kostet 5.000 bis 20.000 Mark. Wenn es gar gelingt,[133] das Drehbuch[134] auf die Präsentation eines Produktes zuzuschneiden,[135] werden leicht mehr als 40.000 Mark fällig.

[133] succeeds
[134] script
[135] to tailor to

[136] at present
[137] backstage

Was sich die elektronischen Medien derzeit[136] an Geschäften hinter den Kulissen[137] leisten, wahrscheinlich glauben leisten zu müssen, ist bei den Printmedien seit Jahren durch strenge Richtlinien zur Trennung zwischen redaktionellem[138] und Anzeigenteil geregelt. Was nicht heissen soll, daß es nicht doch Verstöße[139] gibt. Allerdings[140] gilt auch hier wie im gesamten Wettbewerbsrecht die Maxime „Wo kein Kläger, da kein Richter".[141] So fanden beispielsweise bisher noch keine Musterprozesse[142] um den Begriff „Promotion" statt, mit dem einige hochpreisige Frauentitel kaschieren,[143] daß sie Geld für Anzeigen nehmen, die wie ein redaktioneller Beitrag aufgemacht sind.

[138] editorial
[139] violations
[140] though
[141] well, if no one complains
[142] precedent trials
[143] to conceal

Aus: PZ: Wir in Europa, No. 75 (August) 1993: Bundeszentrale für politische Bildung.

III.C   Schlagzeilen

Vokabelvorschau
Suchen Sie in Spalte B die passende Bedeutung für das Wort in Spalte A.

A	**B**
verlocken	weich
das Bedürfnis	beachten
berücksichtigen	die Intention haben
die Herausforderung	das Charakteristikum
die Eigenschaft	eine schwere Aufgabe, die interessant ist
vorhaben	anziehen
geschmeidig	die Notwendigkeit

Vor dem Lesen

1. Was ist eine Schlagzeile? Wo findet man sie?
2. Was ist die Schlagzeile einer Werbung? Geben Sie Beispiele für amerikanische und deutsche Werbungen an.
3. Was sagen diese Schlagzeilen über das Produkt aus?

Leitfragen

Lesen Sie den Text unter Berücksichtigung der folgenden Fragen.

1. Welche Funktion hat eine Schlagzeile in einer Werbung?
2. Was muss eine Schlagzeile berücksichtigen?
3. Welche rhetorischen Mittel kann man in einer Schlagzeile benutzen?
4. Woraus besteht der Inhalt einer Schlagzeile?
5. Was sind die Themenmöglichkeiten einer Schlagzeile?

Die Schlagzeile einer Werbung

[144] sign board

[145] clever

Die Schlagzeile ist das „Aushängeschild[144]" einer Werbung. Durch sie wird der Kunde über das Produkt oder die Dienstleistung informiert. Sie weckt die Aufmerksamkeit des Kunden, verlockt ihn weiterzulesen und stimuliert ihn letztlich zum Kauf. Die Schlagzeile ist der erste Kontakt, den der Kunde mit dem Produkt oder der Dienstleistung hat. Aus diesem Grund muss eine Schlagzeile die Bedürfnisse und Wünsche des Kunden berücksichtigen. Die Formulierung einer Schlagzeile ist auf den ersten Blick ziemlich einfach, aber näher betrachtet sehr raffiniert[145]. Die Schlagzeile kann eine Mitteilung sein (Deutsche Bank—für alle, die noch etwas vorhaben), ein Imperativ (Nimm gutes Mehl, nimm besseres Mehl, am besten nimm gleich Rosenmehl!) oder eine Frage (Schweppes— Haben Sie heute schon geschweppt?). Der Inhalt kann eine Nachricht (Mercedes-Benz, Ihr guter Stern auf allen Straßen), ein Versprechen (McDonald's ist einfach gut), oder eine Herausforderung (Marlboro— Erlebe die Weite!) sein. Für eine Schlagzeile können etliche Themen ausgesucht werden, beispielsweise der Name des Produkts (BMW—Freude am Fahren), der Name der Firma (Eurocard für Leute von heute), eine besondere Eigenschaft der Ware (hygienisch, geschmeidig), oder die Bedürfnisbefriedigung (Persil—schon ab 40 C hygienisch rein).

Mit Auszügen aus: E.E.M. van Glabbeek, H. Stageman und J.V. Zambon. 1995. Hochbetrieb in der Werbung. Groningen, Netherlands: Woltersgroep.

Welche Kategorien passen?

Welche Werbung von unten paßt in welche Kategorie aus dem Text?

Man kann sich an Maßstäben orientieren.
Oder Maßstäbe setzen.

VIE$$MANN

mehr als Wärme

EIN NEUER SOUND.
EINE NEUE WELT.

Freiliegende Zahnhälse, sensible Zähne?

... sie brauchen ganz besonderen Schutz.

Hansaplast Bandagen stützen Gelenke, die viel vorhaben.

Jetzt lassen wir Freiminuten* springen!

debitel ist Mobilfunk-Provid
aus Jahres 2000.

*:■ Ab sofort gibt's bei debitel BonusMinutes.

■ debitel BonusMinutes heißt: mobil telefonieren und im Festnetz profitieren.

Amerikanische Werbungen

Suchen Sie amerikanische Beispiele für vier Kategorien von oben. Verglei-chen Sie dann die amerikanische und die deutsche Schlagzeile für jede Kategorie. Ist die Art der Schlagzeile anders? Wenn ja, wie ist sie anders?

III.D   Internet

Eine erfolgreiche Anzeige.   Suchen Sie sich im Internet eine deutsche Anzeige für irgendein Produkt (Sie können natürlich auch eine deutsche Anzeige aus der Zeitung oder einer Zeitschrift nehmen). Gehen Sie dann die folgende Liste durch und beantworten Sie die Fragen hinsichtlich Ihres ausgesuchten Produktes.

Checkliste

1. Wird eine exklusive Produkteigenschaft erwähnt? Welche?
2. Sind die wichtigsten Informationen in der Anzeige enthalten? Wie lauten Sie? Welche fehlen?
3. Wird die Marke oder der Firmenname betont? Auf welche Art und Weise?
4. Ist die Schlagzeile zutreffend und zielgerichtet? Wie wird dies erreicht?
5. Welche Rolle spielt das Bild in der Anzeige?
6. Welche Assoziationen werden durch das Bild provoziert?
7. Ergänzen sich Bild, Form und Inhalt in der Anzeige?
8. Welche Zielgruppe soll diese Anzeige ansprechen? Wird sie erreicht?

Wie würden Sie Ihr Produkt nach der obigen Checkliste auswerten? 90%? 80%? Oder weniger?

III.E   Besprechungen und Sitzungen

Vokabelvorschau

Was bedeuten diese Wörter?   Finden Sie die Wortpaare mit dersel-ben Bedeutung.

hinreichend	das Level	stattfinden	der Teilnehmer	die Ebene
gesamt	der Grund	geschehen	die Ursache	genug
ganz	der Beteiligte			

Vor dem Lesen

1. Waren Sie schon in einer Besprechung?
2. Wie lange hat's gedauert?
3. Wie sind die folgenden Wörter für ein Meeting wichtig?

Vorbereitung   Zielsetzung   Informationsstand

Anlaufzeit   Monolog

Meetings

[146] concerned

[147] to spend (time)

[148] fundamental

Jede Führungskraft und jeder Mitarbeiter ist betroffen[146] von dem Problem, einen großen Teil seiner Zeit in Besprechungen zu verbringen[147]. Je höher die hierarchische Ebene, desto mehr praktizieren sie „Management by IBM" (**I**mmer **B**ei **M**eetings...).

Die Ursachen dieses grundlegenden[148] Problems sind hinreichend bekannt: Es finden zu viele, zu lange und zu ineffektive Meetings statt. Im einzelnen stören sich die Teilnehmer vor allem an folgenden Punkten:

[149] distractions

- mangelnde Vorbereitung
- unklare Zielsetzung
- ungleicher Informationsstand
- zu lange Anlaufzeit
- zu lange Monologe
- Abweichungen[149] vom Thema

Die **LÖSUNG** des Problems ineffektiver Meetings liegt in einer konsequenten Zielsetzung, Planung, Führung und Kontrolle der gemeinsamen Besprechungszeit:

[150] measurable

1. Zielsetzung

Festlegung einer klaren, meßbaren[150] **Zielsetzung**. Handelt es sich um eine Informations-, Problemlösungs- oder Entscheidungskonferenz?

2. Vorbereitung

Gute Organisation (Technik, Raum) und inhaltliche **Vorbereitung** (Tagesordnungspunkte [TOP], Informationen). Verwenden Sie hierzu einen **Besprechungsplan**.

3. Zeitrahmen

[151] to keep

Zeitrahmen setzen und einhalten.[151] Die optimale Dauer liegt bei max. 90, besser nur 60 Minuten. Bei Mammutkonferenzen mit vielen TOPs legen Sie spätestens dann eine Pause ein.

4. Selbstdisziplin

[152] needs

Während der gesamten Sitzung bedarf[152] es einer entsprechenden **Selbstdisziplin** des Konferenzleiters und aller Teilnehmer.

5. Visualisierungshilfen

[153] discussion contributions

Visualisierungshilfen benutzen. Diskussionsbeiträge[153] sollten **für alle sichtbar** gesammelt und aufgeschrieben werden.

6. Ergebnissicherung

Einigung und Entscheidung zur **Ergebnissicherung**: **Wer** macht **was** bis **wann**? Ein solcher **Aktivitätenplan** kann sofort fotokopiert und am Ende allen Beteiligten mitgegeben werden.

Aus: Hardy Wagner und Lorenz Wolff, Hrsg. 1987. Das ABC der Arbeitsfreude. Speyer: GABAL.

Richtig oder falsch?

_____ 1. „IBM" bedeutet „Immer bei Meinung".

_____ 2. Fünf Ursachen des Problems, dass Führungskräfte so viel Zeit in Besprechungen verbringen, sind mangelnde Vorbereitung, unklare Zielsetzung, ungleicher Informationsstand, zu lange Monologe und Abweichungen vom Thema.

_____ 3. Die Lösung des Problems ineffektiver Meetings liegt in der Planung und Führung des Meetings.

_____ 4. Selbstdisziplin spielt keine Rolle in effektiven Meetings.

_____ 5. Die Diskussionsbeiträge sollen für alle aufgeschrieben werden.

III.F   Die Präsentation

Lesen Sie die Informationen über die NIXI-Form formularlosen Drucker Software aus dem Internet. Ergänzen Sie danach die Präsentation über die NIXI.

NIXI-Form Formularloser Druck Software

Vorteile auf einen Blick:

- 50% Kostenreduzierung im gesamten Druckbereich, da keine Formulare und Formularsätze[154] benötigt werden.
- Erhebliche[155] Geräuschminderung[156], da keine Nadeldrucker[157] benötigt werden. Optional können Kopien elektronisch abgelegt und archiviert werden.
- Kein Eingriff[158] in Anwendersoftware
- Hohes Maß[159] an Flexibilität und Unabhängigkeit[160], da in den Druckern keine Zusatzspeicher[161] erforderlich sind und somit Text- oder Formularänderungen schnell und kostengünstig[162] ausgeführt werden, z.T. durch den Anwender selbst!
- Geringe[163] Anschaffungskosten[164]
- Niedriger Implementierungsaufwand[165]
- Daher bestens geeignet für Unternehmen kleiner und mittlerer Größe

Begeisterte Kundenstimmen[166] bestätigen:

.... Wir hätten nicht gedacht, wie einfach jetzt alles ist!

Die Zeit ist reif für NIXI-Form: minimaler Aufwand—hohes Nutzen.

Meine Damen und Herren,

hier sehen Sie die _____ Sie ist die Lösung zur Kostenreduzierung. Keine Formulare und Formularsätze _____. Sie können Ihre Kosten um 50% mit dieser Software vermindern. Ein absoluter Vorteil der NIXI ist die _____, weil kein Nadeldrucker[167] benutzt wird. Leute, die in einem Archiv arbeiten, werden von der Software begeistert sein, weil sie _____ ablegen und archivieren kann. Ein anderer Vorteil ist, dass es keinen _____ in die Anwendersoftware gibt. Die NIXI hat ein hohes Maß an Flexibilität und Unabhängigkeit. Das wird möglich, weil Zusatzspeicher in den Druckern _____ ist. Dies erledigt der Anwender. Aber der größte Vorteil dieser Software liegt in den _____ Anschaffungskosten den _____. Aus diesen Gründen ist die NIXI _____für Unternehmen kleiner und mittlerer Größe geeignet.

So meine Damen und Herren, Sie können nirgends so viel für so wenig Geld bekommen. Die NIXI ist ein Muss für jede Firma, die etwas von sich hält. Wenn Sie jetzt ein bisschen näher kommen würden, möchte ich Ihnen gerne zeigen, wie leicht der NIXI zu bedienen ist.

---

[154] form type setting
[155] extreme
[156] noise reduction
[157] needle printer
[158] intervention
[159] measure
[160] independence
[161] additional storage
[162] cheap
[163] little, few
[164] acquisition costs
[165] implementation effort
[166] customer voices
[167] dot-matrix printer

III.G   Tipps zur Präsentation

Die Präsentation vor Kunden ist eine gute Möglichkeit, das Interesse an einem Produkt oder einer Idee zu wecken. Folgende Gliederung ist hilfreich bei der Vorbereitung einer Kundenpräsentation.

- Begrüßung des Publikums
- Vorstellung des Referenten
- Anlaß des Gespräches erläutern
- Überblick über Thema geben
- Eigenschaften und Vorteile des Produktes oder einer Idee erläutern
- Mit Medien und Hilfsmitteln Eindruck machen
- Konkurrenzprodukte analysieren
- Unterschiede zur Konkurrenz herausstellen
- Preisvorteile gegenüber Konkurrenz erläutern
- Produkt vorführen
- Nochmals die fünf wichtigsten Vorteile zusammenfassen
- Genügend Zeit einplanen, um Fragen zu beantworten
- Zum Handeln aufrufen
- Publikum verabschieden und für Aufmerksamkeit bedanken

Aus: Werner Lengenfleder, 1996. Erfolgreich Präsentieren. *Augsburg: Augustus Verlag.*

Sehen Sie die Präsentation von III.F noch einmal an. Welche Punkte aus der obigen Liste finden Sie in der Präsentation III.F, welche nicht? Aus welchen Gründen kann es sein, dass einige Punkte der Liste in der Präsentation nicht berücksichtigt wurden?

III.H   Internet

Schreiben Sie anhand dieser Beispiele Ihre eigene Präsentation. Bevor Sie damit anfangen, müssen Sie das Internet surfen, um ein Produkt zu finden, das Sie vorstellen können. Klicken Sie eine deutsche Suchmaschine an (hier wird *www.yahoo.de* empfohlen), dann gehen Sie zu *Bürobedarf,* da können Sie Ihr Produkt finden.

SEGMENT IV

Bankverbindung

IV.A   Meldeschein

Sie haben eine Wohnung in Berlin gemietet und wohnen schon einige Tage in der Wohnung. Sie müssen sich bei der Meldebehörde melden. Aber bevor Sie zur Meldebehörde gehen, benötigen Sie einen Meldeschein, den Sie im Schreibwarenladen kaufen und dann ausfüllen. Danach muss Ihr Vermieter Ihren Meldeschein unterschreiben.

Im folgenden Gespräch redet Daniel mit der Verkäuferin im Schreibwarenladen.

Scenario 1

Daniel:	Guten Tag.
Verkäuferin:	Tag.
Daniel:	Haben Sie Meldescheine?
Verkäuferin:	Ja natürlich. Wie viele brauchen Sie?
Daniel:	Einen.
Verkäuferin:	Für den 1. oder 2. Wohnsitz?
Daniel:	Für den 1.
Verkäuferin:	Das macht 1,50 Euro, bitte.

Daniel reicht ihr das Geld hinüber.

Verkäuferin:	Möchten Sie eine Tüte?
Daniel:	Ja, bitte.

Die Verkäuferin gibt ihm die Tüte.

Verkäuferin:	Danke schön.
Daniel:	Bitte schön.

Maria erfährt von Daniel, dass sie sich bei der Meldebehörde melden muss. Maria kauft auch einen Meldeschein. Lesen Sie das Gespräch im Schreibwarenladen zwischen Maria und der Verkäuferin durch und ergänzen Sie die fehlenden Wörter.

Maria findet niemand an der Kasse, aber sieht eine Verkäuferin auf der anderen Seite des Ladens. Sie geht auf die Verkäuferin zu.

Scenario 2

Maria: Entschuldigen Sie. Verkaufen Sie_____?
Verkäuferin: Ja.
Maria: Wo finde ich welche?
Verkäuferin: Kommen Sie bitte mit zur Kasse.

Maria geht mit.

Verkäuferin: Wie viele _____ Sie?
Maria: Einen.
Verkäuferin: Für den 1. oder 2. _____?
Maria: Für _____ ersten.
Verkäuferin: Möchten Sie eine _____?
Maria: Nein danke. Ich nehme ihn so.
Verkäuferin: Gut. Das macht 1,50 Euro.

Maria gibt ihr das Geld.

Verkäuferin: Danke schön.
Maria: Bitte schön. Auf Wiedersehen.
Verkäuferin: Auf Wiedersehen.

Scenario 3

Arbeiten Sie nun zu zweit. Eine Person ist die Verkäuferin im Schreibwarenladen und die andere ist der Kunde. Sie wollen einen Meldeschein kaufen und gehen zur Kasse in einem Schreibwarenladen. Sie warten an der Kasse, weil der Verkäufer gerade in diesem Moment telefoniert. Plötzlich kommt eine andere Verkäuferin von hinter Ihnen und möchte Ihnen helfen.

IV.B Der Meldeschein

Sie sitzen jetzt zu Hause und wollen den Meldeschein auf Seite Ü35 ausfüllen. Es gibt einige Sachen, die für Sie nicht gelten, weil Sie Ausländer(in) sind. Die folgenden Felder müssen Sie nicht ausfüllen, weil sie für Sie als Ausländer(in) nicht zutreffen: 3, 4, 15, 16, 19, 20 und 21. Wenn Sie fertig sind, vergessen Sie nicht, den Schein vom Wohnungsgeber

Bitte Ausfüllanleitung beachten! Bei mehr als 4 anzumeldenden Personen bitte weiteren Meldeschein verwenden!	Die nachstehenden Daten werden aufgrund von § 12 i. V. m. § 15 des Berliner Meldegesetzes vom 26. 2. 1985 – GVBl. S. 507 – erhoben.	Tagesstempel der Meldebehörde

ANMELDUNG bei der Meldebehörde – Landeseinwohneramt Berlin –

Schraffierte oder stark umrandete Felder bitte nicht ausfüllen!

MSt	Einzugsdatum	Gemeindeschlüssel

Neue Wohnung (Straße/Platz, Hausnummer, Stockwerk) (1)	**Bisherige** Wohnung (Straße, Platz, Hausnummer, Stockwerk) (2)

Zustellpostamt .... **Berlin**	(PLZ, Ort, Gemeinde, ggf. Zustellpostamt, Lkr.; falls Ausland: auch Staat angeben)

bei ....
(Die Namensangabe des Wohnungsgebers ist freiwillig; sie wird empfohlen, wenn der Einwohner nicht durch eigenes Namensschild an Haus- und Wohnungstür erkennbar ist)

Bearbeitervermerke — Abmeldebest. lag vor □ — Falls Abmeldung nicht vorlag, Abmeldung abgesandt □

Wird die bisherige Wohnung beibehalten? (3)	Nein	Ja
Hat eine der zur Anmeldung kommenden Personen eine weitere Wohnung? (4)	Nein	Ja

Wird die bisherige Wohnung nicht aufgegeben oder bestehen weitere Wohnungen, füllen Sie bitte das „Beiblatt zur Anmeldung bei mehreren Wohnungen" aus.

Bei Zuzug nach Berlin bitte hier gemäß Erläuterung (5) gegebenenfalls Anschrift und Zeitpunkt eintragen:

Lfd. Nr.	(6) Geburtsdatum	(7) Geschlecht (m., w.)	(8) Familienname, akadem. Grad	frühere Namen (z. B. Geburtsname), ggf. Ordens- oder Künstlernamen	(9) Vorname(n) (Unterstreichung eines Rufnamens erfolgt freiwillig)
1					
2					
3					
4					

Lfd. Nr.	(10) Geburtsort (Gde., Lkr.; falls Ausland: auch Staat angeben)	(11) Staatsangehörigkeit(en)	(12) Religion (nur ev. oder r.k.)	(13) Familienstand	(14) Datum und Ort der Eheschließung
1					
2					
3					
4					

Lfd. Nr.	(15) Familienbuch auf Antrag angelegt	Lfd. Nr.	(17) Erwerbstätig	(18) Angaben über nicht mitzuziehenden Ehegatten		Bearbeitervermerke
1						verspätete Anmeldung □
2	□ Nein □ Ja	1	□ Nein □ Ja	Familienname	Geburtsdatum	
	(16) Für Flüchtlinge/ Vertriebene: Wohnsitz am 1. Sept. 1939 (Wohnort, Landkreis, Provinz)	2	□ Nein □ Ja	Vornamen	Religion (nur ev. oder r.k.)	
Lfd. Nr. 1		3	□ Nein □ Ja	Anschrift (Straße/Platz, Hausnummer)		
2		4	□ Nein □ Ja	(PLZ, Ort, ggf. Zustellpostamt)		

Lfd. Nr.	(19) Personalausweis			(20) Reisepaß / Kinderausweis		
	Ausstellungsbehörde	Ausstellungsdatum	Gültig bis	Ausstellungsbehörde	Ausstellungsdatum	Gültig bis
1						
2						
3						
4						

Gesetzlicher Vertreter (Vor- und Familiennamen, akadem. Grade, Geburtsdatum, Anschrift) (21)

Datum, Name, Anschrift und Unterschrift des Wohnungsgebers	Datum, Unterschrift eines Meldepflichtigen

unterschreiben zu lassen (unten links das linke Feld). Nr. 5: Dieses Feld ist für Leute, die nach Berlin zuziehen aber nicht aus einem anderen Bundesland.

IV.C   Kundenservice

Beantworten Sie die folgenden Fragen mit Hilfe der folgenden Wörter.

überweisen	einen Betrag
wechseln	ein Konto
erteilen	einen Fünfzigeuroschein
einzahlen	in Euro
eröffnen	einen Scheck
einlösen	einen Dauerauftrag
tauschen	Bargeld
beantragen	Kreditkarte

1. Sie wollen eine Rechnung zahlen, was machen Sie bei der Bank?
2. Sie sind nach Hamburg umgezogen und haben keine Bankverbindung. Sie müssen ein Konto für Ihr Gehalt haben, was machen Sie?
3. Sie müssen jeden Monat Ihre Miete zahlen, wie erledigen Sie das?
4. Sie kommen gerade aus dem Urlaub zurück und haben noch eine Menge Schweizer Franken. Was tun Sie?
5. Sie fahren in 3 Wochen auf Geschäftsreise und müssen alle Kosten im Voraus zahlen, aber Sie möchten nicht so viel Bargeld mitnehmen. Was machen Sie?
6. Ein Freund schuldet Ihnen Geld, und er gibt Ihnen alles in bar zurück. Sie wollen das ganze Geld auf Ihrem Konto haben. Wie schaffen Sie das?
7. Sie haben kein Kleingeld. Was machen Sie?

IV.D   Am Schalter

Schreiben Sie das richtige Wort in die richtige Lücke.

aushändigen	ausfüllen	einzahlen	eröffnen
gut schreiben (2)	fertig machen		

Kunde: Guten Tag.
Schalterbeamter: Guten Tag.

Kunde:	Ich habe 500 Euro, die ich gern _____ möchte. Was muss ich machen?
Schalterbeamter:	Nehmen Sie dieses Formular und _____ Sie es _____. Dann gehen Sie mit dem Geld und dem Formular an die Kasse.
Kunde:	Gut, und dann habe ich noch eine Frage.
Schalterbeamter:	Bitte.
Kunde:	Mein Gehalt wurde vor einer Woche überwiesen, aber es wurde meinem Konto noch nicht _____.
Schalterbeamter:	Ich muss das nachsehen. Moment bitte—das Geld wurde erst heute Ihrem Konto _____.
Kunde:	Sehr gut. Ich brauche auch noch Euroschecks.
Schalterbeamter:	Haben sie Ihre Scheckkarte dabei? Sonst kann ich keine Schecks _____.
Kunde:	Ja, bitte schön.
Schalterbeamter:	Danke.
Kunde:	Ach ja, noch etwas. Ich möchte Reiseschecks kaufen.
Schalterbeamter:	Sie können Reiseschecks beim Kundenservice drüben bestellen und die Kollegin dort wird sie _____.
Kunde:	Prima. Ein Freund von mir möchte ein Konto bei Ihnen _____, macht er das hier am Schalter oder drüben beim Kundenservice?
Schalterbeamter:	Beim Kundenservice.
Kunde:	Danke schön.
Schalterbeamter:	Bitte schön.

IV.E Electronic Banking

Vor dem Lesen

1. Was ist Electronic Banking für Sie?
2. Bietet Ihre Bank den Service an?
3. Was kann man alles mit dem Electronic Banking machen?

Postbank Online-Banking im Internet

Online-Banking im Internet ist das Banking der Zukunft. Es ist kinderleicht und ermöglicht Ihnen das komplette Kontomanagement von zu Hause aus – wann immer Sie wollen. Mit Postbank Online-Banking im Internet können Sie unter anderem:

▶ aktuelle Kontostände abfragen

▶ Kontoauszugsinformationen abfragen
  – letzter Buchungstag
  – Auszug der letzten 5, 10, 20 oder
    30 Kalendertage
  – ausführlicher Auszug

▶ Überweisungen durchführen

▶ Daueraufträge anzeigen, einrichten, ändern oder löschen

▶ den Kontoservice abfragen:
  – erteilte Überweisungen
  – PIN/TAN-Verwaltungsfunktionen

▶ Spar- und Anlageprodukte direkt abschließen

▶ eurocheques online bestellen.

Damit Sie sich problemlos zurechtfinden, haben wir unsere Webseiten klar strukturiert und frei von überflüssigem* Grafik-Ballast*gehalten. Das sorgt für schnellen Zugriff und raschen Bildaufbau. Und spart Ihnen Zeit und Geld.

* superfluous
* burden

Listen Sie die Vorteile und Nachteile von Electronic Banking auf.

Vorteile   Nachteile

_____   _____
_____   _____
_____   _____
_____   _____
_____   _____

IV.F Kontoauszug

Konto-Nr. / Account No.			**BB BERLINER BANK** Hardenbergstrasse 32 D-10890 Berlin		Bankleitzahl / Bank Code
1500026500			**AKTIENGESELLSCHAFT**		**10020000**
KONTOAUSZUG					alter Kontostand / Previous Balance
Buchungstag Entry Date	Wert Value	Verwendungszweck / Transaction		Buchungs-Nr. / Entry No.	**s. erstes Blatt**
1802	1802	PÄD. ZEITSCHRIFTENVERLAG GM		999010	87,50+
		UNSER KONTO 7303			
		HON.PRAXIS 0199 15.01.			
		87,50			
2302	2302	UEBERWEISUNG 113048512302		601123	500,00-
		FINQNZAMT REINICKENDORF			
		KTO 1500115600 BLZ 10020000			
		STNR 490 421 EINKOMMENSEUER			

Bitte Rückseite beachten / Please see reverse side

BB0015   8

Kontoinhaber / Account Holder

Herrn
Dr. Michael Hager
P.O.Box 402   Sonderbezeichnung / Particularities
258 First Ave

ANYWHERE-USA
VEREINIGTE STAATEN-USA

Dispo-Kredit
DEM 20.000,00

	neuer Kontostand / Closing Balance
DEM	**1.294,14+**
Erstellungsdatum Statement Date	Auszug-Nr. Blatt Statement No. Page
04.03.1999	**3 1**

Prüfen Sie den Kontoauszug genau auf Einzelheiten.

1. Wie viele Kontobewegungen gibt es?
2. An welchem Tag wurde Geld in Höhe von 87.50 DM überwiesen?
3. Welche Kontonummer hat Herr Dr. Hager?
4. Wie hoch ist sein Dispo-Kredit?
5. Warum hat er Geld an das Finanzamt Reinickendorf überwiesen?

IV.G Was wissen Sie über Aktien?

Schreiben Sie das richtige Wort in die passende Lücke.

Aktionärin   Courtage   Index   Investition   Rendite
Wertpapiere   Anleihe   Optionsscheine   Aktiengesellschaft
Gründungskapital   Dividende   Börsenmakler   notiert
erwirtschaften   vervielfachen

1. Am Ende des Jahres wird die _____ als Gewinn herausgestellt.
2. Die Bundesregierung benötigt Kapital und gibt eine _____ mit festem Zinsatz aus.
3. Die _____ wird oft beim Aktienkauf kalkuliert. Ein anderes Wort dafür ist Provision.
4. Herr Meyer und Frau Dr. Schmidt wollen eine Firma gründen und müssen noch das _____ zusammen stellen.
5. Frau Hagen hat letztens ihre ersten Aktien gekauft. Sie ist nun eine glückliche _____ von der Firma geworden.
6. Herr Ring will _____ wie Aktien oder Bundesanleihen kaufen.
7. Wenn man spekulieren will und sehr risikobereit ist, kauft man _____.
8. Ich will mein Geld längerfristig anlegen. Haben Sie eine gute _____ für mich?
9. Am Ende des Geschäftsjahres schüttet die Aktiengesellschaft eine _____ aus.
10. Um Aktien zu kaufen, muss man einen _____ mit einem Order beauftragen.
11. Aktien werden an der Börse _____.
12. Das Ziel jeder Firma ist einen Gewinn zu _____.
13. Die Geschäftsleute wollten den Einsatz ihres Produkts _____.

IV.H   Anlagetipps konkret: Alles oder nichts

Vor dem Lesen

1. Welche Art von Person legt gern Geld in Aktien an?
2. Was erhofft sich so ein Mensch bei dieser Aktion?
3. Gibt es Aktiensorten, die riskanter als andere sind?
4. Welche Aktien würden Sie kaufen?
5. Was halten Sie von Day-Trading?

* talent, ability

* to accept, to afford

* risky

* to happen, to deal with

* inponderabilities

* are subject to

* to do without, to spare

Wer heute schon weiß, was morgen passiert, hat die Chance zum Millionär. Die Anleger ohne prophetische Gaben* müssen aus der Vergangenheit lernen und Verluste verkraften* können. Da es in unserem zweiten Teil der **Anlagetipps** konkret risikoreich* zugeht* und die Anlageformen verschiedenen Unwägbarkeiten* unterliegen,* sollte der Anleger in die vorgestellten Investitionsmöglichkeiten nur so viel Geld investieren, wie er entbehren* kann.

Aktien

Es gibt sie nicht, die sichere Aktie. Und auch nicht den „todsicheren Tipp". Allerdings gibt es risikolosere und risikoreichere Wertpapiere sowie gute und schlechte Zeiten für den Aktienkauf. Ist eine Aktie beispielsweise im DAX gelistet, dem Index der 100 größten börsennotierten Unternehmen Deutschlands, kann man es sich nur schwer vorstellen, dass der Aktionär mit einem nahezu* wertlosen* Papier zurückbleibt, weil ein Unternehmen Pleite macht. Sicher kann man sich aber auch da nicht sein, wie der Fast-Untergang* des Bauunternehmens Philipp Holzmann vor Augen führt.* Dass der Zeitpunkt für den spekulativen Kauf wichtig ist, zeigt das Beispiel Holzmann ebenfalls.* Im vergangenen Jahr wurden noch Aktien für 199 Euro verkauft, denn es hieß, dass das Unternehmen im Jahr 2000 wahrscheinlich wieder aus der Verlustzone kommen werde. Heute, nach der Fast-Pleite, beträgt der Preis für das Wertpapier nur noch etwa ein Achtel des damaligen* Wertes. Die Crux ist nur, dass man nie weiß, wann der beste Zeitpunkt für An- oder Verkauf einer Aktie ist.

Mit noch mehr Risiko kann der Anleger im NEMAX, dem Neuen Markt-Index der Frankfurter Wertpapierbörse, spielen. Dort sind die „Jungen Wilden" notiert, Unternehmen, die mit dem Börsengang oft Gründungskapital* beschaffen* und möglichst schnell „groß" werden wollen. Allerdings schreiben diese

* almost

* worthless

* the near-ruin, downfall

* shows, demonstrates

* as well

* then, at that time

* starting capital

* procure, obtain

* hopefuls

* premature praise

* to climb

* to increase

* anyway

* right to a say in a matter

* to a degree

* obtains, reaches

* prerogative

* relinquishment of voting privilege

* connected to

* loan

* acquires

* to slip

* to assure

* in vain

Unternehmen selten schwarze Zahlen, und nicht alle Hoffnungsträger* werden überhaupt erst Teenagerzeiten erreichen. Die Vorschusslorbeeren* für die Börsenjugend ließ den Index in den vergangenen Monaten trotz Kurskorrekturen und Warnungen rasch klettern.* Wenn ein Anleger rechtzeitig auf das richtige Unternehmen gesetzt hatte, konnte er seinen Einsatz vervielfachen.* Da aber gerade am Neuen Markt in Ideen und nicht in fundamentale Daten investiert wird, sind Anlagen in diesem Börsensegment noch spekulativer als Aktien ohnehin* schon sind.

Die fundamentalen Daten sollten den Anleger aber besonders interessieren: Als Aktionär wird man Teilhaber einer Aktiengesellschaft und beteiligt sich in Höhe des Nennwertes der gekauften Aktie am Grundkapital des Unternehmens. Damit hat der Stammaktionär ein Mitspracherecht* auf den Hauptversammlungen, trägt aber auch in Maßen* das unternehmerische Risiko mit. Erwirtschaftet* das Unternehmen einen Gewinn, erhält der Miteigentümer eine Dividende. Worin das Vorrecht* der so genannten Vorzugsaktien besteht, sollte der Anleger vorher in Erfahrung bringen. Oft wird zum Beispiel eine höhere Dividende gezahlt, dieser Vorzug aber an ein Stimmrecht-Verzicht* geknüpft.*

Optionsscheine

Wer einen Optionsschein kauft, der spekuliert auf den Preis einer Aktie oder Anleihe* in der Zukunft: Der Anleger erwirbt* das Recht, bis zu einem festgelegten Termin in der Zukunft ein Wertpapier zu dem festgelegten Kurs zu kaufen („Call") oder zu verkaufen („Put"). Wer schon Aktien besitzt und Angst hat, dass der Kurs seines Wertpapiers in den Keller rutschen* könnte, der kann sich mit einem „Put" absichern.* Denn dann kann der Anleger die Aktie zu dem per Optionsschein garantierten Kurs verkaufen – auch wenn der Börsenwert zum vereinbarten Tag darunter liegt. Je höher der abzusichernde Kurs ist, desto teurer ist auch der Optionsschein. Trifft das pessimistische Kursszenario nicht ein, hat der Anleger Pech gehabt: Die „Versicherungsgebühr" war dann vergebens.* Der Optionsschein-Anleger sollte ein Profi sein und genau im Blick haben, was sich an der Börse gerade tut. Und immer nur so viel Geld in Optionsscheine investieren, wie er auch als Verlust verkraften kann.

Aus: „Anlagetips konkret: Alles oder nichts." Der Handel 5/2000. Verlagsgruppe Deutscher Fachverlag: Frankfurt am Main, S. 82, 83, 86, 87.

Richtig oder falsch?

Wenn die Aussage falsch ist, verbessern Sie diese mit Informationen aus dem Text.

_____ 1. Ohne prophetische Gaben muss der Anleger aus der Gegenwart lernen und einen Verlust verkraften können.

_____ 2. Der DAX besteht aus dem Index der 120 größten börsennotierten Unternehmen Westeuropas.

_____ 3. Kurz nach der Fast-Pleite der Firma Philipp Holzmann betrug der Preis für die Aktie nur noch ein Achtel des ehemaligen Wertes.

_____ 4. Im NEMAX werden die „Jungen Wilden" notiert. Das sind Firmen, die ihr Gründungskapital verbessern und möglichst bei konstanter Betriebsgröße bleiben wollen.

_____ 5. Das Investieren in die „Jungen Wilden" ist spekulativer als in normale Aktien, weil hier in Ideen investiert wird.

_____ 6. Man wird Teilhaber einer Aktiengesellschaft und beteiligt sich am Grundkapital des Unternehmens, wenn man Aktionär dieser Firma wird.

_____ 7. Der Kauf eines Optionsscheins ist Spekulation auf den Preis einer Aktie oder Anleihe in der Zukunft.

_____ 8. „Call" bezeichnet den Kauf und „Put" den Verkauf von Optionsscheinen bei variablem Kurs zu einem festgelegten Termin in der Zukunft.

_____ 9. Jedermann kann Optionsschein-Anleger sein, muss aber einen genauen Blick auf das aktuelle Börsengeschehen haben.

IV.I   Das Logo

Jede Firma braucht ein Logo. Und Farbe spielt eine bedeutende Rolle in einem Logo.

Wer Farbe—sei es im geschäftlichen oder privaten Bereich—bewußt einsetzt, kann effektiver kommunizieren und mehr erreichen. Farbe macht Informationen und Dokumentationen besser verständlich und eröffnet neue Gestaltungsdimensionen. Mit Farbe lassen sich Emotionen und Assoziationen wecken. Farbe wirkt stärker als alle anderen funktionalen Elemente der grafischen Gestaltung. Sie transportiert den emotionalen Wert einer Botschaft und Information.

Aus: Werner Lengenfelder. 1996. Erfolgreich Präsentieren. *Augsburg: Augustus Verlag, S. 92.*

Psychologen haben inzwischen festgelegt, dass Farbe verschiedene Gefühlswerte verkörpert.

Violett	samtig, tief, geheimnisvoll
Rot	warm, vital, dynamisch
Gelb	warm, heiter, strahlend
Grün	natürlich, erfrischend, ruhig
Orange	lebendig, leuchtend
Blau	traditionell, ruhig, kühl

Fragen zum Text

1. Welche Vorteile haben Farben?
2. Was macht Farbe verständlicher?
3. Im Vergleich zu welchem Medium wirkt Farbe stärker?
4. Welche Werte kann Farbe verkörpern?
5. Welche Farben sind ruhig?
6. Welche Farben sind warm?
7. Welche Farben sind tief?

Eine Farbe kann noch andere Wirkungen in einem Logo haben.

- **Gelb** eignet sich am besten für das Dreieck, da die leuchtende Farbe nach allen Richtungen ausstrahlt.
- **Blau** paßt am besten zum Kreis, da es den Eindruck erweckt, in konzentrischer Bewegung dem Blick zu entschwinden.
- **Rot** ist ideal für ein Quadrat. Rot hat eine innere Bewegung, die sich am besten mit dem Quadrat verbindet.
- **Orange** paßt am besten zum Trapez.
- **Grün** kommt in einem sphärischen Dreieck am besten zum Ausdruck.
- **Violett** ist die ideale Farbe für eine Ellipse.

Aus: Werner Lengenfelder. 1996. Erfolgreich Präsentieren. *Augsburg: Augustus Verlag, S. 93.*

Ihre Designerfirma hat den Auftrag erhalten, drei Logos zu gestalten. Sie sind der Designer für die Farbgestaltung. Welche Farbe wählen Sie? Begründen Sie Ihre Auswahl!

1. Ihr Logo ist ein Dreieck. Es soll Wärme ausstrahlen.
2. Dieses Logo soll Frische verkörpern und als ein Dreieck gestaltet sein. Dieses Logo soll Ruhe ausstrahlen.
3. Ihr drittes Logo ist ein Viereck, das Bewegung verkörpern und den Eindruck von Dynamik und Vitalität vermitteln soll.

IV.J   Funktionsbezeichnungen für Geschäftskarten

Unternehmenskommunikation

München, 20. Dezember 1996

Verteiler:
AR- und V-Vorsitzender; Mitglieder des Vorstands; Mitgl. d. Bereichsvorst., Hauptabteilungsleiter; Ltg. d. Zentralstellen, Gemeins. Dienste; Ltg. d. Landes-, Vertriebs-, Stützpunkt-Gesellschaften, Stützpunkte; Siemens-Gesellschaften; Siemens Corporation; Funktionsstufen 1–4; GBR; Org.; Kr. 17

Funktionsbezeichnungen für Geschäftskarten

* change

* rank

Den Wandel*unserer Unternehmenskultur, der Funktion und Verantwortung höher bewertet als Rang*und Titel, wollen wir auch auf unseren Geschäftskarten zum Ausdruck bringen.

Deshalb werden wir künftig gegenüber unseren Geschäftspartnern Funktionsbezeichnungen verwenden, die den Verantwortungs- und Aufgabenbereich des Mitarbeiters deutlich machen.

* These are two different departments at Siemens.

Auf den folgenden Seiten sind die mit ZP und ZU*ausgearbeiteten Regeln und Beispiele für die Verwendung von Funktionsbezeichnungen auf Geschäftskarten zusammengestellt.

gez. Posner

Fragen zum Text

1. Bei Siemens heißt diese Karte Geschäftskarte. Wie wird sie im Allgemeinen genannt?
2. Was machen die neuen Funktionsbezeichnungen deutlich?
3. Was haben ZP und ZU ausgearbeitet?

Die folgende Tabelle ist die Liste der Funktionsbezeichnungen.

Beispiele für Funktionsbezeichnungen in Deutsch und Englisch (US-Version)

Vorsitzender des Bereichsvorstandes	President ... Group
Mitglied des Bereichsvorstandes	Vice President ... Group
Leiter Geschäftsgebiet	President
Name des Geschäftsgebiets	... Division
Leiter Vertrieb (1)	Vice President Sales
Leiter Fertigung (1)	Vice President Manufacturing
Leiter Referat Personal (1)	Vice President Human Resources
Leiter Rechnungswesen (1)	Vice President Accounting/Controlling
Kaufm. Leiter Geschäftsgebiet	Vice President Business Administration
Name des Geschäftsgebiets	... Division
Leiter Geschäftszweig	General Manager
Name des Geschäftszweigs	... Subdivision
Leiter Vertrieb (2)	Vice President Sales
Leiter Entwicklung (2)	Vice President R & D
Leiter Fertigung (2)	Vice President Manufacturing
Leiter	General Manager
Name der Geschäftseinheit	...
Leiter Vertrieb	Director Sales
Name der Geschäftseinheit	...
Leiter Entwicklung	Director R & D
Name der Geschäftseinheit	...
Leiter Einkauf	Director Purchasing
Name der Geschäftseinheit	...
Produktmanager	Product Manager
Name der Geschäfts- bzw. Funktionseinheit	...
Leiter Projekt	Project Manager
Name des Projekts	...
Entwicklungsingenieur	R & D Engineer
Name der Geschäfts- bzw. Funktionseinheit	...
Vertriebsingenieur	Sales Engineer
Name der Geschäfts- bzw. Funktionseinheit	...
Vertriebsbeauftragter	Sales Manager
Name der Geschäfts- bzw. Funktionseinheit	...
Vertriebskaufmann	Finance Manager Sales
Name der Geschäfts- bzw. Funktionseinheit	...
Referent	Consultant
Name der Geschäfts- bzw. Funktionseinhet	...

(1) Funktionsverantwortung für Bereich
(2) Funktionsverantwortung für Geschäftsgebiet

Was bedeuten die englischen Berufsbezeichnungen bei Siemens?

Consultant   _____

General Manager   _____

Vice President Sales   _____

President...Group   _____

R & D Engineer   _____

IV.K   E-Commerce

*parts that have to withstand wear and tear

Umsatzsprung beim E-Commerce

Es begann mit einzelnen Rechnern, die miteinander verbunden waren. Heute surfen Millionen durch das weltweite Netz, morgen werden Kühlschränke Milch ordern oder Maschinen Verschleißteile*über das Internet bestellen.

1987

1997
rund 15 Mrd. Dollar

2002
über 1000 Milliarden Dollar

Selbst vorsichtige Schätzungen prophezeien einen rasanten Anstieg des Umsatzes im Internet. Wachstumsraten von 70 Prozent jährlich erwartet ein US-amerikanisches Konjunkturforschungsinstitut. Wurden 1997 weltweit 15 Milliarden US-Dollar im E-Commerce umgesetzt, werden es im Jahr 2002 über 1000 Milliarden sein. Rund 800 Milliarden werden dabei auf die USA entfallen.

Aus: SiemensWelt 10/99, S. 22.

Vor dem Lesen

1. Wo hat ein Farmer in der Vergangenheit eingekauft?
2. Was sind die Vor- und Nachteile vom Katalogeinkauf?
3. Sind Kataloge noch beliebt in Amerika?
4. Welche Einkaufsmöglichkeiten außer dem Katalog gibt es noch?

E-Commerce –
Ich kaufe ein, wann es mir passt!

Die Medien und die Fachwelt sind sich einig: Der E-Commerce boomt mit bis zu 100% Wachstumsraten* pro Jahr im Business-to-Consumer-Bereich!

*growth rates

Betrachten wir zunächst das klassische Versand-kaufhaus* OTTO (www.otto.de). Mit enormen Aufwand und Kosten werden zigtausende* fast kiloschwere Kataloge an potentielle Kunden verschickt. Selten kann mehr als eine Ansicht von einem Produkt präsentiert werden. Dennoch bestellen die Kunden Waren, ohne sie vorher „in den Händen gehalten" zu haben. Heute gibt es zwar immer noch diese Kataloge, aber diese werden immer weniger genutzt!

*catalogue company

*umpteen

Früher:
Katalog durchblättern,* interessante Artikel mit Seitenzahl, Farbe, Größe, Preis und Artikelnummer aufschreiben. Wenn der Katalog geschafft* ist, stellt man fest, dass das gesetzte Limit überschritten ist. Also muss gestrichen werden, aber welcher Artikel ist nicht so wichtig? Folglich werden noch einmal die entsprechenden Seiten aufgeschlagen.*

*to thumb through

*finished

*to open up

Heute:
Internet-Seite aufrufen, Artikel suchen lassen, anklicken und fertig! Allerdings gibt es neben der Tatsache, dass die Ware vorher nicht direkt betrachtet werden kann, weitere Nachteile beim Kauf im Internet. So ist es üblich, die meisten Einkäufe per Kreditkarte zu erledigen. Hierzu wird die entsprechende Nummer und das Gültigkeitsdatum* eingetippt und an den Händler übermittelt.*

*date of validity

*transferred

Vorsicht! An dieser Stelle können diese Daten von Hackern unter bestimmten Umständen abgefangen* werden!

*intercepted

Prüfen Sie, ob der Händler tatsächlich existiert, denn sonst* kann es passieren, dass die Kreditkarte belastet* wird, ohne dass Ware geliefert wird. Jedoch gibt es ein paar Regeln, die die Sicherheit beim Einkauf im Internet deutlich steigern können:

*otherwise

*charged

- Kaufen Sie nur bei bekannten Händlern, rufen Sie vorher an
- Bestellen Sie die Ware per Nachname*
- Wenn die Bestellung nur per Kreditkarte möglich ist, achten Sie auf https:// zu Beginn der jeweiligen Adresse. Dieses zeigt an, dass Ihre Daten einigermaßen sicher sind
- Erwerben Sie nur Markenartikel, für die der Hersteller eine Garantieleistung übernimmt
- Klären Sie möglichst vorher, wann der Artikel versendet wird

*by C.O.D.

Dennoch überwiegen* deutlich die Vorteile des Online-Shoppings: Unabhängigkeit von Ladenöffnungszeiten,* unkomplizierte Bestellmöglichkeit, stressfreies und zeitsparendes* Einkaufen und Vergleichbarkeit* der Preise. Für den Verbraucher* werden die Preise bei Bestellungen übers Internet weiter fallen, da Beratungsgespräche und teure Ladenmieten* nicht mehr notwendig sind.

*to outweigh

*store opening hours

*time saving

*comparability

*consumer

*shop rents

Jens Ulmann
Microsoft Certified Systems Engenieer, Compaq Accredited Systems Engineer

Aus: Unser Frohnau: Zeitschrift der CDU Frohnau, Nr. 21, Juni 2000, S. 26, 28.

Fragen zum Text

1. Wie gut boomt der E-Commerce?
2. Was wird durch E-Commerce ersetzt?
3. Was passiert, wenn das im Katalog gesetzte Limit überschritten ist?
4. Was muss eingetippt werden, wenn man mit Kreditkarte zahlt?
5. Wer kann diese Daten abfangen?
6. Warum soll man prüfen, ob der Händler existiert?
7. Welche Regeln können die Sicherheit beim Einkauf im Internet erhöhen?
8. Welche Vorteile hat Online-Shopping?

SEGMENT V

Strukturen und Organisationen

V.A   Unternehmenserfolge sind relativ

Vor dem Lesen

1. Was könnte der Titel „Kein Erfolg für Deutsche" bedeuten?
2. Wenn Deutsche keinen Erfolg haben, was könnte das Problem sein?
3. Lesen Sie den ersten Satz in jedem Absatz. Wo liegt das Problem im Artikel?

Kein Erfolg für Deutsche

* enormous

* mediocrity

* showed

* subsidiaries

* sufficiently
* demands, requests
* to adjust

* value system
* spoiled
* simply

Für deutsche Unternehmen ist Amerika noch immer ein Land mit begrenzten Möglichkeiten. Während sich Großunternehmen wie Daimler, Deutsche Bank oder Bertelsmann mit gewaltigen* Finanzanstrengungen kritische Masse im Markt erkaufen, bleiben die meisten deutschen Unternehmen in den USA im Mittelmaß* stecken und werden sogar von kleineren Ländern wie Schweden, Finnen oder Niederländern überholt. Das ergab* eine Untersuchung der Unternehmensberatung Droege & Comp. in Zusammenarbeit mit der WestLB. Mehr als 1.000 deutsche und etwa 300 europäische Produktions- und Distributionsunternehmen mit amerikanischen Töchtern* wurden befragt. Dabei kam heraus, dass die meisten deutschen Unternehmen ihre Strategie und Produkte nicht ausreichend* an die Anforderungen* in Übersee anpassen*. Sie verlassen sich lieber auf die Erfolgsrezepte aus der Heimat.

Während das wichtigste Differenzierungskriterium für deutsche Unternehmen die Qualität ihrer Produkte ist, haben Amerikaner eine andere Wertschätzung:* Die Vereinigten Staaten seien eine preisbewusste, Service-verwöhnte* Konsumgesellschaft, die Qualität schlicht* voraussetze. Deutsche Produkte sind dann oft zu gut und zu teuer, um den amerikanischen Käufer vom Wert zu überzeugen.

Große und kleine Unternehmen unterscheiden sich in der Untersuchung nur geringfügig.* Zwar haben die meisten deutschen Unternehmen in den Vereinigten Staaten Amerikaner in Top-Positionen, aber halten diese angesichts* der schlechten Erfolgslage – ganz unamerikanisch – zu lange an Bord. Auch bei der Bezahlung scheinen die Deutschen ganz im Gegensatz zu amerikanischen Gepflogenheiten* Loyalität höher zu schätzen als Erfolg: Nur bei 18 Prozent der Top Manager ist das Gehalt an den Erfolg des US-Geschäfts gekoppelt, nur 5 Prozent der Manager haben Eigentum am Unternehmen.

* minimally

* in view of

* practices, habits

Aus: Der Handel *2/2000. Frankfurt am Main: Deutscher Fachverlag GmbH, p. 98.*

Lesen Sie den Artikel noch einmal und beantworten Sie die folgenden Fragen.

Fragen zum Text

1. Große deutsche Firmen investieren zwar viel in Amerika, aber wie bleiben die Ereignisse?
2. Wie wurde es festgestellt, dass kleinere europäische Länder mehr Erfolg als deutsche haben?
3. Es wurde festgestellt, dass deutsche Firmen etwas falsch mit ihren Produkten im Übersee machen. Was ist das?
4. Wie sind deutsche Produkte für Amerikaner?

5. Wer belegt die Top-Positionen von deutschen Firmen in Amerika?
6. Welche Gepflogenheit wird von Deutschen höher geschätzt als von Amerikanern?

V.ß   Ein Vortrag braucht Planung

Vor dem Lesen

1. Was machen Sie, wenn Sie einen Vortrag vorbereiten?
2. Welche Gesichtspunkte sind für Sie bedeutungsvoll und welche nicht?
3. Was ist für Sie ein gelungener Vortrag?

Vorbereitung einer Präsentation

Wenn man die Informationen für die Präsentation gesammelt hat, geht es an die Ausarbeitung. Das folgende Schema gibt eine Hilfestellung für die Vorbereitung eines Vortrages.

Präsentationsanlaß und Thema formulieren
Das Thema beziehungsweise* den Anlaß der Präsentation genau formulieren und inhaltliche Schwerpunkte setzen.

* that is to say…

Zeitplan festlegen
Referent und Kollegen, die eventuell mithelfen, bekommen dadurch einen besseren Überblick über Zeitplan und zeitlichen Ablauf des Vortrages.* Ausreichende Reserven einplannen, wenn etwas dazwischenkommt.

* presentation

Zielgruppenanalyse
Teilnehmerkreis* festlegen: Was weiß ich von den teilnehmenden Personen, welches Fachwissen haben sie, mit welchen Reaktionen muß ich rechnen? Welche Informationen benötigen sie?

* group of participants

Einladungen vorbereiten
Einladungen rechtzeitig verschicken. Empfehlenswert* ist es, eine Antwortkarte beizulegen.

* recommendable

Konzeption und Argumentation
Materialsammlung (Fachliteratur, Informationsmaterial, Zeitungs- und Zeitschriftenartikel, eigene Aufzeichnungen, Geschäftsberichte, Pressemappen usw.)

Gliederung erstellen
Roter Faden* muß erkennbar sein. Eine Gliederung dient auch als Erleichterung* bei der Ausarbeitung.

* thread
* relief, aid

Ausarbeitung der Präsentation
Vortrag bis ins letzte Detail genau ausarbeiten und bestimmen, an welchen Passagen visualisiert werden soll.

Organisation der Medien
Die technischen Hilfsmittel auswählen und organisieren. Außerdem muß
der richtige Umgang mit den Medien gelernt werden.

Persönliche Vorbereitung
Einleitung und Schluß besonders gut vorbereiten und auswendig lernen,
Optimierung der kritischen Phasen, den Umgang mit technischen
Hilfsmitteln lernen und Tipps gegen Lampenfieber* beherzigen usw.

* stage fright

Unterlagen zusammenstellen
Präsentations-Unterlagen für das Publikum vorbereiten.

Letzte Kontrolle
Vor der Präsentation noch einmal die wichtigsten Punkte durchgehen
und auf Fragen, Einwände* sowie Störaktionen* vorbereiten.

* objections
* disturbances

Aus: Werner Lengenfelder. 1996. Erfolgreich Präsentieren. *Augsburg: Augustus
Verlag, S. 13–14.*

Fragen zum Text
Unter welchem der obigen Punkte ist jede der folgenden Situationen zu
finden?

1. Ein Kollege und Sie bereiten eine Präsentation vor. Ihr Kollege will
   darüber nachdenken, was Sie tun können, falls jemand störende Fragen stellt.
2. Sie und Ihr Kollege überlegen sich Schritt für Schritt, wie die Präsentation aufgebaut werden soll und wie Ihr Thema immer passt.
3. Ihr Kollege will sicher sein, dass alle Teilnehmer Bescheid wissen,
   wann und wo der Vortrag gehalten wird.
4. Sie sagen Ihrem Kollegen, dass Sie sicher sein müssen, wer an dieser
   Präsentation teilnehmen wird, damit Sie alles passend vorbereiten
   können.
5. Ihr Kollege fragt Sie, ob alle Unterlagen für die Präsentation fertig
   sind, weil er sicher sein möchte, dass jeder Teilnehmer Informationen
   mitnehmen kann.

V.C   Was wird hier beschrieben?

Die folgenden Beschreibungen sind entweder eine Rechtsform oder ein
Organisationsaufbau. Jedes kommt zweimal vor.

GmbH   AG   Linien-System   Matrixorganisation
Divisionale Organisation

1. Diese Gesellschaft muss mindestens 50.000 Euro (100.000 DM) als Grundkapital vorweisen.
2. Diese Organisation ist in Bereiche aufgeteilt. Jeder Bereich ist für ein Produkt zuständig.
3. Dies ist eine Gesellschaft, die von Bürgern gekauft werden kann.
4. In dieser Organisation werden alle gleichartigen Aufgaben in einer Abteilung zusammengefasst.
5. Dies ist eine Gesellschaft, die ein Grundkapital von 25.000 Euro (50.000 DM) haben muss.
6. In dieser Organisation arbeitet man im Team an einem bestimmten Projekt.
7. In dieser Organisation arbeitet jedes Segment als „Profit Center".
8. Diese Organisation ist gekennzeichnet durch den Entscheidungsweg. Der Befehlsweg verläuft von oben nach unten.
9. Diese Organisation gliedert sich nach Projekten.
10. Diese Rechtsform wird öfter für kleine und mittlere Firmen gewählt.

V.D   Internet

Vor dem Lesen

1. Lesen Sie den Titel des folgenden Artikels. Was könnte der Inhalt des Artikels sein?
2. Lesen Sie die ersten zwei Fragen des Artikels. Worauf deuten die Fragen hin?
3. Lesen Sie jetzt den Artikel und beantworten Sie die darauf folgenden Fragen.

* preparation
* government regulations
* transportation connections
* accept, put up with
* customers on foot
* short term
* longer term

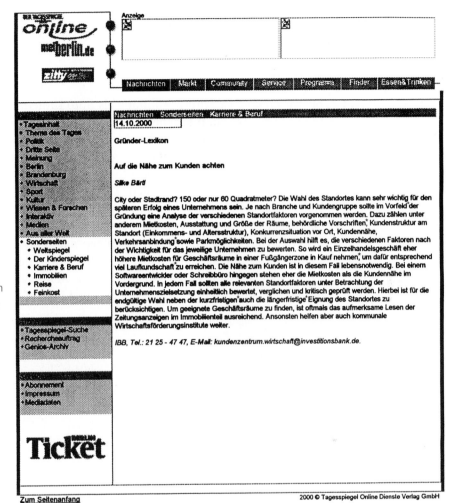

Fragen

1. Was ist der erste Schritt, bevor man einen neuen Standort aussucht?
2. Welche Standortfaktoren muss man berücksichtigen?
3. Jedes Unternehmen bewertet die verschiedenen Faktoren entsprechend dem Firmenprofil. Welche Beispiele werden im Text angegeben?
4. Was ist für die endgültige Wahl zu berücksichtigen?
5. Welche Vorschläge werden präsentiert, um geeignete Geschäftsräume zu finden?
6. Sehen Sie sich die Standortfaktoren im Text noch einmal an. Stellen Sie sich vor, Sie suchen einen neuen Standort für Ihre kleine Marketingfirma. Wie würden Sie die Standortfaktoren bewerten und warum?

Bestimmen Sie den Standort!
Suchen Sie eine Website aus, die Immobilien ausstellt. Eine mögliche Website ist

www.immowelt.de

Sie wollen eine Eigentumswohnung als Büro kaufen. Die Wohnung muss mindestens 100 qm und einen großen Raum haben. Im großen Zimmer möchten Sie mindestens 5 Mitarbeiter mit ihren Schreibtischen unterbringen. Eine Terrasse ist wünschenswert, dort können die Mitarbeiter frühstücken, und eine komplette Küche ist wichtig, falls die Mitarbeiter zum Mittag etwas kochen wollen. Die Wohnung soll nicht zu hoch im Haus liegen, oder es muss einen Fahrstuhl geben, da Sie behinderte Kunden haben. Sie als Eigentümer mögen ältere Häuser, aber nur wenn sie neu renoviert sind. Natürlich wollen Sie das beste Objekt zum besten Preis haben, und das Wohngeld spielt eine wichtige Rolle (je weniger desto besser). Noch etwas Wichtiges: Ihre Mitarbeiter fahren meistens mit der U- oder S-Bahn, also ist ein Bahnhof in der Nähe wichtig.

Vergleichen Sie zwei Objekte in der engeren Auswahl und begründen Sie, warum Sie eins davon kaufen wollen. Der folgende Wortschatz soll Ihnen dabei helfen.

das Wohngeld	condo fees
sich befinden	*sein*
der Teil, -e	part
das (Ober)geschoss, -e	Etage
errichten	*erbauen*
ausgelegt	laid
erreichbar	reachable
der Zustand, ¨-e	condition

V.€ Recycling bei Hewlett Packard

Die deutsche Website von Hewlett Packard bietet die folgenden Informationen über Recycling.

Bis zu 95% jeder zurückgegebenen HP LaserJet Tonerkassette werden wiederverwendet—einschließlich der gesamten Verpackung[168]. Die recycelten Komponenten werden beispielsweise zu Knöpfen, Brillenetuis[169] und einer Vielzahl anderer nützlicher Produkte verarbeitet. Und die restlichen 5% werden umweltverträglich entsorgt[170].

In 80% unseres Weltmarkts sind Recyclingprogramme verfügbar, etwa in Nord- und Südamerika, Europa und Asien. Und wir arbeiten aktiv

[168] packaging

[169] cases for eye glasses

[170] disposed of

daran, mit unseren Recyclingprogrammen bald 100% unseres Marktes abzudecken.

[171] program to take back items

[172] storage

[173] garbage dumps

[174] recycled

Dank der HP Rücknahmeprogramme[171] konnte seit 1990 die Lagerung[172] von 8.000 Tonnen Tonerkassetten auf Mülldeponien[173] verhindert werden. Mehr als 12 Millionen Tonerkassetten wurden inzwischen erfolgreich wiederverwertet[174].

Das HP Planet Partners™ Programm macht Ihnen das Recycling von HP LaserJet Tonerkassetten so leicht wie möglich.

Fragen zum Text

1. Was wird bei HP recycelt?
2. Was wird aus den Komponenten hergestellt?
3. Welchen Anteil am Weltmarkt haben die Recyclingprogramme?
4. Wo enden die Tonerkassetten nicht mehr?

Gehen Sie nun zur amerikanischen Website von Hewlett Packard. Was finden Sie dort über Recycling? Warum meinen Sie, gibt es so etwas auf der deutschen Website aber nicht auf der amerikanischen? Was sagt dies über die deutsche Gesellschaft aus?

V.F   Welche Sozialversicherung?

Welche Sozialversicherung wird in jedem Fall zahlen?

Rentenversicherung   Krankenversicherung
Unfallversicherung   Arbeitslosenversicherung

1. Sie suchen im Moment Arbeit aber haben bisher nichts gefunden.
2. Gestern beim Betreten des Betriebs sind Sie hingefallen und haben sich den Arm gebrochen.
3. Sie sind schon seit langem krank gewesen und können nicht mehr arbeiten. Sie sind schon 25 Jahre in Ihrem Beruf tätig.
4. Seit Wochen fühlen Sie sich nicht wohl. Endlich entscheiden Sie sich, zum Arzt zu gehen.
5. Ihre Firma hat seit Jahren keinen Profit gemacht, und jetzt will die Firma Mitarbeiter (auch Sie) entlassen.
6. Sie sind im Urlaub in Spanien. Sie haben etwas gegessen, was Ihnen nicht bekommt[175] und Sie müssen ins Krankenhaus.

[175] does not agree with you

7. Ihr Mann ist vor zwei Wochen gestorben. Sie waren immer Hausfrau.
8. Sie haben beim Dekorieren für die Weihnachtsfeier geholfen, sind von der Leiter gefallen und haben sich verletzt.

Praktische Übung I.I

Frau Meisel: Sie arbeiten bei der Schering AG in der Personalabteilung. Ein(-e) Stellenbewerber(-in) ruft Sie an und will wissen, wie er/sie am besten zu Ihnen gelangt. Der/die Kandidat(-in) ist gerade aus Potsdam gekommen und befindet sich auf der A-115 und fährt in Richtung Norden. Welche Anweisungen geben Sie dem/der Kandidaten(-in)?

Die folgenden Wörter können für Ihre Beschreibung behilflich sein:

die Kreuzung
die Autobahn
geradeaus fahren
die Querstraße
rechts/links abbiegen
Richtung Norden fahren
auf der rechten/linken Spur bleiben

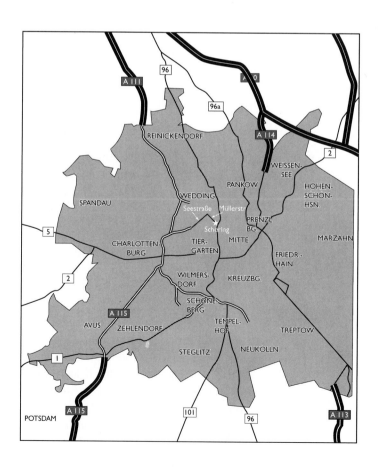

Hörverständnis

SEGMENT I

Motivation ist der erste Schritt

Hörverständnis 1.1.a ## Die Stellenanzeigen

Gabi:	Gib mal bitte die Zeitung her. [. . .] Hier ist eine passende Anzeige. Diese Firma arbeitet mit Abrechnungen und Informationsdienstleistungen.
Daniel:	Schön. Aber was muss der Bewerber können?
Gabi:	Der Bewerber soll gut mit Kunden am Telefon arbeiten, Fragen beantworten und Kundenprobleme lösen können.
Daniel:	Ist das alles?
Gabi:	Nee, man muss auch Kontakt mit potentiellen Neukunden aufnehmen.
Daniel:	Wie wichtig ist das?
Gabi:	Naja, ich glaube, dass es für die Firma wichtig ist.
Daniel:	Gibt's noch etwas?
Gabi:	Arbeitest du gern mit Problemen von anderen?
Daniel:	Nein.
Gabi:	Also vergessen wir dieses Stellenangebot.

Hörverständnis 1.1.b

Gabi:	Aber hier ist noch eine andere.
Daniel:	Was wird denn dort verlangt?
Gabi:	Man muss in Akquisition und Beratung arbeiten.
Daniel:	Mehr nicht?
Gabi:	Nein, nein. Es geht weiter. Man betreut die Kunden und Key Accounts.
Daniel:	Das kann ich.
Gabi:	Ja, es geht aber noch weiter. Man muss Angebote und Produktkonzepte erstellen.
Daniel:	Das ist nicht so schlecht. Das kann ich alles.

Gabi:	Sie wollen jemand mit einem betriebswirtschaftlichen Studium und Erfahrung in einem Betrieb. Das hast du doch alles, nicht wahr?
Daniel:	Ja, klar!
Gabi:	Oh nee, die Stelle ist nicht gut.
Daniel:	Warum?
Gabi:	Ich lese gerade, dass die Stelle in München ist.

Hörverständnis 1.1.c

Daniel:	Ich glaube, ich habe eine interessante Anzeige gefunden. Sie ist für eine Firma, die auf dem ausländischen Markt expandiert.
Gabi:	Das ist gut. Du könntest gut alles in Englisch machen.
Daniel:	Für diese Stelle muss man Bestellungen und Angebote bearbeiten, und die normalen Büroarbeiten erledigen.
Gabi:	Das hast du schon alles einmal in den USA gemacht, nicht wahr?
Daniel:	Das ist richtig. Diese Erfahrung habe ich. Das Beste kommt aber noch. Der Bewerber muss BWL studiert haben und gute Englischkenntnisse mitbringen.
Gabi:	Mensch, das bist du!
Daniel:	Ja, ich bin ideal für so eine Stelle, nicht?
Gabi:	Aber Moment! Wo ist die Stelle?
Daniel:	In Berlin.
Gabi:	Na, prima.
Daniel:	Und die Bezahlung ist auch gut.
Gabi:	Also keine Frage mehr und hin!
Daniel:	Die letzte Stelle und die Richtige!—wunderbar!
Gabi:	Ja, so sehe ich das auch. Also bewirb dich!
Daniel:	Meinst du? Ich habe sowas in Deutschland noch nie gemacht.
Gabi:	Kein Problem. Ich helfe dir.

Hörverständnis 1.4

Das Telefongespräch

Vater:	Müller.
Gabi:	Hallo, Papi.
Vater:	Hallo, Kleines. Was gibt's?
Gabi:	Gestern hat Daniel zwei mögliche Praktikumstellen in der Zeitung gefunden.
Vater:	Schön. Bewirbt er sich?

Gabi:	Ja, schon. Aber er hat so etwas noch nie vorher in Deutschland gemacht.
Vater:	Hm. Und du möchtest, dass ich ihm helfe, oder?
Gabi:	Richtig. Hast du vielleicht ein paar Tipps für uns?
Vater:	Aber natürlich. Du musst ihm sagen, dass er ein Foto an seinen Lebenslauf heften muss.
Gabi:	Aber das muss er doch wissen.
Vater:	Nicht unbedingt. In Amerika macht man das nicht.
Gabi:	Ist wahr?
Vater:	Er soll das Bild aber nicht vom Fotoautomaten holen, weil die Qualität nicht gut genug ist. Sag ihm auch, dass er sich für das Foto fein machen muss.
Gabi:	Aber Papi!
Vater:	Gabi, ich habe schon Fotos von Praktikanten gesehen, die schrecklich waren, in T-shirts mit ungekämmten Haaren usw. Wie kann man so einen guten Eindruck machen?
Gabi:	O.K. Gut angezogen und gekämmt. Noch etwas?
Vater:	Ja, er muss auch besondere Fähigkeiten und Fertigkeiten haben. Für so ein Praktikum in seinem Fach soll er natürlich erwähnen, dass er gut tippen kann.
Gabi:	Tippen?
Vater:	Ja, Tippen mit 10 Fingern.
Gabi:	Weißt du Papi, willst du nicht selber mit ihm reden?
Vater:	Das kann nicht schaden. Warum kommt ihr nicht am Sonntag zu Kaffee und Kuchen.
Gabi:	Prima! Um 4 Uhr?
Vater:	Abgemacht!
Gabi:	Danke Papi! Schöne Grüße an Mutti. Tschüßi.
Vater:	Mach' ich. Tschüß.

Hörverständnis 1.5.a   # Die Nachricht

Guten Tag, Hase, Meyers Chip AG, Personalabteilung. Diese Nachricht ist für Herrn Daniel Walker. Wir möchten Sie zu einem Vorstellungsgespräch einladen. Bitte melden Sie sich bei mir unter der Nummer 823 57 Durchwahl 355, um einen Termin zu vereinbaren. Heute bin ich nicht mehr im Haus. Sie können mich morgen zwischen 8 und 15 Uhr erreichen.

Hörverständnis 1.5.b   # Hier spricht der Anrufbeantworter

Situation A
Guten Tag, Sie sind mit dem automatischen Anrufbeantworter von der Steuerberaterin Monica Wenz verbunden. Wenn Sie eine kurze Nachricht

[1]promptly

mit Namen und Rufnummer hinterlassen, melden wir uns umgehend[1] zurück. Auf Wiederhören.

Situation B
Guten Tag, Siemens AG Berlin, Personalabteilung, Martins. Leider bin ich im Moment nicht am Platz. Wenn Sie Ihre Nachricht hinterlassen, melde ich mich umgehend zurück.

Situation C
Blumenhaus Tausendschön. Guten Tag. Leider rufen Sie außerhalb unserer Öffnungszeiten Mo.-Fr. 7.00–19.00, Sa. 8.00–13.00 an. Bitte nutzen Sie unseren Anrufbeantworter, um uns eine Nachricht zu hinterlassen. Wir rufen Sie umgehend zurück. Danke schön.

Hörverständnis 1.5.c

Daniel vereinbart ein Vorstellungsgespräch

Guten Tag, Meyers Chip AG, Sie haben den automatischen Anrufbeantworter von Frau Hase erreicht. Sie können nach dem Ton eine Nachricht hinterlassen. BIEP.

Daniel:	Guten Tag, Frau Hase. Mein Name ist Daniel Walker. Sie haben gestern bei mir aufs Band gesprochen, dass ich mich bei Ihnen melden soll. Ich bin..........

(Doch da nimmt Frau Hase überraschend den Hörer ab.)

Hase:	Guten Tag, Herr Walker. Es tut mir leid, ich war gerade in einer Besprechung und ich konnte nicht sofort ans Telefon.
Daniel:	Das macht nichts aus.
Hase:	So, Herr Walker. Wir würden Sie gern näher kennen lernen! Können Sie am Montag, dem 4.10 um 14.30 Uhr zu uns kommen?
Daniel:	Ja, natürlich!
Hase:	Sie wissen bestimmt, wo sich unser Gelände befindet.
Daniel:	Ja, ich habe Ihre Adresse in Treptow.
Hase:	Das ist richtig. Fahren Sie am Besten mit der S-Bahn bis zur Haltestelle *Plänterwald* ...
Daniel:	Nur eine Sekunde bitte, ich muss etwas zum Schreiben holen...*[Er legt den Hörer hin und kommt gleich mit einem Kugelschreiber zurück.]* So, jetzt kann's losgehen.
Hase:	Sie fahren mit der S-Bahn bis *Plänterwald*. Sie steigen in Richtung Nord aus und gehen die Treppe runter. Wenn Sie den Bahnhof verlassen, gehen Sie geradeaus bis zur

Köpenicker Landstraße. Dort biegen Sie rechts ab. An der nächsten Ecke gehen Sie links in den Dammweg. Sie laufen geradeaus bis zum Kiehnwerder. Da gehen Sie rechts in den Kiehnwerder. Sie laufen etwa 5 Minuten durch den Park. Unser Betriebsgelände ist gleich dort auf der linken Straßenseite. Melden Sie sich beim Pförtner, und ich hole Sie ab.

Daniel: Gut, am kommenden Montag um 14.30 Uhr. Warte ich beim Pförtner auf Sie.

Hase: Richtig. Ich wünsche Ihnen ein schönes Wochenende.

Daniel: Gleichfalls.

Hase: Auf Wiederhören.

Daniel: Auf Wiederhören.

Hörverständnis 1.5.d

Mit dem Fuss in der Tür der Firma

Frau Hase: Guten Tag, Herr Walker?

Daniel: Ja, Frau Hase?

Frau Hase: Richtig. Haben Sie uns ohne Probleme gefunden?

Daniel: Ja, Berlin kenne ich nun ziemlich gut, aber ich war noch nie hier im Südosten der Stadt.

Frau Hase: Entschuldigung, aber hat der Pförtner Ihnen einen Besucherausweis gegeben?

Daniel: Ja, das hat er.

Frau Hase: Sie müssen ihn immer auf dem Gelände tragen und wieder beim Pförtner abgeben, wenn Sie uns verlassen.

Daniel: Gut.

Frau Hase: Folgen Sie mir bitte zum Hauptgebäude, dort ist mein Büro.

Frau Hase macht Daniel die Tür auf und lässt ihn eintreten.

Frau Hase: Bitte nehmen Sie doch drüben am Fenster Platz. Wir werden zu Beginn nur zu zweit sein, bis Frau Schulz kommt. Sie wird für Sie zuständig sein. Ja, Herr Walker, Ihre Bewerbung hat uns gefallen! Kompliment! Als Amerikaner haben Sie Bescheid gewusst, wie eine gute Bewerbung in Deutschland aussehen muss.

Daniel denkt, "Gott sei Dank, dass Gabis Vater mir geholfen hat!"

SEGMENT II   Im Büro

Hörverständnis 2.1

Warten beim Pförtner

Pförtner:	Ja, bitte?
Seyffert:	Guten Tag, mein Name ist Seyffert, Helge Seyffert.
Pförtner:	Und was kann ich für Sie tun?
Seyffert:	Ich bin von der Firma Büromaterial GmbH aus Falkensee.
Pförtner:	Sind Sie schon angemeldet?
Seyffert:	Ja, ich habe einen Termin mit Herrn Schönfeld.
Pförtner:	Ach ja, der Herr Schönfeld vom Einkauf.
Seyffert:	Ja, richtig. Er ist doch für Büromaterialien zuständig, oder?
Pförtner:	Aber er empfängt montags normalerweise keine Besucher. Das wundert mich.

Er murmelt etwas.

Seyffert:	Moment mal! Ich glaube nicht, dass ich mich geirrt habe. Nee, hier steht es in meinem Terminkalender.
Pförtner:	Ach ja, Entschuldigung. Herr Seyffert, ich sehe gerade, Sie sind doch angemeldet!
Seyffert:	Das ist gut. Ich habe nämlich unseren neuen Katalog und einige Vorführmodelle für Herrn Schönfeld dabei.
Pförtner:	Na gut! Warten Sie bitte einen Moment. Ich rufe mal durch.

Hörverständnis 2.2

Das Geburtstagsgeschenk

Fr. Schulz:	Wissen Sie Frau Meyer, der Herr Walker hat in einer Woche Geburtstag.
Fr. Meyer:	Ist wahr?
Hr. Schmidt:	Dann müssen wir ihm etwas Typisches für Berlin schenken.
Hr. Gross:	Ja, ein richtiges Andenken aus der guten alten Zeit bei uns hier im Betrieb.
Fr. Schulz:	Richtig. So, was würde ein Amerikaner typisch für Berlin finden?
Fr. Meyer:	Eine Dose Berliner Luft, wie viele Touristen sie kaufen.
Hr. Gross:	Nee, das ist so kitschig!

Hr. Schmidt:	Ich weiß, einen schönen Bildband über Berlin.
Fr. Meyer:	Na ja, vielleicht hat er schon sowas. Wie wär's mit einem Berliner Bären?
Fr. Schulz:	Nein, das ist es auch nicht.
Hr. Gross:	Was denn dann? Das ist echt schwierig.
Hr. Schmidt:	Vielleicht einen Gutschein, dann kann er kaufen, was er möchte.
Fr. Schulz:	Richtig, aber von wem?
Fr. Meyer:	Das ist klar, vom KaDeWe. Von wem sonst?
Hr. Gross:	Ich bin nicht so sicher, aber was Besseres fällt mir momentan auch nicht ein.
Fr. Schulz:	So, ein Gutschein. Jeder gibt fünf Mark, und ich rede mit anderen Kollegen, damit der Endbetrag schön hoch ist. Er ist so ein netter junger Mann.

Hörverständnis 2.3

Ein Büro mit Fehlern

Erst habe ich den Kühlschrank anders hingestellt. Nun steht er zwischen Kleiderschrank und Tür, und die Kaffeemaschine oben drauf. Die Wanduhr hing erst über dem Kühlschrank, aber da kann ich sie nicht sehen, weil der Kleiderschrank im Weg steht. So habe ich die Uhr an die Wand neben dem Kleiderschrank auf der anderen Seite des Kühlschranks gehängt. Gleich unter der Uhr ist ein großer Aktenschrank, und mein Schreibtisch steht davor. Ich habe meinen Schreibtisch aus zwei Gründen vor den Aktenschrank gestellt: 1.) so kann ich leicht die Aktenordner erreichen 2.) ich kann sehen, wer hineinkommt, weil ich dann gegenüber sitze. Natürlich habe ich mein Familienfoto auf meinem Schreibtisch direkt oben in der Mitte. Das letzte, was ich umgestellt habe, ist das Faxgerät. Es steht jetzt auf dem kleinen Tisch direkt neben der Tür auf der linken Seite. Wenn ich wieder im Büro bin, muss ich die letzten Sachen umstellen. Meine Kollegin wird sehr überrascht sein, wenn sie aus dem Urlaub zurückkommt und sieht, wie ich alles umgestellt habe.

Hörverständnis 2.4.a

Telefonieren ist nicht einfach

Daniel:	Meyers Chip AG. Guten Tag, Walker.
Vertreter:	Guten Tag, Seyffert, Firma Büromaterial. Ich hätte gern Herrn Schönfeld gesprochen.
Daniel:	Ich versuche Sie zu verbinden. Bitte bleiben Sie dran.

(Einige Sekunden später)

Tut mir Leid, Herr Schönfeld ist im Moment nicht am Platz. Er ist höchstwahrscheinlich zu Tisch.

Seyffert:	Wie lange wird er weg sein?
Daniel:	Das weiß ich nicht. Ich bin nur in der Mittagspause die Vertretung seines Assistenten. Vielleicht 20 Minuten.
Seyffert:	Hm.
Daniel:	Kann ich ihm etwas ausrichten?
Seyffert:	Ja. Eine Bestellung Ihrer Firma ist vor 2 Wochen bei uns eingegangen, und wir sollen Ende dieser Woche liefern, aber wir haben Lieferschwierigkeiten.
Daniel:	Einen Moment, bitte. Ich finde den Notizblock nicht. So, jetzt habe ich ihn. Es kann losgehen. Wie war noch einmal Ihr Name?
Seyffert:	Seyffert. Ich buchstabiere, Siegfried-Emil-Ypsilon-Friedrich-Friedrich-Emil-Richard-Theodor.
Daniel:	… von der Firma Büromaterial?
Seyffert:	Ja, richtig. Wir haben Ihre Bestellung vom 2.9. erhalten.
Daniel:	Und deswegen wollen Sie einen Besuchstermin mit Herrn Schönfeld vereinbaren?
Seyffert:	Nicht ganz. Ich möchte einen neuen Liefertermin mit ihm vereinbaren. Am besten nächste Woche, vielleicht am Mittwoch, dem 3.10.

(Daniel denkt sich: Mensch, diese Zahlen!)

Daniel:	Ist gut. Haben Sie eine Faxnummer, unter der Herr Schönfeld Sie erreichen kann?
Seyffert:	Ja, natürlich. 0 3 4 1 2 3 4 1
Daniel:	Alles klar. Ich richte Herrn Schönfeld alles aus, und er meldet sich dann bei Ihnen.
Seyffert:	Danke schön. Auf Wiederhören.
Daniel:	Auf Wiederhören. (Er murmelt.) Seyffert mit einem F? . . . . am 10. . . . . oder 3. . . ? Mensch, der hat aber. . . . . .

Hörverständnis 2.4.b Wie buchstabieren Sie Ihren Namen?

1. Dora-Richard-Anton-Gustav-Otto-Wilhelm-Siegfried-Kaufmann-Ypsilon
2. Kaufmann-Überlauf-Heinrich-Nordpol
3. Martha-Anton-Ypsilon-Richard
4. Schule-Wilhelm-Anton-Nordpol-Theodor-Emil-Siegfried
5. Ökonom-Ludwig-Kaufmann-Emil
6. Berta-Ärger-Cäsar-Kaufmann-Emil-Richard
7. Richard-Emil-Ulrich-Theodor-Heinrich-Emil-Richard
8. Zacharias-Überlauf-Nordpol-Dora-Emil-Richard
9. Anton-Richard-Martha-Berta-Richard-Ulrich-Siegfried-Theodor
10. Dora-Ökonom-Richard-Ida-Nordpol-Gustav

Hörverständnis 2.4.c   # Ist die Nummer richtig?

1. (376 85 93)		6. (575 98 32)
2. (453 34 87)		7. (432 56 43)
3. (768 34 87)		8. (879 57 63)
4. (125 54 37)		9. (965 11 89)
5. (446 46 85)		10. (232 76 04)

Hörverständnis 2.4.d   # Welche Postleitzahl (PLZ) hat ...

1. eins vierunddreißig sechsunddreißig Berlin
2. zwanzig vierzehn vier Hamburg
3. drei sechsundachtzig vierzig Goslar
4. fünfzig zweiundneunzig drei Köln
5. einundachtzig siebenundvierzig sieben München
6. dreiundneunzig null siebenundvierzig Regensburg
7. vierunddreißig eins fünfundzwanzig Kassel
8. siebzig eins dreiundsiebzig Stuttgart
9. eins sechsundvierzig zwölf Falkensee
10. zwei fünfunddreißig achtundsechzig Lübeck

Hörverständnis 2.4.e   # Störung in der Leitung

Müller:	Guten Morgen, Müller Wareneingang.
Daniel:	Guten Morgen, Walker Vertrieb.
Müller:	Herr Walker, wir haben hier gerade eben eine Lieferung von Büromaterial GmbH bekommen, aber die Lieferung stimmt nicht.
Daniel:	Entschuldigung, aber die Leitung ist so schlecht, dass ich gar nichts verstanden habe.
Müller:	Ich habe gesagt (*er spricht lauter and deutlicher*), dass wir gerade eben.....
Daniel:	Ich verstehe Sie so schlecht. Können Sie noch einmal anrufen? Vielleicht ist dann die Leitung besser.

Hörverständnis 2.4.f   # Eine falsche Lieferung

Müller:	Tag nochmal, Müller Wareneingang.
Daniel:	Oh ja, Herr Müller. Jetzt verstehe ich Sie sehr gut.
Müller:	Ja, Herr Walker, die Firma Büromaterial ist gerade hier mit Ihrer Bestellung vom 2.5.01. Aber es wurde etwas Falsches mitgeschickt, und einiges fehlt.

Daniel:	Sagen Sie mir, was nicht stimmt.
Müller:	Gut. Sie haben uns statt der schwarzen Ordner 2 Kartons weiße geschickt, und die Büroklammern fehlen komplett.
Daniel:	Ist der Fahrer noch da?
Müller:	Ja.
Daniel:	Was sagt er?
Müller:	Er hat keine Ahnung. Er ist von der Spedition und nicht von Büromaterial.
Daniel:	Na gut, dann muss ich mich bei Büromaterial melden.
Müller:	Was wollen Sie, dass ich dem Fahrer sage?
Daniel:	Nehmen Sie die Paletten Papier und die schwarzen Ordner an, und schicken Sie die weißen wieder zurück.
Müller:	In Ordnung.
Daniel:	Schreiben Sie auf den Lieferschein, was wir erhalten haben, und lassen Sie es vom Fahrer gegenzeichnen. Ich melde mich dann sofort bei Büromaterial.
Müller:	Geht in Ordnung. Danke schön. Auf Wiedersehen.
Daniel:	Bitte schön. Auf Wiedersehen.

SEGMENT III — Vertrieb und Marketing

Hörverständnis 3.1 ## Wie schreibt man ein Angebot?

Daniel:	Walker, guten Morgen, Frau Schulz.
Fr. Schulz:	Guten Morgen. Was kann ich für Sie tun?
Daniel:	Am Freitag habe ich eine Anfrage von der Firma Stern Prozessoren erhalten.
Fr. Schulz:	Ja, richtig.
Daniel:	Ich habe jetzt auch ein Angebot erstellt und möchte alles abschicken. Aber bevor ich das mache, möchte ich Ihnen alles zeigen.
Fr. Schulz:	Sehr schön! Schicken Sie mir alles per Fax und ich sehe mir alles durch und sage Ihnen dann Bescheid.
Daniel:	Alles klar. Danke schön.
Fr. Schulz:	Bitte. Tschüss.
Daniel:	Tschüss.

Die Bestellung ist bestätigt

Das Rufzeichen tönt.

Telefonistin:	Gebrüder Schmidt & Co, guten Tag.
Anrufer:	Guten Tag, Meyers Chip AG Berlin. Ich hätte gern mit jemandem in der Versandabteilung gesprochen.
Telefonistin:	Einen Moment bitte, ich verbinde.
Versand:	Schmidt & Co, Versandabteilung, Nussbaum. Guten Tag.
Knapp:	Guten Tag, Herr Nussbaum. Dr. Knapp, Meyers Chip AG, Berlin.
Nussbaum:	Guten Tag, Herr Dr. Knapp. Was kann ich für Sie tun?
Knapp:	Unser Praktikant, Herr Walker, hat Chipscheiben von Ihnen bestellt und ich würde gern wissen, ob sie schon weg-geschickt worden sind.
Nussbaum:	Könnten Sie eben einen Moment warten? Ich muss nach-sehen...Herr Dr. Knapp, ich lese hier gerade, dass die Sendung gerade weggeht. Heute wird alles eingepackt und morgen versandt.
Knapp:	Sehr schön. Wie wird es geschickt?
Nussbaum:	Per Kurierdienst. Es sollte innerhalb von 24 Stunden da sein.
Knapp:	Sehr gut! Danke für die Informationen.
Nussbaum:	Bitte schön.
Knapp:	Auf Wiederhören, Herr Nussbaum.
Nussbaum:	Auf Wiederhören.

Daniel will Frau Dr. Bogs sprechen

Mitarbeiter:	Priel GmbH, Vertrieb, Fuchs.
Walker:	Guten Tag, Herr Fuchs. Hier spricht Walker von der Firma Meyers Chip AG, Berlin. Ich hätte gern Frau Dr. Bogs gesprochen.
Fuchs:	Es tut mir leid Herr Walker, aber Frau Dr. Bogs ist zu Tisch. Kann ich ihr etwas ausrichten?
Walker:	Ja. Sie möchte mich bitte bei Gelegenheit zurückrufen.
Fuchs:	Kann ich ihr mitteilen, worum es geht?
Walker:	Ich möchte mit ihr über unsere letzte Rechnung für Stifte sprechen.
Fuchs:	Stifte?
Walker:	Ja, Stifte.

Fuchs:	Alles klar!
Walker:	Ich bedanke mich, Herr Fuchs. Auf Wiederhören.
Fuchs:	Auf Wiederhören.

Hörverständnis 3.2.c ## Herr Dr. Niemeyer ist nicht da

Sekretärin:	Niemeyer & Sohn. Hier spricht Frau Rockefeller, guten Tag.
Fr. Schulz:	Guten Tag, Frau Rockefeller. Hier Schulz von Meyers Chip AG. Ich hätte gern Herrn Dr. Niemeyer gesprochen.
Sekretärin:	Guten Tag, Frau Schulz. Es tut mir Leid, aber Herr Dr. Niemeyer ist in einer Sitzung und darf nicht gestört werden. Könnte ich etwas ausrichten?
Fr. Schulz:	Ja, letzte Woche habe ich mit ihm über unsere verspätete Lieferung gesprochen. Er wollte sich danach erkundigen, warum die Lieferung noch nicht ausgegangen ist.
Sekretärin:	Ich habe alles notiert. Ich sage ihm Bescheid, so bald er wieder frei ist.
Fr. Schulz:	Richten Sie ihm auch aus, dass er mich bitte so bald wie möglich anrufen möchte.
Sekretärin:	Alles klar. Mach' ich.
Fr. Schulz:	Auf Wiederhören.
Sekretärin:	Auf Wiederhören.

Hörverständnis 3.3.a ## Amerikanischer geht's nicht!

Daniel:	Es war nicht zu fassen.
Hans-Peter:	Was denn?
Daniel:	Wir haben mindestens eine halbe Stunde ohne Pause Werbung gesehen.
Hans-Peter:	Na und?
Daniel:	Das ist so unmöglich! Wenn ich ins Kino gehe, will ich den Film sehen und nicht erst pausenlos Reklame.
Christine:	Aber das ist sehr amerikanisch!
Daniel:	Was ist sehr amerikanisch?
Christine:	Vor dem Film eine halbe Stunde Werbung für Sachen wie Zigaretten, Alkohol, Jeans und so weiter!
Daniel:	Gar nicht!
Hans-Peter:	Ach, komm. Amerikanischer ging's wohl nicht mehr!
Daniel:	Moment mal Hans-Peter! Das ist überhaupt nicht amerikanisch. Wir haben kaum Werbung im Kino. Nur Vorfilme, wenn überhaupt!

Hans-Peter:	Jedermann in Deutschland meint, Werbung im Vorprogramm kommt aus Amerika.
Daniel:	Stimmt aber nicht!
Hans-Peter:	Hey Gabi, Christine, woher, glaubt ihr, kommt die Werbung im Kino?
Gabi und Christine:	Aus Amerika!

Die Marktforschung am Werk

Dr. Meissner:	Frau Köller, ich schlage vor, dass Sie uns erst kurz über den Stand der Dinge informieren. Wie ist die Verkaufslage?
Fr. Köller:	Gerne Herr Dr. Meissner. Wie Sie alle schon sehen, habe ich die ausgewerteten Marktforschungsergebnisse bereits schriftlich verteilt.
Dr. Meissner:	… ja, das stimmt.
Fr. Köller:	Bevor wir mit diesem Projekt begannen, haben wir uns überlegt, welche Art Umfrage am besten wäre. Die Wahl fiel auf eine Umfrage mit unseren Vertretern. Vielleicht ist es am besten, wenn Herr Pfeiffer uns alles erklärt, nach welchen Gesichtspunkten er die Marktforschung durchgeführt hat.
Dr. Meissner:	In Ordnung. Aber bitte kurz, Herr Pfeiffer.
Herr Pfeiffer:	Wir haben den Verkauf von Minichips untersucht und analysiert, wo und von wem sie gekauft werden. Dabei haben wir uns auf die gelieferten Daten von unseren Vertretern gestützt. Nachdem wir mit allen 20 Vertretern gesprochen haben, war es möglich, aussagekräftige Tabellen und Graphiken zu erstellen.
Dr. Meissner:	Mit anderen Worten, Sie haben ein Bild von unserem zukünftigen Bedarf bekommen.
Herr Pfeiffer:	So ist es. Weiterführend haben wir dann die Kunden näher betrachtet und zum Teil befragt, wie sie die Zukunft der Minichips sehen. Auf dieser Folie sehen Sie die Ergebnisse dieser Befragung, die zeigt, dass der Minichip Typ Hektor am besten abgeschnitten hat, und unser ältestes Modell nicht mehr so gefragt ist.

Was sagt die Kurve?

Beschreibung eins

Hier sehen Sie einen Wachstumsanstieg nach der Änderung unseres Marketingkonzepts.

Beschreibung zwei

Meine Damen und Herren, ich möchte Sie jetzt darauf aufmerksam machen, dass in dieser Zeitperiode unser Gewinn rasch fiel. Leider können wir die genaue Ursache immer noch nicht determinieren.

Beschreibung drei

Obwohl wir viele neue Wege gegangen sind, haben wir noch keine Produktionssteigerung erreicht. Seit Wochen ist alles konstant.

Beschreibung vier

Wenn Sie die Produktivitätskurven vergleichen, sehen Sie hier im Jahre 1999 einen starken Abfall bis zur Produktionseinstellung im Jahre 2000.

Beschreibung fünf

Unsere Bemühungen tragen Früchte. Die Bestellungen steigen allmählich an, und wir hoffen, dass wir unsere Gewinne nächstes Jahr steigern können.

SEGMENT IV   # Bankverbindung

Ein Girokonto macht's möglich

Daniel: Maria, weißt du eigentlich, dass du ein Girokonto haben solltest?

Maria: Ein Girokonto, was ist das?

Daniel: Ein Girokonto ist ein Konto bei deiner Bank, auf das dein Gehalt jeden Monat von Meyers Chip AG überwiesen wird. Du musst ein Girokonto haben, sonst wirst du kein Geld bekommen.

Maria:	Das verstehe ich nicht. Warum können sie mir keinen Scheck geben?
Daniel:	Das geht hier nicht. Die Vorschriften sagen, dass sie dir das Geld überweisen müssen.
Maria:	So, das Geld muss überwiesen werden?
Daniel:	Ja, du hast aber andere Vorteile mit einem Girokonto. Du kannst z.B. alle Rechnungen (Miete, Telefon, Strom usw.) per Dauerauftrag zahlen.

Hörverständnis 4.1.b

Daniel beantragt eine Kreditkarte

Daniel geht in die Bank und will eine Kreditkarte beantragen. Er geht zum Schalter rüber.

Daniel:	Guten Tag.
Angestellte:	Guten Tag. Wie kann ich Ihnen behilflich sein?
Daniel:	Ich möchte gern eine Kreditkarte beantragen.
Angestellte:	Dann gehen Sie bitte zum Kundenservice, und einer von unseren Kundenberatern wird Ihnen helfen.
Daniel:	Danke schön.
Angestellte:	Bitte.

Daniel geht zum Kundenservice, aber er sieht niemand dort.

Daniel:	Entschuldigung.
Angestellte:	Ja, bitte?
Daniel:	Ich suche den Kundenservice.
Angestellte:	Im Moment ist leider niemand da. Nehmen Sie bitte einen Moment Platz, und ich suche jemanden für Sie.
Daniel:	Danke schön.

Daniel nimmt Platz und wartet einige Minuten. Dann kommt eine junge Dame auf ihn zu.

Angestellte:	Guten Tag. Mein Name ist Kowalski.
Daniel:	Guten Tag. Frau Kowalski. Mein Name ist Walker.
Kowalski:	Was kann ich für Sie tun?
Daniel:	Ich möchte gerne eine Kreditkarte beantragen.
Kowalski:	Haben Sie ein Konto bei uns?
Daniel:	Ja!
Kowalski:	Haben Sie Ihre Scheckkarte dabei?
Daniel:	Ja, habe ich. Bitte.
Kowalski:	Haben Sie bitte einen Moment Geduld. Ich muss Ihre Informationen ausdrucken. Es dauert nicht lange.
Daniel:	Gut.

Druckergeräusche

Kowalski:	So, Herr Walker, ich sehe, dass Sie Ausländer sind und hier in Berlin ein Praktikum machen.
Daniel:	Das ist richtig.
Kowalski:	In Ihrem Fall haben wir nur die eine Möglichkeit; jeden Monat Ihre Rechnung für die Kreditkarte von Ihrem Konto abzubuchen, und Sie dürfen eine bestimmte Summe nicht überschreiten.
Daniel:	Gut, wie viel wäre das?
Kowalski:	Die Höhe Ihres Dispolimits. Moment mal, ... haben Sie schon einen Dispokredit bei uns? .... Nein, ich sehe nichts hier auf dem Computerausdruck.
Daniel:	Wie bekomme ich einen Dispokredit?
Kowalski:	Wir können Ihnen eine oberste Grenze von zwei Monatsgehältern gewähren.
Daniel:	Gut, machen wir das.
Kowalski:	Und dieser Dispokredit wäre auch Ihr Limit für die Kreditkarte.
Daniel:	Das ist in Ordnung. Wie viel kostet die Kreditkarte?
Kowalski:	35 EURO im Jahr. Dieser Betrag wird von Ihrem Konto automatisch abgebucht.
Daniel:	Ja, O.K.
Kowalski:	Wenn Sie also hier unterschreiben würden, können wir alles beantragen. Sie hören in 2 bis 3 Tagen von uns, ob alles in Ordnung geht. Ich sehe aber kein Problem.
Daniel:	Danke schön für Ihre Hilfe.
Kowalski:	Gern geschehen. Wenn Sie weitere Fragen haben, wenden Sie sich wieder an mich.

Hörverständnis 4.3.a

Daniel ist pleite

Daniel:	Mensch, das Geld fließt hier weg wie nichts.
Sabine:	Erzähl mir was. Alle paar Tage hole ich Geld vom Automaten und habe trotzdem nicht genug. Es ist unglaublich, dass am Ende des Geldes immer soviel Monat übrig bleibt.
Daniel:	Ja, aber mein Problem ist, dass ich nicht mehr genau weiß, wie viel ich auf meinem Konto habe.
Sabine:	Lebst du über deine Verhältnisse?
Daniel:	Weiß ich nicht. Es kommt darauf an, wie viel ich noch auf'm Konto habe. Vielleicht muss ich etwas von Gabi pumpen.

Sabine:	Mensch, ruf doch einfach bei deiner Bank an. Durch Telefon-banking kannst du gleich erfahren, wie dein Kontostand ist.
Daniel:	Das funktioniert so einfach?
Sabine:	Ja, du rufst an, und die Person am anderen Ende fragt nach deinem Kennwort.
Daniel:	Kennwort?
Sabine:	Das ist das Wort, das du der Bank vorschlägst, um etwas per Telefon von deinem Konto zu betätigen.
Daniel:	Ach, das!
Sabine:	Ja, das! Dann sagst du der Person am Apparat, was dein Anliegen ist, z.B. den Kontostand erfahren, Überweisungen beantragen, oder andere Informationen einholen. Per Telefon geht fast alles!
Daniel:	Das hört sich ganz einfach an.
Sabine:	Ist es auch....
Daniel:	Das probiere ich in der Mittagspause gleich mal aus.
Sabine:	Warum denn nicht lieber gleich?
Daniel:	Na, während der Arbeit sollen wir keine privaten Telefonate führen.
Sabine:	Offiziell schon, aber kein Schwein kümmert sich darum.
Daniel:	Meinst du?
Sabine:	Klar!
Daniel:	Uh, die Viertelstunde ist schon um.
Sabine:	Ja, die Zeit vergeht schnell. Aber warte mal, bis ich meine Zigarette aufgeraucht habe.

Hörverständnis 4.3.b   ## Was kann ich für Sie tun?

Situation 1

Telefonistin:	Guten Tag. Hier ist der Telefon-Service der Berliner Bank, Tanja Schmidt am Apparat.
Carsten:	Guten Tag, Carsten Schwantes.
Telefonistin:	Guten Tag, Herr Schwantes, was kann ich für Sie tun?
Carsten:	Ja, ich würde gern wissen,..... ob und wie ich meinen Dispokredit erhöhen kann.
Telefonistin:	Da gehen Sie am besten zu Ihrer Filiale und sprechen dort mit den Sachbearbeitern, die für Dispokredit zuständig sind.
Carsten:	Gut.
Telefonistin:	Kann ich noch etwas für Sie tun?

| Carsten: | Nein, danke. Auf Wiederhören. |
| Telefonistin: | Vielen Dank für Ihren Anruf. Auf Wiederhören. |

Situation 2

Telefonist:	Guten Morgen! Hier ist der Telefon-Banking Service der Deutschen Bank, mein Name ist Michael Nauer. Was kann ich für Sie tun?
Meyer:	Meyer, guten Morgen. Meine Kontonummer lautet 134 267 88 00. Ich heiße Hans Meyer. Ich möchte gern eine Rechnung überweisen.
Telefonist:	Gern, damit ich Ihnen helfen kann, nennen Sie nur bitte den 3. und 6. Buchstaben Ihres Kennwortes.
Meyer:	Der dritte Buchstabe ist ein „e" wie Emil, der sechste ein „s" wie Siegfried.
Telefonist:	Vielen Dank. So, wie heißt der Empfänger?
Meyer:	Bewag.
Telefonist:	Danke.... Und die Kontonummer des Empfängers?
Meyer:	75 88 909 654.
Telefonist:	Herr Meyer, bitte nennen Sie mir die Bankleitzahl und den Namen der Empfängerbank.
Meyer:	100 300 00 bei der Berliner Sparkasse.
Telefonist:	Wie viel möchten Sie überweisen?
Meyer:	65 Euro.
Telefonist:	Verwendungszweck?
Meyer:	Stromrechnung.
Telefonist:	Gut, ich wiederhole: Sie überweisen an die Bewag Berlin, Kontonummer 75 88 909 654 bei der Berliner Sparkasse, 65 Euro für die Stromrechnung. Sind die Angaben richtig, Herr Meyer?
Meyer:	Ja, sie sind richtig.
Telefonist:	Kann ich noch etwas für Sie tun?
Meyer:	Nein, danke. Auf Wiederhören.
Telefonist:	Vielen Dank für Ihren Anruf. Auf Wiederhören.

Situation 3

Telefonistin:	Guten Tag! Hier ist der Telefon-Service der Berliner Volksbank, mein Name ist Margo Schiller. Wie kann ich Ihnen behilflich sein?
Dittmar:	Dittmar, guten Tag. Ich möchte gern Informationen über eine Eurokarte.
Telefonistin:	Wenn Sie mir Ihre Kontonummer geben würden, kann ich Ihnen weiterhelfen.

Dittmar:	Sie lautet 145 672 69 00.
Telefonistin:	Jetzt brauche ich noch den 1. und 5. Buchstaben Ihres Kennwortes.
Dittmar:	Der erste ist „d" wie Dora und der fünfte ist ein „l" wie Ludwig.
Telefonistin:	Vielen Dank. So, jetzt habe ich Ihre Daten vor mir. Sie wollen Informationen über eine Kreditkarte, richtig?
Dittmar:	Ja, das stimmt.
Telefonistin:	Gut, ich habe alles eingegeben. Sie bekommen innerhalb von 3 Tagen die Unterlagen mit der Post zugeschickt. Lesen Sie alles durch und füllen Sie das Formular aus und senden Sie es an uns zurück oder bringen Sie es zu Ihrer Filiale.
Dittmar:	Sehr schön!
Telefonistin:	Kann ich noch etwas für Sie tun?
Dittmar:	Im Moment nicht, danke schön. Auf Wiederhören.
Telefonistin:	Vielen Dank für Ihren Anruf. Auf Wiederhören.

Hörverständnis 4.4.a　　# Wie stehen die Aktien?

Hans-Peter:	'N Abend Jörg.
Jörg:	'N Abend. Na, wie stehen die Aktien?
Hans-Peter:	Nicht schlecht! Jörg, dies hier ist ein Freund von mir aus Amerika, Daniel.
Jörg:	'N Tag. Daniel. Aus Amerika?
Daniel:	Ja, aus Kalifornien.
Jörg:	Und spricht gut Deutsch, wie ich höre! Welcher Wind hat dich denn hier nach Berlin geweht? Bist du Student? Ich darf doch du sagen, oder?
Daniel:	Na klar. Nee, mit dem Studium bin ich fertig. Ich mache hier jetzt ein Praktikum.
Jörg:	Interessant, wo denn?
Daniel:	Bei Meyers Chip AG.
Jörg:	Oh, das ist eine gute Adresse.
Hans-Peter:	Ja, das stimmt!
Daniel:	Darf ich euch eine Frage stellen? Warum habt ihr zur Begrüßung über Aktien gesprochen?

(Alle beide lachen herzhaft.)

Hans-Peter:	Wir haben eigentlich nicht über Aktien gesprochen.
Daniel:	Nein?
Jörg:	Das war nur unsere Art und Weise zu fragen: Wie geht's?
Daniel:	Ach!

Nachhilfe in Sache Aktien

Telefonistin:	Guten Tag, Berliner Bank.
Daniel:	Guten Tag, Walker. Ich hätte gern Herrn Becker gesprochen.
Telefonistin:	Einen Moment bitte. Ich verbinde.
Jörg:	Guten Tag, Berliner Bank, Kundenservice, Becker.
Daniel:	Tag, Jörg, hier ist Daniel Walker.
Jörg:	Tachchen, Daniel. Was kann ich für dich tun?
Daniel:	Naja, ich habe ein paar Fragen über Aktien, bevor ich zu dir komme.
Jörg:	Gut, schieß los.
Daniel:	Kannst du mir kurz erklären, wie Aktien zustande kommen?
Jörg:	Erst muss eine Aktiengesellschaft gegründet werden. Das können eine einzelne oder mehrere Personen sein, die ein Grundkapital von wenigstens 25.000 Euro vorweisen müssen.
Daniel:	Interessant.
Jörg:	Das Aktienkapital wird dann in „Häppchen" von zumindest 2,50 Euro aufgeteilt.
Daniel:	Gut, und das wird als Nennwert einer Aktie bezeichnet, nicht wahr?
Jörg:	Ja, richtig!! Also bei einem Nennwert von 25 Euro je Aktie werden bei einem Aktienkapital von 50.000 Euro demnach 2.000 Aktien ausgegeben.
Daniel:	Richtig. Aber ich habe schon bei der Arbeit gehört, dass Aktie nicht gleich Aktie ist. Stimmt das?
Jörg:	Ja, das habe ich dir aber schon in der Kneipe gesagt.
Daniel:	Ach, stimmt ja.
Jörg:	Ich kann nur noch hinzufügen, dass es junge und alte Aktien gibt. Die jungen stammen aus einer gerade vorgenommenen Kapitalerhöhung, und die alten sind schon länger im Umlauf.
Daniel:	Danke! Damit hast du mir schon sehr geholfen.
Jörg:	Keine Ursache.
Daniel:	Ich möchte dich in der Bank besuchen. Muss ich einen Termin vereinbaren, oder kann ich einfach so vorbeikommen?
Jörg:	Einfach so.
Daniel:	Prima. Herzlichen Dank für deine Bemühungen.

Jörg:	Nichts zu danken.
Daniel:	Bis bald.
Jörg:	Alles klar. Tschüss.

Computer sind international

Daniel:	Guten Tag, Walker ist mein Name.
Paola:	Guten Tag, Bernasconi.
Daniel:	Sie kommen aus Italien, nicht wahr?
Paola:	Richtig, aus Venedig. Und Sie?
Daniel:	Aus den USA.
Paola:	Ein Amerikaner! Wir können also auch Englisch sprechen.
Daniel:	Schon, aber mir wurde gesagt, alles auf Deutsch zu erklären. Es ist halt besser alles auf Deutsch zu erledigen, das hilft, mit der Arbeit besser fertig zu werden.
Paola:	Gut, aber müssen wir so deutsch sein?
Daniel:	So deutsch?
Paola:	So formell mit Nachnamen?
Daniel:	Oh nein, Entschuldigung. Ich heiße Daniel.
Paola:	Paola.
Daniel:	Gut, Paola, fangen wir hier an. Das ist mein Computer, aber Computer ist ein lateinisches Wort, und man sagt auf Deutsch auch Rechner.
Paola:	Also Rechner.
Daniel:	Hier sind Tastatur, Rechner und Monitor.
Paola:	Die Tastatur und der Bildschirm.
Daniel:	Ich weiß nicht, wie es in Italien ist, aber die deutsche Tastatur ist anders als die amerikanische. Einige Tasten sind vertauscht und andere gibt es im amerikanischen gar nicht.
Paola:	Ja, das gilt auch für die italienische Tastatur.
Daniel:	Mit diesem Knopf schalten wir ihn ein, und der Bildschirm leuchtet auf. Dann wirst du nach deinem „Passwort" gefragt. Hast du schon eins?
Paola:	Ja.
Daniel:	Das geben wir ein und klicken es mit der Maus an. So, jetzt erscheint das Menü, damit du deinen Arbeitsbereich wählen kannst, Email, Internet, Textverarbeitung usw.
Paola:	Ja, das kenne ich bereits. Da ist nur das Problem mit den Vokabeln—ich kenne noch nicht alle deutschen Wörter.
Daniel:	Ja, das geht mir auch so. Die kannst du nur auswendig lernen.

Hörverständnis 4.4.d **Der Computer streikt**

Paola:	Ach, Mist, was habe ich nun gemacht? Nichts geht mehr!!!!!! Alles total blockiert. Typisch Paola. Immer, wenn niemand da ist, passiert so etwas!!!!!

(Eine Pause)

	Was hat der Daniel mir gesagt? Wen soll ich anrufen, falls ich Probleme habe? Wo habe ich das aufgeschrieben?

(Sie wühlt durch die Papiere.)

	Hier ist es. Herrn Schröder anrufen.

(Sie wählt eine Nummer.)

Hr. Schröder:	Schröder.
Paola:	Guten Abend Herr Schröder. Mein Name ist Bernasconi, Vertrieb.
Schröder:	Guten Abend Frau Bernasconi. Was kann ich für Sie tun?
Paola:	Tja, ich habe gerade E-Mails geschrieben und wollte einige Zusätze anhängen und plötzlich ging nichts mehr.
Schröder:	Was heisst „es ging nichts mehr"?
Paola:	Genau das Herr Schröder. Der Rechner tut jetzt gar nichts mehr.
Schröder:	Haben Sie schon alles gespeichert?
Paola:	Jain. Das meiste schon, nur den letzten Absatz nicht.
Schröder:	Schadet es sehr, wenn Sie den letzten Absatz löschen?
Paola:	Das verstehe ich nicht richtig. Was meinen Sie?
Schröder:	Wenn Sie den Rechner ausschalten würden, würden Sie viele Dateien verlieren?
Paola:	Eigentlich nicht, aber die Arbeit, die ich investiert habe, wäre umsonst. Wenn ich nichts verlieren müsste, wäre ich sehr glücklich.
Schröder:	Na gut, machen Sie nichts weiter, bis ich komme. Ich muss erst hier noch schnell etwas erledigen. Wo finde ich Sie?
Paola:	Kennen Sie Herrn Walker?
Schröder:	Ja, natürlich!
Paola:	Ich sitze bei ihm im Büro.
Schröder:	Ich komme gleich.

SEGMENT V

Strukturen und Organisationen

Hörverständnis 5.1.a ## Die Gründung

Herr Schmidt:	Schmeckt's?
Daniel:	Ja, ganz lecker. Die deutsche Küche finde ich herrlich.
Herr Schmidt:	Ja, sie kann sehr gut sein. Vor Jahren war die Kantine hier viel besser.
Daniel:	Viel besser?
Herr Schmidt:	Ja, wesentlich. Aber damals war auch in der Firma einiges anders.
Daniel:	Was war denn anders?
Herr Schmidt:	Der Aufbau. Vor etwa 5 Jahren haben wir dann restrukturiert.
Daniel:	Was wurde denn geändert?
Herr Schmidt:	Vor der Restrukturierung waren alle Abteilungen für alle Produkte zuständig. Es gab beispielsweise einen Vertrieb und eine Qualitätssicherung für den ganzen Betrieb. Unsere Produktion war damals auch wesentlich kleiner als heute.
Daniel:	Wie hat es eigentlich angefangen?
Herr Schmidt:	Meyers Chip AG wurde vor 30 Jahren von Herrn Dr. Johannes Meyer gegründet. Herr Dr. Meyer war Ingenieur und hatte gute Kontakte zur Siemens AG. Er hat eine gute Zusammenarbeit mit Siemens aufgebaut. Herr Dr. Meyer gründete eine kleine Firma für Relais. Zu der Zeit war es in Westberlin sehr günstig ein neues Unternehmen auf die Beine zu bringen.

Daniel guckt sehr interessiert.

Daniel:	Ja, damals mit der Mauer war alles in Berlin bestimmt anders.
Herr Schmidt:	Ja, allerdings. Die Stadt hat viele Einwohner verloren, und der Senat und die westdeutsche Regierung haben alles Mögliche getan, neue Unternehmen nach Berlin zu bringen.
Daniel:	So, Herr Dr. Meyer hat seine Chance hier wahrgenommen.

Herr Schmidt: Das können Sie sagen. Er gab viel Unterstützung—finanziell und moralisch. Er hat's gewagt, und heute verdanken wir seinem Mut unsere Arbeitsplätze.

Hörverständnis 5.1.b   Eine Firma mit Erfolg

Guten Tag, meine Damen und Herren, ich heiße Sie bei Girogruppe GmbH herzlich willkommen. Vielleicht wissen Sie, dass unsere Firma vor 25 Jahren in Niedersachsen von Herrn Prof. Dr. Becker gegründet wurde. Damals wollte Herr Prof. Dr. Becker seine Forschung an der Uni in die Tat umsetzen. Um dies zu ermöglichen gründete er unsere Firma. Gleich der Beginn war ein Erfolg, da die Firma einen großen Auftrag von einer kanadischen Firma erhielt. Natürlich sind auch verschiedene Probleme mit diesem Auftrag gekommen. Der Auftrag war zu groß, und unsere Kapazität zu klein. Wir mussten zusätzlich Ingenieure und Linienmitarbeiter anstellen. Es mussten neue Zulieferer gefunden werden, da unsere gegenwärtige Kapazitäten unserem Bedarf nicht mehr nachkommen konnten. Der Anfang war schwierig, aber wir haben ihn gemeistert und heute sind wir eine der größten Firmen in unserer Branche. Dank Prof. Dr. Becker haben wir die Welt der Miniempfänger erobert.

Hörverständnis 5.2.a   Die Firmenlage

Daniel: Guten Tag, meine Damen und Herren, ich heiße Sie bei Meyers Chip AG herzlich willkommen! Ich werde Ihnen kurz unsere Standorte vorstellen und danach, wenn Sie Fragen haben, sind Sie herzlich willkommen, diese zu stellen. Ich möchte mich erst einmal vorstellen. Mein Name ist Daniel Walker. Ich bin Amerikaner und mache ein Praktikum hier bei Meyers Chip AG im Verkauf. Falls ich einen Fehler mache oder etwas unverständlich klingt, bitte fragen Sie nach, und ich versuche es anders oder verständlicher zu erklären.

Hier sehen Sie Meyers Chip AG in der Gründungszeit, als Herr Dr. Meyer alles angefangen hat. Auf dem Gelände befand sich nur ein kleines Haus mitten im Spandauer Wald. Da Meyers Chip AG eine sehr gute Kooperation mit Siemens von Anfang an hatte, war es sehr klug von Herrn Dr. Meyer diesen Standort zu wählen.

Eine Azubi meldet sich.

Azubi 1:	Ist das der einzige Grund, warum dieser erste Standort ausgesucht wurde?
Daniel:	Das ist eine gute Frage! Nein, das ist nicht der einzige Grund. Herr Dr. Meyer bekam viel Unterstützung vom Berliner Senat, und mit dieser Unterstützung war es möglich dieses Grundstück vom Senat zu einem günstigen Preis zu pachten. Herr Dr. Meyer wollte sowieso in Spandau die Firma ansiedeln. Er war der Meinung, dass seine Mitarbeiter gut in Spandau leben könnten. Ich muss allerdings dazu sagen, dass Herr Dr. Meyer ein geborener Spandauer war und sehr stolz auf seine Herkunft. Er hat seine Mitarbeiter immer daran erinnert, dass es richtig hieße Berlin bei Spandau und nicht Spandau bei Berlin.

Hörverständnis 5.2.b   ## Ein Standort mit Freizeitwert

Standort 1

Dieser Ort befindet sich in einer wunderschönen Landschaft. Im Winter kann man sehr gut Eislaufen oder Langlauf machen. Im Sommer sind alle Arten Wassersport möglich. Der große See außerhalb der Stadt ist für solche Sportarten besonders geeignet. Die Landschaft hier ist ideal für den umweltbewussten Menschen. Auch der Autoliebhaber ist in diesem Ort gut dran. Es gibt gut ausgebaute Straßen. Mit dem Auto kommt man praktisch überall hin. Dieser Ort bietet alles für Personen, die an Freizeitaktivitäten interessiert sind. Für weitere Aktivitäten am Abend gibt es auch genügend Bars und Kinos. Das eigentliche Besondere dieser Stadt ist aber ihre Größe, zu beschreiben als: „klein aber fein".

Standort 2

Im ganzen Land findet man keinen besseren Ort als diesen. Die Stadt hat vor kurzem eine neue Sporthalle gebaut, in der man gut squashen, schwimmen, Basketball spielen und Gymnastik machen kann. Nicht weit weg von der Sporthalle ist der Opern/Theaterkomplex, in dem regelmäßig erstklassige Aufführungen stattfinden. Und gegenüber in einem Museumsbau gibt es verschiedene Galerien für den Kunstliebhaber. Das Gute an dieser Stadt ist die Erreichbarkeit der Stadtmitte mit Bus und Bahn. Man braucht kein Auto in diesem Ort, weil das Verkehrssystem hervorragend ausgebaut ist.

Standort 3

Willkommen im idealsten Ort der Welt. Hier hat man alles, was man sich wünschen kann: Sporteinrichtungen, Theater und Musical-Häuser,

Museen in einer großen Metropole. Wenn die Straßen voll sind, ist das gar kein Problem, denn man kann immer mit der U-Bahn oder S-Bahn fahren und den Stau hinter sich lassen. Und Natur? Selbstverständlich, ein Park in jedem Stadtteil und außerhalb der Stadt große Wälder und Seen, die am Wochenende zu einem Ausflug einladen. Um die Staus dahin umgehen zu können, kann man sehr gut mit der S-Bahn fahren.

Die Firmenfeier

Dr. Meissner:	Meine Damen und Herren, ich danke Ihnen noch einmal herzlich für Ihr Kommen und bitte Sie den Abend zu genießen. Lassen Sie uns gleich mit dem Genießen beginnen: Das Büffet ist eröffnet. Bitte bedienen Sie sich und guten Appetit!
Daniel:	Das war ja sehr interessant!
Sabine:	Seine Ansprache war sehr schön.
Frau Schulz:	Ja, er kann sehr gut vor Publikum reden.
Daniel:	Das schon, aber ich meine eigentlich etwas Anderes.
Kurt:	Was denn?
Daniel:	Ja, für mich war der ganze Ablauf neu.
Frau Schulz:	In wie fern?
Daniel:	Zu Beginn hat Herr Schmidt eine Einführung gegeben.
Sabine:	Das ist etwas Anderes?
Daniel:	Das meine ich nicht.
Sabine:	Was denn dann?
Frau Schulz:	Lass ihn doch ausreden!
Daniel:	Ich meine, was danach kam. Herr Schmidt hat interessante, manchmal wichtige Sachen aus Direktor Meissners Leben erzählt.
Kurt:	Macht man das in Amerika nicht?
Daniel:	Nein!
Sabine:	Die Amerikaner sind ein komisches Volk.
Frau Schulz:	So etwas wird auch auf Geburtstagsfeiern gemacht.
Daniel:	Echt?
Sabine:	Ja, auf meiner wurde die Ansprache richtig lustig.
Frau Schulz:	Ist schon gut, Sabine! Lass Daniel weiter erzählen.
Daniel:	Ich finde es interessant, wenn man so etwas macht, dass es ziemlich formell gehalten wird, obwohl die Ansprache sehr persönlich und zum Teil witzig ist.
Frau Schulz:	Das ist die deutsche Art, die manchmal einfach steif ist.
Daniel:	Und das ist mir auch unbekannt: alle Mitarbeiter gehen zu Herrn Dr. Meissner, um ihm zu gratulieren.

Sabine:	Das kennst du nicht?
Daniel:	Jain! Ihm zu gratulieren ist nicht anders, aber ihm die Hand zu geben und fest zu schütteln.
Kurt:	Wirklich?
Daniel:	Ja und die meisten Männer nicken gleichzeitig kurz mit dem Kopf.
Frau Schulz:	Ja, wenn Sie das sagen, ist es mir schon bewusst, aber ich hätte nie darüber nachgedacht, hätten Sie es nicht erwähnt.
Sabine:	Mensch, sind wir so viel anders als die Amis?
Daniel:	Jain. Auf den ersten Blick nein, aber je tiefer man sieht desto mehr Unterschiede findet man.
Kurt:	Gibt's noch mehr Unterschiede?
Daniel:	Ja. Das Büffet, das Herr Dr. Meissner für uns hier hat aufstellen lassen.
Sabine:	Was ist daran so anders?
Daniel:	Wir haben das doch alles für ihn nicht bezahlt, oder?
Sabine:	Nee, es ist sein Jubiläum, also muss Dr. Meissner eine Lage ausgeben und für uns bezahlen.
Daniel:	Eben! Das ist der Unterschied, den ich meine. In Amerika hätten die Kollegen oder die Firma es für ihn ausgerichtet.
Sabine:	Wieso denn das? Er verdient doch genug, um uns mal einzuladen.
Daniel:	Aber darum geht es nicht. Das ist genau wie beim Geburtstag. Das Geburtstagskind macht nichts, die anderen arrangieren die Feier ihm zu Ehren.

Hörverständnis 5.3.b Ansprachen für verschiedene Zwecke

Ansager:	Anrede A
Sprecher:	Sehr geehrter Herr Schmidt, liebe Kolleginnen und Kollegen! Ich bedanke mich herzlichst für die Ehre und Freude, die Sie mir heute zu kommen lassen. Wir wollen heute Abend in froher Runde zusammen sein und darum fasse ich mich kurz. Ich glaube der beste Beweis für meine Dankbarkeit ist das Versprechen, Ihnen allen und dem Geschäft die Treue zu halten! In diesem Sinne bitte ich alle, auf die Treue anzustoßen.
Ansager:	Anrede B
Sprecher:	Verehrte Gäste!

Sie sind zu uns gekommen, um hier einen fundierten Einblick in die Geschäftspraktiken der deutschen Wirtschaft zu gewinnen. Wir freuen uns, dass Sie uns Ihr Vertrauen schenken, und heißen Sie herzlich bei uns willkommen! Wir hoffen zugleich, dass Sie sich bei uns wohl fühlen werden, und wir wollen unser Bestes tun, damit Ihre Eindrücke von unserer Firma, aber auch von unserer Heimat, nur gute sind. Sie dürfen sicher sein..........

Ansager:	Anrede C
Sprecher:	Liebe Mitarbeiterinnen und Mitarbeiter!

Es ist in unserem Unternehmen zu einer guten Tradition geworden, dass wir uns alle sechs Monate versammeln, um unsere Zusammenarbeit zu pflegen. Ich glaube, wir sind uns alle der Notwendigkeit dieses Zusammenkommens bewusst und erkennen die große Rolle, die dieser Anlass in unserem Unternehmen spielt. Wenn so viele Menschen zusammen arbeiten, sammeln sich Fragen, Probleme oder Wünsche an, die wir besprechen wollen. Darum halten wir heute unser Forum um neue Vorschläge zu Verbesserungen der Arbeitsbedingungen, oder Fragen der Produktionserweiterung zu diskutieren, bekannt zu machen ...

Hörverständnis 5.4.a Die feste Anstellung

Daniel:	Guten Tag, Frau Schulz, Sie wollten mich sprechen?
Fr. Schulz:	Ach, Herr Walker, kommen Sie ruhig rein! Nehmen Sie bitte Platz! Herr Walker, Ihr Praktikum ist nun fast vorbei. Hat Ihnen die Zeit bei uns gefallen?
Daniel:	Frau Schulz, die Zeit hier bei Ihnen war sehr gut für mich. Die Kollegen sind sehr freundlich und hilfsbereit und hätte ich mehr Zeit gehabt, hätte ich mehr lernen können. Dieses Praktikum ist großartig für meine Berufsausbildung gewesen.
Fr. Schulz:	Es freut mich zu hören, dass Sie es bei uns so gut finden. Das bringt mich eigentlich darauf, warum ich schon früher mit Ihnen hätte sprechen wollen. Haben Sie schon einmal daran gedacht, eventuell länger in Deutschland zu bleiben?

Daniel:	Ja, natürlich! Aber ich weiß, wie schwierig es heute in Berlin ist, eine Aufenthaltsgenehmigung zu bekommen, geschweige denn eine Arbeitsgenehmigung.
Fr. Schulz:	Herr Walker, Meyers Chip AG ist sehr zufrieden mit Ihrer Arbeit bei uns. Wir würden uns freuen, wenn Sie länger bei uns blieben.
Daniel:	Also mein Praktikum verlängern?
Fr. Schulz:	Nein, im Gegenteil, wir würden Sie gern fest anstellen.
Daniel:	Ja, natürlich hätte ich großes Interesse daran. Aber was würde ich als Angestellter machen?
Fr. Schulz:	Wir wollen Sie als Kaufmann beschäftigen.

Hörverständnis 5.4.b # Die Behörden

Situation 1

Telefonist:	Bundesanstalt für Angestellte, guten Tag.
Daniel:	Guten Tag, Walker, ich hätte gern Frau Schwarzkopf gesprochen.
Telefonist:	Ich verbinde. Hören Sie, es wird gesprochen. Möchten Sie kurz warten?
Daniel:	Vielleicht können Sie mir helfen. Ich möchte wissen, ob meine Beiträge, die ich hier in Berlin einzahle, in Amerika anerkannt werden.
Telefonist:	Da müssen Sie mit einer Sachbearbeiterin sprechen, das kann ich Ihnen leider nicht sagen. Warten Sie, ich probiere noch einmal.
Meyer:	Guten Tag, Meyer, wie kann ich Ihnen helfen?
Daniel:	Ich hätte gern eine Auskunft über meine Rentenbeiträge. Ich arbeite hier in Berlin und bin Amerikaner und zahle an die BfA. Ich möchte wissen, ob diese Beiträge auch in Amerika anerkannt werden.
Meyer:	Im Prinzip, ja. Aber wenn Sie lange genug in Deutschland arbeiten, nämlich mindestens 10 Jahre, bekommen Sie eine Rente und dann werden diese Beiträge nicht mehr in Amerika anerkannt.
Daniel:	Danke für Ihre Hilfe.
Meyer:	Bitte schön.

Situation 2

Daniel:	Guten Tag, mein Name ist Walker. Ich brauche Informationen.
Telefonistin:	Wie war Ihr Name?

Daniel:	Walker.
Telefonist:	Ich verbinde, warten Sie einen Moment.
Neitsch:	Guten Tag, Neitsch, was kann ich für Sie tun?
Daniel:	Ja, guten Tag, mein Name ist Walker. Ich wollte nur ein paar Informationen, aber die andere Person hat mich so schnell weiterverbunden, dass ich gar nicht sagen konnte, was ich wollte.
Neitsch:	Das tut mir Leid, aber alles geht hier nach Nachnamen. Ich bin für den Buchstaben „W" zuständig. So, was kann ich für Sie tun?
Daniel:	Gut, ich bin Amerikaner. Ich habe bisher ein Praktikum bei Meyers Chip AG gemacht, und nun will Meyers Chip AG mich fest anstellen.
Neitsch:	Ist das sicher?
Daniel:	Ja. Nun möchte ich wissen, was ich zu tun habe.
Neitsch:	Im Grunde genommen, muss Meyers Chip AG alles für Sie tun. Erst muss eine Arbeitsgenehmigung beantragt werden, danach wird überprüft, ob es einen Deutschen gibt, der die Arbeit machen könnte. Wenn nicht, bekommen Sie eine befristete Arbeitsgenehmigung.
Daniel:	Schicken Sie mir bitte die Formulare, dann kann ich alles an Meyers Chip AG weiterleiten.
Neitsch:	Haben Sie Internetzugang?
Daniel:	Ja.
Neitsch:	Gut, klicken Sie unsere Website an und laden Sie die Formulare von dort runter.
Daniel:	Sehr schön. Ich bedanke mich für Ihre Hilfe.
Neitsch:	Bitte schön. Auf Wiederhören.
Daniel:	Auf Wiederhören.

Situation 3

Telefonist:	Guten Tag, Barmer Ersatzkasse.
Daniel:	Guten Tag, Walker, ich hätte gern den Sachbearbeiter für „W" gesprochen.
Telefonist:	Moment bitte.
Kramer:	Guten Tag, Kramer, wie kann ich Ihnen behilflich sein?
Daniel:	Guten Tag, Walker. Ich bin Amerikaner, der ein Praktikum bei Meyers Chip AG zu Ende macht. Ich werde weiter bei Meyers Chip AG als Kaufmann angestellt. Und nun möchte ich wissen, was ich zu tun habe, um Mitglied bei Ihnen zu werden.
Kramer:	Waren Sie schon mal bei uns versichert?

Daniel:	Nein.
Kramer:	Gut, Sie können vorbeikommen und die nötigen Formulare ausfüllen, oder unsere Website besuchen und die Informationen davon runterladen. Dann können Sie alles ausfüllen und per E-Mail abschicken.
Daniel:	Sehr schön. Ich erledige alles mit dem Internet, das ist leichter.
Kramer:	Das ist eine schöne Sache, nicht wahr?
Daniel:	Ich bedanke mich für Ihre Bemühungen. Und auf Wiederhören.
Kramer:	Bitte schön, auf Wiederhören.

Situation 4

Daniel:	Guten Tag, mein Name ist Walker. Ich bin Amerikaner und arbeite hier in Berlin.
Angestellte:	Guten Tag, was kann ich für Sie tun?
Daniel:	Ich möchte Informationen haben. Wie kann ich alles für meine Genehmigung in die Wege leiten, ohne zu Ihnen kommen zu müssen?
Angestellte:	Das tut mir Leid, aber so etwas ist nicht möglich. Sie müssen persönlich hierher kommen, um eine Aufenthaltsgenehmigung zu beantragen.
Daniel:	Was muss ich mitbringen?
Angestellte:	Ihren Reisepass, der muss mindestens noch 6 Monate gültig sein. Ein Passfoto, das neuerlich aufgenommen wurde. Eine Bestätigung von Ihrem Arbeitgeber oder ein Sparbuch oder irgendeinen Nachweis, dass Sie sich hier in Berlin unterstützen können.
Daniel:	Wann haben Sie Sprechstunde?
Angestellte:	Jeden Tag außer Mittwoch von 8.30 bis 12.00.
Daniel:	Danke schön. Auf Wiederhören.
Angestellte:	Auf Wiederhören.

Verbliste

Verb	3. Person Singular	Imperfekt	Perfekt	Bedeutung
abfahren	fährt	fuhr	ist gefahren	to leave
abgeben	gibt	gab	gegeben	to turn in
abheben	hebt	hob	abgehoben	to withdraw
ablaufen	läuft	lief	ist abgelaufen	to happen
abschließen	schließt	schloss	abgeschlossen	to complete, to finish
abschneiden	schneidet	schnitt	abgeschnitten	to come off badly/well
angeben	gibt	gab	angegeben	to indicate, to declare
angehen	geht	ging	ist angegangen	to concern
annehmen	nimmt	nahm	angenommen	to accept
anschneiden	schneidet	schnitt	angeschnitten	to touch on
ansprechen	spricht	sprach	angesprochen	to address, to talk to
anstehen	steht	stand	angestanden	to be dealt with, to be upcoming
ansteigen	steigt	stieg	ist angestiegen	to increase
anstoßen	stößt	stieß	angestoßen	to klink glasses together, to toast
antreten	tritt	trat	ist angetreten	to begin, to take up
anziehen	zieht	zog	angezogen	to put on, to get dressed
aufgeben	gibt	gab	aufgegeben	to give up
auffallen	fällt	fiel	ist aufgefallen	to attract attention
aufschreiben	schreibt	schrieb	aufgeschrieben	to write down
auftreten	tritt	trat	ist aufgetreten	to appear, to show up
ausgeben	gibt	gab	ausgegeben	to spend
ausgehen	geht	ging	ausgegangen	to result, to turn out
s. **auskennen**	kennt	kannte	ausgekannt	to know one's way around
auskommen	kommt	kam	ist ausgekommen	to get along
ausschreiben	schreibt	schrieb	ausgeschrieben	to write out, to announce
begleichen	begleicht	beglich	beglichen	to settle, to pay
behalten	behält	behielt	behalten	to keep
beitreten	tritt	trat	ist beigetreten	to become a member, to join
belassen	belässt	beließ	belassen	to leave
besitzen	besitzt	besaß	besessen	to own

besprechen	bespricht	besprach	besprochen	to discuss
bestehen aus	besteht	bestand	bestanden	to consist of
betragen	beträgt	betrug	betragen	to be, to amount to
betreffen	betrifft	betraf	betroffen	to concern
betreten	betritt	betrat	ist betreten	to enter
s. **bewerben**	bewirbt	bewarb	beworben	to apply for
s. **beziehen** auf	bezieht	bezog	bezogen	to refer to
bieten	bietet	bot	geboten	to offer
bitten um	bittet	bat	gebeten	to ask for
eingeben	gibt	gab	eingegeben	to put in, to type in
einschließen	schließt	schloss	eingeschlossen	to include
eintreten	tritt	trat	ist getreten	to step into
eislaufen	läuft	lief	ist eisgelaufen	to ice skate
empfehlen	empfiehlt	empfahl	empfohlen	to recommend
empfinden	empfindet	empfand	empfunden	to feel, to perceive
entgegenkommen	kommt	kam	ist entgegen-gekommen	to come towards, to approach
enthalten	enthält	enthielt	enthalten	to contain
entnehmen	entnimmt	entnahm	entnommen	to take out (of), to take (from)
entscheiden	entscheidet	entschied	entscheiden	to decide
s. **entschließen**	entschließt	entschloss	entschlossen	to decide
entsprechen	entspricht	entsprach	entsprochen	to correspond to
entwerfen	entwirft	entwarf	entworfen	to design
erfahren	erfährt	erfuhr	erfahren	to experience
s. **ergeben**	ergibt	ergab	ergeben	to result in, to yield
erkennen	erkennt	erkannte	erkannt	to recognize
erraten	errät	erriet	erraten	to guess
ersehen	ersieht	ersah	ersehen	to see, to recognize
gelten	gilt	galt	gegolten	to be valid
genießen	genießt	genoss	genossen	to enjoy
geschehen	geschieht	geschah	ist geschehen	to happen
greifen	greift	griff	gegriffen	to grip, to reach for
herauswerfen	wirft	warf	herausgeworfen	to throw away
herausziehen	zieht	zog	ist herausgezogen	to pull out
herunterladen	lädt	lud	heruntergeladen	to down load
hinterlassen	hinterlässt	hinterließ	ist hinterlassen	to leave
innehaben	hat	hatte	innegehabt	to hold
klingen	klingt	klang	geklungen	to sound
nachdenken	denkt	dachte	nachgedacht	to contemplate, to think about

nachkommen	kommt	kam	ist nachgekommen	to come after, to keep up with
nachsehen	sieht	sah	nachgesehen	to look and see
nachweisen	weist	wies	nachgewiesen	to prove
schaffen	schafft	schuf	geschaffen	to do, to create
schieben	schiebt	schob	geschoben	to push
stattfinden	findet	fand	stattgefunden	to take place
steigen	steigt	stieg	ist gestiegen	to increase
teilnehmen an	nimmt	nahm	teilgenommen	to take part in
übergehen	übergeht	überging	ist übergangen	to skip, to pass over
übernehmen	übernimmt	übernahm	übernommen	to take on, to assume
überschreiten	überschreitet	überschritt	überschritten	to exceed
überweisen	überweist	überwies	überwiesen	to transfer
übrigbleiben	bleibt	blieb	ist übriggeblieben	to remain, to have left over
umziehen	zieht	zog	ist umgezogen	to move house
unterlassen	unterlässt	unterließ	unterlassen	to refrain from, to leave out
s. **unterscheiden**	unterscheidet	unterschied	unterschieden	to differ
unterschreiben	unterschreibt	unterschrieb	unterschrieben	to sign (signature)
unterstreichen	unterstreicht	unterstich	unterstrichen	to underline, to emphasize
verbinden	verbindet	verband	verbunden	to connect
verbringen	verbringt	verbrachte	verbracht	to spend (time)
vergeben	vergibt	vergab	vergeben	to award
vergleichen	vergleicht	verglich	verglichen	to compare
s. **verhalten**	verhält	verhielt	verhalten	to act
verlassen	verlässt	verließ	verlassen	to leave
verlaufen	verläuft	verlief	ist verlaufen	to proceed, to take a course
versenden	versendet	versandte	versandt	to send, to forward
versprechen	verspricht	versprach	versprochen	to promise
verstoßen	verstößt	verstieß	verstoßen	to offend against
s. **vertun**	vertut	vertat	vertun	to do something wrong
vorhaben	hat	hatte	vorgehabt	to intend
vorkommen	kommt	kam	ist vorgekommen	to happen, to seem
vorliegen	liegt	lag	vorgelegen	to be available
vornehmen	nimmt	nahm	vorgenommen	to carry out
vorschlagen	schlägt	schlug	vorgeschlagen	to suggest
vorschreiben	schreibt	schrieb	vorgeschrieben	to stipulate, to prescribe

vorwerfen	wirft	warf	vorgeworfen	to accuse
wahrnehmen	nimmt	nahm	wahrgenommen	to perceive
s. **wenden** an	wendet	wandte	gewandt	to turn to
werben	wirbt	warb	geworben	to advertise
zutreffen	trifft	traf	zugetroffen	to apply to
zurücktreten	tritt	trat	ist zurückgetreten	to resign, to with
zutreffen	trifft	traf	zugetroffen	to apply to
zwingen	zwingt	zwang	gezwungen	to compel

Glossary

A

abbezahlen to pay off
abbuchen to deduct
abfahren/fährt/fuhr/ist gefahren to leave
abgeben /gibt/gab/gegeben to turn in
abgemacht agreed to
abheben/hob/gehoben to withdraw
der **Ablauf**, ⁻e course, order of events
ablaufen/läuft/lief/ist gelaufen geschehen
der **Absatz**, ⁻e sales
abschicken to send off
abschließen/abschloss/abgeschlossen to complete, to finish
der **Abschluss**, ⁻e exams, diploma, finishing up of something
abschneiden/schnitt/abgeschnitten to come off bad/well
absolvieren to complete
abteilen to divide off
achten auf to pay attention to
s. **ähneln** to resemble
ähnlich similar
die **Ähnlichkeit**, -en similarity
der **Aktenschrank**, ⁻e binder/file cupboard
die **Aktie**, -n share, stock
die **Aktiengesellschaft**, -en company that is listed on the stock exchange
der **Aktionär**, -e share holder
allerdings though, mind you
allmählich gradually
der **Ami**, -s American
das **Andenken** souvenir
andererseits on the other hand
anerkannt recognized
der **Anfangstermin**, -e starting date
anfertigen to make
die **Anforderung**, -en requirement, demand
die **Anfrage**, -n inquiry
die **Angabe**, -n provided information
angeben/gibt/gab/angegeben to indicate, to declare

angeblich supposedly
das **Angebot**, -e offer
angebracht appropriate
angeeignet acquired
angehen/ging/ist angegangen to concern
die **Angelegenheit**, -en matter, concern
angemessen appropriate
angenehm pleasant
angesehen recognized, respected
angezogen dressed
der **Anhang**, appendix
ankommen bei to appeal to someone
die **Ankunft**, ⸚e arrival
die **Anlage**, -n enclosure, system
der **Anlass**, ⸚e occasion
die **Anlaufzeit**, -en time to get going/started
anlegen to invest
die **Anleihe**, -n loan, bond
das **Anliegen**, - matter, concern
die **Anmeldung**, -en registration
die **Annahme**, -n acceptance
annehmen/nahm/angenommen to accept
die **Anordnung**, -en order
anreden ansprechen
der **Anruf**, -e telephone call
der **Anrufbeantworter**, - telephone answering machine
die **Anschaffung**, -en acquisition, thing acquired
anschneiden/schnitt/angeschnitten to touch on
die **Anschrift**, -en address
ansiedeln to settle, to establish
die **Ansprache**, -n speech, address
ansprechen/spricht/sprach/gesprochen to address, to talk to
ansprechend attractive, appealing
der **Anspruch**, ⸚e claim, demand
in **Anspruch** nehmen to take advantage of
anspruchsvoll demanding
ansteigen/stieg/ist angestiegen to increase
anstellen to hire
die **Anstellung**, -en employment, position
anstoßen/stößt/stieß/angestoßen to klink glasses together, to toast
die **Anstrengung**, -en effort, strain

der **Anteil**, -e participation, interest, liking, contribution

antreten/tritt/trat/ist angetreten to begin, to take up

die **Anweisung**, -en instruction

die **Anwendbarkeit**, -en use

der **Anwender**, - user

die **Anzahl**, -en number

die **Anzahlung**, -en down payment, deposit

anziehen/zog/angezogen to put on, to get dressed

der **Arbeitgeber**, - employer

der **Arbeitnehmer, -** employee

das **Arbeitsamt**, ⁼er unemployment office

der **Arbeitsbereich**, -e field of work, area of work

die **Arbeitsgenehmigung**, -en worker's permit

die **Arbeitskraft**, ⁼e worker, employee, personnel

die **Arbeitslosenversicherung**, -en unemployment insurance

die **Arbeitsplatte**, -n work area

der **Arbeitsvertrag**, ⁼e job contract

ärgerlich annoyed, cross

s. **ärgern** to get angry

der **Aschenbecher**, - ashtray

aufbauen to set up

die **Aufbauorganisation**, -en structural organization

aufdringlich obstrusive

die **Aufenthaltsgenehmigung**, -en resident's permit

auffallen/fällt/fiel/ist aufgefallen to attract attention

die **Aufgabe**, -n task, work, job

aufgeben/gibt/gab/aufgegeben to give up

aufgeregt excited

auflegen to hang up

auflockern to lighten up

darauf **aufmerksam** machen to make aware of something

die **Aufmerksamkeit**, -en attention

der **Aufschlag**, ⁼e additional charge, fee

aufschreiben/schrieb/aufgeschrieben to write down

aufstellen to put forward

auftauchen to appear, to surface

aufteilen to divide, to divide up

der **Auftrag**, ⁼e order, task

einen Auftrag erteilen to give an order to someone

die **Auftragslage** the situation one is in with orders

der **Auftraggeber**, - the person who initiates an order

auftreten/tritt/trat/ist aufgetreten to appear, to show up
der **Aufwand** expenditure
ausbauen to expand
der **Ausdruck**, ˙e term, expression
die **Auseinandersetzung**, -en discussion, debate
ausführen to carry out
ausführlich detailed
der **Ausgangspunkt**, -e point of departure
ausgeben/gab/ausgegeben to spend
ausgehen/ging/ausgegangen to result, to turn out
ausgezeichnet excellent, great
s. **auskennen**/kannte/gekannt mit to know one's way around with
    something
auskommen/kam/ist ausgekommen mit to get along with
die **Ausländerbehörde**, -n foreigner's authorities, alien's office
das **Auslandsamt**, ˙er foreigner office (for example, at the university)
auspacken to unpack
ausreden to finish talking, to finish making a statement
ausreichend sufficient, enough
ausrichten etwas to give a message to someone
die **Aussage**, -n statement
aussagekräftig meaningful
aussagen to state
ausschreiben/schrieb/ausgeschrieben to write out, to announce
die **Ausschüttung**, -en paying out (of a dividend, for example)
die **Ausstattung**, -en furnishings
ausstellen to issue
auswerten to evaluate
auswirken auf (Akk) to have an effect on
der **Automat**, -en vending machine

B

das **Band**, ˙er tape
das **Bankkonto**, -en bank account
die **Bankleitzahl**, -en **(BLZ)** routing number
die **Bankverbindung**, -en bank, bank connection
bar cash Ich zahle immer bar.
beachten to take into consideration
bearbeiten to process
die **Bearbeitung**, -en processing, working

s. **bedanken** für to thank
der **Bedarf** need
bedeutsam meaningful, important
bedienungsfreundlich easy to use, user friendly
bedürfen to need
das **Bedürfnis**, -se need
s. **befinden** to be located
befragt questioned, asked
die **Befragung**, -en survey
die **Befriedigung** satisfaction
befristet limited
begeistert enthusiastic
begleichen/beglich/beglichen to settle, to pay
begrenzen to limit
begrenzt limited
der **Begriff**, -e term
begründen to give reason for, to justify
behalten/behält/behielt/behalten to keep
behandeln to deal with, to treat
die **Behauptung**, -en claim, assertion
beherrschen to control, to govern
der **Behördengang**, ⁻e a visit/trip to the authorities
beifügen to add, to enclose
beinhalten to comprise
beispielsweise for example
der **Beitrag**, ⁻e contribution
beitreten/tritt/trat/ist beigetreten (Dativ) to become a member, to join
belassen/beließ/belassen to leave
belegen to take a course, to occupy something
die **Beleuchtung**, -en lighting
beliebt popular
der **Beliebtheitsgrad**, -e level of popularity
die **Bemühung**, -en assistance, help, trouble, effort
der **Benutzer**, - user
der **Berater**, - advisor, consultant
die **Beratung**, -en consulting
der **Bereich**, -e field, area
bereits already
bereitwillig willing
berichtigen to correct, to make right
berücksichtigen to take into consideration, to consider

beruflich professional

die **Berufserfahrung**, -en professional experience

die **Berufspraxis** professional experience

beschädigen to damage

beschaffen to acquire

beschäftigen to keep busy, to hire, to employ

Bescheid wissen to know

s. **beschränken** auf to limit oneself to

die **Beschreibung**, -en description

s. **beschweren** über to complain

beseitigen to clear up, to do away with

besitzen/besaß/besessen to own

besprechen/bespricht/besprach/besprochen to discuss

die **Besprechung**, -en meeting

bestätigen to confirm

die **Bestätigung**, -en confirmation

die **Bestechung**, -en bribe

bestehen/bestand/bestanden auf to insist upon

bestehen/bestand/bestanden aus to consist of

der **Besteller**, - person placing an order

die **Bestellung**, -en order

bestimmt certain

der **Besucherausweis**, -e visitor's I.D.

beteiligt sein an to be a part of

die **Beteiligung**, -en participation

betrachten to look at

beträchtlich noticeably

betragen/beträgt/betrug/betragen to be, to amount to

betreffen/betrifft/betraf/betroffen to concern

betreten /betritt/betrat/ist betreten to enter

die **Betreuung**, -en looking after, care

der **Betrieb**, -e plant, firm, company

die **Betriebsführung**, -en company tour

das **Betriebsklima** die Arbeitsatmosphäre

die **Bewegung**, -en transaction, movement

s. **bewerben**/bewirbt/bewarb/beworben um, to apply for

die **Bewerbung**, -en application

das **Bewerbungsschreiben** cover letter

bewusst conscious

bezeichnen to describe

s. **beziehen**/bezog/bezogen auf to refer to

der **Bezirk**, -e district of a city
bieten/bot/geboten to offer
der **Bildband**, ⁻e coffee table book
bilden to educate
der **Bildschirm**, -e monitor
bitten/bat/gebeten um to ask for
das **Blatt**, ⁻er sheet, piece
s. **blamieren** to disgrace oneself
blättern to thumb through, to page through
der **Bleistift**, -e pencil
der **Blick**, -e view, sight
die **Blumenart**, -en type of flower
der **Bon**, -s receipt, coupon
die **Börse**, -n stock market
der **Börsenmakler**, - stock broker
die **Botschaft**, -en message, embassy
die **Branche,** -n field, area of business
breit wide
brutto gross
die **Buchhaltung**, -en bookkeeping
die **Büchse**, -n tin can
bügeln to press, to iron
die **Büroausstattung**, -en office furnishings
die **Büroeinrichtung**, -en office furnishings
die **Büroführung**, -en office management
die **Büroklammer**, -n paperclip

C

der **Chef**, -s Boss
die **Courtage**, -n commission

D

damals then, at that time
darlegen to explain
die **Darstellung**, -en portrayal, representation
die **Datei**, -en file (on a computer)
datieren to date
das **Datum**, -en date, data
der **Dauerauftrag**, ⁻e standing order

decken to cover

dementsprechend correspondingly

das **Depot**, -s an account at the bank for keeping shares and other investments

dergleichen such, like that, of that kind

derzeit at the moment, at the present

deshalb because of that

deutlich clear

die **Dienstleistung**, -en service

der **Dispokredit**, -e overdraft protection

der **Drucker**, - printer

durchführen to conduct, to perform (a task, a study)

der **Durchmesser** diameter

durchspielen to play through, to act through

E

die **Ebene**, -n level

ehemalig former, past

eher earlier, sooner

ehren to honor

eifrig diligent

eigen own

die **Eigenschaft**, -en characteristic

eigentlich really, real

der **Eigentümer**, - owner

die **Eignung** suitability

die **Ein- und Ausgangsablage**, -n in-and-out basket

einarbeiten to get used to the work

eindeutig clear

der **Eindruck**, ¨e impression

einführen to introduce (a product)

die **Einführung**,-en introduction

eingeben/gab/eingegeben to put in, to type in

einige some, a few

einkalkulieren to calculate, to figure in

der **Einkauf** purchasing department

die **Einleitung**, -en introduction

einmal once

einpacken to pack, to wrap up

einrichten to furnish, to set up

die **Einrichtung,** -en furnishings
der **Einsatz,** ⸚e use, deployment
einschalten to turn on
einschließen/schloss/eingeschlossen to include
einschließlich including
einschüchtern to intimidate
einstellen to adjust, to hire
s. auf etwas **einstellen** to adapt to something
die **Einstellung,** -en attitude
eintreten /tritt/trat/ist getreten to step into
einverstanden in agreement
die **Einzelheit,** -en detail
eislaufen/lief/ist eisgelaufen to ice skate
der **Empfänger, -** receiver, recipient
die **Empfangsbestätigung,** -en confirmation of receiving something
empfehlen /empfiehlt/empfahl/empfohlen to recommend
die **Empfehlung,** -en recommendation
empfinden/empfand/empfunden to feel, to perceive
empört outraged
entgegenkommen/kam/ist entgegengekommen to come towards, to approach
enthalten/enthält/enthielt/enthalten to contain
entnehmen/entnimmt/entnahm/entnommen to take out (of), to take (from)
entscheiden/entschied/entscheiden to decide
die **Entscheidung,** -en decision
s. **entschließen**/entschloss/entschlossen entscheiden
s. **entschuldigen** to excuse oneself
die **Entsorgung,** -en diposal
entsprechen/entspricht/entsprach/entsprochen (Dativ) to correspond to
entstanden resulting
entwerfen/entwirft/entwarf/entworfen to design
das **Ereignis,** -se event
erfahren/erfährt/erfuhr/erfahren to experience
die **Erfahrung,** -en experience
erfolgreich successful
erforderlich necessary
erforschen to research
erfragen to ask, to inquire
erfreuen to be pleased

erfüllen to fulfill
die **Erfüllung**, -en fulfillment
s. **ergeben**/ergab/ergeben to result in, to yield
das **Ergebnis**,-se result
erhöhen to increase
erkennen/erkannte/erkannt to recognize
die **Erkrankung**, -en illness, sickness
s. **erkundigen** nach to inquire about
die **Erläuterung**, -en explanation
erleben to experience
erledigen to take care of something, to deal with
erleichtern to make easier
ermöglichen to make possible
erobern to conquer
eröffnen to open
erraten/errät/erriet/erraten to guess
die **Erreichbarkeit**, -en accessability
erreichen to reach
die **Ersatzlieferung**, -en replacement delivery
ersehen/ersah/ersehen to see, to recognize
ersetzen to substitute
erstellen to draw up
ersterhand first hand
erwähnen to mention
erwarten to expect
die **Erwartung**, -en expectation
erweitern to enlarge, to expand
die **Erweiterung**, -en enlargement
der **Erwerb** acquisition
erwirtschaften to make or to obtain through good management
das **Erzeugnis**, -se Produkt
etablieren to establish
etlich some
das **Etui** case (pen case)
etwa approximately
eventuell perhaps

F

das **Fach**, ¨er subject
fachlich geeignet to be technically qualified
das **Fachwissen** technical knowledge

die **Fähigkeit**, -en ability, capability
der **Fall**, ⸚e case
fällig due
s. kurz **fassen** to keep it short
fehlend lacking, missing
die **Feier**, -n party
der **Feierabend**, -e free time after work
feiern to celebrate
die **Fertigkeit**, -en skill
die **Fertigung**, -en production
die **Festrede**, -n speech
feststellen to ascertain, to find out
die **Filiale**, -n branch office
fließend fluent
flott good, nifty
folgend following
die **Folie** transparency
fördern to promote, to support
das **Formular**, -e form
die **Forschung**, -en research
der **Fotoautomat**, -en photo vending machine
eine **Frage** stellen to ask a question
s. **fragen** to wonder
der **Freizeitwert**, -e free time value
s. **freuen** über to be happy about
führend leading
die **Führungskraft**, ⸚e manager
die **Fusion**, -en merger

G

die **Garnitur** set
das **Gebiet**, -e area, field
geborgt borrowed
der **Gebrauchsgegenstand**, ⸚e necessary item
die **Gebühr**, -en fee
die **Geburtstagsfeier**, -n birthday party
das **Geburtstagskind**, -er the person who is having a birthday
die **Geduld** impatience
gedulden to be patient
der **Gegenstand**, ⸚e object, item
gegenwärtig at present

gegenzeichnen to sign (as in signature)

das **Gehalt**, ¨er salary, pay

die **Geheimnummer** secret number, code number

das **Gelände**, -n grounds, area

gelangen (sein) to reach, to obtain

der **Geldautomat**, -en automative teller

die **Gelegenheit**, -en opportunity

bei **Gelegenheit** some time

gelten/gilt/galt/gegolten to be valid

die **Genauigkeit**, -en exactness

genießen/genoss/genossen to enjoy

der **Genuss**, ¨e pleasure, enjoyment

gerade just

gern **geschehen** my pleasure

das **Gerüst**, -e framework, scaffolding

das **Geschäft**, -e business

die **Geschäftswelt**, -en business world

geschehen/geschieht/geschah/ist geschehen to happen

das **Geschlecht**, -er gender

geschmeidig weich

geschweige denn much less than

die **Gesellschaftsform**, -en type of company

das **Gesetz**, -e law

der **Gesichtspunkt**, -e point of view

gestalten to arrange, to put on

gewähren to grant

gewährleisten to ensure, to guarantee

gewerblich commercial

der **Gewinn**, -e profit

gewöhnlich normally, usually

gezielt targeted

giftig poisonous

den **Gipfel** erreichen to reach the summit/top

das **Girokonto**, konten checking/banking account

ein **Girokonto** einrichten to open an account

    ein **Girokonto** führen to keep an account

glaubwürdig believable

die **Gleitzeit**, -en flextime

das **Glied**, -er link

der **Glückwunsch**, ¨e congratulations

gratulieren to congratulate

greifen/griff/gegriffen to grip, to reach for
großartig great, excellent
der **Grund**, ⁻e reason
der **Grundkörper**, - main body, main part
gründlich thoroughly
das **Gründungskapital** initial capital
gucken to see
der **Gutschein**, -e gift certificate

H

das **Haben** credit, asset
haften to be liable
halbieren to halve, to divide in half
die **Haltestelle**, -n stop (bus, train, subway)
die **Hand** schütteln to shake hands
handeln Es handelt sich um… to be about something, to be concerned about something
handeln to trade
der **Handlungszeitraum** the time period to take action
die **Handschrift**, -en handwriting
das **Häppchen**, - a little bit
hastig hasty, hastily
häufig often
der **Hauptdarsteller**, - main actor
der **Hauptsitz**, -e headquarters
die **Hausse** bull market
heften to staple, to connect
die **Heftmaschine** stapler
herausfordend challenging
die **Herausforderung**, -en challenge
s. **herausstellen** Es wird sich herausstellen We will see
herauswerfen/wirft/warf/herausgeworfen to throw away
herausziehen/zog/ist herausgezogen to pull out
die **Herkunft** origin, background
herstellen to produce
die **Herstellung**, -en production
herunterladen/lud/runtergeladen to down load
die **Hervorhebung**, -en emphasis
hervorragend prima
herzlich heartly

hilfsbereit helpful
hingegen however
hinreichend enough
die **Hinsicht**, -en sight, view
hinstellen to place, to put
hinterlassen/hinterlässt/hinterließ/ist hinterlassen to leave
hochjubeln to build up (a person)
höchstwahrscheinlich highly likely
auf **Hochtouren** laufen to run at full speed
höflich polite
die **Höhe**, -n height

I

in **Frage (infrage)** kommen to be considered
der **Ingenieur**, -e engineer (technical)
der **Inhalt**, -e, contents
innehaben/hatte/innegehabt to hold
inwiefern to what extent
s. **irren** to make a mistake, to error
irreführend misleading

J

der **Jahresbetrag**, ⁼e annual fee
der **Jahresumsatz**, ⁼e yearly turnover
je....desto..... the...... the........
jederzeit at any time
jetztig present
jeweils each, each time
das **Jubiläum**, -en anniversary
juristisch legal, legally

K

die **Karriere**, -n career
der **Karton**, -s box
die **Kasse**, -n check out, cash desk, cashier's office
kaufmännisch commercial, business
der **kaufmännische Leiter** commercial head/director

der **Kaufrausch** shopping spree

der **Kaufvertrag**, ⁻e purchase contract

die **Kenntnis**, -se knowledge

das **Kennwort**, ⁻er secret word, code word

kennzeichnen to characterize

der **Klammeraffe**, -n die Heftmaschine

die **Klappe**, -n flap

klären to clear, to clear up

klarmachen to make clear

die **Klärung**, -en the clearing up, clarification

der **Klebefilm**, -e tape, scotch tape

der **Kleiderschrank**, ⁻e wardrobe

das **Klima** climate, atmosphere

klingen/klang/geklungen (Es klingt gut.) to sound (It sounds good.)

der **Knofpdruck**, ⁻e touch of a button, pressing of a button

der **Kollege**, -n colleague

der **Konkurrent**, -en competitor

die **Konkurrenz** competition

der **Konsument**, -en consumer

die **Kontaktfreude**, -n enjoyment of contact with others

das **Konto**, -en account

der **Kontoauszug**, ⁻e bank statement

der **Kontoauszugsdrucker**,- the machine that prints an account statement

die **Kontoauszugserstellung**, -en the production of an account statement

das **Kontoguthaben** balance

die **Kontonummer**, -n account number

der **Kontostand**, ⁻e balance

die **Kostensenkung**, -en cost reduction

die **Krankenkasse**, -n health insurance

kreieren to create

die **Krise**, -n crisis

der **Kunde**, -n customer

die **Kundenkartei**, -en customer card

der **Kundenservice**, - customer service

der **Kursteil**, -e the stock market section of the newspaper

der **Kursverlauf**, ⁻e the course of the stock market/shares

der **Kursverlust**, -e loss

der **Kurswert**, -e the going rate, selling price of shares

L

lächeln to smile
die **Ladezeit**, -en loading time (a program)
die **Lage**, -n situation, a round (beer, wine, drinks in general)
eine Lage ausgeben to pay for a round of drinks
das **Laufwerk**, -e drive (disc drive)
lauten to be, to read
die **Lebensdauer** life span
der **Lebenslauf**, ⁼e resume, curriculum vitae
lecker tasty
lediglich merely, simply
leisten to achieve, to do something
die **Leistung**, -en performance
die **Leistungsfähigkeit**, -en competitiveness
der **Leiter**, - head, leader
die **Leitung**, -en the line (telephone line), management
das **Lichtbild**, -er passport photo
der **Lieferant**, -en delivery agent
die **Lieferbedingungen** (Pl.) terms of delivery
liefern to deliver
der **Lieferplan**, ⁼e delivery plan
der **Lieferschein**, -e delivery note
die **Lieferschwierigkeit**, -en delivery difficulties
der **Liefertermin**, -e delivery time
die **Lieferzeit**, -en time of delivery
das **Lineal**, -e ruler
der **Locher**, - hole punch
der **Lohn**, ⁼e wage
s. **lohnen** to pay, to be worthwhile
löschen to erase
lösen to solve
die **Lösung**, -en solution
die **Luftverschmutzung**, -en air pollution

M

mächtig powerful, strong
das **Mal**, -e time (five times)
der **Mangel**, ⁼ fault, defect, error
die **Mängelbeschreibung**, -en description of defects, errors

mangelhaft defective, with mistakes
die **Mängelrüge**, -n letter indicating defects or errors
die **Mappe**, -n folder
der **Marktanteil**, -e share of the market
die **Markteinführung**, -en introduction to the market
die **Marktforschung** market research
die **Marktwirtschaft** market economy
  freie Marktwirtschaft free market economy
  soziale Marktwirtschaft social market economy
die **Maßnahme**, -n measure
meistern to master something
s. **melden** to answer (the telephone)
die **Meldestelle**, -n registration place (at the police)
die **Menge**, -n a lot, much
der **Mengenrabatt**, -e bulk discount
merken to notice
missdeuten misinterpret
das **Mitglied**, -er member
mitteilen to inform
die **Mitteilung**, -en announcement, statement
mittelständisch middle class, midsize
der **Müll** garbage, trash
etwas für bare **Münze** nehmen to take something as true/real
das **Muster**,- design, pattern
der **Mut** courage

N

nachdenken/dachte/nachgedacht to contemplate, to think about
der **Nachfolger**, - successor
die **Nachfrage**, -n demand
nachfragen to inquire
die **Nachhilfe**, -n tutoring
nachkommen/kam/ist nachgekommen to come after, to keep up with
nachprüfen to check
die **Nachricht**, -en news, message
nachsehen/sieht/sah/nachgesehen to look and see
der **Nachteil**, -e disadvantage
nachweisen/wies/nachgewiesen to prove
s. **nähern** to approach, to come closer
der **Nahverkehr** transportation

der **Naturschutz** environmental protection
die **Nennung** the naming of
der **Nennwert**, -e face value
neugierig curious
niedlich sweet, cute
notieren to quote
die **Notiz**, -en note
der **Notizblock**, ⸚e notepad
notwendig necessary
die **Notwendigkeit** necessity
das **Nutzen** use
nutzvoll useful

O

obig above
öffentlich public
die **Öffentlichkeit** public
oftmals often
ökologisch ecological
die **Ökosteuer**, -n ecological tax
ordentlich orderly, tidy
der **Ordner**, - binder

P

pachten to lease
die **Palette**, -n palette
der **Papierkorb**, ⸚e wastepaperbasket
das **Pech** bad luck
der **Pechvogel**, -" someone who always has bad luck
die **Personalabteilung**, -en personnel office, human resources department
der **Personalchef**, -s head of personnel/human resources
pflegen to care for, to take care of
die **Planwirtschaft** planned economy
plazieren to place
die **Postleitzahl**, -en zip code
der **Praktikant,** -en, intern
die **Praktikantenstelle**, -n internship
das **Praktikum**, -a internship

preisgünstig　inexpensive
der **Preisnachlass**, -e　price reduction
die **Pressemitteilung**, -en　press report
der **Pressesprecher**,-　press secretary
die **Probe**, -n　sample
die **Produktionsstätte**, -n　factory, production site
prüfen　to check, to test
das **Publikum**　public, audience
pumpen　to borrow

Q

die **Qualitätssicherung**, -en　quality assurance
die **Quelle**, -n　source

R

der **Radiergummi**, -s　eraser
der **Rang**, ⁻e　rank
rasch　fast
reagieren　to react
der **Rechner**, -　computer
die **Rechnung**, -en　bill, invoice
eine Rechnung stellen　to charge
das **Rechnungswesen**　accounting
die **Rechtsform**, -en　type of company
rechtzeitig　on time, punctual
die **Redeweise**, -n　way of speaking
das **Regal**, -e　bookcase/shelf
regeln　arrange
regelrecht　real, proper
die **Reife**　maturity stage
die **Reklame**, -n　advertising
rentabel　profitable
die **Rente**, -n　pension
die **Richtlinie**, -n　guideline
riesiggroß　gigantic, very big
das **Risiko**, -s　risk
riskant　risky
eine **Rolle** spielen　to play a part
rücken　(sein) to move

die **Rückgabe**, -n return
der **Rückruf**, -e call back
der **Rücktritt**, -e resignation, withdrawal
das **Rufzeichen** dialtone
ruhig calm, quiet

S

sachlich factual
sammeln to collect
schaden to harm, to hurt
der **Schaden**, ⸚ damage
der **Schadenersatz** compensation
schädigen to damage
schaffen (regelmäßig) to manage, to do
schaffen/schuf/geschaffen to do, to create
schenken to present as a gift, to give a gift
die **Schere**, -n scissors
schicken to send
schieben/schob/geschoben to push
die **Schlagzeile**, -n headline, catch phrase
die **Schleichwerbung** product placement
der **Schlips**, die Krawatte
der **Schluss** end
zum Schluss at the end
die **Schlüsselrolle**, -n key role
schlussfolgend concluding, in conclusion
die **Schnelligkeit**, -en speed
schräg slanted, at an angle
die **Schublade**, -n drawer
schütteln to shake
schützen to protect
der **Schwerpunkt**, -e point of emphasis
der **Segmentsleiter**, - head of a segment
selbstverständlich surely, naturally
selten seldom
senken to reduce
die **Sicherung**, -en assurance
das **Sitzkissen**, - cushion
die **Sitzung**, -en meeting
sofort immediately

das **Soll** debit

sonstiges miscellaneous

sorgen für to take care of, to look after

die **Sorgfalt** care

das **Sortiment**, -e assortment

die **Sozialabgabe**, -n welfare contribution

die **Sozialversicherung**, -en social/welfare insurance

die **Spalte**, -n column

die **Sparmaßnahme**, -n savings measure

die **Sparte**, -n area, section

die **Spedition**, -en the delivery company, transportation company

die **Speicherkapazität**, -en storage capacity

speichern to store

die **Sporthalle**, -n gymnasium

die **Sprechstunde**, -n office hours

das **Sprichwort**, ⁻er saying, idiom

der **Spruch**, ⁻e saying

die **Staatsangehörigkeit**, -en nationality

die **Stammaktie**, -n common share

der **Stand** der Dinge the way things stand

ständig immer

stapeln to stack

stattfinden/fand/stattgefunden to take place

der **Stau**, -s traffic jam

das **Steckenpferd**, -e favorite item

steif stiff

steigen/stieg/ist gestiegen to increase

steigern to improve, to increase

steil steep

die **Stelle**, -n job, position

die **Stellenanzeige**, -n job announcement

der **Stellenwert**, -e status, place value

die **Stellung** zu behaupten to keep/maintain the position

die **Steuer**, -n tax

das **Stichwort**, ⁻er key/main word

der **Stift**, -e pencil, pen

stimmen (Es stimmt) to be right

das **Stimmrecht**, -e the right to vote

stolz proud

die **Störung**, -en disturbance

streben nach to strive for

die **Stufe**, -n step, stage
die **Stuhllehne**, -n back of a chair
s. **stützen** auf to rely upon
auf der **Suche** nach sein to be on the outlook for

T

die **Tastatur**, -en keyboard
tätig sein/war/gewesen to work
die **Tätigkeit**, -en activity
tauschen to change, to exchange
teilnehmen/nimmt/nahm/teilgenommen an to take part in
das **Telefonat**, -e telephone call
der **Telefonhörer**, - telephone receiver
das **Telefonverzeichnis**, -se telephone book
der **Termin**, -e appointment
der **Terminkalender**, - diary, calendar
tippen to type
zu **Tisch** at lunch
die **Tochtergesellschaft**, -en subsidiary
die **Trennwand**, ⁻e dividing walls

U

überall everywhere
der **Überblick**, -e overview
übergehen/überging/ist übergangen to skip, to pass over
überhaupt anyhow, anyway
überlegen (Dativ) to consider
s. **überlegen** to consider, to think about
übernehmen/übernimmt/übernahm/übernommen to take on, to assume
überprüfen to check, to examine
überraschend surprising
überschreiten/überschritt/überschritten to exceed
die **Übertragung**, -en tranference
übertrieben exaggerated
überweisen/überwies/überwiesen to transfer
die **Überweisung**, -en transfer
der **Überweisungsvordruck**, ⁻e transfer form
der **Überweisungszettel**, - transfer form

üblich normal
übrig bleiben/blieb/ist geblieben to remain, to have left over
übrigens by the way
umdrehen to turn around
umfassen to surround, to encompass
die **Umfrage**, -n questionnaire, survey
der **Umgangston** manner of dealing with others
umgehend right away, immediately
umgekehrt reverse
der **Umlauf** circulation
der **Umsatz**, ⁼e turnover
umstellen to rearrange
umwandeln to change, to convert
die **Umwandlung**, -en change, transformation
die **Umwelt** environment
umweltbewusst environmentally aware
umweltfreundlich environmentally friendly
umziehen/umzog/ist umgezogen to move house
der **Umzug**, ⁼e move (home, business)
unbedingt really
ungebeten not asked for, not requested
ungeduldig impatient
ungesetzlich illegal
ungewöhnlich unusual
ungewohnt unusual
unhöflich impolite
unlauter unfair
das **Unterbewusstsein** subconscience
die **Unterlage**, -n, document
unterlassen/unterließ/unterlassen to refrain from, to leave out
das **Unternehmen**, - firm
unterordnen to subordinate
s. **unterscheiden**/unterschied/unterschieden to differ
unterschreiben/unterschrieb/unterschrieben to sign (signature)
unterstreichen/unterstich/unterstrichen to underline, to emphasize
unterstützen to support
die **Unterstützung**, -en support
untersuchen to study, to research
unterwegs underway
unterwegs sein to be on the way

V

veraltet old, old-fashioned, outdated
veranstalten to organize, to arrange, to put on
verantwortlich für responsible for
verantwortungsvoll full of responsibility
verbessern to correct, to make better
der **Verbesserungsvorschlag**, ⁻e improvement suggestion
verbinden/verband/verbunden to connect
verbindlich binding
verblüfft amazed, surprised
der **Verbraucher**, - consumer
verbringen/verbrachte/verbracht to spend (time)
jdm etwas **verdanken** to owe something to someone
verdeutlichen to make clear
verdoppeln to double
verdorben spoiled, bad
vereinbaren to agree, to reach
die **Vereinbarung**, -en agreement
die **Verfahrensweise**, -n procedure, process
verfolgen to follow
verfügen über to have at one's disposal
zur **Verfügung** stehen to be at one's disposal
vergeben/vergibt/vergab/vergeben to award
vergleichbar comparable
vergleichen/verglich/verglichen to compare
s. **vergucken** to look at something wrong, to make a mistake in seeing
      something
s. **verhalten**/verhielt/verhalten to act
die **Verhandlung**, -en negotiations
verhindern to prevent
die **Verkäuferin**, -nen saleslady
die **Verkaufsabteilung**, -en sales department
die **Verkaufslage** sales situation
das **Verkehrssystem**, -e transportation system
verkehrt wrong
der **Verlag**, -e publishing house
verlagern to relocate
verlangen to insist upon, to require
das **Verlängerungskabel**, - extension cord
verlassen/verlässt/verließ/verlassen to leave

verlaufen/verlief/ist verlaufen to proceed, to take a course

verlocken to tempt, to entice

vermarkten to market

vermitteln to arrange

das **Vermögen** property, wealth

die **Vernetzung**, -en network

verpacken to package, to pack

die **Verpackung**, -en packaging

die **Verpflichtung**, -en responsibility

s. **versammeln** to assemble, to group

der **Versand** dispatching department

versenden/versandte/versandt to send, to forward

verspätet late, delayed

versprechen/verspricht/versprach/versprochen to promise

s. **versprechen** "   "   " to misspeak

das **Verständnis**, -se understanding

verstoßen/verstieß/ist verstoßen to offend against

versuchen to try

verteilen to distribute

der **Verteilerkreis**, -e distribution circle

s. **vertippen** to make a typing error

die **Vertrauensbasis** basis of trust

vertraut mit machen to make familiar with

der **Vertrauter**, - the trusted one, confidant

die **Vertretung**, -en substitution, representation

der **Vertrieb**, -e, sales department

der **Vertriebsleiter**, - the head of the sales department

s. **vertun**/vertat/vertun to do something wrong

vervielfachen to multiply, to increase

s. **verwählen** to dial the wrong the number

verwahren to keep, to store

verwechseln to mix up

verweigern to refuse, to reject

verwenden to use

der **Verwendungszweck**, -e reason for use

s. **verzetteln** to waste, to spread oneself thin

verzichten auf to do without

verzweifeln to doubt

virenfrei virus free

die **Visitenkarte**, -n business card

die **Visualisierungshilfe**, -n visual aid

vollständig complete
die **Vollversammlung**, -en general meeting, stockholder's meeting
vor allem above all
vorbereiten to prepare
der **Vordergrund**, ⸚e forefront
der **Vorfilm**, -e supporting film
vorführen to display, to demonstrate
das **Vorführmodell**, -e sample, display model
der **Vorgang**, ⸚e process
der **Vorgesetzte**, -n supervisor, boss
vorhaben/hatte/gehabt to intend
vorher beforehand
vorhergehende previous
vorkommen/vorkam/ist vorgekommen to happen
vorliegen/lag/vorgelegen to be available
vormittags in the morning
vornehmen/nahm/vorgenommen to carry out
der **Vorschlag**, ⸚e suggestion
vorschlagen/schlug/vorgeschlagen to suggest
vorschreiben/schrieb/vorgeschrieben to stipulate, to prescribe
die **Vorschrift**, -en regulation, rule, law
vorschriftsmässig according to regulations
vorsichtshalber as a precaution, on the safe side
s. **vorstellen** to imagine
das **Vorstellungsgespräch**, -e job interview
der **Vorteil**, -e advantage
der **Vortrag**, ⸚e presentation, speech
vorwerfen/wirft/warf/vorgeworfen to accuse
die **Vorzugsaktie**, -n preferred share

W

der **Wachstumsanstieg**, -e growth increase
die **Wachstumsrate**, -n growth rate
wagen to dare
wählen to dial, to choose, to vote
wahrhaben/hatte/wahrgehabt to admit to
wahrnehmen/nahm/wahrgenommen to perceive
die **Warenbeschreibung**, -n product description
der **Wareneingang**, ⸚e the receiving department
die **Warteliste**, -n waiting list

das **Waschbecken**, - sink
wechseln to change
weder ....**noch**...... neither ...... nor ....
die **Weisheit**, -en wisdom
weiterleiten to pass on, to forward
s. **wenden**/wandte/gewandt an to turn to
der **Werbebrief**, -e letter used for advertising
das **Werbegeschenk**, -e promotional gift
werben/wirbt/warb/geworben to advertise
die **Werbepraktiken** advertising practices, policies
die **Werbung** advertising, advertisement
der **Werdegang**, ⸚e development
das **Werk**, -e factory, plant
Wert darauf legen to put emphasis/value on something
das **Wertpapier**, -e security, bond
wesentlich essential, essentially
der **Wettbewerb** competition
die **Wichtigkeit**, -en importance
winzig tiny
das **Wohlbefinden** well being
worum geht's? What's it about?
s. **wundern** to surprise

Z

die **Zahl**, -en number, digit
die **Zahlungsanweisung**, -en payment instructions
die **Zahlungsbedingungen** (Pl.) terms of payment
das **Zahlungsmittel**, - legal tender
der **Zahlungsverkehr** payments, payment transactions
zeichnen to draw
die **Zeichnung**, -en drawing
der **Zeitrahmen** time frame
der **Zeitraum**, ⸚e time period
das **Ziel**, -e aim, target
die **Zielgruppe**,-n target group
der **Zufall**, ⸚e chance, accident
zufrieden satisfied
die **Zufriedenheit** satisfaction
zukünftig future (adj.)
zulässig permitted, allowable

zuletzt finally

der **Zulieferer**, - supplier

zurecht legen to work something out

zurückführen to lead back, to put down to

zurückstellen to put back, to replace

zurücktreten/tritt/trat/ist zurückgetreten to resign, to withdraw

die **Zusammenarbeit**, -en cooperation

der **Zusammenbruch**, ⸚e collapse

die **Zusammenfassung**, -en summary

zusammenfügen to join together

der **Zusammenhang**, ⸚e contection

die **Zusammenwirkung**, -en combination

der **Zusatz**, ⸚e addition

zuständig für etwas sein to be responsible for something

zutreffen/trifft/traf/zugetroffen to apply to

zuvor beforehand

zwingen/zwang/gezwungen to compel

die **Zwischenstufe**, -n intermediary step

Credits

p. 4	© Der Stern 19/2000
p. 5	© Focus 35/1999
p. 7	Jobline.de
p. 9	Bertelsmann Direktvertriebe
p. 10	Lufthansa AirPlus
p. 11	Siemens
p. 16	© Focus 35/1999
p. 37	Henkel KgaA
p. 39	© Thomas Uhlig, Augsburg
p. 43	Berliner Verkehrsgemeinschaft der U- und Schnellbahnen
p. 44	BVG
p. 44	Wolfgang Reichel, Vorstellungsgespräche, Niederhausen/Ts: © FALKEN Verlag, 1997
p. 47	Infineon
p. 47	Infineon
p. 47	Wolfgang Reichel, Vorstellungsgespräche, Niederhausen/Ts: © FALKEN Verlag, 1997
p. 52	Lufthansa Konzern
p. 54	Wolfgang Reichel, Vorstellungsgespräche, Niederhausen/Ts: © FALKEN Verlag, 1997
p. 64	© Thomas Uhlig, Augsburg
p. 65	Stern Magazine
p. 74	© SiemensWelt 2/2000
p. 83	Gabriele Cerwinka, Gabriele Schranz, Die Macht der versteckten Signale, Wien/Frankfurt: Wirtschaftsverlag Carl Ueberreuther, 1999
p. 99	© Deutsches Institut für Normung
p. 111	Hörzu Magazine
p. 112	© Thomas Uhlig, Augsburg
p. 127	Rosemarie Wrede-Grischkat, Mit Stil zum Erfolg, Augsburg: © Weltbild Verlag, 1997
p. 128	Inge Uffelmann, Gute Umgangsformen in jeder Situation, Nierhausen/Ts: © Bassermann'sche Verlagsbuchhandlung, 1995
p. 128	Inge Wolff, Kleines Lexikon der modernen Umgangsformen von Abendzug bis Zuhören, Niederhausen/Ts: © FALKEN Verlag, 1998
p. 129	Deutsche Telekom